Fred Borth

Nicht zu jung zum Sterben

Fred Borth

Nicht zu jung zum Sterben

Die „Hitler-Jugend“ im Kampf um Wien 1945

Amalthea

Umschlaggestaltung: Wolf Bachmann
Umschlagfoto: Hilmar Pabel, Rottau am Chiemsee
Satz: SatzStudio Pfeifer, Germering
Druck und Bindung: Wiener Verlag, Himberg
Printed in Austria 1988
ISBN 3-85002-233-1

Inhalt

Vorwort

Ein Buch über den Kampfeinsatz der Hitler-Jugend ist zweifellos ein Wagnis, weil es in seiner natürlich auch politischen Thematik mißverstanden werden kann. Andererseits war es schon deshalb notwendig, um den Wahnsinn eines jeden Krieges aufzuzeigen. Denn auch heute gibt es wieder »Kindersoldaten«, die einer Weltanschauung (Nikaragua) oder einem Messiasgedanken (Iran) geopfert werden.

Aus der Sicht des Militärhistorikers ist dieses Vorhaben allein schon deshalb begrüßenswert, da über dieses »Nebenkapitel« des 2. Weltkrieges in den Archiven relativ wenige Unterlagen vorhanden sind. Und dies ist keinesfalls verwunderlich: Ein Großteil des offiziellen Aktenmaterials ging in den letzten Monaten und Wochen des Krieges verloren oder wurde bewußt vernichtet. In der sogenannten Memoirenliteratur fand der Fronteinsatz der Halbwüchsigen bisher nur eine oberflächliche Erwähnung, da sich die Verantwortlichen an diesem verlustreichen Opfergang vermutlich dafür schämten. Aber auch die Akteure selbst schwiegen darüber, um sich nicht die Zukunft zu verbauen.

Sicherlich ist das nun vorliegende Buch sehr persönlich gehalten, doch braucht sich der Autor dafür nicht zu entschuldigen. Denn außer seinen eigenen Eindrücken führt er eine Fülle von geschichtlichen Fakten an, die vielleicht unbequem, aber sehr aufschlußreich sind.

Und was die Objektivität betrifft, so ist es mit Genugtuung zu vermerken, daß der Autor sichtlich bestrebt war, die gewiß sehr unangenehmen Dinge nicht zu verschweigen. Dazu gehört letztlich auch die umfangreiche Verlustliste, mit der erstmals dokumentiert wird, wie entsetzlich hoch jener Blutzoll war, der der »Jugend des Führers« abverlangt wurde.

Wien, im Jänner 1988 — Dr. Othmar Tuider

Einleitung

Am Ende des 2. Weltkrieges mobilisierte die deutsche Führung als letztes militärisches Aufgebot alle 16- bis 60jährigen, die bis dahin noch nicht der Wehrmacht angehörten. Man nannte diese bewaffneten Verbände DEUTSCHER VOLKSSTURM.

Zu ihm gehörten auch eigene Kampfeinheiten der HITLER-JUGEND, nachdem der Oberbefehlshaber des Ersatzheeres, Reichsführer-SS Heinrich Himmler, die Ansicht vertrat, »daß durch die Mischung mit alten Landsern und Volkssturmmännern die Erziehung und der Geist der HJ durch Landsergeist und Landserschliche gewandelt werden könnte«*.

Weniger verklausuliert ausgedrückt, hieß dies: Die fanatisierte HITLER-JUGEND sollte nicht mit defätistischen Ansichten konfrontiert und nicht kriegsmüde gemacht werden. Derselben Meinung war übrigens der Reichsjugendführer Arthur Axmann. Auch dieser legte den größten Wert darauf, »daß die Hitlerjungen in geschlossenen Gruppen unter ihren HJ-Führern zum Einsatz kommen«**.

So wurden auch in Österreich, welches damals nur »Ostmark« genannt wurde, zahlreiche HJ-Kompanien aufgestellt. Sie umfaßten insgesamt zirka 8.000 bis 10.000 Bur-

* Himmler-Brief vom 6. März 1945 an General Theodor Busse

** Axmann in einem Gespräch mit Himmler

schen im Alter von etwa 15 bis 17 Jahren. Lediglich in der Steiermark verhängte der dortige Gauleiter und Reichsverteidigungskommissar Dr. Siegfried Uiberreither auch eine Meldepflicht für sämtliche Jungen des Geburtsjahrganges 1930. Und dies bedeutete letztlich, daß auch 14jährige eingezogen werden konnten*.

Während der späteren Kampfhandlungen meldeten sich sogar noch wesentlich jüngere Buben zur kämpfenden Truppe – und wurden nicht immer abgelehnt. Etliche von ihnen starben als Meldegänger.

In diesem Zusammenhang muß auch gesagt werden, daß die HJ-Volkssturm-Einheiten ursprünglich nur für den Kurier-, Melde- und Wachdienst im rückwärtigen Gebiet verwendet werden sollten. Und man bezeichnete deshalb die Angehörigen der HJ-Kompanien als FRONTHELFER. Allerdings eskalierten diese Hilfsdienste vielfach zu reinen Kampfeinsätzen.

Schuld daran waren in erster Linie die Gauleiter der NSDAP, die von Adolf Hitler auch zu REICHSVERTEIDIGUNGSKOMMISSAREN ernannt wurden. In ihren Aufgabenbereich fiel zwar in erster Linie die zivile Landesverteidigung, doch besaßen sie auch die Befehlsgewalt über den Deutschen Volkssturm. So schickte z.B. der Gauleiter und Reichsstatthalter von Wien, Baldur von Schirach, das HJ-Volkssturmbataillon 41/6 in die slowakische Hauptstadt Preßburg, wo die Burschen in vorderster Linie gegen die angreifenden Sowjets eingesetzt wurden.

Aber auch der niederösterreichische Gauleiter Dr. Hugo Jury war letztlich dafür verantwortlich, daß Einheiten der Hitler-Jugend im Bereich des sogenannten Südostwalles regelrecht verheizt werden konnten. Denn seine Kreisleiter stellten dieses »ausgezeichnete Menschenmaterial« dem

* Die Meldung mußte am 7. April 1945 in der HJ-Gebietsführung, Graz, Hochsteingasse 10, erfolgen.

Heer und der Waffen-SS zur Verfügung. Und einzelne Kommandeure hatten durchaus keine Bedenken, die »Kindersoldaten« an besonders gefährdeten Frontabschnitten in die Schlacht zu werfen.
Am 29. März 1945, um 11.05 Uhr, überschritten die ersten sowjetischen Truppen bei Klostermarienberg die österreichische Grenze. Als ihre Panzer zwei Tage später in Oberpullendorf eindrangen, waren es vor allem 50 HJ-Fronthelfer, die dort einen fanatischen Widerstand leisteten. Und dasselbe passierte auch bei Neutal, nur wurden in dieser burgenländischen Ortschaft wesentlich mehr Hitlerjungen eingesetzt.
Auch in Fehring (31.3.), in Erlach a. d. Pitten (1.4.), im Raum Wienerherberg-Götzendorf (3.4.) und am Semmering (3.4.) kämpften nicht nur erfahrene Frontsoldaten, sondern auch deren jugendliche »Helfer«.
Zur selben Zeit herrschte in Wien das Chaos und stritt der Reichsverteidigungskommissar Baldur von Schirach mit dem Stadtkommandanten Generalleutnant Ludwig Merker, wer wessen Verteidigungsvorbereitungen sabotiert hätte. Merker wurde dann abgesetzt und der Generalmajor Hans Koelitz zu seinem Nachfolger ernannt, was wiederum den Wehrkreisbefehlshaber, General der Infanterie Albrecht Schubert, nicht recht war. Schließlich schickte das Oberkommando der Wehrmacht den General Rudolf von Bünau und setzte diesen zum Kampfkommandanten für den Verteidigungsbereich Groß Wien ein*.
Zu diesem gehörten damals auch noch Schwechat, Laxenburg, Biedermannsdorf, Mödling, Perchtoldsdorf, Kaltenleutgeben, Purkersdorf, Klosterneuburg, Bisamberg, Flandorf, Hagenbrunn, Gerasdorf, Großenzersdorf usw. Es war also vorauszusehen, daß die zurückgehenden Fronttruppen relativ bald in diesen Vororten auftauchen würden. Und

* Rauchensteiner, Der Krieg, a.a.O., S. 153/154

man mußte dann erneut mit Führungszwistigkeiten rechnen.
Rudolf von Bünau hatte allerdings noch andere Sorgen, weil die in Wien befindlichen Ersatztruppenteile zahlenmäßig schwach, mangelhaft bewaffnet und auch schlecht ausgerüstet waren. Außerdem standen ihm keine Versorgungstruppen zur Verfügung.
In einem späteren Bericht* hielt der General auch fest, daß es bei seinem Eintreffen in Wien noch keinerlei Vorbereitungen für die Verteidigung der Stadt gab. Und er führte dies auf das Wirken der ÖSTERREICHISCHEN WIDERSTANDSBEWEGUNG zurück, was er aber nicht sofort erkannt haben dürfte.
Das in Wien verbliebene HJ-zbV-Bataillon bezeichnete Rudolf von Bünau übrigens als vollkampfkräftig und kampfwillig**, was deshalb interessant ist, weil der militärische Wert dieser Einheit von Exponenten der Österreichischen Widerstandsbewegung unterschätzt wurde: Sie schlugen den Sowjets eine Westumfassung von Wien vor und wollten im Raume Hütteldorf eine Vereinigung ihrer Widerstandsgruppen mit der Roten Armee vornehmen***.
Aber gerade in diesem Gebiet befanden sich nicht nur kampfunwillige deutsche Alarmeinheiten, sondern auch mehrere Kompanien der durchaus regimetreuen Hitler-Jugend. Und es zeigte sich bald, daß die »lächerlichen Kindersoldaten« zunächst den sowjetischen Vormarsch bei Purkersdorf und in der Folge bei Mariabrunn und im Bereiche der Knödelhütte zumindest vorübergehend stoppten.
Nicht uninteressant ist übrigens die Ansicht des Militärhistorikers Univ. Dozent Dr. Manfried Rauchensteiner, daß

* Dieser Bericht wurde am 6. Juli 1946 im US-Camp Marcus W. Orr bei Salzburg verfaßt.
** Ebenda, S. 10
*** Volksgerichtsakt VG 2d 6137/46

die Westumfassung Wiens durch die Sowjettruppen keinesfalls auf den Plan der Widerstandskämpfer zurückzuführen war. Jedenfalls dürften die deutschen Stärkeverhältnisse auch so dem Oberkommando der Roten Armee bekannt gewesen sein.
Andere HJ-Fronthelfer kämpften am Wienerberg und Laaerberg, beim Arsenal, am Südtiroler Platz, beim Westbahnhof und in der Grinzinger Allee, wo ihnen zahlreiche Panzerabschüsse gelangen. Und der ehemalige Kommandeur des SS-Panzergrenadierregimentes 4 »Der Führer«, Obersturmbannführer Otto Weidinger, schrieb 1984 in einem Brief an den Verfasser: »Das HJ-Bataillon hat sich in Wien, obwohl es vollkommen kampfungewohnt war, tapfer geschlagen.«
In der letzten Phase des Kampfs um Wien kam es tatsächlich zu den erwarteten Führungsstreitigkeiten: General von Bünau fühlte sich als Kampfkommandant übergangen, weil letztlich alle Entscheidungen durch den Oberbefehlshaber der 6. Panzerarmee, Oberstgruppenführer Sepp Dietrich, getroffen wurden. Und er verlangte schließlich wenigstens die Führung über den letzten Brückenkopf bei der Floridsdorfer Brücke. Dieser Wunsch wurde dem General zwar erfüllt, aber er konnte diese Funktion lediglich 24 Stunden lang ausüben. Dann kam ohnedies der Rückzugsbefehl über die Donau.
Die Wiener HJ-Fronthelfer mußten in der Folge, allein auf sich gestellt, die Hauptkampflinie zwischen Bisamberg und Manhartsbrunn verteidigen. Und wäre dies nicht geglückt, so hätten die Sowjets den Abzug der 6. Panzerarmee bei Langenzersdorf verhindern können. Diesem Umstand trug die deutsche Führung insofern Rechnung, als sie den Einsatz eines Wiener HJ-Volkssturmbataillons im Wehrmachtsbericht vom 15. April 1945 besonders erwähnen ließ. Dann allerdings konnte der HJ-Gebietsführer Hans Lauterbacher das Herauslösen der HJ-Kampfgruppe »Werwolf«

aus der Front erreichen, und die Burschen wurden nach Oberösterreich in Marsch gesetzt.
In der Zwischenzeit mußten auch steirische HJ-Fronthelfer ihren »Blutzoll« leisten: So etwa im Raum Kirchberg a.d. Raab (1./2.4.), in der Umgebung des Stradner Kogels (3.4.), in Fischbach (14./15.4.) und auch in Fürstenfeld (15.4.).
Außerdem wurden mehrere Jagdkommandos der Hitler-Jugend, die allerdings großteils dem Sicherheitsdienst bzw. der Spezialabwehr des SS-Obergruppenführers Hans-Adolf Prützmann unterstanden, hinter den feindlichen Linien eingesetzt. Baldur von Schirach soll dagegen protestiert haben, aber die Gauleiter Dr. Siegfried Uiberreither (Steiermark) und Dr. Friedrich Rainer (Kärnten) unterstützten diesen »nationalsozialistischen Partisanenkrieg«, der für die Hitlerjungen sehr verlustreich war.
Und es ist in diesem Zusammenhang auch zu sagen, daß diese Jagdeinsätze zwar indirekt der schwerringenden Fronttruppe halfen, aber andererseits keine strategische Bedeutung hatten.
Sie beschränkten sich übrigens auf den Wienerwald, das niederösterreichische Voralpengebiet und auf jene Teile der Steiermark, die von den Sowjettruppen erobert wurden. Ein Einsatz der HJ-Jagdkommandos gegenüber den Westmächten fand in Österreich nicht statt. Außerdem hatte diese Kleinkriegsführung absolut nichts mit einer Feme oder Terrorhandlungen gegenüber der eigenen Zivilbevölkerung zu tun.
Am 29. April 1945 wurde in Wien eine Provisorische Österreichische Staatsregierung gebildet, die unter der Führung des Sozialisten Dr. Karl Renner stand. Sie besaß natürlich das Wohlwollen der Sowjets, doch sie wurde zunächst von den Westalliierten nicht anerkannt. Außerdem mußte ihr »Machtbereich« als sehr dürftig bezeichnet werden, weil er sich lediglich auf Wien und das Burgenland sowie auf Teile von Niederösterreich und der Steiermark erstreckte.

Ebenfalls am 29. April 1945 erreichten die französischen Truppen bei Hohenweiler die Vorarlberger Grenze und stießen am Morgen des folgenden Tages in Richtung Lochau vor. Und den ersten Widerstand, der den Franzosen geboten wurde, leisteten ein paar halbwüchsige Buben, die man in aller Eile zu HJ-Fronthelfern gemacht hatte.
Ähnlich verhielt es sich auch am Fernpaß, bei Scharnitz, westlich von Braunau, in Peilstein und im Raum Diendorf-Unterhaag, wo am 1. Mai 1945 erstmals der HJ-Volkssturm gegen die vorrückenden Amerikaner eingesetzt wurde. Und weitere Stationen des bereits sinnlos gewordenen Opferganges der Jugend waren Schärding am Inn, Lembach-Glasholz, Altenfelden-Neufelden, St. Martin im Mühlkreis, Eidenberg und Lichtenberg sowie schließlich auch Timmelkam, Oberschwaig, Ornharting, Fischlham, Haitzing und Eggenberg.
In den letzten Tagen des Krieges löste dann der oberösterreichische Gauleiter August Eigruber zumindest in Linz a. d. Donau den HJ-Volkssturm auf, und sein Salzburger Amtskollege, Dr. Gustav Adolf Scheel, schickte gleichfalls die HJ- Fronthelfer heim, nachdem sie noch kurz vorher den Paß Lueg verteidigen sollten.
Eigruber wurde später von zwei oberösterreichischen HJ-Führern in eine Falle gelockt und an die Amerikaner ausgeliefert, die ihn nach einem Kriegsverbrecherprozeß hinrichteten.
Und es sollte hier auch erwähnt werden, daß der ehemalige Reichsjugendführer und spätere Gauleiter von Wien, Baldur von Schirach, sich bereits vier Tage vor dem deutschen Zusammenbruch ins »Privatleben« zurückzog und dann längere Zeit als Dolmetsch für die amerikanischen Besatzungstruppen arbeitete. Als er sich später dann doch noch als einer der Führer des nationalsozialistischen Deutschlands zu erkennen gab, wurde er verhaftet und im Nürnberger Hauptkriegsverbrecherprozeß angeklagt. Das Urteil laute-

te auf 20 Jahre Kerker, die Baldur von Schirach bis auf den letzten Tag verbüßen mußte.
In seinen Lebenserinnerungen schrieb er im Jahre 1967: »War es die verhängnisvolle Auswirkung meiner Jugenderziehung, daß Tausende von Jungen in aussichtsloser Situation meinten, den Älteren ein Beispiel geben zu müssen? Ich glaube es nicht, aber ich fühle mich dennoch für jeden dieser Jungen verantwortlich.«
Nun, dies war er ja tatsächlich!

Vorbemerkung:
Die Einschübe, die den zeitgeschichtlichen Hintergrund beleuchten, wurden in kursiver Schrift gesetzt.

I. Ein Hitlerjunge wie viele andere

Ich wurde 1928 im nördlichen Niederösterreich geboren, in einem kleinen Dorf dicht an der tschechischen Grenze. Meine Mutter war zwar eine gebürtige Wienerin, lebte aber zunächst bei Verwandten in Südmähren, bevor sie im benachbarten Waldviertel Arbeit fand.

Mein Vater war ein Bauernsohn und zukünftiger Hoferbe aus dem gleichen Ort. Er durfte meine Mutter nicht heiraten, weil diese weder Geld noch eine Aussteuer besaß. Außerdem war sie eine »Fremde«. So kam ich bereits im Alter von 4 Wochen zu einem Großonkel und einer Großtante nach Wien. Diese Verwandten waren selbst kinderlos und hätten mich gerne adoptiert. Da sich dieser Wunsch aber nicht realisierte, blieb mir der alles andere als germanische Name Hlavka erspart.

Der Großonkel war ein Mensch voller Widersprüche. So erfüllte es ihn mit Stolz, daß er im 1. Weltkrieg mit der Silbernen Tapferkeitsmedaille und einer ganzen Reihe weiterer Orden ausgezeichnet worden war, andererseits betonte er bei jeder Gelegenheit, wie sehr er das »Soldatenspielen« ablehne. Trotzdem gehörte er zu Beginn der Dreißigerjahre dem Republikanischen Schutzbund an.

Mein Großonkel war also ein »Roter«!

Andererseits kannte ich ihn als tiefgläubigen Menschen, der regelmäßig in die Kirche ging und der mich bestrafte, wenn ich absichtlich einen Gottesdienst versäumte.

Am 12. Februar 1934 kam es zum Bürgerkrieg zwischen den »Roten« und den »Schwarzen«, wobei es insgesamt 314 Tote und 805 Verwundete gab[1]. Ich war damals noch nicht einmal sechs Jahre alt, verstand also nichts von den ideologischen Gegensätzen, die zu diesem Kampf geführt hatten. Trotzdem zeigte mir der Großonkel jene Gemeindebauten in Döbling und Floridsdorf, die einige Tage vorher vom Bundesheer mit Kanonen beschossen worden waren. Und er sagte mir, daß ich dies niemals vergessen dürfe.

Nun, ich vergaß es wirklich nicht!

Aber ebenso lebhaft erinnere ich mich an die verweinten Augen meiner Großtante, die darüber entsetzt war, daß sich unter den Opfern der regierungstreuen Exekutive auch ein guter Bekannter unserer Familie befand.

Diese unterschiedliche Reaktion führte bald zu einem Streit, bei welchem der Großonkel erklärte, er könne für einen »Büttel« des Dollfuß-Regimes nicht das geringste Mitleid empfinden. Und von dieser Meinung ließ er sich auch nicht abbringen, als die Großtante ihn daran erinnerte, wie oft dieser Wachmann früher mit ihm Tarock gespielt hatte.

Damals fiel auch der Name Karl Münichreiter, den ich mir schon deshalb merkte, weil der Großonkel grauenvolle Dinge über dessen Tod erzählte: Dieser Sozialdemokrat und Schutzbundführer wurde schwerverwundet auf einer Tragbahre in den Galgenhof des Wiener Landesgerichtes geschleppt und dort gehenkt[2]!

Als Kind konnte ich mir dies alles nicht erklären, doch heute ist es längst unbestritten, daß der damalige Bundeskanzler Engelbert Dollfuß bereits am 4. März 1933 dem parlamentarischen Regime ein Ende gesetzt hatte und nur mehr unter Anwendung des Kriegswirtschaftlichen Ermächtigungsgesetzes aus dem Jahre 1917 regierte. Kurz hintereinander

[1] Garscha, a.a.O., S. 146. Vgl. auch Schuschnigg, a.a.O., S. 149. Schuschnigg erwähnt 242 Tote und 719 Verwundete.

[2] Garscha, a.a.O., S. 152. Vgl. auch Schuschnigg, a.a.O., S. 152 u. 153.

wurden der Republikanische Schutzbund, die Kommunistische Partei und auch die Nationalsozialistische Deutsche Arbeiterpartei (NSDAP)verboten. Aber auch der Verfassungsgerichtshof wurde »stillgelegt«, Landtags- und Gemeinderatswahlen untersagt sowie die Todesstrafe im standgerichtlichen Verfahren (für Mord, Brandlegung und boshafte Sachbeschädigung) wiedereingeführt.
Und nach dem Verbot der Sozialdemokratischen Partei, das 1934 im Anschluß an die Februarkämpfe erfolgte, erhielt Österreich eine neue ständische Verfassung, die von einem erheblichen Teil der Bevölkerung als »klerikal-faschistisch« angesehen wurde.

Am 25. Juli 1934 kam es zu einem Putschversuch der SS-Standarte 89; Bundeskanzler Dollfuß wurde ermordet. Ziel dieses Staatsstreiches soll (laut herrschender Geschichtsauffassung) der Anschluß an Hitler-Deutschland gewesen sein. Nach 1945 befanden sich mit mir die beiden ehemaligen Putschisten Bauer und Winter in Haft, die immer wieder betonten, daß sie und ihre Kameraden im Jahre 1934 noch die österreichische Selbständigkeit wahren wollten!
Daheim wurde im Sommer 1934 über die Nationalsozialisten relativ wenig gesprochen. Dies änderte sich, als ich im Herbst dieses Jahres in die Volksschule kam. Denn zwei meiner Klassenkameraden waren die Zwillingsbrüder Hannes und Peter Blaschke.
Sie wirkten auf mich zunächst sehr schüchtern. Und ich bemerkte bald, daß die Lehrerin sehr ungerecht zu ihnen war. So gab sie allein den beiden die Schuld, wenn irgendein anderes Kind schwätzte oder in der Pause zu viel gelärmt wurde. Fräulein Gillmayr machte spitze Bemerkungen über den Vater dieser Buben.
Zuhause erfuhr ich, daß Hans Blaschke ein »Nazi« sei, der bei der Ermordung von Engelbert Dollfuß anwesend war. Er selbst hatte zwar nicht geschossen, doch wurde er als

einer der Führer des Putsches zu einer langjährigen Kerkerstrafe verurteilt und befand sich in der Strafanstalt Stein a.d. Donau.
Irgendwie hatte ich bei diesem Gespräch das Gefühl, daß mein Großonkel über diesen Mann, der später noch Bürgermeister von Wien werden sollte, eigentlich mit einem gewissen Respekt sprach. Ganz anders verhielt sich meine Großtante: Sie bat mich immer wieder, die beiden Blaschke-Buben zu meiden. Dafür forcierte sie sichtlich die Freundschaft mit einem anderen Schulkameraden, dessen Vater damals ein höherer Beamte im Bundeskanzleramt war.
Allerdings konnte sie nicht ahnen, daß gerade dieser Freund es später bis zum »Pimpfenkaiser« oder besser gesagt zum Jungbannführer beim Deutschen Jungvolk bringen würde...
Die beiden Menschen, die mir Mutter und Vater ersetzten, standen also dem Nationalsozialismus mehr oder weniger ablehnend gegenüber. Dennoch betonte der Großonkel stets seine große Begeisterung für reichsdeutsche Offiziere, die er im 1. Weltkrieg in Galizien kennengelernt hatte. Und in diesem Zusammenhang lobte er deren Kameradschaft, welche auch den einfachen Soldaten gegenüber zum Ausdruck kam.
Sehr angetan zeigte er sich von deutscher Gründlichkeit, straffer Disziplin und persönlichem Mut.
Und irgendwann erwähnte er die Tatsache, daß es gerade die Sozialdemokraten waren, welche nach dem Zusammenbruch der Donaumonarchie den Anschluß Österreichs an Deutschland forderten.
So empfand ich es als keinesfalls verwunderlich, als wir in der Schule das sogenannte Dollfußlied lernen mußten, in welchem es unter anderem hieß: »Ihr Jungen schließt die Reihen gut, ein Toter führt uns an. Er gab für Österreich sein Blut, er war ein deutscher Mann!«

Den Unterschied zwischen »roten«, »braunen« oder »schwarzen« Deutsch- Österreichern kannte ich damals noch nicht.
Andererseits erschütterte mich ein Vorfall, der in der zweiten oder dritten Volksschulklasse passierte: Da holte der Lehrer Edmund Plöckinger eines Tages die Polizei, weil der Schüler Konécny mit kleinen gestanzten Hakenkreuzen gehandelt hatte. Wir tauschten die glitzernden Blechstücke gegen Briefmarken, von einem ideologischen »Hintergrund« konnte wirklich keine Rede sein.
Trotzdem wurde ein stundenlanges Verhör durchgeführt, bei welchem vor allem die Blaschke-Brüder besonders eingehend befragt wurden. Aber den größten Ärger bekam ausgerechnet der Zahnarztsohn Franz Fischer, der gleich einen ganzen Briefmarkensatz gegen mehrere Hakenkreuze eingetauscht hatte. Er entstammte einer gläubigen jüdischen Familie.
Dieser politische »Skandal« wurde natürlich dem Stadtschulrat gemeldet, der letztlich verfügte, daß der Hakenkreuz-Lieferant Konécny die Schule verlassen mußte. Franz Fischer emigrierte 1938 mit seinen Eltern nach Palästina, und der übereifrige Herr Plöckinger gab sich später als illegales Mitglied der NSDAP zu erkennen und avancierte später sogar zum Schuldirektor. Was der eigentliche Skandal war!

Österreich hatte in den Dreißigerjahren bis zu 650.000 Arbeitslose[3], von denen viele keine Unterstützung bekamen. Und dieses unbeschreibliche Elend war auch die Ursache für immer mehr Einbruchsdiebstähle, Raubüberfälle und Plünderungen.
Zu letzteren kam es sowohl bei diversen Hungerdemonstrationen als auch im Rahmen von parteipolitisch motivierten

[3] Fritz Molden, a.a.O., S. 86/87. Vgl. auch Schuschnigg, a.a.O., Seite 58. Schuschnigg führt wesentlich kleinere Zahlen an.

Aufmärschen. Dabei war es besonders typisch, daß viele Manifestanten stets einen Spazierstock und einen kleinen Rucksack mitführten.
Mit dem Prügel in der Faust drosch man aber nicht nur auf die Schädel der ideologischen Gegner ein, sondern man benützte ihn auch zum Zertrümmern von Auslagescheiben. Anschließend wurde alles, was nicht niet- und nagelfest war, zusammengerafft und mitgenommen. So kam es, daß vorsichtige Kaufleute ihren Laden sofort zusperrten und die Rollbalken herunterließen, wenn sie von einer bevorstehenden Kundgebung noch rechtzeitig erfuhren[4]*.*
Zum Wiener Stadtbild gehörten damals auch unzählige Straßenmusikanten und Bettler, die von der Polizei regelrecht gejagt wurden. Und unter den vielen Brücken schlugen Obdachlose ihr Nachtquartier auf. Berüchtigte Slums gab es überdies am linken Donauufer, wo das sogenannte Bretterdörfel selbst den primitivsten hygienischen Ansprüchen nicht gerecht werden konnte.
Es war daher kaum überraschend, daß bald im ganzen Land von einer Selbstmordepidemie gesprochen wurde, die nicht nur Alte und Kranke erfaßte, sondern vor allem auch unter der Jugend grassierte.
Darüber hinaus gab es Österreicher, die verhungern und erfrieren mußten, ohne daß sich das sogenannte soziale Gewissen regte. Die Reichen hatten ihre eigenen Probleme oder zogen es vor, sich mehr im Ausland als daheim aufzuhalten. Immerhin standen bereits ganze Industrieanlagen leer, und die Fabrikhallen waren längst auch dem baulichen Verfall preisgegeben.
Die vielen Konkurse und Ausgleichsverfahren, die es jeden Monat gab, ließen in erster Linie den Mittelstand verarmen. Und natürlich waren auch die Gefängnisse überfüllt; in Wöllersdorf gab es ein Anhaltelager für politische Häftlinge, die

[4] Mitteilung Hans Bauer.

sich aus den Reihen der Sozialisten und Kommunisten ebenso wie aus der Anhängerschaft der Nationalsozialisten rekrutierten.
Dies rächte sich bald, da die NS-Propagandisten auf die wirtschaftlichen Erfolge im Deutschen Reich hinwiesen, wo es seit Hitlers Machtübernahme keine Arbeitslosen mehr gab.
So wurden zahlreiche Ex-Marxisten gerade in Wöllersdorf politisch »umgedreht« und traten nach ihrer Freilassung der Sturmabteilung (SA) oder der Schutzstaffel (SS) bei.

Mein Großonkel war Straßenbahnschaffner, bangte aber trotzdem um seine Anstellung, weil eine Entlassung aus politischen Gründen jederzeit erfolgen konnte.
Außerdem hatte er Schulden, was nur zum Teil auf einen gewissen Leichtsinn zurückzuführen war. Denn die Gehälter, die damals gezahlt wurden, reichten nur für ein sehr sparsames Leben. Und da konnte die durchaus notwendige Anschaffung von Bekleidung, Heizmaterial oder gar von einem neuen Radio zu einem ernsthaften Problem werden.
Der Großonkel war außerdem ein lebensfroher Mensch, der feuchtfröhliche Abende und Nächte im Kreise seiner Freunde liebte und der wenigstens einmal im Jahr mit uns ins Theater gehen wollte.
Jedenfalls nahm er öfters Kredite auf, kam dann mit der Rückzahlung in Verzug und mußte schließlich auch noch Zinsen und Zinseszinsen begleichen. Und dies führte dazu, daß für die täglichen Einkäufe beim Greißler und beim Bäkker meistens das Bargeld fehlte.
Ich empfand es als echte Schande, wenn ich bei meinen bescheidenen Einkäufen das kleine Heft auf den Ladentisch legen mußte, in welches dann der neueste Schuldenstand eingetragen wurde. Allerdings befand ich mich diesbezüglich in guter Gesellschaft, nachdem sogar die Gattin eines Landesgerichtsrats eine derartige »monatliche Abrechnung« bevorzugte.

Was aber für mich kaum ein Trost war...
Hunger habe ich in dieser schrecklichen Zeit keinen gelitten. Nur denke ich einerseits mit Schaudern, andererseits mit einer gewissen Nostalgie an die Powidelsauce mit Knödel zurück, die fast täglich auf den Mittagstisch kam. Und am Abend gab es meistens nur Erdäpfel mit Schmalz oder Grammeln.
Vielen Familien ging es damals ähnlich und manchen noch schlechter, so daß es als blanker Hohn empfunden wurde, als die Gattin eines prominenten Politikers den Rat gab: »Werfen Sie die Wursthäute nicht weg, man kann mit ihnen die Suppe auffetten!«
Ähnlich kaltschnäuzig reagierte ein Herr Kastner, der sein Kreditbüro in Wien-Speising hatte. Mein Großonkel nahm mich einmal zu diesem Geldverleiher mit, weil ich vor Beginn des Winters unbedingt einen warmen Mantel und feste Schuhe brauchte.
Zunächst wurde ein neuerliches Darlehen mit der Bemerkung abgelehnt: »Der Bub kann ja auch bloßfüßig herumlaufen!« Und erst, als der Großonkel einem noch höheren Zinssatz zustimmte, bekam er das gewünschte Geld ausgefolgt.

Am 12. März 1938 zog Adolf Hitler in einem wahren Triumphzug in Linz ein. Und als er 24 Stunden später nach Wien kam und seine Wagenkolonne durch die Linzer Straße fuhr, jubelten ihm Tausende und Abertausende zu, warfen Blumen, rissen die Hände zum Gruß in die Höhe und schrien sich heiser vor Begeisterung und Hysterie.
Nun würde ja alles ganz anders werden...
Auch mein Großonkel war dieser Meinung, obgleich er damals daheim blieb. Statt dessen schickte er mich in die Linzer Straße und gab mir sogar ein paar Schilling für Blumen mit. Nur als ich dann heimkam und ihn mit »Heil Hitler!« begrüßte, bekam ich von ihm eine Ohrfeige.

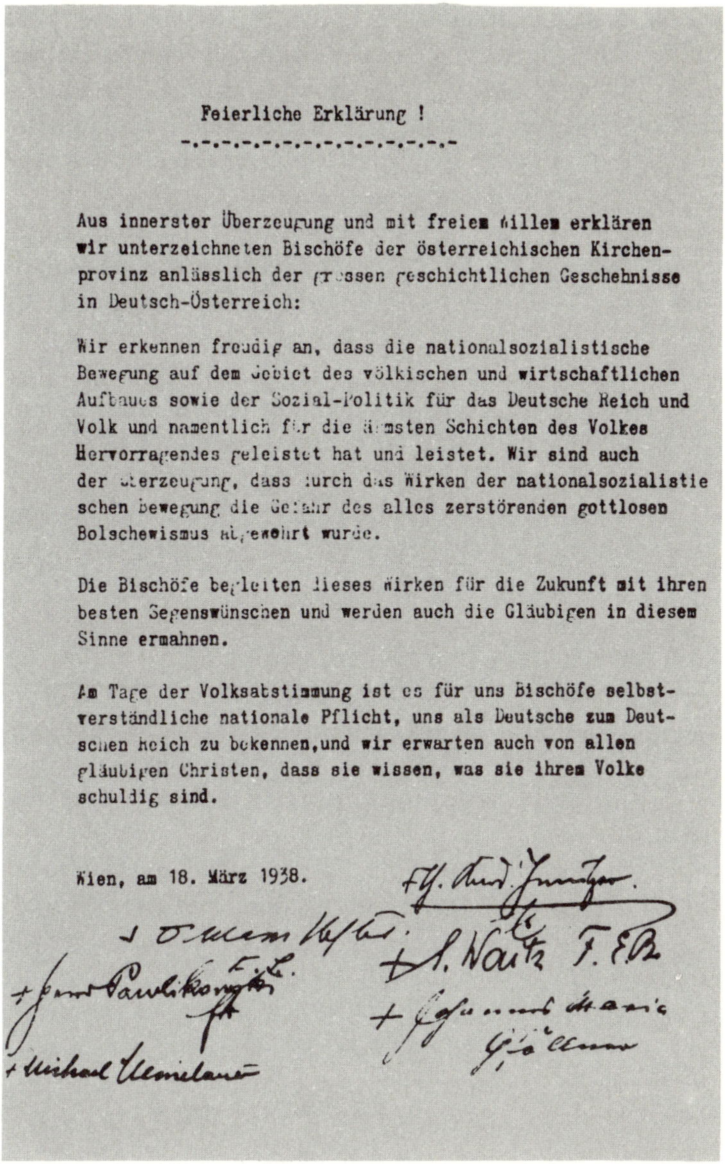

Feierliche Erklärung !

-.-.-.-.-.-.-.-.-.-.-.-.-.-

Aus innerster Überzeugung und mit freiem Willen erklären wir unterzeichneten Bischöfe der österreichischen Kirchenprovinz anlässlich der grossen geschichtlichen Geschehnisse in Deutsch-Österreich:

Wir erkennen freudig an, dass die nationalsozialistische Bewegung auf dem Gebiet des völkischen und wirtschaftlichen Aufbaues sowie der Sozial-Politik für das Deutsche Reich und Volk und namentlich für die ärmsten Schichten des Volkes Hervorragendes geleistet hat und leistet. Wir sind auch der Überzeugung, dass durch das Wirken der nationalsozialistischen Bewegung die Gefahr des alles zerstörenden gottlosen Bolschewismus abgewehrt wurde.

Die Bischöfe begleiten dieses Wirken für die Zukunft mit ihren besten Segenswünschen und werden auch die Gläubigen in diesem Sinne ermahnen.

Am Tage der Volksabstimmung ist es für uns Bischöfe selbstverständliche nationale Pflicht, uns als Deutsche zum Deutschen Reich zu bekennen, und wir erwarten auch von allen gläubigen Christen, dass sie wissen, was sie ihrem Volke schuldig sind.

Wien, am 18. März 1938.

Dieser Brief beeinflußte nicht unwesentlich die Volksabstimmung am 10. April 1938

Dieser Zwiespalt in seiner Seele äußerte sich auch später bei vielen Gelegenheiten: So kaufte er mir NS- und Kriegsliteratur, war aber verärgert, wenn ich vom Inhalt dieser Bücher zu schwärmen begann. Auch meine erste HJ-Uniform schenkte er mir zum 10. Geburtstag, verweigerte mir aber gleichzeitig die Teilnahme an einem Aufmarsch.
Eines Tages erzählte er von zwei einstigen Schutzbund-Genossen[5], die nun bei der SA waren und die man auf einen sogenannten Adolf Hitler-Urlaub nach Berlin eingeladen hatte. Und er bezeichnete ihre begeisterte Zustimmung als würdelos.
Kurz nachher sprach er mit meinem Fähnleinführer vom Deutschen Jungvolk und drängte diesen immer wieder, er möge mich doch auf die Liste jener Jugendlichen setzen, die als erste »Ostmärker« die Städte des »Altreiches« kennenlernen sollten. Und mit dem »Altreich« war natürlich nichts anderes als Deutschland gemeint.

Im Jerusalemer Museum für die zwischen 1933 und 1945 ermordeten Juden befinden sich die Kopien von zwei Schriftstücken, die wesentlich dazu beigetragen haben, daß sich eine überwiegende Mehrheit der österreichischen Bevölkerung in der Volksabstimmung vom 10. April 1938 für den Anschluß erklärte.
Und zwar handelte es sich bei dem einen Dokument um eine »Feierliche Erklärung« der österreichischen Kirchenfürsten, in der es u.a. hieß: »Am Tag der Volksabstimmung ist es für uns Bischöfe selbstverständliche nationale Pflicht, uns als Deutsche zum Deutschen Reich zu bekennen, und wir erwarten auch von allen gläubigen Christen, daß sie wissen, was sie ihrem Volke schuldig sind.«
Datiert ist dieses Schriftstück mit dem 18. März 1938 und es

[5] Fritz Molden erwähnt in seinem Buch »Fepolinski & Waschlapski« (S. 82/83), daß Hunderte Schutzbündler allein von der Gemeinde Wien wieder eingestellt wurden.

Dr. Karl Renner über die Volksabstimmung.

Einer unserer Mitarbeiter hatte gestern Gelegenheit, den gewesenen Staatskanzler Dr. Karl **R e n n e r** zur bevorstehenden Volksabstimmung zu befragen und dieser beantwortete die an ihn gerichteten Fragen wie folgt:

„Sind Sie, Herr Staatskanzler, bereit, sich über Ihre Stellung zur Volksabstimmung zu äußern?"

„Ich habe als erster Kanzler Deutschösterreichs am 12. November 1918 in der Nationalversammlung den Antrag gestellt und zur nahezu einstimmigen Annahme gebracht: D e u t s c h - ö s t e r r e i c h i s t e i n B e s t a n d t e i l d e r D e u t s c h e n R e p u b l i k. Ich habe als Präsident der Friedensdelegation zu St. G e r - m a i n durch viele Monate um den Anschluß gerungen — die Not im Lande und die feindliche Besetzung der Grenzen haben die Nationalversammlung und so auch mich genötigt, uns der Demütigung des Friedensvertrages und dem bedingten Anschlußverbot zu unterwerfen. Trotzdem habe ich seit 1919 in zahllosen Schriften und ungezählten Versammlungen im Lande und im Reich den Kampf um den Anschluß weitergeführt. Obschon nicht mit jenen Methoden, zu denen ich mich bekenne, errungen, ist der Anschluß nunmehr doch vollzogen, ist geschichtliche Tatsache und diese betrachte ich als

wahrhafte Genugtuung für die Demütigungen von 1918 und 1919,

für St. Germain und Versailles. Ich müßte meine ganze Vergangenheit als theoretischer Vorkämpfer des Selbstbestimmungsrechtes der Nationen wie als deutschösterreichischer Staatsmann verleugnen, wenn ich die große geschichtliche Tat des Wiederzusammenschlusses der deutschen Nation nicht freudigen Herzens begrüßte."

„Waren Sie, Herr Kanzler, nicht Freund einer Donaukonföderation?"

„Dazu bemerke ich: Schon in der ersten Sitzung der provisorischen Nationalversammlung wurde die Alternative gestellt: Wir sind bereit, mit den befreiten Donauvölkern über eine Verbindung zu verhandeln — wollen diese eine solche nicht oder nur unter Bedingungen, die wider unsere Ehre sind, so wollen wir zum Reiche zurückkehren. Die unmittelbare Antwort auf die so gestaltete Alternative gaben die Nachbarn durch die g e w a l t s a m e B e s e t z u n g d e u t s c h e r G e b i e t e und durch die Untergrabung unserer Wirtschaftsgeltung.

»Illustrierte Kronen-Zeitung« v. 3.4.1938
Auch der spätere österreichische Bundespräsident Dr. Karl Renner erklärte sich für den Anschluß an Deutschland.

trägt die Unterschrift von Innitzer, Hefter, Waitz, Pawlikowsky, Gföllner und Memelauer.
Das bereits oben erwähnte Begleitschreiben war an Hitlers Statthalter in Wien, also an den Saarländer Josef Bürckel gerichtet:

»Sehr geehrter Herr Gauleiter,
Beigeschlossene Erklärung der Bischöfe übersende ich hiemit. Sie ersehen daraus, daß die Bischöfe freiwillig und ohne Zwang unsere nationale Pflicht erfüllt haben. Ich meine, daß dieser Erklärung eine gute Zusammenarbeit folgen wird.
Mit dem Ausdruck ausgezeichneter Hochachtung
und Heil Hitler!
Th. Kard. Innitzer«

Nicht zu sehen ist im Jerusalemer Yad Vashem-Museum jenes Interview, welches der Sozialdemokrat Dr. Karl Renner am 3. April 1938 der »Illustrierten Kronenzeitung« gab und in welchem er die Feststellung traf: »Ich müßte meine ganze Vergangenheit als theoretischer Vorkämpfer des Selbstbestimmungsrechtes der Nationen verleugnen, wenn ich die große geschichtliche Tat des Wiederzusammenschlusses der deutschen Nation nicht freudigen Herzens begrüßte...«
Und leider fehlt im israelischen Nationalheiligtum auch jeglicher Hinweis auf den seinerzeitigen Ideologen der Sozialdemokratischen Partei, Dr. Otto Bauer, der selbst noch in der Emigration den Anschluß Österreichs an das Deutsche Reich als ein positives, historisch wichtiges und nicht mehr rückgängig zu machendes Ereignis bezeichnet hatte[6].

Der sogenannte Anschluß also war vollzogen.
Und wir Jungen, die bis dahin nur Entbehrungen erlebt hat-

[6] Fritz Molden, a.a.O., S. 82. Vgl. auch Schuschnigg, a.a.O., S. 89. Schuschnigg meint allerdings, daß Dr. Otto Bauer eine gesamtdeutsche sozialistische Revolution angestrebt hat.

ten, wurden vom Deutschen Jungvolk auf große Fahrten und Reisen eingeladen. Aber nicht genug damit, man führte uns in das Kulturleben ein, zeigte uns Opern und heroische Dramen, weckte unser Interesse für Musik, Malerei, Bildhauerei. Auch Filmvorführungen wurden für uns organisiert, wobei natürlich historische Themen den Vorrang hatten; wir sahen aber auch Dokumentarberichte über den Autobahnbau, die Entwässerung von Sümpfen und die Rückgewinnung von Land an den Küsten.

Darüber hinaus wurde ein umfangreiches Sportprogramm geboten, zu dem auch der Flugmodellbau gehörte. An der Werkstättenwand hing der Spruch: »Es dient dem Vaterland, wenn wir zu spielen scheinen!«

So etwas stärkte unser Selbstbewußtsein, und wir hörten es auch gerne, wenn wir als »Deutschlands große Hoffnung« bezeichnet wurden.

Im Rahmen der HJ-Sondereinheiten gab es die Ausbildung auf Motorrädern oder am Funkgerät, man zeigte den Jungen aber auch, wie Ruder und Segel eines Bootes bedient wurden. Und ich selbst war noch nicht einmal 15 Jahre alt, als ich mit dem Schulgleiter SG 38 meine ersten »Sprünge« und Gleitflüge absolvierte.

Natürlich diente dies alles bereits der vormilitärischen Ausbildung!

Aber eine Friedensbewegung gab es damals nicht. Auch die Heimwehr und den Republikanischen Schutzbund hatten wir vorher mit Schußwaffen gesehen. Und auf mich machte es vor 1938 stets einen großen Eindruck, wenn bei der Fronleichnamsprozession das damalige Bundesheer aufmarschierte. Denn die Salutschüsse, welche bei jedem Straßenaltar abgegeben wurden, ließen mich angenehm »erschauern«.

Ein Kapselrevolver oder ein Luftdruckgewehr, wie sie andere Buben hatten, habe ich in meiner Kindheit niemals besessen. Mein Großonkel war nämlich der Ansicht, daß Spielzeuge dieser Art eigentlich verboten werden sollten.

Der Vater meines Freundes Max Patek dachte diesbezüglich völlig anders, und so kam es, daß ich im Garten dieser Familie meine erste »Schießausbildung« absolvierte. Was dann beim Deutschen Jungvolk eine entsprechende »Würdigung« fand.
In diesem Zusammenhang ist es erwähnenswert, daß wir Buben die durchaus harmlosen Wurfkeulen als Handgranatenattrappen empfunden haben und wir vielleicht gerade deshalb bemüht waren, sie so weit wie nur möglich zu werfen. Großer Beliebtheit erfreuten sich auch die diversen Geländespiele, weil dabei »Spähtruppunternehmen« und sogar »Nahkämpfe« ausgeführt werden konnten. Vorläufig allerdings noch ohne tödliche Waffen...
Bei der Hitler-Jugend wurden sehr viele Lieder gesungen, wobei nicht jeder Text unbedingt nationalsozialistisch war. Letzteres traf aber zweifellos bei dem Lied »Es zittern die morschen Knochen« zu. Und besonders der Refrain, der nur zu oft verfälscht wurde, erregte nicht nur das Entsetzen der braven Bürger, sondern auch den Ärger unserer eigenen Führerschaft. Denn richtig sollte es eigentlich lauten: »... denn heute *hört* uns Deutschland und morgen die ganze Welt!«
Aber daraus wurde nach unserer Version ein unmißverständlicher Besitzanspruch: »... denn heute *gehört* uns Deutschland und morgen die ganze Welt!«
Daß wir deswegen unzählige Male geschliffen und geschunden wurden, sprach sich leider nicht bis zum Internationalen Militärtribunal in Nürnberg durch, wo im Jahre 1946 der sowjetische Hauptankläger Generalleutnant R.A. Rudenko sogar von den »wildesten und gemeinsten Instinkten« sprach, die von der »deutsch- faschistischen Ideologie« in uns geweckt wurden[7].
Weniger dramatisch hätte Rudenko eigentlich von einem

[7] Rudenko, a.a.O., S. 12.

Lausbubenstück sprechen müssen, welches viel zu viele jugendliche Nachahmer fand. Aber letztlich klingen auch die »Internationale« und die »Marseillaise« nicht gerade wie Friedenslieder!

Am 25. März 1939 erlangte das *Jugenddienstpflichtgesetz* seine uneingeschränkte Gültigkeit, und dieses ordnete an, daß in Großdeutschland alle Burschen und Mädchen vom 10. bis 18. Lebensjahr in der Hitler-Jugend »im Geiste des Nationalsozialismus, zum Dienst am Volk und zur Volksgemeinschaft« erzogen werden mußten[8].
Die Reaktion auf diese Zwangsmaßnahme war in der Hitler-Jugend höchst unterschiedlich. Denn während ein Teil der Führerschaft aufjubelte, lehnte der andere dies ab. Mit der Begründung: »Wenn wir die Burschen und Mädchen nicht so begeistern können, daß sie freiwillig zu uns kommen, dann werden wir auch unter Zwang keine Nationalsozialisten aus ihnen machen.«[9]
Ich selbst war freiwillig bei der Hitler-Jugend.
Mich begeisterte die Gemeinschaft, der sich alle unterordneten. Und es war für mich geradezu eine Wohltat, daß es keine gesellschaftlichen Klassenunterschiede mehr gab: Da zählten der Sohn oder die Tochter einer wohlhabenden Familie nicht mehr als die Kinder von Arbeitern oder kleinen Beamten.
Natürlich war ich auch von den zahlreichen Feierstunden angetan, bei denen von Vaterlandsliebe, Heldentum und Selbstaufopferung die Rede war. So standen wir einmal am Leopoldsberg, und unser Fähnleinführer erzählte uns von einem Bauern, dessen Hof seinerzeit am Hundsheimer Kogel lag. Er steckte ihn in Brand, als die Türken kamen und

[8] Das Deutsche Jungvolk war mit seinen 10- bis 14jährigen ein Teil der Hitler-Jugend. Dies traf auch bei den Jungmädchen und beim Bund deutscher Mädchen zu.

[9] Vgl. Ringler, a.a.O., S. 87–90. Vgl. Lauterbacher, a.a.O., S. 111–116.

wurde deswegen von den Eindringlingen erschlagen. Doch der Feuerschein warnte den Türmer von Sankt Stefan, worauf Wien noch rechtzeitig in Alarmbereitschaft versetzt werden konnte[10].
Damals entstand eine leichte Entfremdung zwischen meinem Großonkel und mir. Aber es mag auch sein, daß dieser nur deshalb zu einem immer schärferen Kritiker des Hitler-Regimes wurde, weil er mich nicht verlieren wollte. Immerhin spielte ich bald den harten Burschen, empfand Menschlichkeit als Schwäche, wollte einmal ein Held werden...
Als im Sommer 1939 ein bevorstehender Krieg immer mehr zu einer erschreckenden Realität wurde, trug sich der Onkel plötzlich mit Selbstmordplänen und erklärte unumwunden, daß er die Großtante und mich »mitnehmen« würde. Und er sagte auch: »Da sterben wir wenigstens gemeinsam...«
Ein paar Tage später freute er sich allerdings, als von der NS-Volkswohlfahrt eine Einladung für mich kam. So erlebte ich den Kriegsausbruch in einem Kindererholungsheim außerhalb von Wien. Von dort wollte ich allerdings bald »abhauen«, um mich »an die Front zu begeben«. Denn irgendwer hatte mir von »Regimentskindern« erzählt, die es im 1. Weltkrieg angeblich gegeben haben soll. Vermutlich regten auch Bücher meine Phantasie an, und ich wollte zunächst nicht begreifen, daß es die letzten Trommlerbuben vermutlich beim Tiroler Freiheitskampf im Jahre 1809 gegeben hat.
Über den Bahnhof Baden bei Wien kam ich nicht hinaus, da ich weder Geld noch eine Fahrkarte besaß. Überdies fiel ich einem Polizisten auf: Er nahm mich auf die Wachstube mit, verständigte das Heim. Und ich war zutiefst betrübt, daß der Krieg ohne meine aktive Beteiligung zu Ende gehen könnte.

[10] Von 20 Burschen, die bei dieser Feierstunde anwesend waren, sind später 19 gefallen. Nur der Autor dieses Buches überlebte.

Als im August 1939 die Reservisten der Deutschen Wehrmacht mobilisiert wurden, mußte die Motor-HJ und sogar einzelne Jungzüge des DJ bei der Zustellung von Einberufungsbefehlen behilflich sein. Wobei die »Pimpfe« natürlich nicht motorisiert waren, sondern ihre Fahrräder benutzten.
Nach Beendigung des Polenfeldzuges übernahm die Hitler-Jugend die Betreuung von Verwundeten. Das heißt, daß die Burschen und Mädchen in die Lazarette gingen, dort Liebesgaben verteilten, Lieder vortrugen und musizierten.
In vielen Kreisleitungen der NSDAP wurden Meldedienste eingerichtet, was das Selbstbewußtsein der jugendlichen Helfer zunächst stärkte. Doch bald erkannte so mancher Hitlerjunge, daß er von den Politischen Leitern als »Leibeigener« betrachtet und für private Botengänge und Dienstleistungen mißbraucht wurde[11].
HJ-Hilfsdienste gab es auch bei Post und Bahn, wo Feldpostsendungen sortiert und vor allem verladen werden mußten. Und hin und wieder setzte man im ländlichen Raum auch Jugendliche als Briefträger ein, weil immer mehr Männer einrückten und die Frauen in der Landwirtschaft unentbehrlich waren.
Sehr verdient um die deutsche Kriegswirtschaft machten sich die jugendlichen Erntehelfer, die ab 1942 nicht nur im Reichsgebiet, sondern auch im Generalgouvernement (Rest-Polen) und im Gau Wartheland zum Einsatz kamen. Es waren dies rund 30.000 Burschen und Mädchen, darunter sogar Freiwillige aus Flandern, Dänemark, Holland und Norwegen[12].
Und mit Beginn des Bombenkrieges intensivierte man die Luftschutzausbildung bei der Jugend und gründete auch HJ-Feuerwehrscharen. So wurden allein bis 1942 rund 700.000 Hitlerjungen bei den Freiwilligen Feuerwehren geschult. Und

[11] Ringler, a.a.O., S. 89
[12] Mitteilung Major d. R. Horst Voigt

weitere 23.000 Burschen kamen zu den Schnellkommandos, die dem Chef der Ordnungspolizei unterstanden. Sie alle waren übrigens Angehörige des HJ-Streifendienstes.
Ab 21. April 1943 gab es überdies Feuerwehrhelferinnen, für die das Mindestalter 17 Jahre betrug, während die Burschen meistens viel jünger waren[13].
Annähernd zur selben Zeit meldete die Zeitschrift »Das junge Deutschland« (Heft 4/1943), daß bereits 607 HJ-Angehörige für ihr mutiges Verhalten bei feindlichen Luftangriffen mit militärischen Orden geehrt wurden: Sechs Burschen bekamen das Eiserne Kreuz II. Klasse, 134 das Kriegsverdienstkreuz I. Klasse mit Schwertern und alle übrigen das KVK II., gleichfalls mit Schwertern.
102 Hitlerjungen waren bis dahin verwundet worden, von denen 32 Buben ihren schweren Verletzungen erlagen. Und bis zum Ende des 2. Weltkrieges sollte es noch wesentlich mehr jugendliche Helden und leider auch sehr viele gefallene HJ-Angehörige geben. Doch fehlen darüber exakte Zahlen.
Ebenfalls im Jahre 1943 mußten die Oberschüler und Gymnasiasten der Geburtsjahrgänge 1926 und 1927 ihre Schulbänke mit einem Platz am Flakgeschütz oder Funkmeßgerät vertauschen. Und ein Jahr später wurde der Jahrgang 1928 herangezogen. Allerdings kam es auch vor, daß sogar Angehörige des Geburtsjahrganges 1929 als Luftwaffen- oder Marinehelfer dienten[14].
Marinehelfer gab es vorwiegend in Häfen und auf den Inseln der Nord- und Ostsee, doch wurden sie zum Schutz von Wassertransporten auch auf den Donaumonitoren in Österreich und Ungarn eingesetzt[15].
Während ursprünglich die Gesamtzahl aller Luftwaffen- und Marinehelfer mit rund 90.000 festgelegt wurde, dürften bis

[13] Rössl, a.a.O., S. 104/105 u. 185
[14] Ein LWH des Jahrganges 1929 war z. B. Friedrich Theurer (Siehe die Verlustliste)
[15] Mitteilung Regierungsrat Eugen Soukup

März 1945 mehr als 200.000 Schüler diesen Kriegshilfsdienst bei der Flak ausgeübt haben[16]*. Aber darüber hinaus mobilisierte man auch Jungarbeiter und Lehrlinge für die Luftabwehr. Und zwar geschah dies in allen größeren Rüstungsbetrieben.*
Auf dem Soldatenfriedhof Oberwölbing bei St. Pölten befindet sich zum Beispiel das Grab des knapp 14jährigen Berthold Weindich, der Lehrling und zugleich Flakhelfer war.
Aber auch der Reichsarbeitsdienst (RAD) wurde in den letzten Kriegsjahren für rein militärische Aufgaben verwendet; er mußte auch zahlreiche Flakbatterien in den besetzten Gebieten und in der Heimat übernehmen.
Die männlichen RAD-Angehörigen wurden unmittelbar an den Geschützen eingesetzt, die Arbeitsdienstmaiden fanden in den Feuerleitzentralen, an Flakscheinwerfern und an Horchgeräten Verwendung. Andererseits gab es auch junge Flakwaffenhelferinnen des BDM, die sich freiwillig zur Waffen-SS gemeldet hatten. Sie wurden z.B. in Prag sowohl an den Meßgeräten als auch beim Munitionstransport eingesetzt[17]*.*

1942 endete für mich der Jungvolkdienst, und ich meldete mich schon deshalb zur Flieger-HJ, weil ich Jagdflieger werden wollte. 1943 bestand ich die Segelflugprüfung A.
Meine »Karriere« in der Hitler-Jugend hielt sich jedoch in Grenzen.
Ich führte zwar bald eine Kameradschaft mit 15 bis 20 Burschen und etwas später eine Schar, die aus drei Kameradschaften bestand, doch mein Dienstgrad war lange Zeit nur der eines Rottenführers. Das entsprach in etwa einem Gefreiten bei der Wehrmacht.
Im Gegensatz zum »Altreich«, wo der Dienstgrad viel eher

[16] Nicolaisen, a.a.O., S. 11
[17] Mitteilung Herta Püringer. Vgl. auch Rüdiger, a.a.O., S. 45

der ausgeübten Dienststellung angepaßt wurde, war man diesbezüglich in der »Ostmark« weniger großzügig.
Bei der Flieger-HJ kam außerdem hinzu, daß wir mit dem Segelflugzeugbau und mit dem eigentlichen Flugbetrieb viel zu beschäftigt waren, um zusätzlich auch noch Unterführerlehrgänge besuchen zu können. Und überdies brachten uns höhere HJ-Führer ein gewisses Mißtrauen entgegen, weil unsere Heimabende mehr auf fliegerische Sachthemen als auf ideologische Schulungen ausgerichtet blieben.
Aber gerade deshalb erfüllte es uns mit Stolz, daß etwa der Fliegerhauptmann und Eichenlaubträger Schalanda aus unserer Fliegergefolgschaft 1/506 hervorging, bei der er eine Schar geführt hatte.
Unsere praktische Ausbildung erfolgte in der Reichssegelflugschule Spitzerberg, am Waschberg bei Stockerau, in Winden am Neusiedlersee, am Königsberg bei Enzersdorf a.d. Fischa und später auch in Ebergassing. Die zuletzt genannte Trainingsstätte gehörte zum Heinkelwerk, welches in der Gegend des jetzigen Flughafens Wien-Schwechat die Kampfflugzeuge He 111 und He 177 produzierte.
Der Sohn von Professor Ernst Heinkel gehörte vorübergehend meiner Flieger-HJ-Schar an; er erklärte oft, daß er eigentlich Landwirt werden wolle. Daraus ist allerdings nichts geworden, nach dem Krieg soll er maßgeblich an der Entwicklung eines Kleinkraftfahrzeuges, dem sogenannten Kabinenroller, beteiligt gewesen sein.
Die rein vormilitärische Ausbildung, der wir ab 1943 unterzogen wurden, beinhaltete in erster Linie Schießdienst. Und zwar war es zunächst das Kleinkaliber-Wehrsportmodell, mit welchen wir bald eine ausgezeichnete Treffsicherheit erreichten.
Im Winter 1943/44 wurden wir in ein Ausbildungslager am Semmering geschickt, in welchem erstmals die Flieger- und die Marine-Gefolgschaft unseres Bannes vereint waren. Nicht nur Abfahrtslauf und Slalom wurden trainiert, son-

dern auch die olympische Disziplin Biathlon. Erwähnenswert ist in diesem Zusammenhang, daß die beiden Lagerführer eine sehr unterschiedliche Nachkriegskarriere machten: Der eine spielte bei den »Grünen« in der Bundesrepublik Deutschland eine gewisse Rolle, und der andere diente sich in der britischen Kriegsmarine hoch. Ein weiterer Lagerteilnehmer lebt heute in einem israelischen Kibbuz[18].
Wieder zurück in Wien, holte man uns an Wochenenden in die Meidlinger Kaserne, wo uns Wehrmachtsunteroffiziere als »Edelsteine« bezeichneten. Und diese sind bekanntlich nur dann sehr wertvol, wenn man sie entsprechend geschliffen hat.
Natürlich blieb es nicht nur bei der »preußischen Bewegungstherapie«. Wir wurden auch am Karabiner 98 k und am MG 34 ausgebildet. Und der erste Gefechtdienst am Maurer Berg steigerte sichtlich unsere Begeisterung. Allerdings hatten wir am Montag nicht nur einen ganz respektablen Muskelkater, sondern schliefen in der Schule vor lauter Müdigkeit fast ein.

Im Mai 1944 starb mein Großonkel. Noch kurz vor seinem Tod erfüllte er mir meinen sehnlichsten Wunsch und gab mir die schriftliche Zustimmung, daß ich mich als Berufsoffiziersbewerber zur Deutschen Luftwaffe melden konnte.
Ich wurde angenommen. Und im Juli kam ich vorerst auf einen weiteren Segelfluglehrgang nach Ebergassing. Dort starteten wir nicht von einem Berghang, sondern wurden in unserem sperrholzverkleideten Schulgleitern von einer Motorwinde hochgeschleppt.
Es war stets ein eindrucksvolles Erlebnis, wenn wir früh am Morgen in etwa 30 bis 40 m Höhe aus dem Bodennebel heraus waren: Über uns herrlicher Sonnenschein und unter uns

[18] Dieser ehemalige HJ-Führer hatte eine jüdische Großmutter und trat nach 1945 zum mosaischen Glauben über.

brodelte eine mehr oder weniger dichte »Waschküche«. So konnten wir oft nicht einmal den »Außenwinker« sehen, der uns mit einer Fahne ankündigen sollte, wann wir ausklinken mußten.
Doch unser Gehör verriet uns sofort, wann der Mann an der Motorwinde zurückschaltete. Da »drückten« wir die Schnauze unserer Maschine bodenwärts und warfen das Schleppseil ab. Die Platzrunde, die wir anschließend flogen, führte über das Flugplatzgebäude und den Hangar hinweg. Dabei wurden wir gehörig durchgebeutelt, was auf die aufsteigende Warmluft zurückzuführen war.
Und etwas später, wenn wir zur Landung ansetzten, pfiffen die Drähte der Tragflügelverspannung so laut, daß die am Flugplatzrand arbeitenden Bäuerinnen jedesmal erschrokken ihre Köpfe einzogen.
Als am 20. Juli 1944 das Attentat auf Hitler verübt wurde und der Oberst i. G. Heinrich Kodré auch im Wehrkreis XVII den sogenannten »Walküre«-Plan anlaufen ließ, mobilisierte ein junger Luftwaffenoffizier aus dem nahen Götzendorf sowohl die ihm unterstehenden Fliegersoldaten als auch uns Hitlerjungen. Wobei uns gesagt wurde, daß wir den Schutz von Reichsleiter Baldur von Schirach auf der Hohen Warte in Wien übernehmen sollten.
Die Lastkraftwagen standen bereit, wir faßten Karabiner, Munition und Stahlhelme. Doch dann stellte sich heraus, daß unser ehemaliger Reichsjugendführer gar nicht in seiner Gauhauptstadt war. Außerdem hieß es: »Die SS und die Gestapo sind wieder Herr der Lage!«
Daraufhin wurde der Alarm abgeblasen, die Kampfausrüstung wieder abgeliefert. Und am nächsten Tag nahm der Flugbetrieb seinen gewohnten Verlauf.
Wir wußten nicht, was wirklich vorgefallen war!
Und es wurde vorläufig auch nicht bekannt, daß Schirach bei seiner Rückkehr nach Wien dem Stadtkommandanten, Generalleutnant Sinzinger, das Goldene Parteiabzeichen

von der Uniform riß, während er dem Ritterkreuzträger Heinrich Kodré nahelegte, aus Wien zu verschwinden[19].
Erst viele Jahre später erfuhr ich, daß dieser Generalstabsoffizier in das KZ-Lager Mauthausen gebracht wurde und dort noch vor der Befreiung durch die Amerikaner an einem Aufstand des gleichfalls inhaftierten Sowjetmajors Pirogow teilgenommen haben soll[20].
Trotzdem muß ich zugeben, daß ich und meine Kameraden im Juli 1944 bedenkenlos auf diesen Mann geschossen hätten, wenn wir damals nach Wien hineingefahren wären. Schließlich hatte man uns so erzogen. Und dabei spielten Worte wie: »Hier stehe ich, hier falle ich!« eine bedeutende Rolle. Gesagt wurde dies nicht nur bei der Hitler-Jugend, sondern auch in der Schule.
Ich erinnere mich zum Beispiel an einen Herrn Alfred Lehner, der zwar Hauptschuldirektor, niemals aber Parteimitglied war. Doch gerade er verstand uns Schüler zu fanatisieren. Und er genoß es mit sichtlichem Stolz, als sein Sohn das Ritterkreuz des Eisernen Kreuzes bekam.
Nach dem Heldentod.
Die »stolze Trauer«, die Lehner deshalb empfand, drückte er immer wieder in Durchhalteparolen und der Aufforderung aus, jederzeit bereit zu sein, gleichfalls unser Leben hinzugeben.
Für Hitler?
Nein, diesen Namen sprach der Schuldirektor eigentlich niemals aus. Auch Volk und Heimat erschienen ihm nicht besonders erwähnenswert. Doch er betonte sein »deutsches Mannestum«, die soldatischen Tugenden und den Glauben an den Endsieg.
Als ich ihn einige Jahre nach Kriegsende zufällig auf der Straße traf, erklärte er mir, daß er schon immer »dagegen«

[19] Jedlicka, a.a.O., S. 121
[20] Rossiwall, a.a.O., S. 308

gewesen sei. Und er gab sich sogar als »Widerstandskämpfer« aus. Was er ganz bestimmt niemals war.

Im September 1944 mußte die Deutsche Wehrmacht eine Niederlage nach der anderen hinnehmen: In Italien, Frankreich, Belgien und den Niederlanden stießen die Westalliierten immer weiter vor. Und im Osten hatten die Sowjets bereits die Memel und die Weichsel erreicht. Sie standen außerdem in Siebenbürgen und in den Ostkarpaten, bedrängten die Beskiden-Pässe.
Da wurde auf Befehl Hitlers die sogenannte Reichsschutzstellung gebaut, welche auch unter den Namen Ost- und Südostwall bekannt wurde. Und viele dachten dabei an raffiniert ausgebaute Bunkersysteme, schwere Festungsartillerie, bombensichere Munitionslager und dergleichen.
Doch von all dem war kaum etwas vorhanden...
Es gab zwar einen Panzergraben, der sich von Preßburg bis zum Neusiedler See und von dessen südöstlichem Ufer bis zum Geschriebenstein hinzog, doch wurde dieser durch Straßen und selbst Feldwege unterbrochen, die erst in der Stunde X gesprengt werden sollten.

Ich war dabei, als im Burgenland dieser Panzergraben ausgehoben wurde. Wir Hitlerjungen aus Wien lagen damals in Neusiedl am See, Weiden, Gols, Mönchhof und Halbturn im Quartier.
Mit dem Volkssturm[21] hatte dieser Schanzeinsatz (vorläufig) nichts zu tun, die dafür benötigten Arbeitskräfte wurden ganz einfach kriegsdienstverpflichtet. So kamen aus Wien nicht nur einige tausend Burschen der Geburtsjahrgänge 1928 und 1929, sondern auch rund 30.000 Fabrikar-

[21] Der Volkssturm wurde durch Führererlaß am 21. Sept. 1944 gebildet. Er dehnte die Wehrpflicht auf 16- bis 60jährige aus. Das III. Aufgebot mit der Hitler-Jugend wurde erst 1945 mobilisiert.

beiter, die gleichfalls beim Stellungsbau beschäftigt wurden.
Wir hatten nur Spaten, Schaufeln und Spitzhacken, jedoch keine Bagger zur Verfügung. Und unsere Arbeitskleidung bestand entweder aus HJ-Uniformen oder aus Waffenröcken und Hosen jener Armeen, die in besseren Zeiten von der Deutschen Wehrmacht besiegt worden waren.
Als die ersten Herbststürme kamen, in der Nacht das Thermometer auf Minusgrade fiel, da froren wir nicht nur, sondern hatten auch große Schwierigkeiten, uns weiter in den Boden hineinzuwühlen.
Da kamen außerdem die burgenländischen Weinbauern, ältere und starrköpfige Männer, die nicht mehr wehrpflichtig waren. Und die mit Prügeln und Peitschen zu verhindern suchten, daß der Panzergraben und die MG-Stellung gerade in ihren Weingärten gebaut wurden.
Es kam zu hitzigen Wortgefechten, zu Raufereien und Sabotageakten. Und das Frontabschnittskommando Nord gestattete es plötzlich, daß HJ-Führer Waffen tragen durften, soweit wir diese selbst beistellten. Auf diese Weise wurde so manche alte Armeepistole, so mancher Trommelrevolver »legalisiert« und in unsere Dienstausweise eingetragen.
Es gab auch eine KTL-Kompanie[22] aus der SS-Kaserne Schönbrunn, die aus Kfz-Lehrlingen und Ingenieurschülern bestand. Diese waren nicht älter als wir, besaßen aber Wehrmachtskarabiner und Stahlhelme. Auch standen ihnen mehrere Motorräder zur Verfügung. Es war daher naheliegend, gerade diese Einheit für Sicherungsaufgaben und als Kradmelder einzusetzen sowie zum Streifendienst während der Nachtstunden.
Die Verpflegung, die für uns Fronthelfer aus Wien kam, hielt sich in Grenzen. Sie bestand vor allem aus Teigwaren, wurde aber nur zu oft mit ranzigem Fett zubereitet. Und

[22] KTL: Abkürzung für Kraftfahrtechnische Lehranstalt der Waffen-SS.

wenn es Wurst gab, so war diese alt und hart, und das Brot hatte meistens Schimmel angesetzt.
Einmal kam auch Baldur von Schirach auf »Frontbesuch« nach Neusiedl am See. In seinem Kübelwagen fuhr er die gerade ausgehobenen Stellungen entlang und gab sich ganz leutselig.
Es fiel uns auf, daß die ursprünglich ranke und schlanke Gestalt des ehemaligen Reichsjugendführers längst nicht mehr ideal war und sein Gesicht verlebt und aufgedunsen wirkte.
Ich riskierte fast einen Strafdienst, als ich auf die Frage des Gauleiters, wie ich mit der Verpflegung zufrieden wäre, zur Antwort gab: »Wenn das Essen bei uns eintrifft, ist es fast immer kalt. Es schmeckt widerlich, ist nicht ausreichend und ohne jede Abwechslung Wir haben oft Hunger!«[23]
Auch die Ausrüstung kritisierte ich, wies darauf hin, daß die gesamte Unterwäsche von unseren Eltern beigestellt werden mußte. Nur um die Reinigung sorgte sich dann niemand. Außerdem fehlten uns Decken, Zeltplanen oder ein sonstiger Regenschutz.
Dann die schwersten Vorwürfe: »Es gibt kein Verbandszeug und keine Medikamente! Wenn wir davon etwas brauchen, müssen wir es um unser eigenes Geld in der Apotheke kaufen. In den Scheunen, wo wir untergebracht sind, liegt ein gutes Dutzend unserer Leute mit Fieber, Halsentzündung, Darminfektion und dergleichen. Die für uns zuständige BDM-Ärztin haben wir noch nicht gesehen...«
Baldur von Schirach war entrüstet.
Nicht über mein vertrauliches Du-Wort, mit welchem ich ihn ansprach, denn dies empfand er als gewesener Reichsjugendführer als selbstverständlich. Und er ärgerte sich auch nicht über die aufgezeigten Mißstände, sondern über den

[23] Über die Mißstände beim Südostwallbau erschien am 9. Juli 1982 ein Artikel in der Beilage zur Arbeiter-Zeitung, deren Chefredakteur Manfred Scheuch selbst HJ-Fronthelfer war.

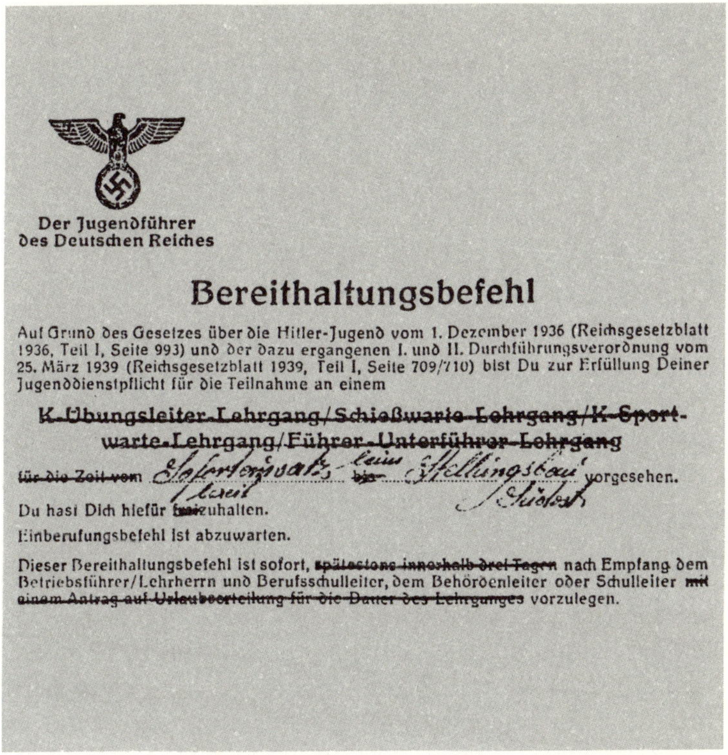

Der Jugendführer
des Deutschen Reiches

Bereithaltungsbefehl

Auf Grund des Gesetzes über die Hitler-Jugend vom 1. Dezember 1936 (Reichsgesetzblatt 1936, Teil I, Seite 993) und der dazu ergangenen I. und II. Durchführungsverordnung vom 25. März 1939 (Reichsgesetzblatt 1939, Teil I, Seite 709/710) bist Du zur Erfüllung Deiner Jugenddienstpflicht für die Teilnahme an einem

~~K-Übungsleiter-Lehrgang/Schießwarte-Lehrgang/K-Sportwarte-Lehrgang/Führer-Unterführer-Lehrgang~~

~~für die Zeit vom~~ Sofortseinsatz beim ~~bis~~ Stellungsbau Südost vorgesehen.

Du hast Dich hiefür ~~frei~~ bereit zuhalten.

Einberufungsbefehl ist abzuwarten.

Dieser Bereithaltungsbefehl ist sofort, ~~spätestens innerhalb drei Tagen~~ nach Empfang dem Betriebsführer/Lehrherrn und Berufsschulleiter, dem Behördenleiter oder Schulleiter ~~mit einem Antrag auf Urlaubserteilung für die Dauer des Lehrganges~~ vorzulegen.

Der Schanzeinsatz im Bereich des sogenannten Südostwalles erfolgte keinesfalls freiwillig.

anklagenden Ton, mit welchem ich meine Beschwerde vorbrachte.

Jedenfalls versuchte der ihn begleitende Gebietsführer Hans Lauterbacher die ganze Angelegenheit abzuschwächen. Oder er gab sich eben diplomatischer als wir, die nichts von den Kompetenzschwierigkeiten zwischen Wehrmacht und Partei, zwischen NS-Frauenschaft, HJ und NSV sowie den diversen anderen Dienststellen wußten.

Natürlich sagte uns auch niemand, was der Chef der Sicherheitspolizei und des SD, SS-Obergruppenführer Dr. Ernst Kaltenbrunner, damals an Martin Bormann meldete: »In Wien herrscht neben der Niedergeschlagenheit und der Ratlosigkeit auch der Zustand, daß keine starke Persönlichkeit politischen Halt zu geben vermag oder die Bevölkerung in ortsüblicher Form anspricht. Das einzige was ›von oben‹ geschieht, ist die Planung einer Befestigungslinie, die in verschiedenen Varianten von der Nordslowakei über den Thebener Kogel zum Neusiedler See führt und dann mehr oder weniger haltlos durch das Ödenburger Ländchen oder westlich herum auf Karten eingezeichnet wird, um sich dann irgendwo in der Semmering- Gegend zu verlaufen.«[24]

Und noch weniger wußten wir etwas von Major Carl Szokoll, dessen Widerstandstätigkeit im Wehrkreiskommando XVII (Abteilung Ib/Organisation) darauf hinauslief, möglichst keine Befestigungsanlagen auf österreichischem Boden entstehen zu lassen.

Trotzdem änderte sich bald einiges: Am Abend nach der Schirach-Visite wurde an jeden der HJ-Fronthelfer eine große Tafel Schokolade ausgegeben. In Gols quartierte sich in einer leerstehenden RAD-Baracke tatsächlich eine Ärztin ein und nahm sich der gesundheitlichen Betreuung der Burschen an.

Außerdem konnten wir Besuche von Verwandten empfan-

[24] Rauchensteiner, Der Krieg, a.a.O., S. 82

gen, die uns etwas zu essen brachten. Dabei war es allerdings klar, daß sich unsere Eltern die mitgebrachten Nahrungsmittel vom eigenen Mund absparen mußten.
Völlig überraschend sprach mir unser Bannführer sein persönliches Lob für meine »Meuterei« aus und teilte mir auch meine Beförderung zum bestätigten Kameradschaftsführer[25] mit.
Mitte November 1944 setzte Reichsverteidigungskommissar Baldur von Schirach immer mehr russische und ukrainische Zwangsarbeiter, französische Kriegsgefangene, KZ-Häftlinge und auch ungarische Juden zum Bau des Südostwalles ein und schickte uns HJ-Fronthelfer nach Wien zurück.

Kaum wieder daheim, setzte ich beim Wehrbezirkskommando endlich meine Einberufung zur Luftwaffe durch. Ich fuhr nach Pocking in Niederbayern, ohne mich beim Bannführer Walter Melich abzumelden. Denn ich befürchtete, daß er mich auf einen Sonderlehrgang in die HJ-Gebietsführerschule Plankenberg schicken würde.
Diesbezügliche Andeutungen machte er noch in Gols, und er erwähnte dabei etwas von Feldwachkommandos, die von der Hitler-Jugend im Bereich der Reichsschutzstellung errichtet werden sollten. Ihre Aufgabe hätte in Wach- und Streifendienst bestanden.
Im Fliegerhorst Pocking besuchte ich einen Offiziersanwärter-Auswahllehrgang, flog gleichzeitig die Segelflugprüfung C und erwarb auch den Luftfahrerschein. Und es dürfte nicht uninteressant sein, daß einer meiner damaligen Kameraden später in der wiedererstandenen Republik Österreich sogar Bundesminister wurde.

[25] Eine sogenannte Bestätigung erfolgte nur bei den tatsächlichen HJ-Diensträngen und hatte mit der ausgeübten Dienststellung, die ebenfalls Kameradschaftsführer sein konnte, nichts zu tun.

Ursprünglich war unser »Haufen« für ein Jagdgeschwader »Hitlerjugend« bestimmt, welches erst aufgestellt werden sollte. Doch man riß uns auseinander, schickte einen Teil an die Westfront und den anderen in die Luftkriegsschule Oschatz. Ich befand mich bei der Oschatz-Gruppe, und ein Ausbildungsfeldwebel sorgte dafür, daß in meinen Fahrausweis die Route über Wien eingetragen wurde. Was er nicht ganz selbstlos tat, nachdem ich für sein Mädchen in Währing ein paar Pakete mitbekam.
Bei der Ankunft am Wiener Westbahnhof lief ich zufällig dem Bannführer Walter Melich über den Weg, und da gab es sofort ein »Donnerwetter«, welches die vorbeigehenden Landser zwar belustigte, mich aber sichtlich verwirrte. Denn er sprach mit mir, als wäre ich ein Deserteur oder zumindest ein Abtrünniger. Womit er lediglich meinen »stillen Abgang« von der Hitler-Jugend meinte.
Dann schleppte er mich zur Bahnhofswache und begann mit allen möglichen Dienststellen zu telefonieren.
Und schließlich wurde mir vom Bahnhofsoffizier der Fahrausweis abgenommen, während Melich mir mitteilte: »Du fährst nicht nach Oschatz, sondern du hast dich morgen um 9 Uhr in der Banndienststelle zu melden!«

Zur Jahreswende 1944/45 gehörten bereits 81.600 Freiwillige des Geburtsjahrganges 1928 der Deutschen Wehrmacht an[26]*.*
Und Anfang Jänner wurden aus der »32. Welle«, womit gleichfalls diese Altersgruppe gemeint war, insgesamt acht Divisionen neu aufgestellt[27]*!*
Adolf Hitler selbst traf die Anordnung, daß das Heer weitere 412.500 Burschen des Geburtsjahrganges 1928 erhalten sollte. Der Kriegsmarine teilte er 12.500, der Luftwaffe 30.000 und der Waffen-SS 90.000 zu. Und aus den Aufzeichnungen

[26] Schramm, a.a.O., S. 1303
[27] Ebenda S. 1314

Botschaft des Führers an die Hitler-Jugend

Beispielhafter Jahrgang 1928 / 70 v. H. Freiwilligenmeldungen

Berlin, 10. Oktober. Reichsjugendführer Axmann erstattete dem Führer die Meldung, daß sich 70 v. H. des Geburtsjahrganges 1928 der Hitler-Jugend freiwillig zu den Waffen gemeldet haben. Die Meldung an den Führer brachte zum Ausdruck, daß es stets der Herzenswunsch der Jugend Adolf Hitlers gewesen ist, während des Freiheitskampfes unsres Volkes in seinem Geist die Bewegung der jungen Kriegsfreiwilligen zu schaffen. Mit jedem Jahr dieses gewaltigen Ringens sei die Zahl der Kriegsfreiwilligen gestiegen. Diese echte Kriegsfreiwilligkeit unsrer Jugend, so meldete Artur Axmann, werde in der Kampfmoral auf dem Schlachtfeld lebendig sein.

Adolf Hitler beantwortete die Meldung an die Kriegsfreiwilligen der Hitler-Jugend folgendermaßen: „Meine Hitler-Jugend! Mit Stolz und Freude habe ich eure Meldungen als Kriegsfreiwillige des Jahrganges 1928 entgegengenommen. In der Stunde der Bedrohung des Reiches durch unsre haßerfüllten Feinde habt ihr ein leuchtendes Beispiel kämpferischer Gesinnung und fanatischer Einsatz- und Opferbereitschaft gegeben.

Die Jugend unsrer nationalsozialistischen Bewegung hat an der Front und in der Heimat erfüllt, was die Nation von ihr erwartet. Vorbildlich haben eure Kriegsfreiwilligen in den Divisionen „Hitler-Jugend", „Großdeutschland", in den Volksgrenadierdivisionen und als Einzelkämpfer in allen Wehrmachtteilen ihre Treue, ihre Härte und ihren unerschütterlichen Siegeswillen durch die Tat bewiesen.

Die Erkenntnis von der Notwendigkeit unsres Kampfes erfüllt heute das ganze deutsche Volk, vor allem aber seine Jugend. Wir kennen die erbarmungslosen Vernichtungspläne unsrer Feinde. Deshalb werden wir immer fanatischer diesen Krieg für ein Reich führen, in dem ihr einmal in Ehren arbeiten und leben werdet. Ihr aber als junge nationalsozialistische Kämpfer müßt unser ganzes Volk in Standfestigkeit, zäher Beharrlichkeit und unbeugsamer Härte noch übertreffen.

Der Lohn des Opfers unsres heldenmütigen jungen Geschlechts wird im Sieg zur stolzen und freien Zukunft unsres Volkes und nationalsozialistischen Reiches führen."

Freiwilligenmeldungen: Prozentuell nach oben aufgerundet (»Kleine Wiener Kriegszeitung« v. 11.10.1944)

des Wehrmachtsführungsstabes ging hervor, daß sich bei diesem letzten Aufgebot insgesamt 375.000 Kriegsfreiwillige befanden[28]*.*
Das waren 62,5 Prozent dieses Jahrganges, was den NS-Propagandisten noch zu wenig schien, denn sie sprachen von 70 Prozent[29]*.*
Kein Zahlenmaterial gibt es über die HJ-Volkssturmverbände, die Anfang 1945 aufgestellt wurden. Und es heißt lediglich, daß im Wirkungsbereich einer jeden Gebietsführung eine HJ-Panzervernichtungsbrigade aufgestellt werden sollte[30]*.*
Allerdings setzte sich diese Bezeichnung nicht allgemein durch. Und zahlreiche HJ-Kampfeinheiten erreichten auch zahlenmäßig keinesfalls Brigadestärke.
Der Großteil des HJ-Volkssturmes bestand aus Angehörigen des bereits erwähnten Achtundzwanzigerjahrganges. Und dies bedeutete, daß die von Hitler angeordnete Aufteilung auf die vier Wehrmachtsteile nur zum Teil erfüllt werden konnte.
Darüber hinaus mußten auch viele Burschen des Geburtsjahrganges 1929 als HJ-Fronthelfer dienen, und in manchen Gebieten griffen die Reichsverteidigungskommissare sogar auf den Jahrgang 1930 zurück.
Es blieb auch weitgehend unbekannt, daß Angehörige des Geburtsjahrganges 1929 in den letzten Kriegsmonaten auch bei den Rekrutenkompanien des Heeres, der Luftwaffe, der Kriegsmarine oder der Waffen-SS ausgebildet wurden. Und zwar handelte es sich vorwiegend um Burschen, die vorher eine Unteroffiziersvorschule oder eine technische Lehranstalt der Wehrmacht besucht hatten.
Doch darüber hinaus schlossen sich sogar noch wesentlich jüngere Buben den zurückgehenden Fronttruppen an, wur-

[28] Ebenda S. 1302/1303
[29] Kleine Wiener Kriegszeitung vom 11. Okt. 1944
[30] Mitteilung Major d. R. Horst Voigt

den von diesen eingekleidet und vordringlich als Meldegänger eingesetzt. Was offiziell gar nicht erlaubt war, trotzdem aber immer wieder geschehen ist.

Ich war also wieder bei der Hitler-Jugend, nachdem mich die Luftwaffe für »besonders kriegswichtige Aufgaben« freigestellt hatte. Im Jänner 1945 wurden nämlich in Wien die ersten HJ-Kompanien zur Panzerbekämpfung aufgestellt, und ich mußte zunächst mit einigen Kameraden das Ausbildungslager Knödelhütte bei Hütteldorf einrichten. Dort standen Baracken, die vor 1938 ein Kinderheim der katholischen Kirche beherbergten. Doch machten sie nun einen ausgesprochen desolaten Eindruck.
Kameradinnen vom BDM säuberten die Fußböden und die Fenster. Dann schleppten wir ganze Berge von HJ-Winteruniformen und Drillichen heran, auf denen noch die Schulterklappen und die rotweißroten Hakenkreuzarmbinden fehlten. Doch auch davon war genügend vorhanden, so daß die Mädchen diesen »Aufputz« annähen konnten. Auf Weisung der Gebietsführung.
Wir selbst empfanden die HJ-Armbinden als hellen Wahnsinn, da sich feindliche Scharfschützen keinen auffälligeren Zielpunkt wünschen konnten.
Sehr unzufrieden waren wir auch mit dem Koppelzeug, das nicht mehr aus Leder, sondern aus Papiermaché bestand. Und zu unserem Entsetzen lieferte man auch Schuhe mit Holzsohlen. Nur die Karabiner 98 k waren noch von ausgezeichneter Qualität, da sie uns von der Waffen-SS zur Verfügung gestellt wurden.
Mangel herrschte anfänglich an Stahlhelmen. Und die beiden Maschinengewehre, welche man uns zuteilte, waren für eine kriegsstarke Kompanie von fast 200 Mann eindeutig zu wenig. Doch wurde uns gleich in den ersten Tagen ein ganzer Lkw voller Panzerfäuste geliefert.
In meine Fehlbestandsliste mußte ich Tornister, Zeltpla-

nen, Brotbeutel, Feldflaschen, aber auch Gasmasken, Patronentaschen und Bajonette eintragen. Man glaubte offenbar, daß eine HJ-Kompanie auch ohne diese Ausrüstungsgegenstände auskommen müßte. Später hörte ich, daß damals bereits Sabotage mit im Spiel war...

Als Ausbilder wurden uns und den übrigen WE-Lagern nur fronterfahrene Unteroffiziere zugeteilt. Darunter befanden sich vorwiegend Kriegsversehrte und sogar Amputierte, die früher selbst HJ-Führer waren. Aber es wurden auch Lazarette und Erholungsheime nach weiteren Unterführern »durchforstet« sowie Freiwilligenmeldungen von allen Truppenteilen der Deutschen Wehrmacht entgegengenommen.

Überdies forderte die Wiener HJ-Gebietsführung noch einige Angehörige des Geburtsjahrganges 1928 an, die ebenso wie ich bereits zu einem früheren Zeitpunkt als Offiziersbewerber eingerückt waren. Dann bildete man uns in einem wahren Blitztempo zu Gruppenführern aus.

Parallel dazu erfolgte auch die Grundausbildung für die »gewöhnlichen« HJ-Fronthelfer, was zunächst 4 Wochen dauerte. Doch mit dem Näherrücken der sowjetischen Front in Ungarn wurden die Lehrgänge nicht nur auf der Knödelhütte, sondern auch in allen anderen Ausbildungsstätten immer kürzer. Was eindeutig auf den Wunsch der obersten Führung zurückzuführen war, möglichst viele jugendliche Waffenträger auszubilden.

Ungünstig wirkte sich außerdem aus, daß unsere »Kindersoldaten« nach Beendigung eines Lehrganges vorübergehend abrüsten durften oder zu einer unserer Einheiten in der Reichsschutzstellung kamen. Dadurch war es praktisch unmöglich, sich gegenseitig etwas besser kennen zu lernen und eine Gemeinschaft zu bilden.

Wir HJ-Unterführer bekamen überdies ein eigenes Quartier in einer Villa, die seit Jahren als Jugendherberge verwendet wurde. Das war uns zwar sehr angenehm, ärgerte

400.000 deutsche Jungen beim Stellungsbau

Bekenntnis zur Kriegsfreiwilligkeit / Neujahrsansprache Axmanns

Berlin, 1. Jänner. Reichsjugendführer Axmann wendete sich am Neujahrstag mit einer Ansprache an die deutsche Jugend:

„Im Jahre 1944", erklärte der Reichsjugendführer, „hat mit unserem Volk auch seine Jugend eine sehr schwere und harte Belastungsprobe erfolgreich bestanden." Symbolhaft für den Geist und die Einsatzbereitschaft der deutschen Jugend im sechsten Kriegsjahr sei schlechthin der Stellungsbau und Schanzdienst geworden, den nahezu 400.000 Jungen an den vom Feind bedrohten Grenzen aufnahmen. „In kurzer Zeit", so fuhr der Reichsjugendführer fort, „sind diese Fronthelfer der Hitler-Jugend zum Inbegriff der nationalsozialistischen Kriegsjugend geworden, die im unmittelbaren Dienst der kämpfenden Truppe steht." Neben ihnen erfüllten die Mädel in Nähstuben, Krankenrevieren, Küchen, überall dort, wohin man sie rief, ihre Pflicht. „Mit einer solchen Jugend", erklärte Axmann, „müssen wir den Krieg gewinnen."

Der Reichsjugendführer dankte den deutschen Eltern, die der Jugendführung verständnisvoll Söhne und Töchter für den Kriegseinsatz in der Heimat anvertrauten. Axmann versicherte den Eltern, daß die Jugendführung mehr denn je auch im neuen Jahr sich der hohen Verantwortung bewußt sei, die sie für die Erziehung der Jugend trage.

„Ein überzeugender Beweis für die Haltung der Jugend in diesem gewaltigen Freiheitskampf", erklärte der Reichsjugendführer, „ist ihr Bekenntnis zur Kriegsfreiwilligkeit. Ich bin der festen Ueberzeugung, daß auch der Jahrgang 1929 in seiner Haltung und Ausbildung dem Jahrgang 1928 in keiner Weise nachstehen wird."

Immer stärker werde offenbar, fuhr Axmann fort, daß die Erziehung Adolf Hitlers einer der realsten und entscheidendsten Faktoren in unserem Krieg sei. Der Kampfgeist unserer jungen Soldaten habe in der SS-Division „Hitler-Jugend" seinen symbolischen und militärischen Ausdruck erhalten. „Unsere Kriegsfreiwilligen sind schon", sagte der Reichsjugendführer, „die jungen nationalsozialistisch erzogenen Soldaten unserer Revolutionsarmee.

Der Feind bezeichnet sie als seine größte Gefahr. Wir werden dafür sorgen, daß es immer so bleibt. Die führertreue Jugend unserer Nation hat in begeisterter Bereitschaft den Angriffsbefehl in diesen Tagen im Westen empfangen, und von ihr kann gesagt werden, daß sie im wahrsten Sinne des Wortes für Adolf Hitler durchs Feuer geht.

Axmann sprach erstmals offiziell von Fronthelfern der Hitler-Jugend („Kleine Wiener Kriegszeitung« v. 2.1.1945)

aber die Wehrmachtsausbilder, weil diese in den Baracken verbleiben mußten, soweit sie nicht ohnedies eine Heimschläfererlaubnis hatten.
Jedenfalls sahen uns die meisten HJ-Soldaten als kleine Bonzen an, die es sich »richten« konnten und die auch mehr Freizeit und Ausgänge als sie hatten.
Allerdings war den wenigsten Fronthelfern bekannt, daß außerhalb des Lagers der normale HJ-Dienst weiterlief. So mußte ich nach meiner Rückkehr nach Wien auch wieder mein Amt als Hauptscharführer unserer Fliegergefolgschaft übernehmen. Und zwar widmete ich mich der Erfassung der flugbegeisterten 14jährigen, hielt vor ihnen Vorträge, schickte sie in die Werkstätte des NS-Fliegerkorps und schließlich sogar auf einen Segelfluglehrgang in Enzersdorf a.d. Fischa.
Jedenfalls wirkt es in diesem Zusammenhang geradezu gespenstisch, daß auf dem Königsberg selbst dann noch normaler Flugbetrieb herrschte, als die sowjetischen Panzer bereits vor Bruck a.d. Leitha standen[31]. Und diese Stadt ist von Enzersdorf a.d. Fischa nicht einmal 30 km entfernt.

Ende Jänner 1945 gab es in Wien bereits fünf HJ-Kompanien. Und im Raum Nickelsdorf wurde überdies das Wiener HJ-Volkssturmbataillon 41/6 aufgestellt. Doch gerade dort mußte die weitere Ausbildung zeitweise unterbrochen werden, weil die Burschen an den Befestigungsanlagen weiterbauen mußten.
Die Verantwortung dafür übernahm der Wiener Ratsherr und Kreisleiter Hans Arnhold, der niemals ein besonderer Freund des Reichsleiters Baldur von Schirach war und dem man nachsagte, daß er sich wesentlich besser mit dem niederösterreichischen Gauleiter Dr. Hugo Jury verstand. Und in diesem Sinne betonte Arnhold bei jeder Gelegenheit, daß

[31] Mitteilung Erwin Hirsch und Walter Veit

Wien nur im Vorfeld, also im Bereich des Südostwalles verteidigt werden könnte.
Baldur von Schirach hatte hingegen schon früher gesagt, er wolle Wien zur »Festung des härtesten Widerstandes« machen und lieber tapfer sterben als feige sein[32].
Und deshalb behielt er auch die in Wien verbliebenen HJ-Kompanien zu seiner persönlichen Verfügung. Doch wurde offiziell nur von HJ-Panzerjagdkommandos oder Panzerjagdkompanien gesprochen.
Übrigens führten beide Wiener HJ-Bataillone den Namen Werwolf, was in der Nachkriegszeit zu wilden Spekulationen und unsinnigen Vermutungen Anlaß gab. Aber daran war wohl in erster Linie ein Mann wie Dr. Josef Goebbels schuld, der eine Geheimorganisation des gleichen Namens vor allem gegen den »inneren Feind« einsetzen wollte. Mit dieser erst am 1. April 1945 gegründeten Terrortruppe hatte das Wiener HJ-Volkssturmkontingent nie etwas zu tun!
Die Spezialabwehr beim Reichsführer SS befaßte sich bereits im Herbst 1944 mit der möglichen Aufstellung von Grenzschutzverbänden, welche für eine Kleinkriegsführung ausgebildet werden sollten. Dabei erinnerte sich der SS-Obergruppenführer Hans-Adolf Prützmann an jenen Guerillakampf, der nach dem 1. Weltkrieg sowohl in Oberschlesien als auch an der Ruhr geführt wurde[33].
Damals kämpften Freikorps gegen die Polen und gegen die Franzosen, nachdem die Reichswehr nicht offiziell den Schutz der ursprünglich deutschen Grenzprovinzen übernehmen durfte. Und unter diesen »Söldnern ohne Sold«, wie sie der Franzose Dominique Venner bezeichnete, befand sich auch eine militante Gruppierung, die sich Werwolf nannte und besonders gut organisiert war.
Prützmann wollte jedenfalls auf die Erfahrungswerte von da-

[32] Rebhann, a.a.O., S. 129
[33] Rose, a.a.O., S. 128

mals zurückgreifen und sprach darüber im Dezember 1944 auf einer Tagung in Potsdam auch vor höheren HJ-Führern[34]*. Worauf die Reichsjugendführung die Bildung von HJ-Grenzschutzkompanien (im Rahmen des III. Volkssturmaufgebotes) forcierte.*
Dabei dachte man in erster Linie an die Bekämpfung von feindlichen Panzern, denen ein Vorstoß in das deutsche Hinterland gelingen könnte. Und die von speziell ausgebildeten HJ-Fronthelfern gejagt und abgeschossen werden sollten.
Weil historische Vorbilder bei den Nationalsozialisten schon immer große Bedeutung hatten und viele Wehrmachts- und Waffen-SS-Einheiten nicht nur eine Nummernbezeichnung, sondern auch einen Traditionsnamen trugen, wollte diesbezüglich auch die Hitler-Jugend nicht zurückstehen: So kam es, daß die beiden Wiener HJ-Volkssturmbataillone in Erinnerung an die Jahre 1921–1924 den Namen Werwolf annahmen[35]*.*

Mit Ausnahme des Ottakringer Bannführers Franz Korn, der vor 1945 niemals Soldat war, hatten sich alle anderen Führer der Wiener HJ-Kompanien als Frontoffiziere bewährt. Und etliche von ihnen gehörten früher der Waffen-SS an.
Bannführer Walter Melich kam allerdings vom Heer.
Daher war es verwunderlich, daß er mich für einen Sonderlehrgang auswählte, der in den Kompetenzbereich des Höheren SS- und Polizeiführers von Wien fiel. Schließlich wollte ich Jagdflieger werden und hatte noch immer die Illusion, eines Tages doch noch zur Luftwaffe zurückkehren zu können.
Aber dann erklärte er mir, daß eine Jagdkampfausbildung

[34] Ebenda, a.a.O., S. 135
[35] Es gab u.a. auch ein HJ-Regiment »Adolf Hitler«, eine HJ-Kampfgruppe »Reichsjugendführer«, eine HJ. Pz. Vernichtungsbrigade »Feldherrnhalle«, eine HJ. Pz. Jgd. Brigade »Hitlerjugend« u.s.w.

gerade für einen zukünftigen Berufsoffizier empfehlenswert sei, weil er dabei die »Kunst des Überlebens« erlerne. Andererseits werde den Lehrgangsteilnehmern auch gezeigt, wie man »anständig stirbt«, wenn dies die Situation erfordern sollte.

Mit weiteren Details wartete er jedoch nicht auf.

Und auf die Idee, den Bannführer zu fragen, warum diese Spezialausbildung gerade Werwolflehrgang hieß, kam ich erst gar nicht. Denn es genügte mir der Hinweis, daß die Teilnahme daran einer Auszeichnung gleichkäme. Woraufhin ich sofort die Freiwilligenmeldung unterschrieb.

II. Vor dem Einsatz (Februar–März 1945)

Armes Würstchen!
Das dachte vermutlich der SS-Oberscharführer, als er mich vor sich stehen sah: mittelgroß, eher schmächtig, nicht einmal 17 Jahre alt. Ich war eben einer vom letzten Aufgebot, wie er schon viele in Sonderlehrgängen geschliffen und gedrillt hatte.
Oberscharführer Karges blickte gelangweilt zum Lagerführer hinüber, der gerade auf den Oberarzt einsprach und wie schon so oft die bevorstehende »Hinrichtung« mit psychologischen und physischen Notwendigkeiten begründete. Dabei war es den beiden sicherlich klar, daß Hans-Adolf Prützmann, der Generalinspekteur für Spezialabwehr beim Reichsführer-SS, von diesem Wahnsinn nichts wissen durfte. Denn man hatte uns am Beginn dieses Werwolflehrganges gesagt, daß wir daheim und auch bei der HJ-Volkssturmeinheit nicht das kleinste Detail erzählen dürften.
Aber der »Bischof«, so hatte Gerald Karges einmal erklärt, war schon immer für die ausgefallensten Ideen bekannt. Damit meinte er den Sturmbannführer. Und er sagte auch, daß es ihm ein Rätsel blieb, warum Prützmann diesen ehemaligen k.u.k.-Geheimdienstoffizier und späteren griechisch-orthodoxen Kleriker ausgerechnet zur Waffen-SS geholt hatte.
Natürlich wußte der Oberscharführer nicht, daß sich Z. und Prützmann aus gemeinsamen Tagen in Kroatien kannten,

wo der erstere ein Berater des »Poglavnik« Ante Pavelić war und der andere sich mit der Bekämpfung der Tito-Partisanen beschäftigte. Und er ahnte auch nicht, daß der SS-Obergruppenführer und General der Waffen-SS dabei von dem »mickrigen Ostmärker« noch einiges lernen konnte.
Doch da kam das Zeichen, eine zaghafte Handbewegung, die Sturmbannführer Z. gerade beim Eintreffen der beiden Sanitäter machte. Karges verstand offenbar trotzdem. Und als hätte er plötzlich etwas zu versäumen, hob er hastig die Drillichbluse vom Boden auf.
Mit zwei kurzen Schritten war er bei mir. Alles übrige verlief ganz automatisch, wie bei einem Henker mit jahrelanger Berufserfahrung: Er schlang das zerfetzte Kleidungsstück um meinen Hals, knotete die beiden Ärmel und zog die sich bildende Schlinge zu. Immer fester.
Mein Blick wurde starr. Schweißperlen bildeten sich auf der Stirn, ich rang röchelnd nach Luft. Krampfhaft versuchte ich mich daran zu erinnern, was der »Bischof« gesagt und versprochen hatte: Ich sollte die ganz natürliche Todesangst überwinden, der Arzt und die Sanitäter stünden ohnedies bereit. Außerdem sei noch niemand mit dieser Drillichbluse erwürgt worden.
Obgleich ich es gar nicht wollte, versuchte ich mich zu wehren. Ich riß instinktiv die Hände hoch, meine Fingernägel krallten sich in das rauhe Tuch um meinen Hals, bis die Arme wie gelähmt herabfielen.
Gleichzeitig spürte ich das Blut in den Schläfen pochen, rasend schnell. Und dann wurde das grinsende Gesicht des Oberscharführers vor mir unscharf, es rann auseinander zu einem dunklen Fleck.
In meinen Ohren begann es zu rauschen, meine Wangen färbten sich rot, dunkelrot, ja fast schon blau. Meine Zunge schwoll an. Nicht einmal mehr durch die Nase bekam ich Luft. Dafür quoll es warm und klebrig aus ihr heraus, war offenbar eine Ader geplatzt.

War es die Ohrfeige im letzten Augenblick, oder hatte Karges schon vorher die Schlinge gelockert? Ich taumelte, sah die Gesichter um mich und erkannte das des Oberarztes und daneben die asketischen Züge des Sturmbannführers. Spöttisch wie immer.
Doch der Mund dieses Mannes bewegte sich. Er schien etwas zu sagen. Gewiß, das war der Befehl, obwohl ich nichts hörte und verstand. In meinem Kopf schien ein Hammer zu arbeiten, dessen Schläge ich zwar spürte, die aber völlig geräuschlos waren. Da hastete ich los. So, wie man es mir eingetrichtert hatte. Automatisch, schwankend, wie ein Betrunkener.
Der Hammer in meinem Kopf war plötzlich weg. An seiner Stelle glaubte ich das Donnern und Rauschen eines Wasserfalles zu hören. Und allmählich konnte ich wieder einen klaren Gedanken fassen.
Der Befehl hatte gelautet, zunächst den nahen Bunker aufzusuchen. Ich war jetzt dort, und da lagen auch die beiden Handgranaten und die Maschinenpistole, daneben das Magazin, das ich wie ein Traumwandler in die Waffe schob. Nur den Stahlhelm übersah ich. Dann taumelte ich zum Bach hinunter, durchquerte das seichte Wasser und kroch auf der anderen Seite die Böschung hoch. Das war allerdings nicht einfach, da das Tauwetter der letzten Tage das Erdreich glatt und rutschig gemacht hatte.
Ich landete wieder im Bach, und genau in diesem Augenblick setzte das Maschinengewehrfeuer ein. Die Garben ließen das Wasser aufspritzen, kamen langsam näher. Und wenn nicht die kleinen Fontänen gewesen wären, hätte ich weder das Ballern der Abschüsse noch das Pfeifen der Geschosse gehört.
Denn für mich war die Umwelt noch immer wie in Watte verpackt, und das Sausen in meinen Ohren ließ nur langsam nach!
Doch da war plötzlich die Erkenntnis, daß meine Ausbilder

III. Ausbildung

1. Grundsätze

Gute infanteristische Ausbildung ist für den Jäger von großem Nutzen. Wo sie fehlt, sind ihre wichtigsten Zweige nachzuholen:

Waffenausbildung, Schießausbildung, Gelände- und Gefechtsausbildung, Nahkampf mit und ohne Waffe, Panzernahbekämpfung, ferner Jagdgruppen-, Jagdzug- und Streifkorpsausbildung.

Pionierausbildung ist so weit nötig, daß der Jäger über die im Kleinkrieg verwendbaren Kenntnisse im Sperr- und Sprengdienst verfügt. Ein möglichst großer Teil der Jäger ist auf dem Sondergebiet der Zerstörtechnik auszubilden.

Unentbehrlich ist eine praktische Unterweisung in erster Hilfe bei Verwundung, Unfall und Erkrankung.

Rege Ausbildung zwischen den Einsätzen hat Fehler auszumerzen und hebt den Kampfwert der Jagdeinheit.

Für die gesamte Ausbildung gelten die Grundsätze:

Alle Zweige sind den besonderen Anforderungen des Kleinkrieges, dem Leben im Freien und dem Überwiegen der Nachteinsätze, anzupassen. Alles Unnötige ist wegzulassen, Wichtiges häufig zu wiederholen. Förderung von Beweglichkeit, Anpassungsfähigkeit, Erfindungslust und der Jägerinstinkte ist wichtiger als Drill. Jedes Schema ist zu meiden.

»Winke für Jagdeinheiten«, auch Werwolf-Handbuch genannt. Erschienen 1945. Von Scheinhinrichtungen war keine Rede.

eine ungleiche Partie mit mir spielten, denn ich sollte oben am Hang auf sogenannte Pappkameraden schießen, während sie mich mit scharfer Munition und Punktfeuer »auf Trab« brachten.

Gewiß, Sturmbannführer Z. hatte auch gesagt, daß es das Ziel dieses Trainings sei, mich mit der »harten Wirklichkeit« vertraut zu machen.

Wirklichkeit?

Da gab es zunächst die Annahme, ich wäre als Werwolf, also als deutscher Partisan, in die Hände der Feinde geraten. Und diese machten mit mir kurzen Prozeß. Weniger wahrscheinlich war allerdings, daß ich im Ernstfall eine Strangulierung überleben würde. Ebenso unwahrscheinlich war überdies, daß ich nach einer Flucht ausgerechnet einen Bunker und in diesem Waffen finden würde. Solche »Zufälle« sind unrealistisch und lächerlich!

Doch andererseits schätzte ich den »Bischof« nicht als Sadisten oder Phantasten ein. Und gerade Z. hatte ganz bestimmt einen besonderen Einfall, als er sagte: »Wenn dir die Verfolger zu große Schwierigkeiten bereiten, mußt du selbst entscheiden, wie es weitergeht...«

Der Unterscharführer, der auf mich geschossen hatte, machte eine Feuerpause. Auftragsgemäß, wie ich später hörte. Weil der Sturmbannführer mich Küken von einem Werwolf nicht schon unten im Bach »verrecken« lassen wollte.

Mir sollte, wie man damals sagte, »der Arsch mit Grundeis gehen«. Aber ich spielte nicht mit!

Jedenfalls waren sie alle überrascht, als hinter dem MG-Schützen eine Handgranate explodierte. Er fuhr herum, da krachte es auch vor ihm.

Uscha Bauer konnte sich dies kaum erklären. Und mit einem Gesicht, das Entsetzen und Erstaunen gleichzeitig ausdrückte, starrte er in den Lauf meiner Maschinenpistole. Ich hatte seine kurze Schläfrigkeit ausgenützt und war im

5. Nahkampf

Die Nahkampfausbildung hat nach besonderen Anweisungen in jägermäßiger, sportlicher Form zu erfolgen. Sie soll den Jäger dazu erziehen:

a) sich nicht allein auf die Schußwaffe zu verlassen, sondern auch mit Spaten, Dolch oder ohne jede Waffe zu kämpfen,

b) bei unerwartetem Zusammenstoß mit Feind (besonders bei Nacht) ihn möglichst lautlos zu überrumpeln,

c) einen Posten lautlos zu überwältigen,

d) brauchbare Befreiungsgriffe und Notwehrschläge zu beherrschen.

Von der möglichst lautlosen Überrumpelung des Feindes bei unerwartetem Zusammenstoß wie bei Postenaushebung hängt oft der Verlauf eines Unternehmens ab.

27

»Winke für Jagdeinheiten« (1945)
Auch mit Spaten und Dolch kämpfen…

Hohlweg herangerobbt. Und dann rief ich ihm zu, er sollte sich ergeben.
Als Bauer der Aufforderung nicht sofort nachkam, ballerte ich einfach los, so daß ihm, dem alten Frontsoldaten, der Dreck um die Nase flog.
Da sprang er auf, und seine Stimme überschlug sich vor Wut, als er mich erkannte. Mit bloßen Fäusten ging er auf mich los: »Ich bring dich vor das Kriegsgericht, du Schwein!« Und er schrie etwas von Arschlöchern, Wahnsinnigen und dergleichen, womit er offenbar seine Vorgesetzten meinte. Denn vom »Feldherrnhügel« klang das Lachen des Sturmbannführers und des Oberarztes herüber.
Mit einem einzigen gezielten Hieb seiner langen Beine schlug er mir die MPi aus den Händen. Dabei verlor er das Gleichgewicht und fiel auf den Boden.
Ich riß, wie mir für eine solche Situation eingetrichtert worden war, den Nahkampfdolch aus dem Stiefelschaft, den mir ein Feind selbstverständlich niemals gelassen hätte.
Inzwischen waren die anderen herangekommen, und Oberscharführer Karges nahm mir schweigend das Messer aus der Hand. Da überfiel mich ein unbeherrschbares Zittern – und meine Augen füllten sich mit Tränen. »Oberkameradschaftsführer Borth!« Das war der schneidende Befehlston des Lagerführers, ganz im Widerspruch zu dessen unscheinbarer Gestalt: »Ich habe dir ausdrücklich befohlen, daß du im Bunker den Stahlhelm aufzusetzen hast!«
Verwirrt starrte ich ihn an, während Karges neben mir murmelte: »Zum Glück wurde niemand verletzt...«
Da winkte der Sturmbannführer nur unwillig ab und wandte sich erneut an mich: »Ich werde dich trotzdem zur Beförderung vorschlagen und deinen Kompaniechef darüber informieren, daß du bisher als einziger Lehrgangsteilnehmer im entscheidenden Augenblick genau richtig gehandelt und uns angegriffen hast. Nur mußt du härter werden. Tränen? Was soll das! Wir sind nicht mehr im Kindergarten...«

In diesem Werwolflehrgang hatte man uns damit vertraut gemacht, daß das einst so große und mächtige Großdeutsche Reich von seinen Feinden besetzt werden würde. Und daß wir dann nur in der Illegalität agieren könnten.
Wesentlich dafür, so sagte der Sturmbannführer, sei das Verhalten der Alliierten gegenüber der deutschen Bevölkerung. Und er zeigte uns Bilder von sowjetischen Kriegsgreueln im Herbst 1944 in Ostpreußen[36] sowie Filme von angloamerikanischen Bombenangriffen auf deutsche Städte.
Breiten Raum nahmen in seinem Vortrag die Erschießungen und Vergewaltigungen ein, die zur Jahreswende 1944/45 auch aus Ungarn[37] gemeldet wurden. Aber mit keinem Wort erwähnte er jene »Säuberungsaktionen«, die sein Freund Prützmann als Höherer SS- und Polizeiführer im Jahre 1941 im Raum Riga und 1942/43 in der Ukraine zu verantworten hatte[38]. Denn diese Geschichten lagen schon »zu lange« zurück.
Trotzdem sagte der »Bischof« einmal, daß die deutsche Ostpolitik falsch, wenn nicht gar verbrecherisch sei. Und daß das Anwachsen der Partisanenbewegung ausschließlich diesem Umstand zugeordnet werden müsse.
Doch auch daraus folgerte er in seiner Weise, was geradezu typisch war: »Wir können uns jetzt nicht den Kopf darüber zerbrechen, wie alles anders hätte werden müssen. Wir haben uns mit Tatsachen abzufinden. Und wir sehen in Ost und West, daß uns nun die anderen die gleichen Voraussetzungen für einen Guerillakampf frei Haus liefern.«
Der Sturmbannführer zitierte in diesem Zusammenhang Josif Wissarionowitsch Dschugaschwili, genannt Stalin, der bei der Teheraner Konferenz im November 1943 den Trinkspruch tat: »Ich fordere Sie auf, mit mir auf die denkbar wei-

[36] Vgl. dazu Kopelew, a.a.O., S. 76–114
[37] Vgl. dazu Gosztony, a.a.O., S. 194
[38] Höhne, a.a.O., S. 333. Reitlinger, a.a.O., S. 255, 543 u. 589. Rose, a.a.O., S. 26/27

teste Gerechtigkeit gegenüber Kriegsverbrechern zu trinken – eine Gerechtigkeit, die Erschießungskommando heißt. Ich trinke auf unseren gemeinsamen Willen, sie so schnell wie möglich zu erledigen, und zwar 50.000 mindestens.«[39]
Und er erwähnte Elliot Roosevelt, den Sohn des US-Präsidenten, der geantwortet haben soll: »Ich hoffe nur, daß wir nicht bei 50.000 Nazis Halt machen werden, sondern auf ein paar Hunderttausend kommen.«[40]
Überdies verschwieg Z. auch nicht den Morgenthau-Plan, der die Verwandlung Deutschlands in eine Ziegenweide, die Sterilisation aller zeugungsfähigen Männer und Frauen sowie deren Verwendung als Zwangsarbeiter in Afrika und anderen Teilen der Welt vorsah.
Nur eines vergaß der Sturmbannführer zu sagen: daß nämlich der US-Finanzminister Morgenthau auch eine Zollunion zwischen einem süddeutschen Teilstaat und Österreich vorschlug, das in seinen Grenzen von 1938 wiedererstehen sollte.
Vermutlich hätte uns dies in der damaligen Zeit auch gar nicht interessiert!
Jedenfalls begnügte sich Sturmbannführer Z. keinesfalls mit der politischen Schulung, sondern unterzog uns Lehrgangsteilnehmer einer sehr harten Kampfausbildung. Und in deren Mittelpunkt stand das lautlose Töten von Wachposten ebenso wie der Umgang mit sowjetischen Waffen. Gelernt wurde außerdem das unauffällige Verhalten in jeder Situation, das Übernachten im Freien und das Errichten von Ein-Mann-Bunkern, Waffendepots, sogenannten Toten Briefkästen (für die Nachrichtenübermittlung) und dergleichen.
Oberscharführer Karges erklärte uns das Funktionieren von Sprengladungen, ihre vielfache Verwendungsmöglichkeit und wie man sie am schnellsten und sichersten entschärft.

[39] Kleist, a.a.O., S. 351
[40] Ebenda, S. 352

Es folgten Tips, wie man feindliche Kraftfahrzeuge quasi im Handumdrehen in Brand setzen kann, wie sogenannte Molotow-Cocktails gebastelt, Starkstromleitungen lahmgelegt und Eisenbahnzüge zur Entgleisung gebracht werden.
Einmal mußten wir uns auf die Bahnschwellen legen und von einem relativ langsam fahrenden Güterzug überrollen lassen. Dies war nicht nur als Mutprobe gedacht, sondern man erwartete von uns, daß wir mit einem Klimmzug auf einer der Fahrzeugachsen Platz nehmen würden. Was aber niemand von uns schaffte.
Die Spezialität des Unterscharführers Wolfgang Bauer war eine Fesselungsmethode, die er amerikanischen Kommandotruppen bei der Landung in der Normandie nachempfunden hatte und die eine Erdrosselung des Gefangenen bewirkte, wenn sich dieser nicht seinem Schicksal ergab und einen Befreiungsversuch unternahm.
Ganz auf dieser Ebene der »totalen Kriegsführung« lag gleichfalls ein Selbstmordrezept: Ich mußte ebenso wie alle anderen Kameraden sogenannte Zungenübungen durchführen, bei denen die Zunge so nach oben und hinten gedreht wurde, daß ihre Spitze den Racheneingang erreichte.
Vorher mußte stark aus- und während des »Zungenspiels« eingeatmet werden. Der dadurch erzielbare Effekt bestand darin, in der Luftröhre eine Sogwirkung zu erzeugen, die zum Ersticken führte. Gelangen diese Versuche – und sie waren wirklich qualvoll –, so stand der Oberarzt bereit, um mit einer blitzschnellen Ohrfeige die Zunge wieder zu lösen.
Sinn und Zweck dieses Trainings war die Überlegung, daß ein gefangengenommener Werwolf wahrscheinlich gefoltert werden würde. Und damit er seine Kameraden nicht verraten konnte, hatte er »pflichtgemäß« selbst seinem Leben ein Ende zu setzen.
Giftphiolen, so ergänzte Sturmbannführer Z., würden vor Sondereinsätzen natürlich auch ausgegeben werden. Nur halte er von ihnen nicht viel: »Die haben zwei unangenehme

Eigenschaften: entweder zerbeißt man sie völlig unbeabsichtigt, etwa bei einem Sturz, oder sie werden bei einer Durchsuchung entdeckt und abgenommen.«
Bei diesem Vortrag hatte der »Bischof« nochmals über die »Hinrichtung« mit der Drillichbluse gesprochen und dazu erklärt, er wisse nun ganz genau, was er von jedem einzelnen von uns zu halten habe.
Die Getreuen des Führers Adolf Hitler kamen eben auf verzweifelte Ideen, um den totalen Zusammenbruch hinauszuzögern: Durch Einzelkämpfer, junge Idealisten und Phantasten, die immer noch bereit waren, sich selbst zu opfern.
Dies zu einer Zeit, da Budapest eingeschlossen war, sowjetische Truppen auch an der Oder standen und sich deren Panzerspitzen anschickten, auf Berlin vorzustoßen.
Der Lehrgang im ehemaligen Jagdschloß des Passauer Kammeramtsdirektors Stephan Planck war zu Ende und ich wurde zu meiner HJ-zbV-Kompanie in Marsch gesetzt, die in einem Barackenlager am Stadtrand von Wien lag.
Man schrieb den 7. Februar 1945.

Das war jener Tag, an welchem die 15. US-Luftflotte sich abermals über Kärnten und Steiermark sammelte. Ihr Angriffsziel war erneut Moosbierbaum im Tullnerfeld.
1.444 Flakgeschütze[41], zu mehr als fünfzig Prozent von 16- und 17jährigen Luftwaffenhelfern bedient, erwarteten sie. Und im Raum Wiener Neustadt, Wien und Tulln wurde Sperrfeuer geschossen.
Das direkte Zielen auf die B-24-Bomber war fast ein Ding der Unmöglichkeit, da Millionen von Aluminiumstreifen, die von einem Vorauskommando abgeworfen wurden, die Funkmeßgeräte der Flak irreführten.
Dabei hatte gerade die Raffinerie Moosbierbaum für die deutsche Luftwaffe eine große Bedeutung, da dort ein

[41] Rauchensteiner, 1945, a.a.O., S. 68/69

Großteil des rumänischen Erdöls zu Flugbenzin verarbeitet wurde. Und ein Totalausfall der Hydrieranlage mußte für längere Zeit wohl Hunderte Jagdflugzeuge zur Untätigkeit verurteilen.
Meine Kameraden und ich befanden uns auf der Fahrt von Judenau in Richtung Königstetten, als die erste Welle der »Liberator«-Bomber über dem Wienerwald auftauchte. Sie hatten eine Anflughöhe von mindestens 7.000 Meter und zogen weiße Kondensstreifen hinter sich her.
Die Flakbatterien in der Umgebung feuerten aus allen Rohren, rund um die Bomber standen die Sprengwölkchen der explodierenden Granaten. Doch plötzlich lösten sich aus dem Pulk mehrere kleinere Punkte, stürzten auf die Dörfer herunter und rasten über sie hinweg.
Feuer, Tod und Verderben speiende Jagdflugzeuge.
Wo blieben die deutschen Maschinen? Im benachbarten Langenlebarn befand sich doch eine Luftkriegsschule mit eigenem Jagdschutz...
Ich hatte keine Zeit mehr, darüber weitere Spekulationen anzustellen. Ein fürchterliches Rauschen war in der Luft, die Erde erbebte, und fast gleichzeitig dröhnten und brodelten die Einschläge eines Bombenteppichs.
Pausenlos und unbarmherzig! Und es gab keinerlei Hoffnung, daß dieses Inferno bald wieder vorbei sein würde[42].
Schon die erste Druckwelle der entfernt einschlagenden 250- und 500-kg-Bomben hatte die Dächer abgedeckt und die Fensterscheiben der umliegenden Häuser bersten lassen. Ein Regen aus Ziegel- und Glassplittern prasselte auf die Straße. Dann schlug es dicht vor und hinter uns ein.
Und nun rächte es sich, daß der Fahrer viel zu spät angehalten hatte. Denn wir trugen keine Stahlhelme, hatten diese im Schloß zurücklassen müssen.

[42] Im Raum Moosbierbaum-Dürnrohr wurden im 2. Weltkrieg insgesamt 40.000 Bomben abgeworfen (Mitteilung des Bürgermeisters und Landtagsabgeordneten Mohnl).

Horst Vrana war der erste, dem es das ganze Gesicht aufschlitzte. Kronberger traf es in die Augen. Und später, als wir aus dem Luftschutzkeller kamen, fanden wir auch den kleinen Helmut Wyck, der auf der Ladefläche des Lastkraftwagens zurückgeblieben war.
Sein Fehlen hatten wir nicht einmal bemerkt, als wir mit den beiden Verwundeten die Treppe zu einem Keller hinunter stolperten. Auch dann nicht, als Fritz und Walter zum Wohnhaus einer Hebamme liefen, die Vrana und Kronberger verarzten sollte. Für Horst kam ihre Hilfe zu spät, und bei Karl meinte sie, daß er erblindet sei. Und Wyck, der Benjamin des Werwolflehrganges, lag auf dem Bauch. Aus seinem Rücken ragte ein langer, schmaler Bombensplitter, wie die Klinge eines Dolches.
Er war tot!
Doch die Plane des Lastkraftwagens hatte nur ein einziges, relativ kleines Loch. Zum Glück hatte das Fahrzeug keinen anderen Treffer abbekommen und ließ sich starten. In rasender Fahrt ging es nach Staasdorf und weiter nach Tulln. Auch dort gab es Bombenruinen und brennende Häuser.
Nur mühsam fanden wir den Weg zum Krankenhaus, in welchem Hochbetrieb herrschte, da die ersten Sankas aus Moosbierbaum eintrafen.
Noch immer schoß die Flak. Und nach wie vor dröhnten die Motoren der anfliegenden Kampfverbände, war das Jaulen und Rauschen der herabstürzenden Bomben zu hören sowie das Stakkato der immer wiederkehrenden Einschläge.
Irgendwo feuerte ein Maschinengewehr, ohne abzusetzen. Und da war auch das Pfeifen einer im Tiefflug daherrasenden Gefahr zu hören. Ich konnte gerade noch »Volle Dekkung!« brüllen, da bohrten sich bereits die Geschosse der Bordkanonen in die Fassade des uns am nächsten liegenden Spitaltraktes.
Der Feuerstoß traf aber auch unseren Lkw, der mitten im Hof stand und sofort in Flammen aufging. Und er mähte

zwei Sanitäter nieder, die den Kronberger ins Haus tragen wollten.
Dessen irres, fast tierisches Schreien erstarb ganz plötzlich, als die Mustang- Maschine erneut anflog. Doch diesmal blitzte es nicht auf. Das amerikanische Jagdflugzeug zog vielmehr dicke, schwarze Rauchschwaden hinter sich her, hatte sichtliche Mühe hochzukommen. Dann schmierte es plötzlich über die rechte Tragfläche ab und kam ins Trudeln.
Was weiter geschah, konnten wir nicht sehen. Aber der ohrenbetäubende Krach war deutlich genug: Absturz!
Später konnte sich keiner erinnern, wer Karl Kronberger in den Operationssaal gebracht hatte. Wir wußten nur, daß er in Sicherheit war. Und wir glaubten sogar vorübergehend dem Stabsarzt, der so viel Zuversicht ausstrahlte: »Keine Angst, wir werden ihm das Augenlicht retten!«
Dabei mußte es dem Arzt schon damals klar gewesen sein, daß dies nur eine barmherzige Notlüge sein konnte.
Doch wer sprach in jenen Tagen schon die Wahrheit aus?!

Am 11. Februar 1945, um genau 22 Uhr 40, wurde dem General der Panzertruppen Hermann Balck ein letzter Funkspruch aus der »Festung« Budapest vorgelegt: »Die Verpflegung ist verbraucht, die letzte Patrone im Lauf. Kapitulation oder kampflose Niedermetzelung der Besatzung von Budapest ist die Wahl. Ich werde daher mit letzten kampffähigen deutschen Truppen, Honvéds und Pfeilkreuzlern offensiv. Breche am 11.2. mit Beginn der Dunkelheit aus...«
Gezeichnet war diese Meldung mit Karl von Pfeffer-Wildenbruch, SS-Obergruppenführer und General der Waffen-SS[43]*.*
Trotzdem wurde der Fall von Budapest erst im Wehrmachtsbericht vom 15. Februar 1945 zugegeben. Und es dauerte

[43] Gosztony, a.a.O., S. 154

noch viel länger, bis auch publik wurde, daß das Ringen um die ungarische Hauptstadt fast 20.000 Zivilisten das Leben gekostet hatte. Aber selbst dann spottete man darüber, daß Sowjetmarschall Malinowskij seine angebliche Gefangenenzahl von 110.000 Mann durch »Requirierung« von Straßenpassanten erzielt hätte[44].
Budapest ist nur 252 km von Wien entfernt!
Aber die deutsche Führung war immer noch zuversichtlich, und im Tagebuch des OKW wurde eingetragen, daß im Februar 1945 noch 1.200 Panzer, 25.000 Maschinengewehre und 200.000 bis 250.000 Gewehre fertiggestellt wurden. Als bedrohlich empfand man lediglich das Absinken der Munitionsproduktion, die im letzten Quartal 1944 noch 18 Züge, aber im Februar 1945 nur mehr acht bis neun ausmachten[45].

Bei der 5. HJ-zbV-Kompanie im Lager Knödelhütte war man wegen anderer Dinge besorgt. Und daran waren (wie schon öfters) wir Unterführer schuld!
Diesmal ging es um einige Ostarbeiterinnen, die in der Küche beschäftigt waren und die wir unter mißbräuchlicher Verwendung von HJ-Abzeichen in eine Wehrmachtskinovorstellung mitgenommen hatten. Unsere Handlungsweise ging selbst dem Bannführer Walter Melich zu weit.
Oberscharführer W. griff den Vorfall bei einer politischen Schulung auf und bezeichnete ihn als »Rassenschande«. Dann erläuterte er uns – wie schon so oft – die Nürnberger Blutschutzgesetze, wobei er zu der Ansicht kam, daß unsere sechsjährige NS-Erziehung zumindest im »zwischenmenschlichen Bereich« zu wenig Wirkung zeige.
Wir bekamen zum wiederholten Male zu hören, daß das ganze »Ostvolk« nur aus »Untermenschen« bestehe, die zwar zur Arbeit in unser Land geholt wurden, denen man

[44] Ebenda, S. 157
[45] Schramm, a.a.O., Bd. 8, S. 1166

aber mißtrauen müsse. Und er warnte uns nicht nur vor Spionage und Sabotage, sondern noch mehr vor Geschlechtskrankheiten und gewissen Liebespraktiken.
Schließlich jagte er die ganze Kompanie auf die Übungswiese hinaus, um in der damals üblichen 08/15-Manier seinen Ärger abzureagieren. Das heißt, er hetzte uns auf das Barackendach und später auch über den Lagerzaun, ließ uns zwischendurch volle Deckung nehmen und durch den Schneematsch robben. Und dann brüllte er wieder: »Sprung auf. Marsch, marsch!«
Erst nach einer halben Stunde durften wir Unterführer austreten und wieder das Kommando über die Züge und Gruppen übernehmen. Letztendlich mußten wir eine Marschkolonne bilden, die geradezu idiotisch im Kreis herummarschierte. Dazu stimmte Oberscharführer W. auch noch das Lied an: »Es ist so schön, Soldat zu sein...«
Da kamen Haßgefühle in uns hoch und einer der Kameraden sagte, daß er diesem miesen Scharfmacher beim bevorstehenden Fronteinsatz eine »verirrte Kugel« verpassen würde. Doch dazu kam es später ohnedies nicht, weil der Oberscharführer gleich zu Beginn der Schlacht um Wien desertierte...
Am Abend meldete ich mich beim Kompaniechef und bat um die Versetzung zum HJ-Volkssturmbataillon 41/6, welches zu dieser Zeit noch im Bereich der Reichsschutzstellung lag. Er lehnte dies mit der Begründung ab, daß er auf keinen Unterführer verzichten könne. Dann lud er mich zu einem Glas Wein ein.
So entwickelte sich ein Gespräch, bei welchem ich gleich am Anfang darauf hinwies, daß ich von General Schandruk und seinen 20.000 Ukrainern[46] gehört hatte, die auf deutscher Seite kämpften.
Aber Melich gab sofort zu bedenken, daß bei den Sowjets

[46] Höhne, a.a.O., S. 468, u. Steiner, a.a.O., S. 374

wesentlich mehr Ukrainer als in der Waffen-SS seien, und er nannte diesbezüglich an die zehn Armeen, die in letzter Zeit allein in Ungarn eingetroffen waren.
Dann sprach er von einer gewissen Sogwirkung, welche gerade von diesen Einheiten auf ukrainische Fremdarbeiter im deutschen Machtbereich ausgeübt wurde. So besaß er eine Meldung aus der Reichsschutzstellung, wo der HJ-Sicherungsdienst eine Gruppe Ukrainer aufgreifen konnte, bevor sie die ungarische Grenze in östlicher Richtung überschritt.
Ich versuchte abermals einen Einwand und wies darauf hin, daß das Küchenmädchen Eva kaum irgendwelche Fluchtgedanken hätte. Ihre Eltern seien bei einem Partisanenüberfall getötet worden und ihre beiden Brüder dienten als Hilfswillige bei der Deutschen Wehrmacht.
Im nächsten Augenblick tat mir diese Feststellung bereits wieder leid, da Walter Melich nun zweifelsfrei erkennen mußte, wie relativ gut ich mit Eva bekannt war. Aber der Bannführer reagierte keinesfalls mit einem Wutausbruch, lächelte nur etwas vielsagend, bevor er mir eindringlich zu verstehen gab: »Du mußt sie trotzdem vergessen!«
Und dann sprach er von jenem Leid, welches über die Hilfswilligen aus dem Osten kommen würde, wenn erst der deutsche Zusammenbruch unvermeidbar sei. Er meinte, daß Eva dann nur in einem »Arrangement« mit einem sowjetischen Kommissar oder Politruk die einzige Überlebenschance hätte.
Als ich später Melich verließ und zu meiner Unterkunft ging, stand Eva »rein zufällig« vor der Küchenbaracke. Sie hatte die Augen niedergeschlagen und antwortete zunächst nicht. Doch dann meinte sie ganz leise: »Wir werden uns nicht mehr sehen. Der Kommandant hat es verboten...«
Ich hörte eine Türe zuschlagen, sah den Wachposten herankommen, vernahm dessen »Halt, wer da? Parole!«
Ganz automatisch antwortete ich: »Frühling in Wien!«

Am 6. März 1945, um 4 Uhr früh, begann das Unternehmen »Frühlingserwachen«, wie die Tarnbezeichnung für die deutsche Plattensee-Offensive hieß.
Und 4 Tage später meldete das Oberkommando der Wehrmacht in seinem täglichen Bericht von der Front: »Panzer und Grenadiere kämpften sich, von Schlachtfliegern unterstützt, östlich des Plattensees vor, schlugen starke Gegenangriffe zurück und fügten den Sowjets hohe Verluste zu. Gleichzeitig stießen eigene Verbände über die Drau nach Norden vor.«
Nicht erwähnt wurde, daß in Ungarn Tauwetter war und die Tagestemperaturen auf 11 Grad über Null anstiegen. Dies bedeutete ungeheure Schwierigkeiten auf fast allen Straßen, weil sie von Frostaufbrüchen und Granattrichtern übersät waren. Und bei Querfeldeinfahrten versanken die Panzer oft metertief im Schlamm[47]*.*
In Wien aber herrschte eine Art Aufbruchstimmung, wobei mit Zufriedenheit auch registriert wurde, daß es seit Tagen keinen Luftangriff mehr gab. Die Folgen des Bombardements vom 7. und 13. Februar waren zwar nicht vergessen, man versuchte aber zur »Tagesordnung« überzugehen; trotz der totalen Vernichtung von Moosbierbaum am 1. März und den verheerenden Bombenangriffen auf Graz, Villach, Linz und Wiener Neustadt am 2. und 4. dieses Monats.
Außerdem kannte man ja auch jene Schreckensbilanz noch nicht, die erst nach Kriegsende bekannt gegeben wurde: Allein in Österreich forderten die Luftangriffe rund 35.000 Tote und 57.000 Verletzte. Und darüber hinaus wurden 75.959 Wohnungen total zerstört, während weitere 101.096 Wohnungen mehr oder weniger unbenützbar waren[48]*.*

Im Wiener Konzerthaus sprach Baldur von Schirach zur

[47] Gosztony, a.a.O., S. 223 u. 226
[48] Rauchensteiner, 1945, a.a.O., S. 69

Hitler-Jugend, und er tat dies in seiner Eigenschaft als Gauleiter und Reichsverteidigungskommissar.
Jedenfalls trug er eine neue »Kluft«, hatte seine Wehrmachtsuniform mit dem Ärmelstreifen »Großdeutschland« angezogen, sich darauf aber auch seine Parteiinsignien nähen lassen. Es geschah, so sagte er, aus Verbundenheit mit der Front und mit den Angehörigen der beiden Wiener HJ-Volkssturmbataillone.
Denn letztlich – und das konnte man sehen – war ein Teil der rund 1.600 HJ-Soldaten bereits ebenfalls in Feldgrau eingekleidet. Trotzdem überwog aber das gewohnte Dunkelblau der HJ-Winteruniformen, neben dem Blaugrau der Flieger-HJ und der Luftwaffenkuriere, dem grauen Drillich eines WE-Lagers und dem Erbsengrün der sogenannten Schnellkommandos.
Kein einheitliches Bild also!
Unseren ehemaligen Reichsjugendführer schien dies wenig zu interessieren. Noch sprach er nicht von einem gemeinsamen Einsatz, sondern von jenem »Stellenwert«, den wir einst in der Geschichte einnehmen sollten: »Neben den Berichten über die Waffentaten, Schlachten und Feldzüge wird in Zukunft nicht nur das Heldentum und die Standhaftigkeit der deutschen Front und der deutschen Heimat verzeichnet werden, sondern der immer strömende Impuls und die ewig seelische Kraft, die von der jungen Generation unseres Volkes kam...«[49]
Reden dieser Art hatten wir zwar schon oft gehört, doch schmeichelte es zweifellos unserer Eitelkeit, als er auch unseren Schanzeinsatz und unser Engagement bei der Beseitigung der Luftkriegsschäden erwähnte.
Aber gerade dies erinnerte mich an einen Bombenangriff auf Wien-Meidling, als der Herr Reichsleiter in einem Pan-

[49] Der volle Wortlaut der Schirach-Rede wurde am 11. März 1945 in der »Kleinen Wiener Kriegszeitung« abgedruckt.

zerspähwagen durch die zerstörten Viertel fuhr, um sich ein »Bild von der Lage« zu machen.
Meine Kameraden und ich waren damals mit Löscharbeiten beschäftigt. Wir gruben in der Meidlinger Hauptstraße einen Luftschutzkeller frei, in welchem sämtliche Hausbewohner zu unkenntlichen Leichen verkohlt waren.
Und während Baldur von Schirach sein Leben nicht eine einzige Minute aufs Spiel setzte, nur kurz aus der Luke seines Fahrzeuges winkte und wieder volle Deckung nahm, mußten wir Hitlerjungen uns nasse Halstücher vor Mund und Nase binden, um nicht in den giftigen Rauchgasen umzukommen.
Man stellte uns weder Sauerstoffgeräte noch Preßluftbohrer zur Verfügung. Und überdies trugen nur wenige von uns einen Luftschutzhelm, weil davon angeblich nicht genügend vorhanden waren.
Später detonierte in der Nähe eine Langzeitzünderbombe. Einer der Kameraden wurde schwer verletzt, doch Sanitäter waren keine in der Nähe. So mußten wir den Sterbenden bis zur Bannführung in der Ruckergasse tragen, wo zwar ein Sanka stand, der dazugehörende Arzt aber im Luftschutzkeller hockte.
Als wir ihn endlich gefunden hatten, war der Kamerad längst verblutet...
Doch nun wurde uns durch Baldur von Schirach klar gemacht: »Die deutsche Nation hat alle waffenfähigen Männer aufgerufen, um für Deutschlands Ehre und Freiheit zu kämpfen. Wenn wir jetzt durchstehen, werden wir siegen. Als Großdeutschlands Infanteristen sollt ihr das Wort des Führers wahrmachen, daß sich die Wende unseres Schicksals noch dieses Jahr vollzieht. Denkt in eurem Kampf an das, was diese Stadt, dieser Raum, euch an Tradition, Verpflichtung und Forderung auferlegt. Bekennt euch zu dem Satz: Der Bolschewismus sterbe, auf daß Deutschland lebe!«

Wiens Jugend zum Kampf für die Heimat bereit

Großkundgebung im Konzerthaus / Ansprache Baldur von Schirachs

Wien, 10. März. Kriegsfreiwillige der Hitler-Jugend legten Samstag abends in einer Kundgebung im großen Konzerthaussaal ein eindrucksvolles Bekenntnis ihrer Bereitschaft zur Verteidigung der deutschen Heimat ab. Unsere Jugend ist sich des Ernstes ihrer Zeit bewußt, sie ist aber auch fest entschlossen, ihren ganzen jugendlichen Tatendrang und ihre jugendliche Besessenheit für die Freiheit und die Zukunft Deutschlands einzusetzen, für Führer, Volk und Heimat einzustehen bis zum Letzten.

An der Kundgebung nahmen Einheiten der Banne, der Bannausbildungslager und Wehrertüchtigungslager, ferner Kriegseinsatzhelfer und kriegsfreiwillige Jungen teil. Der weite Raum des großen Saales, die Balkone und die Galerien sowie sämtliche Gänge waren dicht gefüllt. Vor Beginn spielte das Musikkorps der Grenadierdivision „Feldherrnhalle" Lieder und Märsche, die von begeisterten Chören der Jungen begleitet waren.

Gebietsführer Lauterbacher begrüßte Reichsleiter Baldur von Schirach und die erschienenen Vertreter von Partei, Staat und Wehrmacht: den Stellvertretenden Gauleiter Scharizer, SS-Gruppenführer und Generalleutnant der Waffen-SS Schimana, NSKK-Obergruppenführer Seydel, SA-Obergruppenführer von Schorlemer, SS-Brigadeführer und Generalmajor der Waffen-SS Goedicke, Generalmajor der Polizei Junecke, Gaustabsführer des Deutschen Volkssturms im Reichsgau Wien SA-Brigadeführer Kübler.

Nach dem Fahneneinmarsch hielt Reichsleiter Baldur von Schirach folgende mitreißende Ansprache:

„Neben den Berichten über die Waffentaten, Schlachten und Feldzüge wird in der Zukunft nicht nur das Heldentum und die Standhaftigkeit der deutschen Front und der deutschen Heimat verzeichnet werden, sondern der immer strömende Impuls und die ewige seelische Kraft, die von der jungen Generation unseres Volkes kam und für uns alle zum wunderbaren Erlebnis in diesen letzten und schwersten Jahren des gewaltigen Ringens wurde. So sehr die ältere Generation der jüngeren zum Beispiel und Vorbild wurde, so ist doch die Leistung jener Jugend, die in sechs Jahren dieses Krieges in ihrem Glauben von Jahr zu Jahr stärker wurde und ihr Bekenntnis immer glühender zu ihrer Weltanschauung und zu ihrem Reich ablegte, dem kämpferischen Einsatz der Männer ebenbürtig.

Dieses glühende Bekenntnis haben wir im letzten Jahr erlebt, als sich fast ein ganzer Jahrgang geschlossen freiwillig zu den Fahnen meldete. Unsere Jugend folgt bei dieser Meldung dem Beispiel, das vor fünfzehn Jahren die jungen Menschen gegeben haben, die sich in einer der bürgerlichen Welt völlig aussichtslosen Zeit um Adolf Hitler scharten. Die Geschichte dieses Krieges wird für uns Deutsche zugleich auch die Geschichte der Jugend dieses Krieges sein.

(Fortsetzung auf Seite 8.)

Schirach-Appell an die Hitlerjugend: Kämpfen bis zum Endsieg!
Er selbst setzte sich nach Oberösterreich ab
(»Kleine Wiener Kriegszeitung« vom 11.3.1945)

(Fortsetzung von Seite 1.)

Weil die NSDAP eine Bewegung der Jugend war und ist, gehört ihr heute wie damals die Jugend. Wir glaubten damals, so wie wir heute glauben an Adolf Hitler, an den Mann, der sich selbst damals wie auch heute unverändert zur Jugend bekennt. Ihm hat die deutsche Jugend zu verdanken, daß er ihr die Gemeinschaft der Nation gegeben hat, daß sie ohne die Schranken und Hemmungen eines Standes oder einer Klasse aufwachsen darf.

Erst vor wenigen Tagen habe ich bei einem Besuch beim Führer wieder das Wunder der Persönlichkeit erlebt. Adolf Hitler hat sich nicht verändert. Er steht fest und ruhig an der Spitze des Reiches und blickt in die Gegenwart und in die Zukunft mit demselben Glauben, den seine Jugend hat. Seine erste Frage galt Wien, den Menschen und der Stadt, die er so liebt. Seine Frage galt aber auch der Jugend: Wird sie sich bewähren, wird sie tapfer sein, wird sie auch ihrerseits bereit sein, das Schwerste auf sich zu nehmen? Ich weiß, ihr werdet den Führer nicht enttäuschen! Ihr habt nicht umsonst durch so viele Jahre hindurch seinen Namen getragen.

Die vor euch liegenden Jahrgänge haben sich beim Schanzen und der Erstellung der Befestigung und bei der Beseitigung der durch Luftangriffe hervorgerufenen Schäden ausgezeichnet bewährt. Jetzt seid ihr aufgerufen, und ich habe euch einen Appell des Reichsführers SS Himmler und des Generalobersten Guderian weiterzuleiten. Beide rufen euch zur Infanterie. In der Waffen-SS und in den Verbänden des Heeres sollt ihr kämpfen und die Tradition fortführen, die eure älteren Kameraden begründet haben. Als Wiener werdet ihr auch mit besonderem Stolz der Reichsgrenadierdivision Hoch- und Deutschmeister angehören, die sich im Süden und Südosten besonders bewährt hat. In den Reihen unserer ruhmreichen Divisionen werdet ihr beweisen, daß in der Jugend unseres Volkes der Geist des Widerstandes und der Beharrlichkeit unsterblich ist. Setzt der Konferenz von Jalta und dem in einem Irrsinn verbündeten Bolschewismus und Kapitalismus eure Weltanschauung und euren Glauben an Adolf Hitler entgegen, dann werdet ihr erleben, daß dieser Krieg nicht durch die Zahl entschieden wird. Auch wenn der Feind die deutschen Grenzen überschritten hat und die Not für unser Vaterland groß geworden ist, wenn wir nicht feige werden, werden wir dennoch siegen.

Die deutsche Nation hat alle waffenfähigen Männer aufgerufen, um für Deutschlands Ehre und Freiheit zu kämpfen. Wenn wir jetzt durchstehen, werden wir siegen. Als Großdeutschlands Infanteristen sollt ihr das Wort des Führers wahrmachen, daß sich die Wende unseres Schicksals noch dieses Jahr vollzieht. Denkt in eurem Kampf an das, was diese Stadt, dieser Raum, euch an Tradition, Verpflichtung und Forderung auferlegt. Bekennt euch zu dem Satz: Der Bolschewismus sterbe, auf daß Deutschland lebe!"

Wir sangen die »Lieder der Nation«.
Und wir schrien »Sieg Heil!« Minutenlang und abgehackt. Einige von uns hatten Tränen in den Augen oder zumindest ein Würgen im Hals. Einige von uns stimmten geradezu demonstrativ unser Lied an und es klang wie eine Kampfansage: »Vorwärts, vorwärts schmettern die hellen Fanfaren...«
Nur Baldur von Schirach, der einst diesen Text geschrieben hatte, sang nicht mit. Auch dann nicht, als es bereits das ganze HJ-Bataillon wie einen Schwur hinausschrie: »Deutschland, du wirst leuchtend stehen, mögen wir auch untergehen!«
Mögen wir auch untergehen...
Wir erkannten nicht die Tragweite dieser Opferbereitschaft, und wir nahmen erst gar nicht zur Kenntnis, daß die Parteibonzen da vorne, die sich jetzt die Hände schüttelten, auf die Schulter klopften und den Reichsverteidigungskommissar umringten, uns vielleicht morgen bereits im Stich lassen würden.
Auch ahnten wir nicht im entferntesten, was Baldur von Schirach rund 22 Jahre später schreiben würde: »War es die verhängnisvolle Auswirkung meiner Jugenderziehung, daß Tausende von Jungen in aussichtsloser Situation meinten, den Älteren ein Beispiel geben zu müssen? Ich glaube es nicht, aber ich fühle mich dennoch für jeden dieser Jungen verantwortlich.«
Und dies klang, zumindest für mich, wie der blanke Hohn, nachdem so viele Kameraden, die Schirachs Rede im Wiener Konzerthaus miterlebt hatten, seinen pathetischen Worten gefolgt und gläubig in den Tod gegangen waren.

Am 12. März 1945 fuhren wir mit zwei Lastkraftwagen durch die Linzer Straße.
In rasender Fahrt und vorbei an brennenden Häusern.
Die Oberleitungsdrähte der Straßenbahn hingen herab.

1 u. 2 Hitlerjungen wurden von den freiwilligen Ortsfeuerwehren und der Feuerschutzpolizei in der Brandbekämpfung ausgebildet. Die Uniformen waren zunächst unterschiedlich.

3 (links) Der Autor (mit seiner Mutter und seinem Bruder) nach seiner Freiwilligenmeldung Anfang 1944

4 u. 5 Oberschüler und Gymnasiasten wurden Luftwaffen- oder Marinehelfer, was keinesfalls freiwillig geschah.

6 *An dem 2-cm-Vierlingsgeschütz*

7 *Nach einer Gefechtsübung*

8 BDM-Führerinnen halfen im Sanitätsdienst.

9 Mädchen vor einem Flakscheinwerfer

10 (links) Beim Südostwallbau im Burgenland: Panzergräben werden ausgehoben (im Vordergrund der Autor).

11, 12 u. 13 Südostwallbau, Herbst 1944

14 u. 15 Ein jugendlicher Schanzarbeiter und drei Buben auf einem Beobachtungsturm

Und auf den Ästen eines Baumes flatterten die Gedärme eines zerfetzten Pferdes wie Girlanden.
Soeben war Entwarnung gegeben worden, nachdem rund 700 US-Bomber ihr Zerstörungswerk ausgeübt und wieder nach dem Süden abgedreht hatten. Begleitet von mindestens 200 bis 300 amerikanischen Jagdflugzeugen. Und allein in der Gegend der Wiener Oper hatten die Bombenschützen 75 Volltreffer erzielt.
Die Oper stand in Flammen, die Albertina war großteils zerstört, im Philipshof wurden fast 200 Menschen unter den brennenden Trümmern eingeschlossen. Und nicht viel weniger waren es in einem Haus bei der Operngasse.
Schwere Verwüstungen in der unmittelbaren Umgebung des Stephansdomes, am Hohen Markt und am Franz-Josefs-Kai. Auch zahlreiche Kirchen, Palais und Großhotels waren zerstört oder zumindest einsturzgefährdet.
Und es hieß, daß auch das Burgtheater nur mehr eine Ruine sei!
Der Wagen, auf dem ich mich befand, mußte scharf abbremsen, da uns ein riesiger Bombentrichter den Weg versperrte. Das nachkommende Fahrzeug wäre dadurch fast aufgefahren.
Wir hielten uns gegenseitig umklammert, prallten mit den Köpfen zusammen und hatten Mühe, nicht auf die Fahrbahn geschleudert zu werden. Beide Lastkraftwagen mußten wenden, was zwischen den Schutthaufen und den herabstürzenden Haustrümmern nicht leicht war.
Zwei Querstraßen weiter war abermals Halt. Ein Polizist stand dort und schrie uns zu, daß da vorne eine Bombe mit Langzeitzünder noch nicht entschärft werden konnte. Wir konnten daher nichts anderes tun, als abermals wenden, erreichten aber schließlich die Ringstraße und fuhren beim Schottentor in die Innere Stadt hinein.
Ein Flammenmeer schlug uns entgegen!
Wir sprangen von den Fahrzeugen. Ein Polizeioffizier wies

uns ein: »Ein Zug zur Brandbekämpfung, die übrigen mir nach!« Und schon stürzte er davon, in Richtung auf eine kleine Seitengasse, wo der Einstieg zu einem Luftschutzkeller freigelegt werden mußte.

In der Zwischenzeit legte ich mit meiner Gruppe eine Schlauchlinie. Angehörige der Feuerschutzpolizei halfen uns dabei, doch fiel uns auf, daß dies großteils sehr betagte Herren waren.

Mühsam arbeitete ich mich an das Haus heran, dessen Fassade vom Dach bis in die Höhe des ersten Stockwerkes eingestürzt war. In den Zimmern stand noch der ganze Hausrat, und ich konnte in einer der Wohnungen ein altmodisches Bett erkennen, über welchem noch ein Bild des Kaisers Franz Josef hing.

Daneben, in einem anderen Raum, befand sich ein Klavier, dessen Deckel hochgeklappt war. Notenblätter lagen überall verstreut herum. Ich hatte den Eindruck, daß noch kurz vor dem Bombenangriff jemand auf dem Musikinstrument gespielt hatte.

»Fred!« schrie einer der Kameraden ganz entsetzt, »dort oben...« Seine Hand deutete in die andere Ecke dieser Wohnung. Da erkannte ich die Gestalt eines jungen Mädchens, das unter einem herabgestürzten Balken lag. Bewegungslos, das Gesicht und die Haare mit Kalk und Staub bedeckt. Ihre Rechte umklammerte ein Notenblatt.

Ein Funktionär des Reichsluftschutzbundes rüttelte mich an der Schulter und meinte ausgesprochen kaltschnäuzig, daß wir dem Mädchen ohnedies nicht mehr helfen könnten.

Wir eilten wieder auf die Straße. Die Flammen loderten bereits bis in die 1. Etage hoch, mußten jeden Augenblick auch das ganz vorne stehende Klavier erreichen.

Krampfhaft nahm ich den Schlauch zwischen die Beine und erwartete, wie schon oft, einen starken Wasserdruck. Aber das Wasser rann nur schwach aus der Düse.

Daran waren nicht die fehlenden Aggregate schuld, die fast

ausschließlich bei der Oper eingesetzt wurden; es stellte sich bald heraus, daß die Löschwasserversorgung in der ganzen Gegend ausfiel, nachdem bei dem Flächenbombardement auch das Rohrnetz zerstört worden war.
Wir mußten tatenlos zusehen, wie sich das Feuer immer weiter ausbreitete, die Möbel erfaßte. Dann erreichte es auch die Kleider des toten Mädchens...
Meine Kameraden schrien entsetzt auf. War es nur ein Spuk oder grausame Wirklichkeit? Die Gestalt bewegte sich plötzlich, es gab keinen Zweifel mehr: Das Mädchen versuchte, sich von der erdrückenden Last des Trams zu befreien. Aber die kleinen Hände waren dazu viel zu schwach. Und dann gellte ein markerschütternder Schrei aus der Ruine, minutenlang und sich immer wieder steigernd. Eine alles vernichtende und verzehrende Lohe schlug dem Mädchen ins Gesicht, es verstummte für immer.
Ich taumelte einige Schritte zurück, riß die Pistolentasche auf und versuchte die Waffe zu ziehen. Da legte sich ein Arm um meine Schulter, drängte mich Melich in einen nahen Hausflur: »Beruhige dich, es ist alles vorbei...«
Später gab mir der Bannführer den Befehl, in einem Haus auf der anderen Straßenseite nach Verschütteten zu suchen. Hans und ich betraten als erste den Hausflur, wo ein weißer Pfeil zum Luftschutzraum im Hinterhof wies. Allerdings hatte eine Fliegerbombe diesen Wohntrakt einfach weggerissen und ließ nur das Erdgeschoß und den Eingang stehen. Als wir den Kellerabgang fanden, bot sich uns ein Bild des Grauens: Eine etwa 70jährige Frau war auf der Treppe vom Hauseinsturz überrascht worden. Ihr blutüberströmtes Gesicht starrte uns entgegen, ihr Stöhnen und Wimmern war kaum mehr vernehmbar.
Und was noch viel schlimmer war: Ihre Beine steckten bis zu den Oberschenkeln im Schutt!
Hans Schack sprach beruhigend auf sie ein. Dann begannen wir zu graben, legten eine herabgestürzte Steinstufe frei und

wälzten diese unter großer Kraftanstrengung weg. Andere Kameraden kamen uns zur Hilfe.
Das rechte Bein bekamen wir frei, doch der linke Fuß wurde von einem aus der Mauer ragenden Stahldraht festgehalten. Als wir weiter gruben, begann sich der Schutt zu verfärben. Da wußten wir, daß höchste Eile geboten war. Und wir achteten nicht mehr auf unsere zerschundenen Hände und den Schweiß, der auf unsere Stirne trat.
Endlich konnten wir das zweite Bein herausziehen. Es war beim Knöchel abgetrennt, der Fuß blieb samt dem Schuh im Schutt zurück!
Mit einem Schulterriemen, den ich im Brotbeutel hatte, versuchten wir den Blutstrom zu stoppen und den Beinstumpf abzuschnüren. Irgend jemand brachte eine Tragbahre. Doch inzwischen war die bedauernswerte Person gestorben, ohne das Bewußtsein wiedererlangt zu haben.
Fürchterlich schaute es auch im Keller des Hauses aus.
Die Menschen, die dort Schutz gesucht hatten, saßen da, mit weitaufgerissenen Augen. Tot! Die Druckwelle einer weiteren Luftmine, die von der Gartenseite her den Notausstieg getroffen hatte, hatte ihnen die Lungen zerrissen.
Dann fanden wir den Mauerdurchbruch zum Nebenhaus, bearbeiteten ihn mit einer Spitzhacke. Die Ziegel gaben nach, und bald war das Loch groß genug, um durchschlüpfen zu können. Im Lichte einer Taschenlampe bahnten wir uns den Weg durch ein Labyrinth von Gängen und Kellerabteilen, fanden eine Treppe und stolperten über diese in die Tiefe.
Dieses Haus war sichtlich älter als jenes, aus welchem wir eben kamen. Und ich hatte schon öfters von jenen katakombenartigen Gewölben gehört, die es in dieser Gegend aus der Zeit des Mittelalters geben sollte.
So stiegen wir Etage um Etage hinunter, erreichten schließlich einen waagrechten Stollen, der in einem saalartigen Raum mündete. Daneben, nur durch eine schwere Eisentü-

re getrennt, hörten wir Stimmen, das Weinen eines Kindes und plötzlich auch das aufgeregte Bellen eines Hundes.
Da wurde von der anderen Seite die Türe aufgestoßen.
Ein alter Mann starrte uns ungläubig und fassungslos entgegen. Er hielt seine Rechte schützend vor die Augen, um nicht vom grellen Licht des Handscheinwerfers geblendet zu werden. Da erkannte er in uns die Retter und schrie mit sich überschlagender Stimme: »Sie sind da! Seht, sie sind da...«
Was er sonst noch sagte, verstand man nicht. Er wurde von einem Weinkrampf geschüttelt, streckte mir seine zitternden Hände entgegen, betastete mein Gesicht wie ein Blinder.
Auf einmal war der kleine Hund da, jaulte, bellte und winselte. Er sprang an unseren Beinen hoch, schleckte unsere Hände ab, lief wie verrückt hin und her. Schließlich hob das Tier witternd seine Schnauze, wedelte ganz aufgeregt mit seinem Schwanz und jagte dann in den dunklen Gang davon, aus welchem wir gerade gekommen waren.
Wir wurden von Menschen umringt, die uns die Hände schüttelten. Eine alte Frau drückte mir ein kleines Medaillon an einem einfachen Silberkettchen in die Hand. Ich steckte es in die linke Brusttasche, ohne ihm weiter Beachtung zu schenken.
Auch ein kleiner Bub war da, der sofort meine Hand ergriff und mich in eine Ecke des Luftschutzraumes führte. Dort konnte ich im Schein der Taschenlampe eine zusammengekrümmte Gestalt erkennen. Sie schien in Ohnmacht gefallen zu sein. Jedenfalls war diese hochschwangere Frau die Mutter des Kleinen.
Als wir die 56 Verschütteten nach oben gebracht hatten und sich ein Arzt um die scheinbar Bewußtlose kümmerte, sagte dieser sofort: »Ex! Da ist nichts mehr zu wollen. Herzversagen...«
Ihr kleiner Sohn, vielleicht fünf oder sechs Jahre alt, konnte den Sinn dieser Worte nicht begreifen. Er schwatzte munter

darauf los, als sie die Tote auf eine Tragbahre legten: »Ich bekomme ein kleines Brüderchen. Der Papa hat sich das gewünscht, und ich freue mich schon darauf. Und gell, der Mami tut doch wirklich nichts weh, weil sie so still ist?«
Ich spürte ein Würgen in der Kehle, fragte ganz automatisch, wo denn sein Papa sei. Und der kleine Lockenkopf gab mir zur Antwort, daß er Soldat sei, wie ich, aber bald auf Urlaub komme. Dann würde er mit ihm in den Prater gehen und mit einem Ringelspiel fahren.
Eine Frau strich dem Buben über das Haar und führte ihn zu einem der wartenden Lastkraftwagen. Diese Fahrzeuge brachten die Ausgebombten vermutlich in eine der Schulen, die man längst zu Notquartieren umfunktioniert hatte.
Bevor der erste Wagen losfuhr, hörte ich noch, wie einer der Fahrer zu einem anderen sagte: »Es ist alles so hoffnungslos!«

In den Märztagen des Jahres 1945 war die Stimmung in der Bevölkerung höchst unterschiedlich: Da gab es Menschen, die ebenso wie der deutsche Propagandaminister Dr. Josef Goebbels von neuen schrecklichen Waffen sprachen, mit deren Hilfe man doch noch siegen würde. Andere rechneten zumindest auf einen Separatfrieden mit dem Westen und gaben sich dabei der Illusion hin, daß dieser nicht das halbe Europa an seine sowjetischen Verbündeten ausliefern könnte.
Aber es gab auch sehr viele Stimmen, die jeden Optimismus als irrational bezeichneten!
So trugen sich manche bereits mit Selbstmordgedanken; wobei die »Heroischen« unter ihnen keinesfalls kampflos aus dieser Welt verschwinden, sondern gleich ein paar Dutzend Gegner in das Jenseits mitnehmen wollten.
Weniger Entschlossene phantasierten von einem Versteck in den Bergen oder im Waldviertel, wo sie vielleicht die ersten entscheidenden Tage des »alliierten Siegestaumels« überleben könnten. Und so mancher sagte in diesem Zusammen-

hang: »Irgendwann werden sich die politischen Verhältnisse ja wieder normalisieren!«
Doch es gab auch viele, die auf die Stunde der Vergeltung warteten und die mit dem »Nazigesindel« aufräumen wollten. Sie hatten bereits Listen angelegt, um keinen der einstmals Übereifrigen zu vergessen.
Immerhin war es ja deren Schuld, daß zahlreiche Österreicher inhaftiert, zu Tode geschunden oder aufgehängt wurden...
Andererseits war es der Masse der Bevölkerung wirklich nicht bekannt, daß die Zahl der Verhafteten allein im Jahre 1938 bereits über siebzigtausend[50] *betrug. Und die Erinnerung an die Juden, die in den Zwanzigerjahren schätzungsweise 12,8 Prozent der Wiener Bevölkerung ausmachte, wurde nicht allein von den Nationalsozialisten verdrängt.*
Dabei hatte Baldur von Schirach selbst einmal gesagt, daß in den beiden ersten Jahren der NS-Herrschaft in Österreich etwa 140.000 Juden unter Zwang und Erpressung ausgewandert seien und daß bei seiner Bestellung zum Gauleiter und Reichsstatthalter in Wien nur mehr 50.000 bis 60.000 Juden in dieser Stadt lebten.
Und der Rest, so hätte ihm Hitler versichert, würde im Osten in geschlossenen Gebieten angesiedelt werden...[51]
Die Existenz der Konzentrationslager Auschwitz, Majdanek und Theresienstadt hatte Baldur von Schirach damals offenbar bewußt verschwiegen.

Am Tag nach dem schweren Bombenangriff auf Wien fehlte Gerhard Prokop beim Morgenappell. Sein Verschwinden war weder von seinen Bettnachbarn noch von der Wache bemerkt worden.
Sofort wurde eine Untersuchung eingeleitet. Dabei stellte

[50] Neumann, a.a.O., S. 120
[51] Schirach, a.a.O., S. 298

sich heraus, daß sich der Vermißte noch beim Luftkriegseinsatz in der Innenstadt durch besonderen Fleiß ausgezeichnet hatte. Er war dort mit dem Abtransport von Möbeln beschäftigt und fuhr anschließend mit seinen Kameraden in das Lager Knödelhütte zurück.

Einer der Unterführer konnte sich erinnern, daß Prokop dann in die Küche lief, um zu erkunden, wann das Abendessen fertig sein würde. Unteroffizier Leopold Sch. sah ihn noch beim Stubendurchgang um 22 Uhr und wurde von ihm gefragt, ob diesmal die Fuchsenfeldgegend in Meidling von Bomben verschont blieb. Allerdings wußte der Ausbilder dies selbst nicht.

Der Kompaniechef erinnerte sich, daß Gerhard Prokop in der Fuchsenfeldgegend in Meidling daheim war.

Ich wurde mit zwei Freiwilligen losgeschickt. Man gab uns Fahrräder, was uns keinesfalls erfreute, weil uns die Strecke Hütteldorf-Meidling nicht gerade als »Katzensprung« erschien. Außerdem kannten wir das sogenannte Fuchsenfeld nur zu gut: Die dortige Bevölkerung galt als ultrarot, aufmüpfig und gefährlich, so daß wir eher mit ein paar gezielten Steinwürfen als mit einer freudigen Begrüßung rechnen mußten.

Von Eva hatte ich überdies erfahren, daß Prokop von einer der anderen Ukrainerinnen Marschverpflegung erhalten und dabei mit einer Pistole renommiert habe. Er soll auch gesagt haben: »Ich lege jeden um, der mich in das Lager zurückbringen will!«

Ich radelte mit meinen beiden Kameraden los: Heidler war zuverlässig, ich kannte ihn schon lange und wußte daher, wie schwer man ihn aus der Ruhe bringen konnte. Kurt Weiß hingegen war keinesfalls freiwillig bei unserem Haufen. Ich hatte ihn zum ersten Mal vor der Musterungskommission für den Geburtsjahrgang 1929 gesehen, und er sagte damals, daß er gerne Furier werden möchte.

Zunächst hatten alle darüber gelacht, doch dann wollte

Unteroffizier Sch. seine Unterschrift unter eine Freiwilligenmeldung zum Panzerkorps »Großdeutschland« setzen. Da meinte Kurt, er müsse erst seinen Vater fragen! Ein Vorbehalt, der ihm Kniebeugen bis zur Erschöpfung eintrug...
Inzwischen waren wir in der Karl-Löwe-Gasse angelangt. Die dortigen Gemeindebauten besaßen zum Teil keine Dächer mehr und hatten in den Fenstern meistens Sperrholzplatten statt Glasscheiben eingesetzt. Schwere Bombenschäden sahen wir erst in den Innenhöfen.
Ich klingelte beim Hauswart, hörte zwar Schritte hinter der Tür, doch niemand öffnete uns. Dasselbe bei der Nachbarwohnung. Erst im Nebenhaus erfuhr ich, daß die Familie Prokop schon bei einem früheren Luftangriff ihre Wohnung verloren hatte. Aber niemand konnte oder wollte das Ersatzquartier kennen.
Eine Frau gab uns schließlich den Hinweis, daß sie Gerhard Prokop bei den Splitterschutzgräben in der nahen Parkanlage gesehen habe. Und dort fanden wir ihn tatsächlich.
Er leistete nicht den geringsten Widerstand!
Aber noch mehr überraschte es mich, daß er uns unaufgefordert ein Erdloch zeigte, in welchem er eine russische Armeepistole und zwei deutsche Eierhandgranaten versteckt hatte. Doch fehlten bei den Sprengkörpern die Zünder.
Der Abtransport des »Deserteurs« brachte uns Probleme, da ja die Fahrräder geschoben werden mußten. So entschloß ich mich, ihn zunächst nur in die relativ nahe Banndienststelle zu bringen. Von dort telefonierte ich mit dem Ausbildungslager, konnte aber Melich nicht erreichen. Unteroffizier Sch. versprach mir, daß er sich um einen Wagen bemühen würde.
So verging etliche Zeit, die ich für ein erstes Verhör mit Prokop nützte.
Seine Verantwortung war zwar dürftig, doch nicht ganz unlogisch: Er wollte keinesfalls desertieren, sondern lediglich feststellen, ob seinen im Fuchsenfeld wohnenden Freunden

etwas passiert sei. Überdies sorgte er sich auch um den Hund seiner Nachbarin, weil dieser noch bei jedem Luftangriff allein in der Wohnung zurückgelassen wurde.
Es interessierte uns natürlich wesentlich mehr, woher die russische Armeepistole stammte. Aber da schaltete der HJ-Fronthelfer auf stur und sagte überhaupt nichts mehr.
Ich hielt Prokop die Möglichkeit einer Einvernahme durch den Sicherheitsdienst vor, bei welcher vermutlich noch härtere Methoden angewendet werden könnten. Und dann bezeichnete ich das Ukrainermädchen Griselda als seine Waffenlieferantin.
Um so mehr waren wir schließlich überrascht, als er sich auf einmal zu dem »gutgemeinten Ratschlag« bequemte, wir sollten uns wegen der »Krachen«[52] bei uns Unterführern selbst umsehen!
Es blieb die große Frage, wer von unseren Kameraden jemals in den Besitz der fraglichen Waffe gelangt sein könnte. Unsere Altersgenossen kamen dafür kaum in Frage, folglich blieben nur die Wehrmachtsausbilder übrig. Doch auch bei ihnen hatten wir niemals eine »Nagan« gesehen. Außerdem waren sie mehrfach ausgezeichnete Frontsoldaten und absolut freiwillig bei unserem »Verein«.
Trotzdem gingen wir Name um Name durch und kamen letztlich doch zu keinem Ergebnis. Was blieb, waren gewisse Verdachtsmomente gegen Oberscharführer W.
Im weiteren Verlauf meiner Einvernahme klärte sich aber wenigstens die Herkunft der beiden Handgranaten. Und zwar hatte sie Prokop nicht gestohlen, sondern bei einer Übung im Wienerwald gefunden. Wobei mir sogar bekannt war, daß an der angegebenen Stelle auch eine Polizeifeldeinheit gelegentlich anzutreffen war.
Für weitere Nachforschungen blieb keine Zeit, da unten in der Ruckergasse der Kübelwagen aus der SS-Kaserne

[52] Wiener Dialektbezeichnung für Pistole

Schönbrunn vorfuhr und Angehörige der Kraftfahrtechnischen Lehranstalt unseren »Gefangenen« abholten.
Diese Burschen wirkten auf uns wie Marionetten, so hölzern war ihr Gang, was sie aber andererseits nicht davon abhielt, dem Prokop noch rasch einen Fußtritt zu geben. Was weiter geschah, konnte ich später nur ahnen, nachdem man mir erzählte, daß die Augen des Delinquenten verschwollen waren und er auch aus der Nase blutete, als sich die Tür der Arrestzelle im Lager Knödelhütte hinter ihm schloß.
Jedenfalls lieferten wir weder die Pistole noch die Handgranaten ab. Heidler nahm den Fund an sich, und wir hatten dem Prokop noch klar zu verstehen gegeben, daß er sich in erster Linie selbst belasten würde, wenn dies bekannt werden sollte.
Natürlich geschah dies nicht aus Mitleid mit diesem Burschen. Wir gaben uns einfach der Hoffnung hin, daß Oberscharführer W. den Versuch unternehmen könnte, von sich aus mit Prokop in Verbindung zu treten.
Aber diese Freude machte er uns nicht!
Am nächsten Tag nahm er sogar ausnahmsweise an einer Gefechtsübung im Wienerwald teil. Da kam ein Anruf vom Lebensmittelgeschäft in der Hüttelbergstraße. Und Unteroffizier Sch. schickte einen Wachposten mit Prokop los, der auf einem kleinen Leiterwagen die angekündigte Verpflegung ins Lager bringen sollte.
Zunächst ging alles gut. Die Säcke und Konservendosen wurden verladen, ebenso die Brotlaibe, die Eimer mit Marmelade und auch ein Korb mit Äpfeln. Dann ging der Wachposten in das Haus, um die Quittung zu unterschreiben.
Der Arrestant blieb auf der Straße zurück und sollte aufpassen, daß von vorbeikommenden Passanten nichts gestohlen würde.
Gestohlen wurde nichts. Und der Wagen stand nach der Rückkehr des Wachposten völlig unberührt an der gleichen Stelle wie vorher, aber Prokop blieb verschwunden...

In der Unterführerunterkunft wurde später noch oft darüber diskutiert, manche Theorie aufgestellt und verworfen. Da konnte ich mich eines Tages nicht mehr zurückhalten und sprach die begründete Vermutung aus, daß das neuerliche Verschwinden von Prokop eine abgekartete Sache zwischen Oberscharführer W. und Unteroffizier Sch. war. Der Beweis: Die Schwester Prokops war mit W. befreundet.
Die Fahndung nach dem Verschwundenen brachte keinerlei Erfolg, und man kann annehmen, daß sie kaum mit besonderem Eifer durchgeführt wurde. Denn es kümmerte auch niemand, daß die HJ-Unterführer Reiter und Sönker, die nach der 4-Wochen-Ausbildung vorübergehend abgerüstet hatten, nie mehr auf der Knödelhütte gesehen wurden.
Untertauchen konnte ferner der HJ-Soldat Franz Pressler, der später den Künstlernamen Fatty George annahm. Er sprang bei Halbturn ganz einfach auf einen Eisenbahnzug, der hinter dem WE-Lager vorbeifuhr. Und sein Freund, der abgerüstete Luftwaffenhelfer Helmut Qualtinger, bekam von einem Oberarzt attestiert, daß er für den Militärdienst untauglich sei. Trotzdem versteckte er sich im Luftschutzstollen Türkenschanzpark[53].
Aber auch Hartmann, Olscher, Kogler und Vymetal waren bereits vergessen, sie setzten sich noch rasch als Lagermannschaftsführer mit einem KLV-Transport nach Oberösterreich ab. Und wir wunderten uns nur, warum die evakuierten Kinder nicht von jüngeren Jungvolkführern begleitet wurden. Denn die zuletzt genannten »Kameraden« waren ebenso wehrpflichtig wie wir.

Die deutsche Plattensee-Offensive war zusammengebrochen!
Nur 10 Tage nach ihrem Beginn, nämlich in den Mittagsstunden des 16. März 1945, rollte ein Großangriff der Sowjetarmee an.

[53] Kudronofsky, a.a.O., S. 24 u. 145

Und zwar wurde versucht, zunächst die deutschen Verbände im Raum Stuhlweißenburg einzukesseln. Aber trotzdem war auch das Fernziel erkennbar: Weiterer Vorstoß der Roten Armee in Richtung Wien!
Es war daher merkwürdig, daß gerade zu dieser Zeit das HJ-Volkssturmbataillon 41/6 aus dem Raum Nickelsdorf abgezogen und nach Preßburg verlegt wurde[54]*. Jedenfalls trug dafür niemand anderer als Baldur von Schirach die Verantwortung.*
Die Angehörigen des HJ-Volkssturmbataillons 41/6 waren in erster Linie kriegsdienstverpflichtete Burschen des Geburtsjahrganges 1928, doch gab es unter ihnen auch zahlreiche Freiwillige, die erst 1929 geboren wurden. Und in der slowakischen Hauptstadt kamen noch jugendliche Volksdeutsche, Angehörige der Hlinka-Jugend, sowie auch ältere Wehrmachtssoldaten hinzu, so daß Bannführer Leo P. schließlich über rund 800 Mann verfügte.
Gegliedert war das HJ-Volkssturmbataillon 41/6 in eine Stabskompanie und drei weitere Kompanien.
In Preßburg wurden die HJ-Fronthelfer, nachdem sie schon vorher einer infanteristischen Grundausbildung unterzogen wurden, an Panzerabwehrkanonen ausgebildet. Und diese waren auf Grund des festungsartigen Charakters von Preßburg bereits stationär eingebaut.
Auch für die kulturelle Betreuung wurde gesorgt. So sollte zum Beispiel der bekannte Lyriker Josef Weinheber den HJ-Soldaten aus seinen humoristischen Werken einige Kostproben vortragen. Doch ging dieser Besuch nicht ganz klaglos über die Bühne, da der Dichter offensichtlich betrunken war.
Wesentlich mehr Ärger gab es aber deshalb, weil Oberst Dr. Freiherr von Ohlen und Adlerscron, der Festungskommandant von Preßburg, sich nicht an eine Abmachung mit Bal-

[54] Eine genaue Darstellung der Ereignisse in Preßburg erhielt der Autor von den beiden Bannführern Leo P. und Willy W.

dur von Schirach hielt. Denn diese sollte garantieren, daß die HJ-Fronthelfer nicht unmittelbar in der Hauptkampflinie eingesetzt werden sollten; es war daran gedacht, ihnen eine Reservestellung zuzuweisen.
Sollte nämlich den Sowjets ein Durchbruch in der Hauptkampflinie gelingen, bestand immer noch die Chance, daß die dahinter liegenden Hitlerjungen wenigstens eine Weiterfahrt der feindlichen Panzer stoppen würden.
Aber es zeigte sich bald, daß das HJ-Volkssturmbataillon 41/6 nicht nur in eine äußerst gefährdete Vorderhangstellung am östlichen Stadtrand von Preßburg eingewiesen wurde, sondern daß vor ihnen auch gar keine eigenen Truppen mehr lagen.
Bannführer Leo P. rief deshalb den Gebietsführer Hans Lauterbacher in Wien an und verlangte von diesem eine sofortige Intervention beim Reichsverteidigungskommissar: »Das ist ja Wahnsinn! Baldur soll unser Bataillon sofort nach Wien zurückbeordern.«
Oberst von Ohlen, so wurde gleichfalls gemeldet, hatte außerdem die Absicht geäußert, einen Großteil der HJ-Kompanien auf den ganzen Festungsbereich aufzuteilen. In zahlreiche Panzervernichtungstrupps von jeweils vier oder fünf Burschen, die dann dem Befehl diverser Wehrmachts- und Volkssturmeinheiten unterstellt werden sollten.
Hans Lauterbacher reagierte prompt.
Er setzte den Chef seines Stabes, nämlich den Bannführer Willy W., nach Preßburg in Marsch. Und dieser nahm sich einen Fotografen der HJ-Lichtbildstelle mit, um gleich an Ort und Stelle einige beweiskräftige Aufnahmen zu machen. Dies geschah dann auch, doch wurden W. und sein Begleiter von Heeresoffizieren festgenommen.
Die Beschuldigung lautete auf Spionageverdacht, was natürlich lächerlich war.
Aber der Festungskommandant wußte offenbar genau, daß diese Fotos eine Strafuntersuchung ausgelöst hätten, wenn sie

zu Baldur von Schirach gelangt wären. Darum ließ er den Film sofort vernichten.
Dann wurde der Bannführer, der ein fronterfahrener Artillerieoffizier war, zu einem Verhör geholt und schließlich mit seinem Fotografen zur Engerauer Brücke gebracht, wo ihnen ein Offizier aus dem Stab Ohlen erklärte: »Verschwinden Sie und lassen Sie sich hier nie mehr blicken!«

Auf der Knödelhütte hatten wir die ersten Verwundeten. Passiert war dies nicht etwa im Kampf oder bei einer Gefechtsübung, sondern bei einem Vortrag in einer der Baracken. Und dies ausgerechnet an einem Tag, an welchem ich »Führer vom Dienst« war.
Zunächst besichtigte ich mit dem Bannführer einen »Flaggenwald«, der in der Baracke 1 errichtet wurde, nachdem alle Gefolgschaftsfahnen aus Meidling und Hietzing in unserem Ausbildungslager abgeliefert werden mußten.
Warum dies geschah, blieb mir ein Rätsel, da uns Melich nicht den Sinn dieses Befehls erklärte. Doch viele Monate später sah ich in einem sowjetischen »Wochenschau«-Film, daß diese Fahnen bei einer Siegesparade über den Roten Platz in Moskau getragen wurden. Was unser Bannführer sicherlich nicht voraussehen konnte.
In der anderen Baracke fand gerade Waffenunterricht statt. Als wir dort eintraten, sah ich einen 16jährigen Rottenführer, der seinen Karabiner zerlegte. Wobei er die Funktion eines jeden Bestandteiles zu erklären versuchte.
Der Junge tat dies sehr unbeholfen, stotterte herum, wiederholte sich. Melich hörte schweigend zu, aber an der Farbe seines Gesichtes glaubte ich zu erkennen, daß ein Zornausbruch knapp bevorstand.
Aber ich wurde abgelenkt, weil der Ausbilder irgendetwas von mir wollte. Was er mir sagte, dürfte ich sofort wieder vergessen haben, denn hinter uns gab es plötzlich einen Knall und alle schrien durcheinander.

Wir fuhren herum.
Und da sah ich, daß Bannführer Walter Melich seine Hände gegen die Augen preßte und daß Blut zwischen seinen Fingern hervorquoll.
Der Rottenführer starrte entsetzt auf den Vorgesetzten, hielt die Arme leicht abgewinkelt. Das machte auf mich zunächst den lächerlichen Eindruck, als wollte er strammstehen und die Hände an die Hosennaht legen.
Aber dann bemerkte ich auch bei ihm das viele Blut an den Fingern, die er überdies ganz merkwürdig gespreizt hielt. Da begann er bereits hysterisch zu schreien...
Der Feldscher[55] war rasch zur Stelle, legte den beiden Kameraden Notverbände an. Ich rannte in die Küchenbaracke und telefonierte mit dem Wilhelminenspital, das einen Sanitätskraftwagen schickte.
Erst am nächsten Tag, als Melich bereits wieder bei uns war, konnte der Unfallhergang annähernd geklärt werden: Der Bannführer hatte, mit dem Gewehrverschluß in der Hand, das Spannen und Entspannen der Schlagbolzenfeder demonstriert. Dabei mußte der Rottenführer eine Übungspatrone auf das Verschlußstück aufsetzen, dann schnellte der Stahlstift nach vorne, und das Malheur war passiert.
Denn die vermeintliche Übungspatrone entpuppte sich als scharfe Munition, die zwischen den Händen des Rottenführers detonierte. Melich wurde durch die berstende Hülse zum Glück nur leicht an einem Auge verletzt. Doch der Junge blieb im Krankenhaus und mußte operiert werden.
Als ich seinerzeit in der Meidlinger Kaserne »wehrertüchtigt« wurde, gab es noch völlig ungefährliche Übungspatronen aus Messing. Und bei diesen waren Hülse und Geschoß aus einem einzigen Stück. Später sammelte man das wertvolle Buntmetall ein, nahm normale Gewehrpatronen und

[55] Diese mittelalterliche Bezeichnung für einen Sanitäter war bei der Hitler-Jugend üblich.

entfernte lediglich das Zündhütchen. Denn ohne Initialzündung kann man das Schießpulver in einer Patronenhülse nicht zur Detonation bringen.
Normalerweise wurden solche Übungspatronen mit einer Farbmarkierung versehen. Und dies war auch bei dem fraglichen Geschoß der Fall, so daß ein Sabotageverdacht nicht verneint werden konnte. Dies wurde auch in der Meldung an die Bataillonsführung zum Ausdruck gebracht.
Ungeklärt blieb nur, ob die scharfe Patrone bereits im Wiener Arsenal oder erst auf der Knödelhütte in die Kiste mit Übungspatronen geschmuggelt worden war.
Eindeutig war hingegen die Geschichte mit jenem Wachposten, der sich kurz nachher in den Fuß schoß. Er hatte darauf vergessen, das Gewehr zu sichern. Und ebenso leichtsinnig hantierte mein Freund Adolf Hampel mit dem Rohr einer Panzerfaust, doch gab es da wenigstens keine Verletzten, sondern »nur« eine kaputte Badezimmerwand in unserem Quartier[56].

Am 27. April 1945 wurde die 5. HJ-z.b.V.-Kompanie vereidigt.
Ich erlebte diese Zeremonie auf einem hölzernen Aussichtsturm, nachdem mir der Kompaniechef den Auftrag erteilte, besonders auf feindliche Tiefflieger zu achten.
Dies war allerdings überflüssig, nachdem nur wenige hundert Meter weiter ohnedies die Mädchen der Flak an ihren Horchgeräten saßen. Aber Kreisleiter Schaffer bestand trotzdem auf einem zusätzlichen Flugbeobachtungsposten.
Als ich zum Lagerzaun hinüberblickte, sah ich dort nicht nur zahlreiche Familienangehörige von HJ-Soldaten stehen, sondern erkannte auch typische Ausflügler an ihrer

[56] Tragisch endete ein Panzerfaustunfall in St. Peter-Freienstein (Stmk.). Laut Mitteilung des dortigen Gemeindeamtes fanden bei einer Übung am 22. Februar 1945 zwölf HJ-Volkssturmangehörige den Tod. (Siehe die Verlustliste!)

Kleidung, am Spazierstock oder am umgehängten Rucksack. Und später hat man mir erzählt, daß einige dieser Leute ihren Unmut äußerten, als sie die Feier beobachteten und das Lied hörten: »Heilig Vaterland in Gefahren, deine Söhne sich um dich scharen...«
Aber dies traf weder bei meiner Großtante noch bei den Angehörigen der anderen HJ-Unterführer zu: Sie waren stolz auf uns!
Mein Blick wanderte zur Kompanie hinüber, die in einem großen Karree angetreten war. Genau ihnen gegenüber standen Hans Schack und einige andere Unterführer. Ihre Linke lag auf der Bannfahne, während sie die Rechte zum Schwur erhoben hatten.
Die Gesichter meiner Freunde waren sichtlich bewegt, als Walter Melich die Worte vorsprach: »Ich schwöre bei Gott diesen heiligen Eid...«
Sicherlich waren dies keine reifen Männer, die das feierliche Versprechen wiederholten. Aber gerade uns Jungen bedeutete dieser Augenblick sehr viel. Denn wir glaubten noch an Begriffe wie Pflichterfüllung, Tapferkeit und Gehorsam. Und wir waren auch bereit, für die Heimat das Leben hinzugeben.
So dachte auch der 12jährige HJ-Fronthelfer Tomann, der gleich neben dem Fahnenträger stand. Er war groß und ausgesprochen hager, so daß ihm die Uniform um die Schultern schlotterte. Und der Stahlhelm war ihm sichtlich zu schwer.
Tomann war erst seit zwei Tagen bei unserer Kompanie. Er kam als Freiwilliger von einem Flieger-Fähnlein, welches mein Freund Erwin Hirsch aufgestellt hatte. Jedenfalls mußte unser jüngster Kriegsfreiwilliger erst den Bannführer anbetteln, um überhaupt bleiben zu dürfen. Und Melich ließ sich erst dann überreden, als ich die Treffsicherheit des Buben beim Kleinkaliberschießen lobte.
Trotzdem ordnete der Bannführer sofort an, daß Tomann nur als Melder eingesetzt werden durfte.

Als die Feierstunde beendet war, strömten die Besucher in das Lager herein.
Etwas später mußte ich mich beim Bannführer melden. Neben ihm stand eine abgehärmte, schlecht gekleidete Gestalt. Es war die Mutter von Tomann, die von mir wissen wollte, ob ich ihren Buben nicht gesehen hätte.
Ich zögerte mit einer Antwort.
Aber da kam mir bereits Melich zu Hilfe; er erklärte, daß ihm der Name des Burschen völlig unbekannt sei.
Dann mußte ich die Frau durch den gesamten Kompaniebereich führen, ihr sogar die Küche und die Waffenkammer zeigen. Aber die Unterführerunterkunft lag ja außerhalb des Lagers, und genau dort hatte sich Peter Tomann nach der Vereidigung versteckt. Mit Wissen des Bannführers.
Seine Mutter fragte immer wieder den einen oder anderen Kameraden, ob sie ihren Buben nicht gesehen hätten. Aber die Antwort war stets dieselbe: »Tomann? Wer soll das sein, den kenne ich nicht!«
Und dies war nicht einmal eine Lüge, denn sie kannten ihn nach den zwei Tagen wirklich nicht.
Als wir schließlich zum Bannführer zurückkehrten, meinte dieser, daß der Peter für uns zu jung sei. Zu jung mit seinen 12 Jahren. Da schämte ich mich nicht nur für meinen Vorgesetzten, sondern in erster Linie auch für mich.
Ich habe es später lange nicht überwunden, daß dieses Kind während der Schlacht um Wien gefallen ist[57]. Und ich fühle mich auch heute noch für seinen Tod mitverantwortlich, weil wir ihn nicht heimgeschickt hatten.

[57] Peter Tomann half Heerespionieren bei der Anbringung einer Sprengladung, die vorzeitig explodierte.

III. Dramatische Tage im Osten (28.3.–5.4.1945)

Am 28. März 1945 traf Heinrich Himmler in Wien ein. Hier konferierte er zunächst mit allen »ostmärkischen« Gauleitern und erteilte diesen die Vollmacht zur Durchführung von Standgerichtsverfahren.
Dann sprach er mit Sturmbannführer Ziereis, dem Kommandanten des KZ-Lagers Mauthausen. Dabei soll Himmler den Befehl erteilt haben: »Alle Juden, die im Bereich der Reichsschutzstellung zur Arbeit eingesetzt sind, müssen sofort abtransportiert werden!«
Von Erschießungen war in diesem Zusammenhang keine Rede. Und Baldur von Schirach erklärte später sogar, daß Heinrich Himmler die in der »Ostmark« befindlichen Juden als sein »wertvollstes Kapital« bezeichnet hatte. Allerdings war Herr von Schirach diesbezüglich der Meinung: »Himmler wollte diese jüdischen Menschen als Preis für ein diabolisches Geschäft einsetzen. Mit ihrer Hilfe wollte er versuchen, sich in letzter Minute von seiner Schuld loszukaufen und sich den Alliierten als Verhandlungspartner und Nachfolger Hitlers anzubieten.«[58]
Trotzdem kam es in der Folge zu Judenerschießungen und Todesmärschen, und es wurden zwei Tage später auch die Unterführer einer HJ-Volkssturmeinheit in eine äußerst unangenehme Geschichte verwickelt…

[58] Schirach, a.a.O., S. 311. Vgl. auch Rebhann, a.a.O., S. 182

Bereits seit Tagen fluteten die Verbände der Deutschen Wehrmacht aus Ungarn zurück. Dort waren sie zwar der drohenden Einkesselung entgangen, doch fehlte ihnen Treibstoff und Munition in genügender Menge. Und es wirkte auf sie auch deprimierend, daß zahlreiche Ersatzeinheiten geradezu systematisch fehlgeleitet wurden.
Im Bereich der Reichsschutzstellung rückten die alten und nur mangelhaft ausgerüsteten Volksstürmer aus Krems, Melk, Baden, Tulln, Wiener Neustadt, Neunkirchen und Lilienfeld ein. Aber ihre Kampfbereitschaft war kaum der Rede wert.
Daher war es irgendwie verständlich, daß viele der aus Ungarn kommenden Soldaten möglichst schnell und möglichst weit in Richtung Westen gelangen wollten.
Am 29. März 1945 überschritten die Sowjets bei Klostermarienberg erstmals die alte österreichisch-ungarische Grenze. Und als ihre Panzer in den Morgenstunden des 1. April in Oberpullendorf eindrangen, wurden dort am Bahnhof gerade 16- und 17jährige Rekruten des Grenadierregimentes 577 ausgeladen.
Pakgeschütze oder Panzerfäuste standen den Burschen nicht zur Verfügung, sie hatten lediglich ihre Gewehre und 20 Patronen pro Mann[59].
Jedenfalls gab es 85 Tote, nachdem die sowjetischen Panzer nicht gestoppt werden konnten. Sie walzten erbarmungslos alles nieder, wobei nicht einmal Verwundete und Sterbende verschont blieben.
Ebenso erging es vielen Volkssturmmännern aus Scheibbs und Lilienfeld, die im Einsatz bei Oberpullendorf ohne jede Waffen dastanden und deshalb dem Oberstleutnant Witte den Gehorsam verweigerten. Allerdings nahmen die Sowjets ihre Übergabebereitschaft erst gar nicht zur Kenntnis und machten sie gleichfalls nieder.

[59] Rauchensteiner, a.a.O., S. 128 u. 129

Erbitterten Widerstand leistete lediglich eine Alarmeinheit des HJ-Volkssturmes aus dem umliegenden Bezirk, die zwar über genügend Panzerfäuste, Munition und Sturmgewehre verfügte, aber nur aus 50 Fronthelfern bestand. Diese schossen drei T 34 ab, mußten sich aber ebenso wie die oberösterreichischen und bayerischen Grenadiere in Richtung Mattersburg zurückziehen[60].
In Neutal warteten auf sie bereits Hitlerjungen, die von Politischen Leitern zusammengetrommelt worden waren. So konnte der Feind zwei Stunden lang aufgehalten werden, aber dies reichte, um bei Sieggraben eine Riegelstellung zu errichten.
Trotzdem ist es erschütternd, daß von 135 deutschen Soldaten, die bei Neutal gekämpft haben, nur fünf Mann überlebten[61]!

Ebenfalls am 30. März 1945 mußten sieben HJ-Unterführer (im Alter zwischen 16 und 17 Jahren) eine Gruppe von 60 Juden bei Deutsch-Schützen zu einer Waldlichtung eskortieren. Es geschah dies auf Befehl ihres Bannführers Alfred Weber.
Anschließend hatten die Burschen alle Zufahrtswege abzusperren, um neugierige Ortsbewohner von der bevorstehenden »Hinrichtung« abzuhalten.
Die Erschießung selbst sollen ein Franz Aldrian und ein Adolf Storms durchgeführt haben, die in späteren Presseberichten als SS-Angehörige bezeichnet wurden. Nur wurde in diesem Zusammenhang nicht erwähnt, daß dieses Gemetzel nicht nur völlig willkürlich geschah, sondern auch dem Himmler-Befehl vom 28. März 1945 widersprach.
Weber, Aldrian und Storms konnten in der Nachkriegszeit nicht ausgeforscht werden, deshalb stellte man die erwähnten sieben HJ-Unterführer vor Gericht.

[60] Mitteilung Leo Banny
[61] Ebenda

In diesem Nachkriegsprozeß kam auch zur Sprache, daß die sieben Fronthelfer die erschossenen Juden begraben mußten. Dabei bemerkten zwei von ihnen, daß sich eines der Opfer noch unter der dünnen Erdschicht bewegte. Entsetzt machten sie den SS-Mann Aldrian auf diesen Umstand aufmerksam.
Daraufhin gab ihnen dieser den Befehl, den Kopf und die Schultern des Schwerverletzten freizulegen. Kaum war dies geschehen, jagte ihm Aldrian eine Kugel in den Kopf, und die beiden geschockten Hitlerjungen mußten das Opfer ein zweites Mal beerdigen. Was ihnen nach dem Krieg zunächst als Beihilfe zum Mord ausgelegt wurde.
Einer der Anwälte wandte ein, daß es erst recht Mord gewesen wäre, wenn die beiden Burschen nichts gesagt und den Schwerverletzten beerdigt hätten. Daraufhin wurde das Verfahren gegen diese beiden Angeklagten ausgeschieden und der Akt dem Jugendgericht zugeleitet.
Hinsichtlich der anderen HJ-Unterführer sagte der Gerichtspsychiater, daß sie infolge ihrer Unausgereiftheit den hereinbrechenden Ereignissen ratlos gegenübergestanden und mit ihren 17 Jahren von der Furcht vor dem Bannführer beherrscht gewesen seien.
Diese Argumentation machte auf den Volksgerichtssenat nur wenig Eindruck. Die fünf Burschen wurden zu Arrest- bzw. Kerkerstrafen in der Dauer von 15 Monaten bis zu drei Jahren verurteilt[62].

Am 30. März 1945 ging auch die slowakisch-ungarische Grenzstadt Komorn verloren, und einen Tag später standen die Sowjets in Galanta und in Neutra a.d. Waag.
Deutsche und ungarische Truppen flüchteten nach Preßburg, wo sie zunächst von niemandem aufgehalten wurden. Offizielle Ausrede für letzteres: »Das waren ohnedies nur

[62] Hinsichtlich des Massakers von Deutsch-Schützen, vgl. »Das kleine Volksblatt« (16.4., 4.9., 6.10.1946) und »Neues Österreich« (5. u. 6.10.46)

rückwärtige Dienste und Trosse, die man nicht als Kampfeinheiten gebrauchen konnte!«
Gebrauchen konnte man hingegen die 16- und 17jährigen HJ-Fronthelfer, die die wichtige Straße nach Freistadel absichern mußten.
Ihr Bannführer Leo P. schaute allerdings nicht länger zu, wie kampfunwillige Wehrmachtsangehörige an ihm vorbeizogen. Er vereinnahmte sie, wobei er seine Maschinenpistole als unmißverständlichen Wegweiser benützte.
Ähnliches tat auch ein Major Wallner, der an anderer Stelle des Festungsbereiches sogar eine ganze Kompanie aufstellte, die fast ausschließlich aus Versprengten bestand[63].
Generalmajor Hermann Harrendorf beurteilte die Lage dahingehend, daß die 2. Ukrainische Front unter Marschall R.J. Malinovskj den Auftrag hatte, in erster Linie in Richtung Böhmen und Mähren vorzustoßen. Und dazu war zunächst nicht einmal die Einnahme von Preßburg notwendig, sondern ein möglichst schnelles Erreichen der Pässe über die Kleinen Karpaten!
Deshalb ließ Harrendorf seine aus Ungarn kommende 96. Infanterie-Division durch Preßburg hindurch- bzw. an der Stadt vorbeimarschieren. Den Befehl zum Halt gab er erst dann, als die Elitedivision die wichtigen Höhenstellungen im Norden von Preßburg erreichte[64].
Am östlichen Stadtrand und vor allem an der bereits erwähnten Straße nach Freistadel (Podunajské Biskupice) blieb »zweckentfremdet« nur das HJ-Volkssturmbataillon 41/6 zurück, welches aber durch eine schwere MG-Kompanie des Bataillons Mark verstärkt wurde.
Aber die Hitlerjungen aus Wien unterstanden ja der Befehlsgewalt des Festungskommandanten Oberst von Ohlen und Adlerscron...

[63] Mitteilung Major d. R. Horst Voigt
[64] Ebenda

31. März 1945.
Nun gab es auch Alarm in der Steiermark. Denn dort überschritten sowjetische Truppen, aus Ungarn kommend, den Klausenbach-Kalch in der Nähe von Neuhaus. Und kurz nachher drangen ihre Panzer in Bad Gleichenberg ein und fuhren weiter in Richtung Fehring.
Der Widerstand, der anfänglich den Sowjets entgegengesetzt wurde, war kaum nennenswert.
Aber in Fehring mobilisierte der Bannführer Hermann Reitinger nicht nur seine Hitlerjungen, sondern auch die ihm zugeteilten Einheiten der Waffen-SS, der Polizei und des örtlichen Volkssturmes. Und es gelang ihm, insgesamt drei sowjetische Angriffe abzuschlagen.
Dadurch konnte ein letzter Eisenbahnzug mit Frauen und Kindern noch abfahren!
Doch ein Großteil der Bevölkerung flüchtete in Richtung Süden in die Berge und Wälder, während dann auch noch die Brücke über die Raab gesprengt wurde. Schwerer Artilleriebeschuß ließ den Bahnhof in Flammen aufgehen.
Bannführer Reitinger schoß mit der Panzerfaust zwei Sowjetpanzer ab. Ein dritter wurde durch den Bannführer Walter Kowatsch aus Weiz abgeschossen, worüber später eine Grazer Zeitung sehr ausführlich berichtete[65].
Nicht erwähnt wurde in diesem Frontbericht, daß in Fehring die Fronthelfer Alois Ruschitzka und Johann Jassmann schwer verwundet wurden und später ihren Verletzungen erlagen. Jassmann war Meldegänger, 10 Jahre alt…
Und vermißt ist seither der 15jährige Alois Bichler.

Am 1. April 1945 standen sowjetische Panzer bereits bei Kirchschlag in der Buckligen Welt und kurz nachher vor Wiesmath. Bei Pitten und Erlach versuchten Fahnenjunker der Kriegsschule Wiener Neustadt, den Feind zu stoppen.

[65] Vgl. »Kleine Zeitung« v. 4.4.1965/S. 11

Ihre 5. Inspektion stand unter der Führung von Hauptmann Dr. Rudolf Kirchschläger, der bei diesen Kämpfen schwer verwundet wurde[66].
Die Bevölkerung von Erlach war am Vortag großteils nach Walpersbach geflohen, ohne auch nur das Notwendigste mitgenommen zu haben.
Jedenfalls zeigte es sich, daß man in Walpersbach den Flüchtlingen weder Verpflegung noch Decken geben wollte.
Da entschloß sich der 17jährige Hitlerjunge Sepp Kattinger, nochmals zu seinem Elternhaus in Erlach zurückzukehren, um das Notwendigste zu holen.
Kattinger gehörte früher einer HJ-Fronthelfer-Einheit an, die im ungarischen Grenzgebiet bei Güns (Köszeg) zum Stellungsbau eingesetzt war. Seine vormilitärische Ausbildung hatte er in der Wöllersdorfer Wasserkaserne gemacht.
Es dürfte daher für ihn selbstverständlich gewesen sein, daß er bei seiner Rückkehr nach Erlach zur Dorfschule eilte, wo einige seiner HJ-Kameraden gerade Panzerfäuste aufnahmen. Den Befehl dazu gab der Ortsgruppenleiter.
Jedenfalls brachten die Burschen diese Panzerfäuste zu der am Dorfrand befindlichen Ziegelei Jahn, wo sich die Fahnenjunker des Hauptmanns Dr. Rudolf Kirchschläger in arger Bedrängnis befanden. Denn immer mehr Sherman-Panzer kamen aus dem Wald heraus und rollten auf ihre Stellung zu.
Da setzte der Hitlerjunge Sepp Kattinger wenigstens einen Panzer außer Gefecht. Und gerade in dem Moment, als er einen zweiten »Sherman« anvisierte, erlitt er einen Herzschuß.
Auch sein Freund Schindler wurde getroffen, konnte sich aber zurückschleppen. Da kam auf einmal der Hitlerjunge Pichler mit einer Beiwagenmaschine dahergerast: Schindler

[66] Vgl. »Mitteilungen der Offiziersgesellschaft Wien«, Heft 3/1985, S. 15

wurde aufgeladen, und auf den Soziussitz schwang sich ein weiterer Kamerad. Dann jagte das Fahrzeug in rasendem Tempo zurück[67].
In einem Bericht des Generals Rudolf von Bünau hieß es später, daß bei den Kämpfen zwischen Erlach und Frohsdorf rund 30 feindliche Panzer vernichtet wurden[68]. Und ihren Abschuß schrieb man voll und ganz den Fahnenjunkern der Kriegsschule Wiener Neustadt zu. Von Sepp Kattinger war keine Rede.
Seine Familienangehörigen sahen sich in den folgenden Wochen zahlreichen Beleidigungen und Drohungen ausgesetzt. Denn einige Erlacher Bürger gaben dem gefallenen Hitlerjungen die Schuld, daß ihr Ort durch sowjetischen Artilleriebeschuß sehr stark gelitten hatte.
Davon hörte auch der ehemalige HJ-Fronthelfer Schindler bei seiner späteren Heimkehr. Und dieser sagte dann: »Von uns Buben hat keiner auf die sowjetischen Panzer geschossen...«
Tapferkeit und Todesverachtung waren nicht mehr gefragt. Und aus dem Panzerknacker Sepp Kattinger wurde ein Ziviltoter, dem aber Jahrzehnte später der österreichische Bundespräsident Dr. Rudolf Kirchschläger seine Referenz erwies: In Form von Blumen, welche das Staatsoberhaupt nicht nur auf die letzte Ruhestätte seiner Fahnenjunker, sondern auch auf das Grab Sepp Kattingers legte.

Am 1. April 1945 stießen sowjetische Verbände auch gegen die kleine Ortschaft Stöttera (nordöstlich von Mattersburg) vor. Im letzten Augenblick stellten sich ihnen zwei deutsche Panzer entgegen, die mit aufgesessener »Infanterie« ankamen und auf der Anhöhe bei der Donati-Kapelle in Stellung gingen.

67 Bericht der beteiligten HJ-Volkssturmangehörigen
68 Bericht Bünau S. 8

Diese Verteidiger waren bunt zusammengewürfelt und gehörten sowohl der Waffen- SS als auch dem Heer und der Luftwaffe an. Außerdem dürften bei ihnen auch Angehörige eines Wehrertüchtigungslagers gewesen sein, da ein Ortsbewohner später aussagte, daß mehrere junge Burschen einen grauen Drillich getragen hätten.
Der Kampf dauerte nicht lange und endete schließlich mit einem Gemetzel. Denn wie der gleiche Zeuge berichtete, wurden zuerst die beiden Panzer abgeschossen und kurz danach auch die Begleitmannschaft niedergemacht.
Mit Kolbenhieben und Genickschüssen, obgleich sie sich bereits ergeben hatte!
Die gleiche Todesursache wurde übrigens auch am 6.2.1969 festgestellt, als die Toten von Stöttera in die Kriegsgräberanlage Mattersburg umgebettet wurden. Es waren insgesamt 17 Mann, von denen zwölf identifiziert werden konnten. Unter diesen befanden sich zwei Angehörige des Geburtsjahrganges 1928 und fünf des Geburtsjahrganges 1927. Keiner von ihnen gehörte einem WE-Lager oder einer HJ-Volkssturmeinheit an[69].
Aber es mag sein, daß nicht alle Grabstätten gefunden wurden, da ein Tatbestandsbericht sechsundzwanzig Gefallene bei Stöttera erwähnt hatte.
Zahlenmäßig unklar blieb ferner, wie viele deutsche Soldaten – darunter auch Hitlerjungen – am selben Tag auf der Zillingtaler Heide und auf einem Hauptverbandplatz in Sigleß liquidiert wurden.
Es dürften insgesamt mehr als hundert Mann gewesen sein.

Geradezu »gemütlich« ging es am 1. April 1945 in Eisenstadt zu, welches von einem Volkssturmbataillon und einer Kompanie Landesschützen verteidigt werden sollte: Ein Großteil der Volkssturmmänner ging einfach nach Hause,

[69] Mitteilung Umbettungsdienst Volksbund Deutsche Kriegsgräberfürsorge

als sich sowjetische Panzer der ersten Straßensperre näherten!
Und knapp eine halbe Stunde später meldete ein HJ-Melder dem Kampfkommandanten, daß sich auch die Landesschützen-Kompanie in Richtung auf das Leithagebirge absetzte. Kurz vorher hatte noch eine Gruppe von HJ-Führern mit Panzerfäusten in vorgehende sowjetische Infanterie hineingeschossen, worauf deren Angriff zum Stillstand kam[70].
Da es in Eisenstadt keine selbständige HJ-Volkssturmeinheit gab, fügten sich die HJ-Führer murrend dem Befehl des Kampfkommandanten und folgten ihm und seinem Parteigefolge nach St. Loretto. Einige von ihnen – und darunter auch mehrere Melder auf Fahrrädern – schlossen sich später der Waffen-SS an.

Gleichfalls am 1. April 1945 rollten auch am östlichen Stadtrand von Preßburg die sowjetischen Panzer heran. Sie gerieten sofort in das Pakgeschützfeuer des HJ-Volkssturmbataillons 41/6. Drei T 34 wurden abgeschossen, der Rest zog sich zunächst zurück.
Höchst merkwürdig und keinesfalls aristokratisch reagierte in der Folge der Freiherr von Ohlen und Adlerscron. Er brüllte lediglich einen einzigen Satz in das Feldtelefon, als ihm Bannführer Leo P. diesen Erfolg meldete: »Mann, Sie sind besoffen, begeben Sie sich sofort in die HKL!«
Leo P. gehörte früher dem Deutschen Afrikakorps an und war anschließend Offizier der Waffen-SS, bevor er als Kriegsversehrter den HJ-Bann 507 übernahm und schließlich Kommandeur des erwähnten HJ-Volkssturmbataillons wurde.
Und er war stets in vorderster Linie anzutreffen...
Am Nachmittag des 1. April verlagerten sich die sowjetischen Angriffe auf den Nordwesten von Preßburg. Und es

[70] Mitteilung Günther Hain. Vgl. auch Rossiwall, a.a.O., S. 55

gelang dort dem Gegner sowohl den Flugplatz zu erobern als auch die Bahnlinie nach Senec abzuschneiden.
In diesem Ort, der früher Wartberg hieß, mußte sich eine Kampfgruppe des Heeres einigeln. Sie gehörte zum Volksgrenadierregiment 317 und wurde durch eine Artillerieabteilung unterstützt. Trotzdem mußten sich die Volksgrenadiere[71] am nächsten Tag auf die vorbereiteten Höhenstellungen zurückziehen, erreichten diese aber mancherorts erst nach dem Feind, der erst wieder nach harten Nahkämpfen hinausgeworfen werden konnte.
Auch sonst war die Lage ziemlich unübersichtlich: In einer Frontlücke konnte überraschend eine feindliche Vorausabteilung bis zum Forsthaus Weißes Kreuz vorstoßen. Sie überraschten die dort einquartierten deutschen Soldaten im Schlaf und erschlugen sie. Und nördlich von Bösing erreichte der Feind sogar den Kamm der Kleinen Karpaten und brachte damit das Grenadierregiment 284 in eine gefährliche Isolation[72].
Am Abend des 2. April wurden alle dem Festungskommandanten unterstehenden Kommandeure zu einer Besprechung befohlen, bei der ihnen Oberst von Ohlen erklärte, daß niemand mehr aus Preßburg hinaus dürfe. Und er meinte auch: »Jede Stellung ist bis zum letzten Mann zu halten, was auch für die Hitlerjungen gilt!«
Als Bannführer Leo P. zu seinem Gefechtsstand im Manderle-Haus zurückfuhr, verfing sich sein Wagen in den Drähten von herabhängenden Lichtleitungen, und er mußte eines der nachfolgenden Fahrzeuge um Hilfe ersuchen. Doch er bekam nur die kaltschnäuzige Antwort: »Wir haben keine Zeit, wir müssen dem Oberst von Ohlen so schnell wie möglich nach Schloßhof folgen...«
Schloßhof! Dieser Ort liegt am westlichen Marchufer, ge-

[71] Auch in dieser Einheit gab es 16- und 17jährige Rekruten
[72] Mitteilung Major d. R. Horst Voigt

hörte also gar nicht mehr zum Festungsbereich Preßburg. Und gerade deshalb erfreute sich Herr von Ohlen und Adlerscron nur kurze Zeit dieser »ländlichen Idylle«, denn Generalmajor Harrendorf ließ ihn festnehmen und wegen Feigheit vor dem Feind vor ein Kriegsgericht stellen.
Aber der Kampf um Preßburg ging unvermindert weiter.

Wiener Neustadt war am 2. April 1945 bereits von drei Seiten eingeschlossen. Zunächst hieß es noch, daß die Stadt durch einen deutschen Gegenangriff entsetzt werden könnte, doch dann kam trotzdem der Räumungsbefehl.
Am Nachmittag standen die Sowjets auch in Sollenau, Ebreichsdorf und Reisenberg. Südlich von Traiskirchen leisteten Angehörige der 12. SS-Panzerdivision »Hitlerjugend« einen verzweifelten Widerstand, der jedoch nur wenige Stunden anhielt. Dann setzten auch sie sich in Richtung Baden bei Wien ab.
Übrigens gehörten der Division »Hitlerjugend« zahlreiche Kriegsfreiwillige des Geburtsjahrganges 1928 an, die aus der Gegend von Hamburg, Kiel und Bremen stammten und die 1944 im Rahmen der Aktion Kinderlandverschickung nach Österreich gekommen waren.
Etliche von ihnen liegen nun in der Kriegsgräberanlage Oberwölbing bei St. Pölten.
Zu schweren Kämpfen kam es am 2. und 3. April auch bei Münchendorf und Moosbrunn, wo die 2. SS-Panzerdivision »Das Reich« und die beiden SS- Panzergrenadierregimeter »Deutschland« und »Der Führer« sehr große Verluste erlitten.
Und während Götzendorf zunächst noch gehalten werden konnte, gelang bei Gramatneusiedl ein Feindeinbruch, da es dort auf deutscher Seite nur mehr einzelne Stützpunkte gab. Die Sowjets umgingen diese Stellungen und gelangten so nach Ebergassing, Wienerherberg und Himberg.
Einer jener Stützpunkte, die in der Frontlücke zwischen der

2. SS-Panzerdivision »Das Reich« und der 3. SS-Panzerdivision »Totenkopf« lagen, wurde von einer kleineren HJ-Volkssturmeinheit des Gebietes 28 (Niederösterreich) verteidigt. Allerdings wurde dieses Panzerjagdkommando vollständig aufgerieben, da es für einen Nahkampf Mann gegen Mann gar nicht ausgebildet worden war.
Anläßlich einer in der Nachkriegszeit durchgeführten Umbettungsaktion kamen die Gefallenen in ein Massengrab am Ortsfriedhof von Götzendorf. Und es bleibt unverständlich, daß ihre Identifizierung nicht einmal versucht wurde.
Was letztlich ein Hofrat der Niederösterreichischen Landesregierung zu verantworten hatte, der dann in Pension geschickt wurde. Womit den Angehörigen der vielen Vermißten auch nicht gedient war.

3. April 1945
Bereits um 5 Uhr früh wurden die deutschen Abwehrkräfte auf dem Semmering durch laute Ziehharmonikamusik geweckt. Und dies beweist sehr anschaulich, daß die heranrückende sowjetische Vorhut entweder betrunken oder mehr als leichtsinnig war.
Denn oben auf der Paßhöhe standen nicht nur ein Werferzug der Waffen-SS, sondern auch Geschütze der Heimatflakabteilung Wiener Neustadt. Und diese Kanonen wurden zum Teil von 16- bis 17jährigen Burschen bedient. Jedenfalls lagen nach der ersten Salve an die vierzig tote Sowjetsoldaten und rund sechzig Pferde auf der Straße.
Der Rest der sowjetischen Vorhut zog sich zurück[73].

Als am 4. April 1945 die sowjetischen Truppen vor Bruck a. d. Leitha auftauchten, erteilte der deutsche Kampfkommandant einen begrenzten Rückzugsbefehl.

[73] Rauchensteiner, Der Krieg, a.a.O., S. 220. Vgl. auch Brettner, a.a.O., S. 37, sowie Buchinger, a.a.O., S. 61/62

Er wurde deshalb wegen Feigheit vor dem Feind erschossen, was in der Tagesmeldung der Heeresgruppe Süd »gebührend« erwähnt wurde[74].
Keine Notiz nahm man von der Tatsache, daß in einem Park nahe der Mühlgassenbrücke und oben auf dem Zeilerberg[75] mehrere Gruppen von HJ-Fronthelfern einen fanatischen Widerstand leisteten. Diese Buben gehörten dem Brucker Wehrertüchtigungslager an. Und Zeugen berichteten, daß sie die Gefangennahme nicht überlebt hätten.

Am gleichen Tag (4.4.1945) drangen sowjetische Pioniere auch in die Altstadt von Preßburg ein. Sie kamen von der Donaulände und waren vorher mit Booten aus Engerau (Petržalka) herübergebracht worden.
Auf der Kolibahöhe mußte Oberstleutnant Dr. Koch seinen Artilleriegefechtsstand aufgeben und in den Westteil der Stadt ausweichen. Aber auch das HJ-Volkssturmbataillon 41/6, welches noch immer in seinen Stellungen am östlichen Stadtrand ausharrte, geriet in Gefahr, bald umgangen und eingeschlossen zu werden. Bannführer Leo P. ließ daher die Panzersperre schließen und seine Kompanie in Richtung Nordwest zurückgehen.
Noch wurden die Stellungen am Gebirgsrand gehalten, weil dort die beiden Grenadierregimenter 283 und 287 mit wahrer Todesverachtung kämpften. Doch waren die Ausfälle dieser beiden Einheiten entsprechend hoch!
Genaue Verlustziffern gibt es aber nur vom Alarmbataillon Lentz, das aus Luftwaffensoldaten und saarländischen Bergleuten bestand. Es hatte an diesem Tag insgesamt 23 Tote und über 40 Verletzte.
Bei den Schwerverwundeten, die in ein Notlazarett nach Stillfried abtransportiert wurden, befanden sich auch die

[74] Rauchensteiner, Der Krieg, a.a.O., S. 458
[75] Buchinger, a.a.O., S. 116

beiden 16jährigen Kurt Schober und Emil Kosabek. Der eine stammte aus Wien-Penzing und der andere aus Wien-Meidling. Sie gehörten beide zur 4. Kompanie des HJ-Volkssturmbataillons 41/6. Und beide sind dann kurz hintereinander in Stillfried verstorben[76].
Ungeklärt blieb das Schicksal mehrerer HJ-Fronthelfer, die mit ihrem Zug am westlichen Stadtrand von Preßburg eingesetzt wurden. Bannführer Leo P. schickte ihnen beim Abmarsch einen Melder, der jedoch sein Ziel nicht erreichte. Dennoch stieß später der Großteil dieses Haufens noch vor dem Übergang über die March zum HJ-Bataillon.
Eine Handvoll Burschen fehlte, kam vermutlich nicht mehr auf das westliche Marchufer, da bald nachher alle Brücken gesprengt werden mußten. Und es ist anzunehmen, daß diese HJ-Soldaten einfach nordwärts marschierten.
Später wurde bekannt, daß in Ungeraiden (Záhorska Ves) zwei besonders junge Soldaten von den Sowjets aufgegriffen und von einem Politoffizier gleich an Ort und Stelle durch Genickschüsse getötet wurden[77]. Ein dritter Junge, der einem anderen Rotarmisten in die Hände fiel, soll mit dem Leben davon gekommen sein.

Am 4. April 1945 kamen auch etliche 16- und 17jährige Luftwaffenhelfer noch aus Preßburg heraus. Sie hatten dort einer 2-cm-Flakbatterie angehört, die zuletzt im Abschnitt des Alarmbataillons Lentz eingesetzt war.
Ihre Entlassung nach Wien verdankten sie dem Kommandeur des GR 283, Oberstleutnant von Boeltzig, doch wurde niemals bekannt, ob die Burschen auch tatsächlich ihre Heimatstadt erreichten.
Annähernd zur selben Zeit, als die Luftwaffenhelfer heimgeschickt wurden, mobilisierte in Wien ein Offizier der Feu-

[76] Mitteilung Univ. Prof. Dr. Felgenhauer
[77] Mitteilung Leo Banny

An die Bevölkerung Wiens!

Wiener und Wienerinnen!

Die Zeit der Bewährung ist gekommen. Der Russe, schon der traditionelle Feind des alten Österreichs, nähert sich unserer Stadt. Jeder von uns wird seine Pflicht bis zum Äußersten tun. Aber auch jeder Helfer ist uns willkommen. Heute habe ich die Ehre, meinen alten Freund, den Oberstgruppenführer Generaloberst der Waffen-SS Sepp Dietrich, bei Ihnen einzuführen, dessen kampferprobte SS-Männer bei uns eingesetzt werden. Er ist Ihnen und allen deutschen Volksgenossen als Führer der SS-Leibstandarte „Adolf Hitler" seit langem ein klarer Begriff geworden.

Ich bitte Sie, lieber Kamerad Sepp Dietrich, das Wort zu ergreifen.

von Schirach
Reichsleiter.

Wiener und Wienerinnen!

Ich bin kein Mann der großen Worte und der geschliffenen Rede. Überdies zählen heute Taten viel, Worte wenig. Wenn ich mit meinen Männern mich den Verteidigern dieser schönen alten Stadt zugeselle, so geschieht dies mit dem festen und unverbrüchlichen Vorsatz, alles nur Menschenmögliche zu tun, dieses Bollwerk des deutschen Südostens unserem deutschen Vaterlande zu erhalten.

Mehr zu versprechen, wäre verwegen. Der Kampf wird hart, der Erfolg schwer.

Sie, meine Wiener und Wienerinnen, kennen den Feind aus früheren Generationen Ihrer Geschichte. Sie kennen aber auch die europäische Aufgabe, der sich Wien niemals entzogen hat.

Halten wir zusammen, kämpfen wir zusammen. Es geht nicht um uns, es geht nicht um die Partei, es geht um unser Land.

Heil unserem Führer!

Sepp Dietrich
SS-Oberstgruppenführer, Generaloberst der Waffen-SS.

Sepp Dietrich hatte zu diesem Zeitpunkt nur mehr 52 Panzer und Sturmgeschütze (»Völkischer Beobachter«, Wiener Ausgabe v. 3.4.1945)

erschutzpolizei eine Ersatzreserve für das Alarmbataillon Lentz. Er griff diesbezüglich auf Angehörige der HJ-Feuerwehrschar sowie auch auf NAPOLA-Schüler zurück[78].
Es geschah dies ohne Wissen des Stabes Lauterbacher! Wobei noch hinzukam, daß die Burschen nicht einmal ein Wehrertüchtigungslager besucht hatten.
Jedenfalls gelangte der Lkw mit den »Rekruten« gar nicht bis Preßburg, sondern wurde noch diesseits der March angehalten. Die Burschen mußten absitzen und in Bodenmulden sowie in Wassergräben in Stellung gehen. Was ihre Begeisterung keinesfalls hemmte, denn sie ahnten ja nicht, welches Schicksal ihnen bevorstand...

Zu einer noch immer nicht ganz geklärten Tragödie kam es am 4. und 5. April 1945 im Raum Laxenburg-Biedermannsdorf. Allerdings stellte sich zwischenzeitlich heraus, daß die ersten Berichte darüber nicht voll der Wahrheit entsprachen.
So schrieb z.B. der niederösterreichische Heimatforscher Professor Josef Buchinger: »In der verzweifelten Lage setzte man sogar 14jährige Buben, die ein Wehrertüchtigungslager in Laxenburg besuchen sollten, zur Geschützbedienung ein.«[79]
In Laxenburg hat es allerdings niemals ein Wehrertüchtigungslager gegeben!
Anderseits berichtete der Hauptsturmführer Franz-Josef Dreike: »Einige Male wurden uns örtliche leichte Luftwaffen-Flakeinheiten unterstellt. Ein anderes Mal traf ich eine verwaiste ortsfeste 8,8 Flak-Batterie des RAD an. Die Einheit war bei der Zurücknahme ihres Verteidigungsringes anscheinend vergessen worden und war nun froh, von uns aufgenommen zu werden. Ich machte die Geschütze mit un-

[78] Mitteilung Otto Mayr
[79] Buchinger, a.a.O., Bd I/S. 90

seren eigenen Fahrgestellen flott und nahm sie zurück in die Stellung nach Laxenburg. Die RAD-Batterie blieb mir bis zum Ende unterstellt und hat sich tapfer bewährt. Die Männer waren stolz, nun plötzlich zur Waffen-SS zu gehören.«[80]
So wird es auch gewesen sein.
Nur befanden sich unter den »aufgelesenen« Luftwaffenhelfern, deren 2-cm-Flakbatterie übrigens bald nach Wien abgezogen wurde, keine 14jährigen. Und solche hat es auch bei den RAD-Kanonieren ganz gewiß nicht gegeben.
Trotzdem ein weiteres Buchinger-Zitat: »Am 5. April tobte bei den Schotter- und Sandgruben in Biedermannsdorf ein wütender Kampf. Als die jungen Buben keine Munition hatten und in eine aussichtslose Lage kamen, schwenkten einige ein weißes Tuch. Daraufhin schoß oder schlug die SS mehrere kaum den Kinderschuhen entwachsene Buben nieder. Einem Burschen aus Wien wurde mit dem Spaten das Auge herausgeschlagen und er fiel ohnmächtig in das trokkene Bachbett und das war seine Lebensrettung.«[81]
Aus der Gefallenenliste, die im Gemeindeamt Biedermannsdorf aufliegt, geht hervor, daß sich unter den 113 Toten nur 9 Unbekannte befanden, wobei einer davon ein russischer Hilfswilliger gewesen sein dürfte. Lediglich vier Gefallene konnten auf Grund ihrer Erkennungsmarken als Angehörige der Waffen-SS identifiziert werden.
Und dies ist schon deshalb nicht überraschend, nachdem die 2. SS-Panzerdivision »Das Reich« niemals in Biedermannsdorf eingesetzt wurde, sondern sich von Laxenburg in Richtung Laaerberg zurückzog.
Die Toten von Biedermannsdorf gehörten fast ausschließlich dem Heer und zwar den Grenadier-Ersatz-Bataillon 130, 131, 132, 133, 134 und 135 an. Und darüber hinaus starben dort auch mehrere Reserveoffiziersanwärter der

[80] Weidinger, Division, a.a.O., S. 493/494
[81] Buchinger, a.a.O., Bd I/S. 90 u. 91

Reichsgrenadierdivision »Hoch- und Deutschmeister«, die einen Fahnenjunkerlehrgang in Znaim besucht hatten und von dort direkt in die Schlacht um Wien geworfen wurden. Bei drei Leichen fand man lediglich Ausweise des HJ-Gebietes 27 (Wien), die auf die Namen Helmut Gernot, Arnold Krones und Hans Niederhofer ausgestellt waren. Doch stellte sich erst 1984 heraus, daß auch diese Burschen (Geburtsjahrgang 1927) keinesfalls zum HJ-Volkssturm, sondern gleichfalls zur Deutschmeister- Division gehörten[82].
Trotzdem könnte der Buchinger-Bericht, wenn auch ungewollt, dazu beigetragen haben, daß bei weiteren Recherchen das merkwürdige »zweite Leben« eines vermeintlichen Obergefreiten aufgedeckt wurde: In der Totenliste von Biedermannsdorf findet sich an 94. Stelle der Obergefreite Fritz Arndt, geboren am 1. Juni 1910 in Zehdenick (Gau Brandenburg). Und daneben steht auch der Vermerk: Ritterkreuzträger.
Einen Fritz Arndt hat es tatsächlich gegeben, nur war dieser am Ende des 2. Weltkrieges bereits Oberfeldwebel und Träger des Eichenlaubes zum Ritterkreuz des Eisernen Kreuzes[83]!
Und was noch wesentlich interessanter sein dürfte: Fritz Arndt, dessen Geburtsdaten übrigens mit der Eintragung im Gemeindeamt von Biedermannsdorf übereinstimmen, lebte 1952 in der Ziegelei Döbertz, DDR 1431 Mildenberg. Von dort aus meldete er sich schriftlich bei der Deutschen Dienststelle in West- Berlin und teilte dieser mit, daß er am 4. April 1945 in Ochsenfurth/Meiningen schwer verwundet wurde. Dabei wäre ihm seine Erkennungsmarke abhanden gekommen.
Jedenfalls hielt es Herr Arndt in seinem Brief für möglich, daß einer seiner Kameraden die Erkennungsmarke und

[82] Mitteilung Deutsche Dienststelle Berlin v. 14.12.1984
[83] Mitteilung Ordensgemeinschaft der Ritterkreuzträger des Eisernen Kreuzes

eventuell auch seine Papiere (Soldbuch etc.) an sich genommen hat. Und er meinte sogar: »Dieser Mann ist eben in Wien gefallen.«[84]

Allerdings war diese »Annahme« schon deshalb nicht zielführend, weil im April 1945 niemand innerhalb von 24 Stunden von Thüringen nach Wien-Biedermannsdorf gelangen konnte.

Folglich bleibt weiterhin die Frage offen, ob der Briefschreiber in der Deutschen Demokratischen Republik tatsächlich mit dem ehemaligen Oberfeldwebel Fritz Arndt identisch ist oder ob dieser einen besonderen Grund dafür hatte, seine seinerzeitige Anwesenheit in den Schotter- und Sandgruben bei Biedermannsdorf zu leugnen?

Was im Hinblick auf den Buchinger-Bericht eigentlich sehr vielsagend sein könnte.

[84] Mitteilung Deutsche Dienststelle Berlin v. 20.11.1984

IV. Die »Feuertaufe« (2.–8.4.1945)

Wir bekamen den Auftrag, Fahrräder zu requirieren, um die Panzerjagdtruppe unserer HJ-zbV-Kompanie beweglich zu machen. Der Einsatz, so sagte Bannführer Melich, stünde unmittelbar bevor.
Im letzten Wehrmachtsbericht war lediglich erwähnt worden, daß die Sowjets in einer Frontlücke bei Güns durchgebrochen waren. Doch es hieß gleichzeitig: »Eingreifverbände brachten den Feind im Raum südlich von Wiener Neustadt zum Stehen.«
Welche Tragödien sich tatsächlich abspielten, wußten wir zunächst nicht!
Aber es stimmte uns bereits bei der morgendlichen Befehlsausgabe nachdenklich, als uns Melich erklärte: »Ein langer Dauerton der Luftschutzsirenen bedeutet Panzeralarm!« Und er sagte, daß wir dann sofort auf die Knödelhütte zurückkehren müßten. Außerdem wurde scharfe Munition ausgefaßt, 20 Schuß pro Mann.
Die Gewehre wurden sofort geladen und gesichert. Jeder Unterführer bekam drei Stielhandgranaten, steckte diese unter das Koppel.
Der Befehl zur Fahrradbeschlagnahme kam vom Gebietsführer Hans Lauterbacher, und wir nahmen selbstverständlich an, daß der Reichsverteidigungskommissar seine Zustimmung erteilt hatte. Später hörte ich jedoch von einem scharfen Protest, den ein hoher Rathausbeamter bei der Ba-

taillonsführung vorbrachte. Da war auch von »illegalen Handlungen« die Rede, welche keinesfalls durch das Reichsleitungsgesetz gedeckt gewesen wären[85].
Viel zu spät wurde bekannt, daß in der Beckmanngasse und in anderen Depots der Schutzpolizei einige hundert Fahrräder noch originalverpackt herumstanden und später den Plünderern in die Hände fielen[86].
Aber ähnliche Sinnlosigkeiten erlebten wir noch öfter. Denn in den letzten Kriegswochen mangelte es an jeglicher Koordination...

Am späten Nachmittag des 2. April 1945 traf bei uns eine Lkw-Ladung voll Panzerfäuste, Munition und Handgranaten ein. Allerdings stellte sich bald heraus, daß sich in den Kisten wesentlich mehr Platzpatronen als scharfe Munition befanden. Doch der Oberscharführer Fritz L. »tröstete« uns: »Das macht nichts! Ladet zwei Schuß scharfe Munition und den Rest des Magazins mit Platzpatronen. Hauptsache ist, daß es knallt...«
Fritz L. war hauptamtlich HJ-Führer und nebenbei auch Techniker in einer Radiofabrik. Und wir wußten, daß seine u.k.-Stellung[87] erst mit der Aufstellung der HJ-Kompanien aufgehoben wurde. Seit damals werkte er in unserer Kleiderkammer, nahm niemals am Schieß- und Gefechtsdienst teil und war auch sonst alles andere als ein militärisches Genie.
Als er an diesem Abend heimgehen wollte, hielt ein weiterer Lkw vor der Unterkunft und brachte feldgraue Uniformen, Tarnblusen, Feldmützen und Stahlhelme. Aber auch Stiefel und so lange entbehrte Ausrüstungsgegenstände wie Zeltplanen, Brotbeutel und Feldflaschen standen uns auf einmal zur Verfügung.

[85] Vgl. Ringler, a.a.O., S. 155
[86] Mitteilung Otto Friedrich Faustenhammer
[87] Freistellung vom Wehrdienst

Jedenfalls mußte alles sofort ausgegeben werden.
Dies dauerte fast die ganze Nacht, obwohl Oberscharführer L. ausgesprochen skrupellos war und manchen Kameraden zwei linke Stiefel, eine viel zu weite Hose oder eine überdimensionale Feldbluse zuwies. Aber er rechnete nicht mit uns Gruppenführern, welche die »Vogelscheuchen« gleich wieder zurückschickten.
Außerdem mußten an den Uniformen Änderungen vorgenommen werden, was jeder unserer HJ-Soldaten selbst durchzuführen hatte. Und zwar mußten die bisherigen Schulterklappen heruntergetrennt und jene der Hitlerjugend angenäht werden. Was leider nicht jeder der Burschen tat.
Einige von ihnen sind später als vermeintliche Infanteristen gefallen. Und da keiner von ihnen eine Erkennungsmarke besaß, konnten sie auch nicht als HJ-Volkssturmangehörige identifiziert werden.
Aber an dieses Dilemma dachten wir in der Nacht vom 2. auf den 3. April 1945 ganz gewiß nicht! Wir feierten einen »Sieg«, den die HJ-Unterführer Galler und Horak über den »preußischen Kadavergehorsam« errungen hatten: Sie waren es, die unsere Feldausrüstung aus Brunn am Gebirge abtransportierten, obgleich man ihnen anfänglich gesagt hatte, daß das Heereszeugamt in die Luft gejagt werden müßte.
Dieselbe Sturheit erlebte auch ich im Wiener Arsenal, als am nächsten Tag drei Übungsmaschinengewehre abgeholt werden sollten. Das waren übrigens Waffen, die nicht feuerbereit gemacht werden konnten. Es sei denn, man hatte Glück, daß sich wenigstens ein MG mit den Bestandteilen der beiden anderen komplettieren ließ.
Der diensthabende Leutnant erklärte mir dies ganz unverfroren, mit einem Lächeln im Gesicht, welches ich als provokant empfand. Daraufhin entsicherte ich die Maschinenpistole, welche mir vorsorglich auf der Knödelhütte mitgegeben worden war.

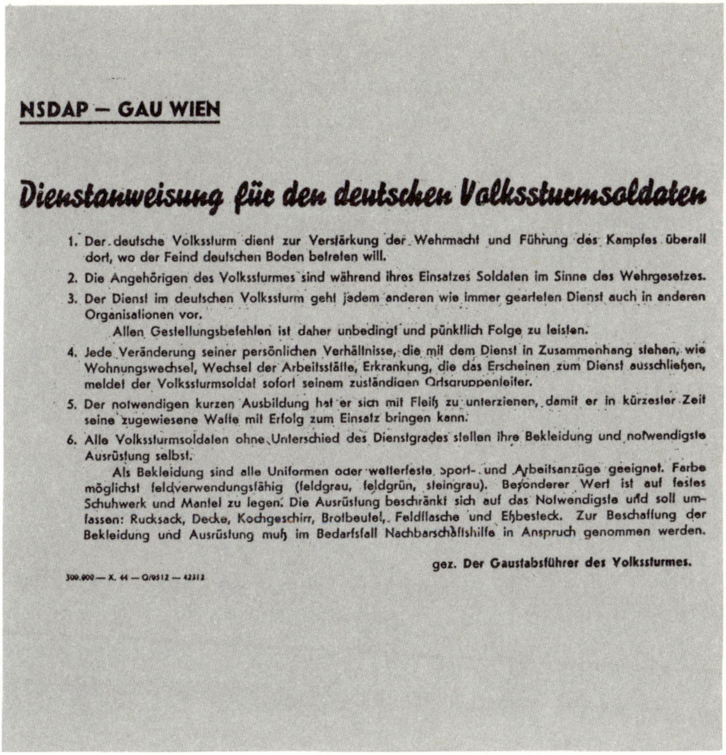

NSDAP – GAU WIEN

Dienstanweisung für den deutschen Volkssturmsoldaten

1. Der deutsche Volkssturm dient zur Verstärkung der Wehrmacht und Führung des Kampfes überall dort, wo der Feind deutschen Boden betreten will.
2. Die Angehörigen des Volkssturmes sind während ihres Einsatzes Soldaten im Sinne des Wehrgesetzes.
3. Der Dienst im deutschen Volkssturm geht jedem anderen wie immer gearteten Dienst auch in anderen Organisationen vor.
   Allen Gestellungsbefehlen ist daher unbedingt und pünktlich Folge zu leisten.
4. Jede Veränderung seiner persönlichen Verhältnisse, die mit dem Dienst in Zusammenhang stehen, wie Wohnungswechsel, Wechsel der Arbeitsstätte, Erkrankung, die das Erscheinen zum Dienst ausschließen, meldet der Volkssturmsoldat sofort seinem zuständigen Ortsgruppenleiter.
5. Der notwendigen kurzen Ausbildung hat er sich mit Fleiß zu unterziehen, damit er in kürzester Zeit seine zugewiesene Waffe mit Erfolg zum Einsatz bringen kann.
6. Alle Volkssturmsoldaten ohne Unterschied des Dienstgrades stellen ihre Bekleidung und notwendigste Ausrüstung selbst.
   Als Bekleidung sind alle Uniformen oder wetterfeste Sport- und Arbeitsanzüge geeignet. Farbe möglichst feldverwendungsfähig (feldgrau, feldgrün, steingrau). Besonderer Wert ist auf festes Schuhwerk und Mantel zu legen. Die Ausrüstung beschränkt sich auf das Notwendigste und soll umfassen: Rucksack, Decke, Kochgeschirr, Brotbeutel, Feldflasche und Eßbesteck. Zur Beschaffung der Bekleidung und Ausrüstung muß im Bedarfsfall Nachbarschaftshilfe in Anspruch genommen werden.

gez. Der Gaustabsführer des Volkssturmes.

300.000 — X. 44 — O/9512 — 42313

Bekleidung und Ausrüstung mußten mitgebracht werden.
Aber die HJ-Fronthelfer räumten mit Waffengewalt das Heereszeugamt Brunn am Gebirge aus.

Er wurde blaß, stotterte etwas von einem strikten Befehl, uns nur unbrauchbare Waffen zu geben. Doch dann führte er mich in einen Nebenraum und übergab mir vier MG 34 und zwei MG 42. Sie waren vollkommen intakt, nur hatte man sie nicht für das HJ-Bataillon, sondern für die Kroatische Ausbildungsbrigade bereitgestellt.
Überdies ließ ich mir auch ein paar Kisten Leuchtspur- und Sprengmunition ausfolgen.
Der Transport nach Hütteldorf wurde etwas mühsam, weil die Munitionskisten ganz schön schwer waren. Aber auch die umgehängten Maschinengewehre brachten uns ins Schwitzen. Und überdies mußten wir mehrmals die Straßenbahn wechseln.
Trotzdem machte es den Kameraden sichtlich Spaß, als eine Tramwayschaffnerin Einspruch erhob, als wir die hintere Plattform ihres Wagens für uns allein beanspruchten. Was in Hinblick auf die aufgestapelten Kisten eigentlich selbstverständlich war. Aber es mag sein, daß sich die Frau durch meinen Freund Alfred Suchomel provoziert fühlte, der vor sich hin murmelte: »Alle Räder müssen rollen für den Sieg...«

Wien war zu diesem Zeitpunkt bereits zum Verteidigungsbereich erklärt worden. Und Baldur von Schirach hatte empfohlen, daß Frauen und Kinder die Stadt verlassen sollten. Allerdings standen auf den Bahnhöfen viel zu wenig Transportzüge bereit.
Und irgendein nationalsozialistischer Wirtschaftsführer ließ im letzten Moment auch noch große Mengen an Mehl, Zukker, Fett und Hülsenfrüchten abtransportieren. Damit diese Lebensmittel nicht den Sowjets in die Hände fallen sollten...
Wesentlich früher waren die zahlreichen Emigranten abgereist, welche durch den SA-Brigadeführer Dipl. Ing. Hermann Neubacher betreut wurden. Denn unter ihnen befanden sich der slowakische Staatschef Monsignore Jozef Tiso,

der Führer der rumänischen »Eisernen Garde« Horia Sima, der Chef der bulgarischen Exilregierung Dr. Alexander Zankoff, der griechische »Faschistenführer« Hektor Tsironikus und auch der Repräsentant der serbischen Nationalisten General Milan Nedić[88].

Jeder dieser Herren war von Ministern, Generälen und Beratern umgeben, es fehlten aber auch nicht deren Familien, diverse Günstlinge und Geldgeber sowie Bedienungs- und Bewachungspersonal.

Weniger Sorgen schien sich die Wiener Gauleitung um eine weitere Emigrantengruppe zu machen, zu der Armenier, Georgier, Tartaren, Ruthenen, Ukrainer, Polen und Russen zählten. Auch sie befanden sich auf der Flucht vor den Bolschewisten, doch besaßen sie keinen offiziellen Betreuer. Aber einige von ihnen verfügten über viel Geld und wertvollen Schmuck.

So kam es, daß trotz der strengen Kontrollen am Wiener Westbahnhof nicht nur einheimische Frauen und Kinder die wenigen Züge stürmten. Wobei es auch bemerkenswert war, wie »selbstsicher« die mitfahrenden Ostflüchtlinge einen Sitzplatz beanspruchten.

Ähnliches spielte sich auch bei der Reichsbrücke ab, wo die letzten Donaudampfer und Frachtschiffe hauptsächlich während der Nachtstunden ablegten.

Der Großteil der Wiener Bevölkerung blieb in ihren Wohnungen. Und auch von den rund 30.000 Verwundeten konnten nur einige Tausend abtransportiert werden. Außerdem versteckten sich in den Kellern und in den Bombenruinen an die 40.000 Deserteure, die alle auf ein Überleben hofften[89].

Trotzdem erschien dann im parteiamtlichen »Völkischen Beobachter« eine Gebrauchsanweisung für den Umgang mit der Panzerfaust. Mit der sich auch Zivilpersonen zur Wehr set-

[88] Gosztony, a.a.O., S. 208, 212 u. 277
[89] Rebhann, a.a.O., S. 202

zen sollten. Und der Schriftsteller Dr. Fritz Stüber empfahl in einer anderen Zeitung, mit »Krallen und Zähnen« dem Ansturm aus dem Osten zu begegnen.

Auch auf der Knödelhütte herrschte Abschieds- und Untergangsstimmung!
Zuerst wurden unsere ukrainischen Küchenmädchen auf einen Lastkraftwagen verfrachtet, mit welchem auch die beiden Oberscharführer wegfuhren.
Dann hieß es, daß um 20 Uhr ein großer Lagerzirkus stattfinden würde. Die Teilnahme daran sei Pflicht. Trotzdem wurde auch gleich gesagt: »Es gibt für die Unterführer und Mannschaften erstmals eine Feldflasche voll Wein!«
Und bevor wir uns noch in der Baracke einfanden, erlaubte man uns auch offiziell das Rauchen.
Fast gleichzeitig mußte vor dem Lagertor ein Doppelposten aufziehen. Aber auch die Streife, die entlang des Zaunes patrouillierte, wurde verstärkt.
Denn unsere Bataillonsführung rechnete erstmals mit Sabotagehandlungen der österreichischen Widerstandsbewegung, nachdem der Oberstammführer Dr. Ludwig Jedlicka über diesbezügliche Vorbereitungen berichtet hatte.
Dr. Jedlicka war nicht nur als V-Mann für den Nachrichtendienst der Hitlerjugend tätig, sondern besaß auch das Vertrauen des Sicherheitsdienstes (SD).
Außerdem war dem Bannführer Walter Melich bekannt, daß um Maria Enzersdorf schwer gerungen wurde, Baden und Mödling schon aufgegeben waren und das sowjetische V. Garde Panzerkorps durch das Helenental in den westlichen Wienerwald vorstieß. Heiligenkreuz, Hochrotherd und Wolfsgraben, so hieß es gleichfalls, gingen bereits verloren. Und dann kam ein weiterer Telefonanruf: »Auch in Preßbaum steht der Iwan!«
Zur selben Zeit erzähle Melich eine ganze Reihe von heiteren Geschichten, die er in seiner Rekrutenzeit, an der Front

und später im Lazarett erlebt oder zumindest gehört hatte. Wir lachten, waren in ausgelassener Stimmung, für die zweifellos auch der Wein mitverantwortlich war. Und als Hans Schack schließlich auf seiner Ziehharmonika spielte, erreichte die Heiterkeit ihren Höhepunkt: »Es geht alles vorüber, es geht alles vorbei, zuerst geht der Hitler und dann die Partei...«

Ich konnte es zunächst nicht fassen, als ich diesen Text hörte. Doch der Bannführer stoppte diese Übermütigkeit keinesfalls. So erklang dann auch der verpönte »Tigerag«, wild und alle herausfordernd, die für diese »Negermusik« nichts übrig hatten.

Da wurde ich vom UvD hinausgerufen.

Rottenführer Rainer deutete stumm in Richtung Wien. Und da sah ich auch den Feuerschein im Südosten, das Aufblitzen der Abschüsse und die sich vielfach kreuzende Bahn der Leuchtspurmunition. Man konnte das Rattern von Maschinengewehren sowie das Dröhnen der schweren Geschütze hören.

»Es geht los!« Rainer sagte dies ganz sachlich.

Ich nickte nur, und dann begannen wir gemeinsam die Posten zu kontrollieren. Beim Lagertor wurde uns gemeldet, daß noch vor wenigen Minuten Panzergeräusche aus Richtung Marienbaum zu hören gewesen seien.

Eine Polizeifeldeinheit zog gerade am Lager vorbei, hinein nach Hütteldorf. Und ihr Führer sagte mir, daß auch in der Gegend des Wiener Zentralfriedhofes bereits gekämpft wurde.

Rainer und ich stapften weiter durch die Nacht. Und ich dachte an meine älteren Freunde, die in diesem Krieg gefallen waren. Da hielt plötzlich der Kamerad neben mir an und fragte: »Glaubst du, daß es mich erwischen wird?«

Seine Stimme klang scheu und unsicher. Trotzdem hatte ich das Gefühl, daß er weniger Angst hatte als ich. Denn ich wußte von seiner tiefen Gläubigkeit. Und mir war auch bekannt, wie gelassen er seinerzeit den Tod seiner Mutter hingenommen hatte. Während andere Kameraden die amerikanischen Bombenflieger verfluchten oder zumindest auf Hitler schimpften, sagte Rainer in seiner naiven Art: »Meine Mama kommt sicher in den Himmel…«

Nun befürchtete ich, daß er wieder einen seiner frommen Sprüche von sich geben würde und reagierte viel zu heftig: »Laß den Quatsch, ich bin doch kein Hellseher!«

Im nächsten Augenblick tat mir dieser Zynismus bereits leid. Aber der Junge ließ sich nicht beirren: Ja, er sei überzeugt, daß er als einer der ersten von uns fallen würde. Aber er mache sich Sorgen um mich, weil ich »Halsschmerzen« hätte. Und weil ich am Ende zu der Ansicht kommen müßte, daß jegliches Heldentum doch vergeblich sei.

»Halsschmerzen« hieß in der Soldatensprache so viel wie Sehnsucht nach dem Ritterkreuz!

Da kam der Torposten gelaufen und meldete, daß eine Gruppe von Flüchtlingen eingetroffen sei. Sie würden dringend einen Arzt benötigen.

Als wir zum Tor kamen, sahen wir einen alten Mann mit einem Handwagen, voll gepackt mit Hausrat. Und oben darauf saßen zwei kleine Kinder, um die sich ein vielleicht 16jähriges Mädchen bemühte. Denn die beiden Buben schrien nach ihrer Mutter.

Und da erkannte ich, daß die Frau im Straßengraben offensichtlich schwanger war: Sie hatte sich dort hingesetzt, wimmerte und schluchzte vor sich hin, während ihre Hände zitternd auf dem Bauch lagen. Dieser schien sich zu bewegen, aber ich war mir dessen nicht ganz sicher.

Ich schickte den Rottenführer Rainer zu den gegenüberliegenden Häusern. Und während mir der alte Mann bestätigte, daß bei seiner Tochter tatsächlich die Wehen eingesetzt hätten, hörte ich von der anderen Straßenseite einen erregten Wortwechsel.

Ich zog meine Pistole, war mit ein paar Schritten bei der

Frau, die die Aufnahme der Flüchtlinge verweigerte. Sie bekam es mit der Angst zu tun, schloß das Gartentor auf, und unsere beiden Posten trugen unseren Schützling in ihr Haus. Noch funktionierte der Fernsprecher, so daß wir einen Arzt verständigen konnten. Als er nach ein paar Minuten eintraf, hielt gerade ein Kradmelder vor dem Lagertor. Ich kannte diesen, denn es war einer der Kameraden vom Lehrlingszug der Kraftfahrtechnischen Lehranstalt der Waffen-SS. Und er erzählte mir sofort, daß sein Haufen schon vor zwei Tagen in das Protektorat Böhmen und Mähren verlegt worden sei.

Für ein längeres Gespräch blieb aber keine Zeit, weil sich der Kradmelder bei Bannführer Melich melden mußte. Und dann gellten die Trillerpfeifen durch die Nacht: Alarm!

In der Unterführerunterkunft waren einige Kameraden bereits marschfertig, doch Hans Schack hatte Schwierigkeiten mit seiner Tarnbluse, bekam sie nicht über die Uniform und warf sie schließlich wütend auf ein Bett.

Hampel und Horak stritten um einen Stahlhelm, da jeder glaubte, er wäre der seine. Und Galler stopfte sich alle Taschen mit Eierhandgranaten voll. Nur den Heidler schien überhaupt nichts aus der Ruhe zu bringen, denn er hielt noch immer ein Buch in der Hand, blätterte darin gedankenverloren, bis er es fein säuberlich in den Schrank zurückstellte.

Da ertönte erneut das Signal!

Wir packten unsere Karabiner und rannten los. Jeder zu seinem Zug oder zu seiner Gruppe. Irgend jemand drückte uns noch Konservendosen in die Hand, auch Panzerfäuste wurden verteilt. Die Wehrmachtskommandierten brüllten, fluchten und stießen Verwünschungen aus. Auch Unteroffizier Leopold Sch. stand da, obwohl wir ihn den ganzen Abend nicht gesehen hatten. Er schritt die Reihen ab, kontrollierte die Ausrüstung der HJ-Fronthelfer.

Nur Melich und der Feldwebel Anton Fischer blieben ruhig.

Es dauerte nur wenige Minuten bis die 5. HJ-zbV-Kompanie zum Lagertor hinausmarschierte. Der Bannführer schwang sich auf den Soziussitz des Motorrades, der Junge von der KTL gab Gas und schon jagten sie an der Kolonne vorbei.
Fischer stimmte das Lied an: »Auf Kreta bei Sturm und im Regen...« Wir sangen laut, abgehackt und übertrieben zakkig. Und wahrscheinlich hätte keiner von uns zugegeben, daß wir die eigene Angst, das Klopfen unserer Herzen und letztlich auch den Kanonendonner in der Ferne überschreien wollten.
In Breitensee, so sagte man uns, sollten Straßenbahnwagen auf uns warten.
Es war nicht zu fassen: Wo gab es denn das, daß man in der Tramway an die Front fuhr?!
Aber ich machte mir unnütze »Sorgen«. Es kam nicht dazu, denn beim Stab des Generals von Bünau hatte man es sich wieder anders überlegt. Unsere Kompanie wurde auf die Knödelhütte zurückbeordert.
Kaum waren wir wieder bei den Baracken angelangt, kam bereits der nächste Befehl: Unteroffizier Leopold Sch. mußte mit seinem II. Zug sofort wieder abrücken. Zur Panzerbekämpfung in der Gegend von Siebenhirten, wie es hieß.
Im letzten Augenblick hatte man doch noch einen Lkw aufgetrieben. Die Kameraden mußten aufsteigen. Ihren Gesang hörten wir noch, als das Fahrzeug längst unseren Blikken entschwunden war.
Einige der Burschen sollten wir nie mehr wiedersehen.

In dieser Nacht (vom 5. auf den 6. April) schlief ich nur ein paar Stunden. Dann ließ mich der Feldwebel Fischer wekken, weil ein Polizeioberleutnant dringend einen »Pfadfinder« brauchte. In der Umgebung von Mariabrunn war abermals der Lärm von fahrenden Panzern zu hören, obwohl von eigenen Truppenbewegungen nichts bekannt war.

Wir fuhren im Kübelwagen los.
Der Polizeioffizier hielt mir sofort eine Flasche mit echtem französischen Kognak hin. Und er meinte, ich sollte einen kräftigen Schluck nehmen.
Offenbar interessierte ihn das Jugendschutzgesetz überhaupt nicht.
Als ich seinerzeit in HJ-Uniform nach Pocking unterwegs war, kaufte ich mir bei einem Zwischenaufenthalt in Passau ein Bier. Da sprach mich ein Landser an und lud mich zusätzlich auf einen Korn ein. Dies bemerkte ein ebenfalls im Lokal anwesender Polizist, der mich dann zur »Schnecke« machte. Und es war ihm völlig egal, daß ich sowohl meinen Wehrpaß als auch den Einberufungsbefehl zur Luftwaffe vorweisen konnte. Er erstattete trotzdem eine Anzeige...
Kurz vor der Straße nach Hadersdorf hielt unser Kübelwagen in einem Waldstück an. Den Fahrer ließen wir zurück, dann erreichte ich mit dem Oberleutnant einen kleinen Pfad, der unter einer Brücke hindurchführte. Das daneben befindliche Bächlein war nicht tief und konnte ohne Schwierigkeiten überquert werden.
Da hörten wir das Klirren von Panzerketten und das Brummen von sehr starken Motoren. Und das kam eindeutig aus Richtung Vorderhainbach!
Ich kroch die Böschung hoch, doch es war nichts zu sehen. Schon wollte ich dem Polizeioffizier den Vorschlag machen, den Wagen zu holen und weiter auf der Straße vorzustoßen. Da tauchten die Umrisse eines Panzers auf.
Der Oberleutnant war plötzlich furchtbar aufgeregt. Nervös fingerte er an seiner Panzerfaust herum, löste den Sicherungsdraht, klappte das Visier hoch. Und er schien mich gar nicht zu hören, als ich ihm riet, noch etwas zu warten. Dabei sagte mir mein Gefühl, daß das herankommende Kettenfahrzeug kein Feindpanzer sein konnte.
Wäre nicht der Nebel gewesen, der sich noch immer nicht lichtete, dann hätte eine Identifizierung gewiß keine

Schwierigkeiten bereitet. Aber bald erkannte ich die typische Kanone eines »Tiger«-Panzers. Und dahinter machte ich auch zwei unserer Sturmgeschütze aus. Trotzdem war der Polizeioberleutnant nicht von seiner fixen Idee abzubringen, dies könnten nur sowjetische Fahrzeuge sein.
Und schon zielte er auf die rasch näherkommenden Panzer!
Ich sprang hoch, schrie und winkte, lief auf der Straße, dem »Tiger« entgegen. Der Oberleutnant drehte nun völlig durch und befahl mir sofort zurückzukommen. Was ich aber negierte.
Plötzlich begann er, mit seiner MPi zu schießen – direkt auf mich!
Ich warf mich in den Dreck, sprang wieder auf, hetzte wie ein Hase von einer Straßenseite zur anderen. Dann nahm ich erneut volle Deckung. Hinter mir hörte ich den Oberleutnant fluchen, er hatte sein Magazin leergeschossen.
Aber da hielt bereits der erste Panzer vor mir. Das Turmluk flog auf, und ich erkannte eine Gestalt, welche eine verbeulte SS-Schirmmütze trug. »Halt, wer da? Parole!«
Ich nannte sie und fügte gleich hinzu, daß ich dem HJ-zbV-Bataillon angehörte. Der Untersturmführer wollte sofort wissen, wer der schießwütige »Clown« sei. Doch dieser war inzwischen selbst herangekommen, fummelte noch immer an seiner Maschinenpistole herum.
Die Panzerfaust hatte er wohlweislich im Straßengraben zurückgelassen. Denn die hochgeklappte Visiereinrichtung ließ sofort erkennen, wie leichtfertig der Herr Oberleutnant gehandelt hatte. Aber gerade deshalb schilderte ich dem Untersturmführer den skandalösen Vorfall in allen Details.
Der Waffen-SS-Offizier drohte daraufhin dem Oberleutnant ein Kriegsgerichtsverfahren an. Dieser entschuldigte sich, hatte aber die Frechheit, mir Undiszipliniertheit vorzuwerfen. Dies machte den Untersturmführer erst recht wütend, denn wäre ich nicht den Panzern entgegengelaufen, dann hätte der Narr seine Faustgranate abgeschossen.

Die Rückkehr auf die Knödelhütte verlief schweigend. Jedenfalls war nun klar, daß der »Tiger« und die beiden Sturmgeschütze nur die Nachhut einer Waffen-SS-Einheit waren. Diese sammelte sich bei Hadersdorf-Weidlingau, rollte dann aber über die Wientalstraße in Richtung Gürtel. Oder mit anderen Worten ausgedrückt: Bei der westlichen Stadteinfahrt hatten die Sowjets mit keinem größeren Widerstand zu rechnen!

In der Nacht von 5. auf den 6. April 1945 traf das HJ-Volkssturmbataillon 41/6 in Wien ein. Es hatte bei Schloßhof die Marchbrücke passiert und war dabei von sowjetischen Schlachtfliegern angegriffen worden. Die dabei erlittenen Verluste sollen aber nur geringfügig gewesen sein.
Als sich Bannführer Leo P. auf dem Gefechtsstand von Generalmajor Harrendorf meldete, teilte man ihm mit, daß Baldur von Schirach die sofortige Rückführung der Einheit nach Wien angeordnet hatte.
Für die »Rückführung« standen aber keine Fahrzeuge zur Verfügung. Folglich mußten die fast 50 km zu Fuß zurückgelegt werden[90]*.*
Ebenfalls in dieser Nacht setzten die Sowjets ihre Truppen bei Stopfenreuth über die Donau, und es gelang ihnen auch, zwischen Schloßhof und Marchegg einige kleinere Brückenköpfe zu bilden[91]*. Und bald schwärmten ihre Panzer im Marchfeld aus.*
Die Burschen der HJ-Feuerwehrschar, welche dem Alarmbataillon Lentz[92] *zugeführt werden sollten, schossen zwei von ihnen ab. Dann fuhr hinter einer Gebüschgruppe ein Lastkraftwagen auf und aus einem Lautsprecher erklang eine Stimme mit typisch Wiener Akzent: »Die Rote Armee führt keinen Krieg gegen Kinder, kommt heraus und ergebt euch.*

[90] Mitteilung Leo P.
[91] Rauchensteiner, Der Krieg, a.a.O., S. 200
[92] Major Lentz war Offizier der Feuerschutzpolizei

Wir bringen euch so bald wie möglich zu euren Müttern heim!«
Etliche der Buben glaubten diesen Worten, kletterten aus dem Entwässerungsgraben, der ihre »Stellung« bildete. Doch da begannen von mehreren Seiten die sowjetischen Maschinengewehre zu rattern.
Einer, der davonkam, war der 15jährige Otto Mayr aus Wien-Ober St. Veit. Er blieb in seiner Deckung liegen und zwei oder drei seiner Kameraden fielen sterbend auf ihn herab. Dies war letztlich seine Rettung, als die Sowjetarmisten später das Gelände absuchten.
Nicht etwa, um Verwundete zu bergen, sondern in der klaren Absicht, auch diese noch zu töten!
Otto Mayr stellte sich tot. Die Kolbenhiebe und die Stiche mit dem Bajonett trafen nur die Leichen, unter denen er sich verkrochen hatte. Er wartete noch einige Zeit zu. Und erst dann, als sich die russischen Stimmen immer weiter entfernten, kroch er aus dem Grab hervor[93]*.*
Der 15jährige konnte sich später nicht mehr an die genaue Örtlichkeit des Massakers erinnern, was durchaus verständlich ist. Aber es konnte in Erfahrung gebracht werden, daß in einer Wiese bei Zwerndorf a. d. March zirka zwanzig bis dreißig Jugendliche verscharrt wurden, die von den Sowjets auf ähnliche Weise liquidiert worden waren. Nachdem sie aus einem Wassergraben, der ihnen als Deckung diente, herausgekommen waren, um sich zu ergeben[94]*.*
Die Dorfbewohner schwiegen jahrzehntelang über diesen Vorfall; erst 40 Jahre später wurde er dem österreichischen Innenministerium gemeldet. Nicht etwa durch den amtierenden Bürgermeister Salomon, sondern auf Grund einer Anfrage beim Volksbund deutsche Kriegsgräberfürsorge.
Eine Exhumierung konnte bisher nicht erfolgen. Daher ist es

[93] Bericht Otto Mayr an den Autor
[94] Mitteilung Leo Banny

nach wie vor ungeklärt, ob die Erschossenen von Zwerndorf zu der Wiener HJ-Feuerwehrschar oder zum HJ-Radfahrbataillon Effenberger gehört hatten, welches gleichfalls im Marchfeld eingesetzt wurde.
Diese Einheit stand unter der Führung eines Waffen-SS-Offiziers, kam aus dem Reichsausbildungslager Networschitz und zeichnete sich bei den Abwehrkämpfen in der Gegend von Alt-Lichtenwarth aus. Es ist erwähnenswert, daß die meisten Burschen des Radfahrbataillons dem Geburtsjahrgang 1928 angehörten.

6. April 1945.
Von der Gebietsführung wurde uns mitgeteilt, daß Bannführer Walter Melich gefallen war. Aber zunächst wußte niemand die näheren Umstände. Und erst viel später hieß es dann, Melich sei mit einem Kradmelder in den Raum Vösendorf-Maria Lanzendorf gefahren. Er soll dort einen Kopfschuß erlitten haben.
Sein Grab wurde niemals gefunden. Es ist aber anzunehmen, daß er in der Kriegsgräberanlage Götzendorf beerdigt wurde. Gemeinsam mit unzähligen unbekannten Kameraden.
Unsere 5. HJ-zbV-Kompanie stand nun vorübergehend unter dem Befehl des Feldwebels Anton Fischer, doch hieß es in einem Telefonanruf, daß Bannführer Franz Höfer noch im Verlauf des Vormittags auf der Knödelhütte eintreffen würde. Bis dahin sollten wir Unterführer bei einer Vernichtungsaktion in Meidling und Hietzing aktiv werden.
Ziel dieser Zerstörungen waren die Banndienststelle in der Ruckergasse und die diversen anderen HJ-Heime, wo wir Karteien und das Fotoarchiv verbrannten.
Aber nicht überall in Wien wurden kompromittierende Schriftstücke beseitigt. So fand man später in den Kellern des Gauhauses rund 500.000 Personalakte und an die 300.000 Erhebungsprotokolle[95]. Im SS-Oberabschnitt Do-

[95] Rebhann, a.a.O., S. 234

nau, im Polizeipräsidium und auch im »Haus der Flieger« war es nicht anders. Obgleich ein rigoroser Verbrennungsbefehl des Reichssicherheitshauptamtes vorlag.

Die sowjetische Besatzungsmacht und ihre österreichischen Entnazifizierungsgehilfen waren jedenfalls mit diesem »Versäumnis« sichtlich zufrieden...

Als mein Freund Hampel und ich bei der Braunschweigbrücke auf die Kameraden warteten, feuerte der Flakturm in der Stiftkaserne bereits auf Erdziele am südlichen Stadtrand. Und am Küniglberg wurden die Munitionsbunker der Flakkaserne in die Luft gesprengt. Was wir als idiotisch empfanden, nachdem andere Batterien bereits zuwenig Granaten hatten.

Für uns war es höchste Zeit, zur Kompanie zurückzukehren!

Deshalb warteten wir auch nicht länger auf die beiden Nachzügler, die im Gegensatz zu den übrigen Kameraden nicht pünktlich zur Stelle waren. Aber kurz vor Hütteldorf sahen wir sie auf der anderen Seite des Wienflusses, wie sie fast noch schneller als wir dahinradelten.

Gegenüber dem Stadtbahnbahnhof stand ein Major der Luftnachrichtentruppe mitten auf der Fahrbahn. Und in der nahen Parkanlage lag eine große Anzahl von Soldaten im wahrsten Sinne des Wortes herum.

Da dachte ich mir: So und nicht anders mußte ein Heerlager im Dreißigjährigen Krieg ausgesehen haben!

Denn etliche Landser hatten ihre Schuhe oder die Stiefel ausgezogen. Die Gewehre hingen auf Baumästen, lagen im Gras oder man hatte sie mit dem Lauf voran in die Erde gebohrt. Selbst Unteroffiziere trugen ihre Feldblusen aufgeknöpft und vermittelten den Eindruck von Marodeuren.

Der Luftwaffenoffizier forderte uns auf, doch »heim zur Mutter« zu gehen. Und er sagte auch, daß der Krieg längst verloren und es ausgesprochen sinnlos sei, wenn auch wir noch »in's Gras beißen« würden.

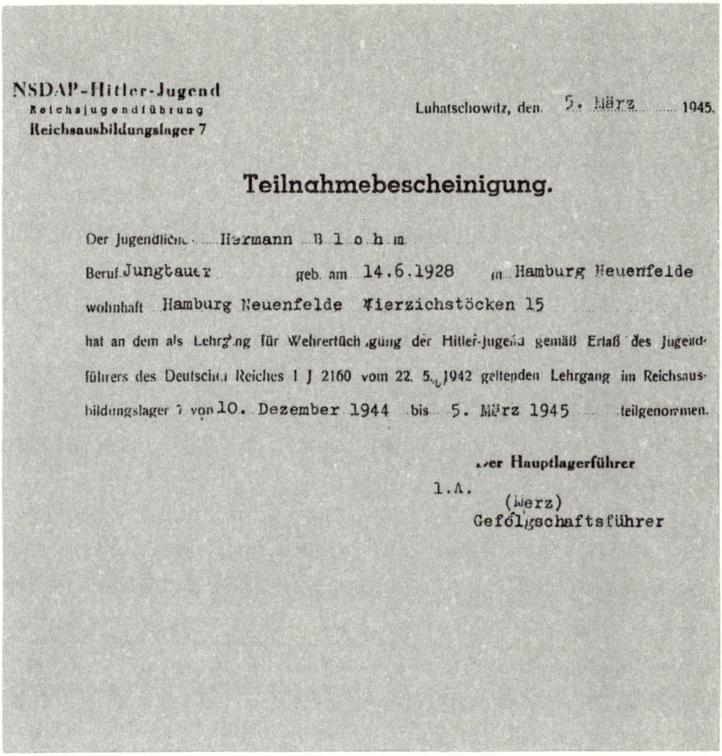

NSDAP-Hitler-Jugend
Reichsjugendführung
Reichsausbildungslager 7

Luhatschowitz, den 5. März 1945.

Teilnahmebescheinigung.

Der Jugendliche Hermann B l o h m

Beruf Jungbauer geb. am 14.6.1928 in Hamburg Neuenfelde

wohnhaft Hamburg Neuenfelde Vierzichstöcken 15

hat an dem als Lehrgang für Wehrertüchtigung der Hitler-Jugend gemäß Erlaß des Jugendführers des Deutschen Reiches I J 2160 vom 22. 5. 1942 geltenden Lehrgang im Reichsausbildungslager 7 von 10. Dezember 1944 bis 5. März 1945 teilgenommen.

Der Hauptlagerführer
I.A.
(Merz)
Gefolgschaftsführer

Dieser Hamburger Fronthelfer gehörte dem HJ-Radfahrbataillon Effenberger an. Er starb bei den Kämpfen um Alt-Lichtenwarth.

Wir waren zunächst sprachlos.
Dann riß Norbert den Karabiner von der Schulter, repetierte und brachte die Waffe in Anschlag: »Ich leg' den Kerl um!«
Ich stieß den Lauf weg, gab den Befehl zum Weiterfahren. Und da ich selbst wieder in die Pedale trat, folgten mir auch die Kameraden. Trotzdem waren wir natürlich erregt und diskutierten über diesen Vorfall. Dabei erinnerte sich Hans Schack, daß er auf der Uniform des Majors das Goldene Ehrenzeichen der NSDAP erkannt hatte.
Wir erreichten die Knödelhütte, sahen die Lastkraftwagen vor dem Lager stehen. Und da schrie auch schon Feldwebel Fischer: »Los, Panzerfäuste aufnehmen und rauf auf den Wagen!«
Von den Bordwänden streckten sich uns Hände entgegen. Wir wurden hinaufgezogen, fanden noch einen Platz zwischen den Kameraden. Dann jagten die Fahrzeuge aus der Stadt hinaus.

»Absitzen!«
Wir sprangen über die Bordwände, sammelten uns gruppenweise. Und unsere Tritte hallten auf dem Pflaster, laut und unheimlich. Purkersdorf schien wie ausgestorben.
Es gab keine Zivilisten auf den Straßen. Die wenigen Geschäfte waren geschlossen, hatten die Rolläden heruntergelassen. Hin und wieder zeigte sich ein Gesicht hinter einer Fensterscheibe, ängstlich und trotzdem neugierig.
Doch die Gestalten verschwanden sofort, wenn einer meiner Kameraden zu ihnen hinaufblickte.
Vorne bei der Kirche stand ein Pferd mit einem Bauernwagen. Der Gaul war klapprig und dürr, er fraß aus einem Futtersack, den man ihm umgebunden hatte. Hinter dem Kutschbock lag Bettzeug, konnte man auch eine Truhe erkennen, auf der Mäntel, Kleider und Hosen aufgestapelt waren.

Und unter dem Stoffberg ragte eine riesige Pendeluhr hervor!
Ich erinnerte mich, daß ich schon oft Flüchtlingstrecks gesehen hatte, die vor allem Hausrat mitführten, der eigentlich völlig überflüssig, schwer und sperrig war. Aber vielleicht gaben sich die Leute einfach der Illusion hin, wenigstens einen Teil ihres wertvolles Besitzes retten zu können. Oder sie hofften auf Kompensationsgeschäfte mit jenen, die aus der Not ihrer Mitmenschen noch ein einträgliches Geschäft zu machen pflegten.
Denn in jenen Tagen mußte selbst ein Nachtquartier einfachster Art mit Dingen bezahlt werden, die in keinerlei Relation zu ihrem tatsächlichen Wert standen. Und der Begriff der Volksgemeinschaft, von den Nationalsozialisten propagiert, war vor allem bei der ländlichen Bevölkerung längst wieder abhanden gekommen...
»Laden und sichern!« Feldwebel Fischer gab diesen Befehl. Und ich führte ihn ebenso wie meine Kameraden ganz automatisch aus. Für andere Gedanken blieb nun keine Zeit mehr, denn die Gruppe mit Hans Schack an der Spitze marschierte bereits los. Auf der linken Straßenseite, die gegenüberliegenden Fenster und Haustüren im Auge behaltend. Natürlich mit dem schußbereiten Karabiner in den Händen. Ich folgte mit meinen Leuten entlang der rechten Häuserfront, ebenso gefechtsbereit.
An der ersten Straßenecke lag ein Toter, gräßlich zugerichtet und vom Feuerstrahl einer Panzerfaust verbrannt. Es war jener Polizeioffizier, den ich auf der Erkundungsfahrt nach Mariabrunn begleiten mußte.
Armer Teufel! Das Kriegsgericht brauchte er nicht mehr zu fürchten...
Hans bog gerade in eine Seitengasse ein, als ein sowjetisches Maschinengewehr losfetzte. Den Feldwebel Fischer hätte es dabei fast erwischt, doch rettete er sich mit einem Sprung in einen Hausflur.

Ich lag flach auf der Straße, dicht hinter mir Heinz Kladrowa mit seinem MG 42, das wir im Arsenal »erbeutet« hatten.
Die feindlichen Kugeln pfiffen knapp über unsere Köpfe hinweg. Doch die meisten Kameraden befanden sich noch hinter der Hausecke, und von dort her brüllte auch Unteroffizier Pollerus, dem ich zugeteilt war, daß er mir Feuerschutz geben würde.
Und schon begann eines der eigenen Maschinengewehre zu knattern. Fischer, der im Rußlandfeldzug die rechte Hand und das rechte Auge eingebüßt hatte, zog mit den Zähnen eine Eierhandgranate ab, warf sie mit der Linken. Gleichzeitig stürzte er aus seiner Deckung hervor: »Sprung auf, marsch, marsch!«
Da sprangen Heinz und ich auf, folgten dem Feldwebel.
Auch der MG-Schütze von Hans Schack begann zu feuern. Dicht vor uns zogen sich erdbraune Gestalten in einem Garten zurück. Die Maschinengewehre erfaßten sie, mähten die Sowjetsoldaten nieder.
Aber auch einen der vorstürmenden Hitlerjungen erwischte es. Er riß die Arme empor, drehte sich um die eigene Achse, taumelte und fiel hin.
Nun bemerkte ich erst, daß uns nach wie vor ein wütendes Abwehrfeuer entgegenprasselte. Außerdem war das Wummern und Brummen von Panzern zu hören sowie die Abschüsse von Granatwerfern. Zum Glück lagen die Einschläge im Ortszentrum und räumten dort nur die Fassaden und Dächer ab.
»Sanitäter nach vorn!«
Doch wo war der Kerl? Niemand wußte es. Einer der Unterführer nahm sich um den Kameraden an, der wimmernd auf der Straße lag. Dieser hatte einen Bauchschuß und einen Lungenschuß erlitten. Und der Blutverlust war kaum zu stoppen. Da tauchte zum Glück unser Sanitätskraftwagen auf.

Keuchend erreichte ich eine kleine Mauer, warf mich hin, rang nach Luft. Als ich mich nach den Kameraden umdrehte, sah ich Adolf Hampel hinter einem Kastanienbaum knien. Er schob gerade einen neuen Ladestreifen in den Karabiner. Auch Heinz war plötzlich da, warf sich neben mir in den Dreck. Sein Gesicht glühte vor Eifer: »Na, denen werden wir es zeigen!« Schon lud er sein MG durch, zielte auf eine Gebüschgruppe, aus der es immer wieder aufblitzte. Dann gab er Dauerfeuer.
Drüben waren Aufschreie von Verletzten zu hören.
Inzwischen war Feldwebel Fischer bei der Gebüschgruppe angelangt. Er hielt seine Maschinenpistole unter die linke Achsel geklemmt, stützte den Lauf mit der rechten Hand, die nur eine Attrappe aus Leder war. Und so jagte er Feuerstoß um Feuerstoß aus der Waffe.
Pollerus stand mitten auf der Straße, schoß stehend freihändig mit seinem 98k, ganz so, als würde er sich auf einem Schießstand befinden. Seine Treffsicherheit war für uns alle erstaunlich präzis.
Jedenfalls gab es vorübergehend keine Gegenwehr, floh die sowjetische Infanterie in Richtung Tullnerbach zurück. Doch dann schlugen die ersten Granaten auch in unserer Nähe ein, detonierten sowohl auf der Straße als auch in den angrenzenden Feldern. Es gab Verwundete, und der Sanitäter war noch immer nicht da!
Schack schrie nach einem Verbandspäckchen, nach dem sein eigener Vorrat zu Ende war. Ich warf ihm eines zu. Und Galler befahl einigen Kameraden, ihm zu folgen. Gemeinsam trugen sie die Verletzten nach Purkersdorf hinein.
Von dort quälte sich ein uralter Panzerwagen vom Typ Fiat-Ansoldo[96] heran. Er gehörte der Schutzpolizei und war vermutlich zum letzten Mal bei den Kämpfen im Jahre 1934 eingesetzt worden. Damals, als zuerst die Sozialisten und

[96] Rauchensteiner, Der Krieg, a.a.O., S. 161

später auch die SS-Standarte 89 das austrofaschistische Regime zu stürzen versuchten.
Die Rebellen von damals konnten dieser fahrenden »Sardinenbüchse« bestenfalls Brandflaschen entgegenwerfen, doch jetzt gab es ja Panzerfäuste und Pakgeschütze. So kam es, daß der Polizeipanzerwagen von uns mit Hohngelächter und zynischen Witzen begrüßt wurde.
Trotzdem taten uns die Männer leid, denn sie klagten darüber, ständig Ladehemmung zu haben, da die ausgefaßte belgische MG-Munition nicht in Ordnung wäre. Doch zu diesem Zeitpunkt besaß die 5. HJ-zbV-Kompanie bereits genügend deutsche Leuchtspurmunition, so daß wir wenigstens einige Gurte davon abgeben konnten.
Da kamen die sowjetischen Panzer!
Gleich ihr erster Schuß war ein Volltreffer, der von dem Polizeifahrzeug nicht viel übrig ließ: Ein Chassis mit zwei Sitzen darauf, während es den ganzen Oberbau hinweggeblasen hatte.
Der Fahrer lag einige Meter entfernt auf dem Feldweg. Sein Kopf fehlte, war durch die Detonation abgerissen worden. Und den Turm und die Karosserie des »Panzers« hatte die Druckwelle nicht nur deformiert, sondern auch gegen einen Holzschuppen geschleudert.
Dieser brannte wie Zunder!
Es war unmöglich, dort nach dem zweiten Polizisten zu suchen, der sich als MG-Schütze im Panzerwagen befand. Denn pausenlos ging in dem flammenden Inferno die Munition hoch.
Ich konnte meinen Blick nicht von dem menschlichen Torso abwenden. Das sollte der Mann sein, der vor ein paar Minuten noch mit mir gesprochen und gescherzt hatte?!
Ich wollte mich eingraben, besaß aber keinen Spaten. Ich wollte weglaufen, doch dies wäre Feigheit und auch jämmerlich gewesen. Außerdem dachte ich daran, daß ich jetzt meinen jüngeren Kameraden ein Vorbild sein sollte.

Mußte ich dies wirklich? Ja, es kamen mir nicht die geringsten Zweifel. Wir waren zu Opferbereitschaft erzogen worden. Und ich glaubte, auch andere begeistern zu müssen. So etwa diesen Burschen, der nun mit einer Panzerfaust in Richtung auf den Bahndamm vorrobbte.
Der war kein HJ-Führer und nicht einmal ein gläubiger Nationalsozialist. Der kam aus einer Meidlinger Proletenfamilie, aus dem gleichen Milieu wie Gerhard Prokop, den wir noch vor einigen Tagen festnehmen mußten, weil er sich unerlaubt von der Truppe entfernt hatte. Und der dann am nächsten Tag erst recht desertierte.
Diesen Burschen da nannten wir »Italiener«, wegen seiner dunklen Hautfarbe und seinem südländischen Gehabe. Er war nicht übertrieben zackig, dafür aber ein ausgezeichneter Schütze. Und genau dies hatte dem Bannführer mehr als alles andere imponiert. So kam es, daß wir den »Italiener« weniger oft schliffen und seine abfälligen Reden über die »Piefke«, die »Eierspeistrapper« der Partei und die »BDM-Funsen« erst gar nicht zur Kenntnis nahmen.
Nun kam der erste T 34 über die Böschung herab. Und Feldwebel Fischer sprach auf die in seiner Nähe liegenden HJ-Soldaten ein: »Ruhe bewahren, Leute. Nur Ruhe!«
Da gab es einen ohrenbetäubenden Knall und noch einen und noch einen. Wir sahen die Panzerkanone aufblitzen, zogen die Köpfe ein, während es fast im selben Augenblick hinter uns im Bauernhaus einschlug.
Wieder gab es eine Explosion!
Der T 34 wurde von ihr geschüttelt, schien zu schwanken. Irgend etwas wirbelte durch die Luft, das sich im Rauch und Qualm nicht erkennen ließ. Doch dann loderten Flammen aus dem Panzer, den Kladrowa mit seinem MG zu beschießen begann.
Die Garben prallten ab und gefährdeten als Querschläger den »Italiener«, der eben erst seine Panzerfaust abgeschossen hatte.

»Feuer einstellen!«
Doch Heinz Kladrowa wollte und konnte nicht hören, hing wie besessen an seinem Maschinengewehr und feuerte. Da sprang Fischer auf, war mit einem einzigen Satz bei ihm und riß Heinz von der Waffe weg. Jubel klang auf und irgendeiner der Kameraden schrie: »Prima, das war der erste Abschuß!«
Schon kam der »Italiener« angehetzt, strahlte über das ganze Gesicht, warf sich zu den Kameraden in den Hohlweg. Sein Atem ging stoßweise. Und als er endlich sprechen konnte, meinte er nur trocken: »Wo sind die anderen Panzer?«
Die übrigen T 34 hatten sich hinter den Bahndamm zurückgezogen. Ihre Motoren heulten auf, und auch das Quietschen der Ketten ließ darauf schließen, daß sie ein Wendemanöver durchführten.
Auf einmal war der gleiche Lärm auch im Rücken der deutschen Stellungen zu hören. Und aus dem Wald brachen sie hervor, riesige Kolosse: Das konnten nur die alten Josef Stalin-Panzer sein!
Da traf aus Wien kommend ein Polizeibataillon ein. Es hatte auch Pakgeschütze und brachte diese sofort in Stellung. Unsere Kompanie wurde abgelöst.
Ich marschierte mit ihr nach Hadersdorf-Weidlingau zurück. Dort sollte ich die Sicherung der Wienbrücke übernehmen, während Bannführer Höfer gemeinsam mit den Wehrmachts-Unteroffizieren und einigen HJ-Chargen noch ein in Purkersdorf befindliches Waffendepot ausräumte.
Die Notwendigkeit dieser Absatzbewegung wollte ich nicht begreifen, denn es war mir zunächst nicht bekannt, daß die Wienbrücke bei Hadersdorf-Weidlingau aus Richtung Norden bedroht war. Und dies trotz eines Geländegewinns, den eine andere HJ-Kompanie bei Mariabrunn erzielte.
Aber die Sowjets versuchten unsere Kameraden bereits zu umgehen!

V. Kampf trotz Widerstand

Die Generäle, die Wien verteidigen sollten, sahen sich einer trostlosen Situation gegenüber. Denn die Kampfkraft der 2. SS-Panzerdivision betrug nur mehr 50 Prozent und die der 3. SS-Panzerdivision war auf 25 Prozent abgesunken. Aber auch die 6. Panzerdivision des Heeres konnte lediglich ein Viertel ihres Sollstandes aufweisen[97].

Der Befehlshaber des Verteidigungsbereiches Wien, General Rudolf von Bünau, verfügte über 15 Alarmbataillone, doch wurde er sich bald darüber klar, daß auch deren Ausrüstung und Bewaffnung zum Teil sehr ungenügend war. Auch fehlte diesen Einheiten die notwendige Kampfbereitschaft[98].

Seit dem 1. April 1945 wurde zwar die elitäre Führergrenadierdivision in den Raum Wien verlegt, doch waren am 6. April noch immer nicht alle Eisenbahntransporte im Norden der Stadt eingetroffen[99].

Und vergeblich wartete man auf die 25. Panzerdivision, denn sie war von Angehörigen der Widerstandsbewegung nach Mähren umgeleitet worden. Und in Brünn fehlte der Treibstoff, um diese Division doch noch nach Österreich in Marsch zu setzen.

Wie weitverzweigt die Widerstandsbewegung bereits agierte, zeigte sich nach der Verhaftung des Majors Karl Bieder-

[97] Rauchensteiner, Der Krieg, a.a.O., S. 159
[98] Bericht Bünau
[99] Rauchensteiner, Der Krieg, a.a.O., S. 159

mann[100]*. Dieser war Kommandeur der Heeresstreife Groß-Wien und hatte Vorbereitungen für einen militärischen Aufstand getroffen. Auf seine Tätigkeit machte der Leutnant Walter Hanslik aufmerksam. Und Biedermann gestand, daß andere Regimegegner dem Wehrkreiskommando XVII, der Standortkommandantur, dem Luftgaukommando, dem Standortbataillon 3, dem Panzerpionier-Ersatz- und Ausbildungsbataillon 80, dem Infanteriebataillon 134, dem Schützenbataillon 866, der Kroatischen Ausbildungsbrigade und natürlich auch seinem Streifenregiment angehörten.*
Konkret führte die Spur von Biedermann zu Major i. G. Carl Szokoll, der die Abteilung Ib (Organisation) im Wehrkreiskommando XVII führte und der auch dem Stab des Generals von Bünau angehörte.
Aber dieser Offizier war unauffindbar! Daraufhin wurden seine Mitarbeiter Hauptmann Alfred Huth und Oberleutnant Rudolf Raschke verhaftet.
Kommandos des SD suchten überdies Hauptmann Otto Scholik, Oberleutnant Georg Zimmer-Lehmann aus dem Sennigerlager in Stockerau, sowie den Oberleutnant Fritz Grohs aus der Wiener Rennwegkaserne, den Hauptmann Janauschek von der Artillerie-Ersatz- und Ausbildungsabteilung 109[101]*.*
Plötzlich erinnerte man sich auch daran, daß General Rudolf von Bünau bereits vorübergehend der Führerreserve des Oberkommandos des Heeres angehört hatte, nachdem er wegen angeblicher Unfähigkeit von der schwerkämpfenden Heeresgruppe Mitte abgeschoben wurde.
Jedenfalls schien der Gestapo und dem SD besonders sein Ic, Major Karl Stephani, verdächtig zu sein, weil dieser für die Erstellung des »Feindbildes« zuständig war.

[100] Biedermann erstürmte 1934 mit der austrofaschistischen »Heimwehr« den Karl-Marx-Hof in Döbling. Er wurde damals von Sozialisten und Kommunisten als »Arbeitermörder« beschimpft

[101] Molden Otto, a.a.O., S. 217

Aber sogar der Bürgermeister von Wien, SS-Brigadeführer Hans Blaschke, wurde vorübergehend als »Verräter« bezeichnet. Und von dessen 17jährigem Sohn Peter hieß es, daß er beim Reichsarbeitsdienst wegen Fahnenflucht zum Tode verurteilt werden sollte[102].

Dafür vertraute die deutsche Führung um so mehr den beiden Wiener HJ-Bataillonen und gedachte diese überall dort als »Feuerwehr« einzusetzen, wo die Lage kritisch wurde.

Dabei ahnte niemand, daß auch aus der Hitler-Jugend zwei Regimegegner hervorgingen. Und zwar waren dies der Leutnant Dr. Walter Barth und der HJ-Oberstammführer Dr. Ludwig Jedlicka, die sich aus ihrer gemeinsamen Studienzeit sehr gut kannten.

Dr. Barth gehörte ab 1936 der nationalsozialistischen Jugendbewegung an, war Ehrenzeichenträger der HJ und galt als Vertrauensmann des kroatischen Staatschefs Dr. Ante Pavelić. Und er zählte noch im März 1945 zu den gerne gesehenen Gästen des Reichsleiters und Reichsverteidigungskommissars Baldur von Schirach[103].

Sein Freund Dr. Jedlicka schrieb im Verlauf des Krieges zahlreiche Durchhalteartikel und u.a. auch ein typisch nationalsozialistisches Buch über die Reichsgrenadierdivision »Hoch- und Deutschmeister«. Aber er wollte ebenso wie Dr. Walter Barth eine Zerstörung von Wien im letzten Augenblick verhindern. Und deshalb plante er gemeinsam mit der Widerstandsbewegung eine Gefangennahme des Gebietsführers Hans Lauterbacher samt dessen Stab.

Dabei sollte auch der Bannführer Leo P. »unschädlich« gemacht werden, weil dieser als der militärische Kopf sämtlicher Wiener HJ-Fronthelfereinheiten galt.

[102] Mitteilung RA Dr. Hannes Blaschke

[103] Lt. Dr. Walter Barth wurde am 6.4.1945 durch zwei Schüsse in den Hinterkopf getötet. Dies war ein tragischer Irrtum, wie der Widerstandskämpfer Ferdinand Käs erklärte. Käs gab selbst diese Schüsse ab (»Express« v. 24.11.1960)

Allerdings mußte diese Aktion abgeblasen werden, nachdem Lauterbacher seinen Befehlsstand von der Albertgasse in das Palais Auersperg und von dort weiter auf die Hohe Warte verlegte. Überdies war damit zu rechnen, daß sich seine Kriegseinsatzführer einer Entwaffnung widersetzt hätten. Denn etwas anderes konnte man von 17jährigen Nationalsozialisten, die zu bedingungsloser Treue erzogen wurden, wirklich nicht erwarten[104].

Als ich am Nachmittag des 6. April 1945 mit meiner Kompanie in Hadersdorf-Weidlingau eintraf, stand in der Nähe der Wienbrücke noch ein Panzer IV. Er gehörte zu jener Waffen-SS-Einheit, deren Nachhut ich in der vergangenen Nacht begegnet war.
Dieser Panzer hatte einen Motor- oder Getriebeschaden, konnte sich weder vorwärts noch nach hinten bewegen. Und es hieß, daß die Männer einer Werkstattkompanie bald eintreffen würden. Doch blieb dies nur ein frommer Wunsch, weil sich die Mechaniker in Floridsdorf befanden und dort voll ausgelastet waren.
Und später hörte ich sogar, daß die 2. und die 3. SS-Panzerdivision gemeinsam nur mehr 28 Panzer hatten, welche als voll gefechtsbereit bezeichnet werden konnten[105].
Geradezu lächerlich kam mir zunächst eine Straßensperre vor, die ein paar ältere Zivilisten bei der Wienbrücke errichteten. Denn sie verwendeten dafür einen umgestürzten Leiterwagen sowie Tische und Stühle aus einer Gastwirtschaft. In dieser saß ein Volkssturmführer, der mir von einer Flüchtlingskolonne erzählte, die im Raum Gablitz hängenblieb. Und er meinte, daß er deren Rückkehr nach Wien verhindern müßte. Dabei berief er sich sogar auf einen angeblichen Gauleiterbefehl.

[104] Mitteilung Univ. Prof. Dr. Ludwig Jedlicka
[105] Vgl. Lagekarte des OKH, Stand 5.4.1945

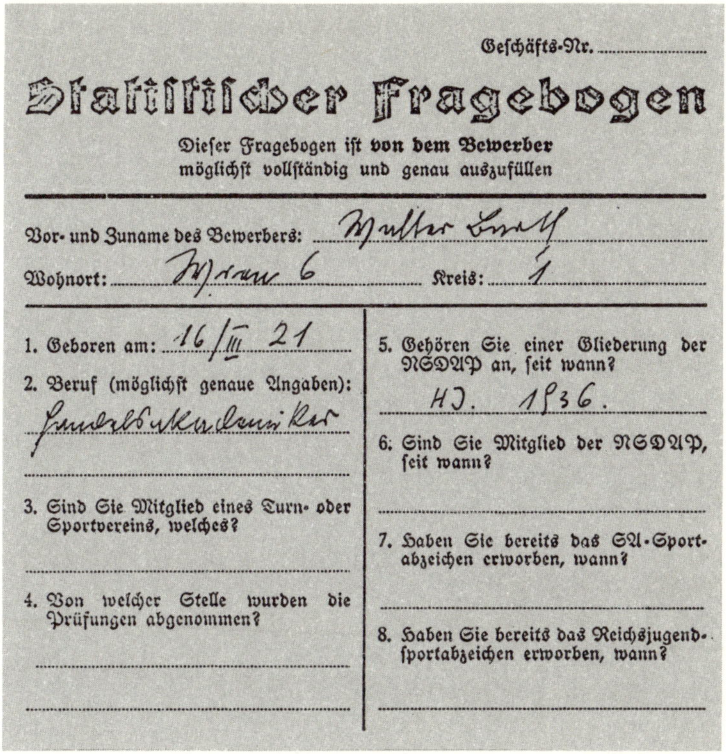

Geschäfts-Nr. ....

Statistischer Fragebogen

Dieser Fragebogen ist **von dem Bewerber** möglichst vollständig und genau auszufüllen

Vor- und Zuname des Bewerbers: [illegible]

Wohnort: [illegible] 6 Kreis: 1

1. Geboren am: 16/III 21
2. Beruf (möglichst genaue Angaben): [illegible]
3. Sind Sie Mitglied eines Turn- oder Sportvereins, welches?
4. Von welcher Stelle wurden die Prüfungen abgenommen?
5. Gehören Sie einer Gliederung der NSDAP an, seit wann? HJ. 1936.
6. Sind Sie Mitglied der NSDAP, seit wann?
7. Haben Sie bereits das SA-Sportabzeichen erworben, wann?
8. Haben Sie bereits das Reichsjugendsportabzeichen erworben, wann?

Diese handschriftlichen Eintragungen machte der spätere Widerstandskämpfer Dr. Walter Barth persönlich: Mitglied bei der HJ ab 1936. Allerdings stammt das Dokument nicht aus dem Jahre 1945, sondern war zu diesem Zeitpunkt bereits 4 Jahre alt.

Da kam mir der Verdacht, daß diese Barrikade eigentlich einem ganz anderen Zweck als der Panzerabwehr diente: Sie konnte nämlich nur im »Gänsemarsch« passiert werden, bot also die Möglichkeit zu einer genauen Personenkontrolle. Und auf diese kam es vermutlich dem Volkssturmhäuptling an.
Immerhin erwähnte er im Gespräch auch zwei Deserteure, die er bereits geschnappt und der Feldgendarmerie übergeben hatte!
Trotzdem mußte ich später feststellen, daß dieser Volkssturmführer etwa eine Stunde nach unserem Eintreffen aus der Gastwirtschaft verschwunden war.
Kurz nachher hielt ein Autobus der Luftwaffe vor der Barrikade. Ein Oberst kletterte heraus.
Der Stabsoffizier schrie mich an und verlangte von mir die sofortige Entfernung der Straßensperre. Wobei er mich zuerst als »Herr HJ-Führer«, dann aber als »Flasche« ansprach. Was mich nicht gerade »willfährig« machte.
Ich gab ihm zu verstehen, daß ich sein Soldbuch und seinen Marschbefehl sehen wollte. Dies brachte ihn erst recht in Wut, und er griff nach seiner Pistolentasche. Da sah er die Waffen meiner Kameraden auf sich gerichtet. Und Heinz Kladrowa entsicherte sogar sein Maschinengewehr. Daraufhin wurde der Oberst sichtlich bleich.
Trotzdem zögerte er mit der Herausgabe des Soldbuches. Und er versuchte uns klarzumachen, daß er einen wichtigen Sonderauftrag zu erledigen hätte.
Was ich ihm nicht glaubte!
Als der Stabsoffizier schließlich sogar behauptete, er würde wichtige Akten des Luftgaukommandos in Sicherheit bringen, gab ich den Befehl zur Durchsuchung des Autobusses. Da versuchte er abermals, die Pistole zu ziehen, wurde aber von seinem eigenen Chauffeur daran gehindert.
Dieser versuchte nun zu vermitteln.
Ich bestieg den Autobus und sah, daß meine Kameraden auf

zwei jüngere Frauen einredeten. Diese schienen aber nicht zu begreifen, was man von ihnen wollte.
Blitzmädchen[106] waren sie keine, denn sie hatten keine Uniformen, sondern sehr wertvolle Pelzmäntel an!
Aber da hörte ich bereits den typisch ungarischen Akzent der einen Frau, während die andere hartnäckig schwieg. Und ich entnahm dem Kauderwelsch, daß sie beide aus Budapest geflüchtet waren. Nur die übrigen Erklärungen kamen mir sehr phantasievoll vor: So bezeichnete sich die knapp 20jährige als Witwe eines Hónved-Generals und nannte auch die Namen ihrer aristokratischen Verwandten, zu denen sogar der Admiral Nikolaus von Horthy zählen sollte.
Als ich den Ausweis dieser Dame kontrollierte, stellte sich heraus, daß sie schlicht und einfach Horváth hieß.
Aber auch der Oberst hatte gelogen: Er gehörte nicht dem Luftgaukommando XVII, sondern dem Stab des Kommandierenden Generals der Deutschen Luftwaffe in Ungarn an. Ob allerdings die Eintragungen im Soldbuch echt waren, konnte ich nicht abschätzen. Denn dazu fehlte mir jede praktische Erfahrung. Aber auch der Kommandant des zurückgebliebenen Panzers, ein SS-Oberscharführer, wollte darüber keine Entscheidung treffen. Sicher war lediglich, daß sich im Autobus keinerlei Akten befanden.
Das »Marschgepäck« des Luftwaffen-Stabsoffiziers bestand aus zivilen Kleidungsstücken, Stoffballen, Bettzeug, Daunendecken und einem großen Pappkarton voll spitzenbesetzter Damenunterwäsche!
Da fuhr also ein Autobus mit nur vier Insassen durch die Gegend, während für verwundete Soldaten kaum Transportmittel vorhanden waren. Und der Herr Oberst bekam den Treibstoff, der der kämpfenden Truppe fehlte!

[106] Blitzmädchen war die volkstümliche Bezeichnung für Nachrichtenhelferinnen der Deutschen Wehrmacht

Im Marschbefehl stand der oberösterreichische Ort Kremsmünster.
Da kam mir erstmals der Gedanke, daß wir HJ-Soldaten als Rückzugsdeckung für die diversen Nutznießer des Dritten Reiches verheizt werden sollten. Doch verdrängte ich sofort diese Erkenntnis, die bitter und desillusionierend war. Und ich gab mich besonders forsch, als ich den Oberst vor die Alternative stellte: Entweder freiwillige Meldung bei einer Kampfeinheit oder Auslieferung an die Feldgendarmerie!
Er versuchte es noch einmal mit Drohungen, kündigte unserem ganzen Haufen das Kriegsgericht an. Da riß mir die Geduld, und ich brachte meine Waffe in Anschlag: »Verschwinden Sie endlich, sonst drücke ich ab!«
Der Oberst drehte sich um. Zuerst ging er noch langsam, aber nach ein paar Schritten begann er zu laufen. Und er war fast schon bei der nächsten Hausecke, als ein Schuß fiel. Er taumelte, fiel hin, sprang wieder auf und rannte weiter. Natürlich war es kein gezielter Schuß, den Rainer ohne Befehl abgegeben hatte.
Als ich ihn mir »vorknüpfte«, stellte sich heraus, daß der jüngste Rottenführer unserer Kompanie noch immer nicht mit seiner 98k umgehen konnte: Er hatte bereits bei den Kampfhandlungen in Purkersdorf vergessen, den Mündungsschoner abzunehmen. Später hatte er es unterlassen, die Waffe ordnungsgemäß zu sichern.
Unmittelbar nach diesem Zwischenfall meldete sich Kurt Weiß bei mir. Er hatte etwas Verpflegung organisiert und war dabei auf eine Gruppe von Nachrichtenhelferinnen gestoßen, die sich in einem Haus jenseits der Brücke aufhielten. Diese Mädchen suchten eine Fahrgelegenheit nach Wien, was mir nur recht sein konnte.
Wir räumten einen Teil der Barrikade doch noch weg, nachdem Kurt die Blitzmaiden geholt hatte. Und der Fahrer des Busses war überglücklich, als er mit den neuen Fahrgästen und den beiden Ungarinnen losfahren durfte.

Genau in diesem Augenblick hielt auf der anderen Straßenseite ein Kübelwagen. Darin saßen der Gebietsführer Hans Lauterbacher und der allseits beliebte Bannführer Leo P., der das HJ-Volkssturmbataillon 41/6 in Preßburg geführt hatte. Außerdem war noch ein weiterer höherer HJ-Führer dabei.
Ich rannte hinüber und machte Meldung, was dem »Poldi« P. viel zu übertrieben zackig war. Jedenfalls berichtete ich sofort über den Vorfall mit dem Luftwaffen-Oberst. Da unterbrach mich der Bannführer und begann schallend zu lachen. Gleichzeitig deutete er auf einen Flaggenmast, der sich inmitten einer kleinen Parkanlage befand.
Was ich dort sah, war mir sichtlich peinlich: Denn dort oben auf dem Mast flatterte ein schwarzer BH im Wind!
Und noch mehr verwirrte mich die Bemerkung des Bannführers P., daß er einen weißen »Wimpel« als Zeichen der Kapitulationsbereitschaft angesehen hätte. Und dazu machte er eine Handbewegung, die wohl das Halsabschneiden demonstrieren sollte.
Mein verdutztes Gesicht erbarmte den Gebietsführer: Er reichte mir einen größeren Pappkarton, in welchem Schokolade, Traubenzucker und Zigaretten enthalten waren. Auch gab er mir den Rat, nicht jede Blödelei des Bannführers Leo P. gleich ernst zu nehmen. Und er meinte außerdem, daß ich bei der Ausgabe der Sonderration nicht jenen Witzbold vergessen sollte, der für den seltsamen »Flaggenschmuck« gesorgt hatte.
Wer dies tatsächlich war, habe ich nie erfahren.
Aber ich glaubte mich daran zu erinnern, daß der MG-Schütze Suchomel besonders lange in den »Schätzen« des Luftwaffenobersten herumgewühlt hatte. Auch war mir bekannt, welche spektakulären Scherze schon auf das Konto dieses ehemaligen HJ-Feuerwehrangehörigen gingen...
Am späten Nachmittag traf bei der Brücke über den Wienfluß ein Pioniertrupp ein und begann, diese sprengfertig zu

machen. Da tauchten plötzlich sowjetische Schlachtflieger auf, die im Tiefflug durch das Wiental daherkamen.
Sie schossen aus allen Rohren!
Heinz Kladrowa reagierte vorbildlich: Er schnappte sein Maschinengewehr, benützte die Schulter seines Schützen II als Auflage und feuerte wie wild darauf los. Noch lagen die Garben weit ab vom Ziel, aber beim zweiten Anflug blitzte es in einer Rata auf, und sie begann zu qualmen. Der Motor begann zu stottertn, fiel schließlich überhaupt aus. Und dann sahen wir, wie das gegnerische Flugzeug neben der Lainzer Tiergartenmauer aufschlug.
Die beiden anderen Sowjetflugzeuge flogen erneut an, diesmal nur wenige Meter über dem Boden. Es entstand bei uns der Eindruck, daß sie sich wie japanische Kamikazeflieger auf die Wienbrücke stürzen wollten. Doch im letzten Augenblick zogen sie steil nach oben.
Ihre Bordgeschosse schlugen in den Fassaden der umliegenden Häuser, auf der Fahrbahn und im Wienflußbecken ein. Zwei Pioniere wurden getroffen. Und auch ein neugieriger Zivilist lag tot neben der Barrikade.
Beim vierten Angriff waren plötzlich zwei deutsche Me 109 in der Luft. Es kam nicht einmal zu einem Luftkampf, denn unsere Fliegerkameraden hatten die Sonne im Rücken und brauchten nur wie am Schießstand zu zielen: Sie trafen gut, denn eine weitere Rata wurde getroffen und explodierte sofort. Ihre Trümmer stürzten in einen Garten am linken Wienflußufer und brachten dort eine Holzhütte zum Einsturz.
Die letzte feindliche Maschine versuchte zu entkommen.
Da hören wir im Lainzer Tiergarten die Schüsse einer 2-cm-Flak. Und wir glaubten an deren Klang zu erkennen, daß es sich nur um ein deutsches Geschütz handeln konnte. Aber die Leuchtspurmunition wanderte direkt auf eine der beiden Me 109 zu, zerfetzten ihr das Leitwerk.
Der Flugzeugrumpf bäumte sich auf, dann brach die rechte

Tragfläche weg, und der Rest der Maschine kam aus den Trudelbewegungen nicht mehr heraus. Trotzdem konnte der Pilot noch aussteigen, aber sein Fallschirm öffnete sich nicht.
Wir mußten mitansehen, wie das brennende Wrack und der menschliche Körper fast gleichzeitig in einem Staubecken aufschlugen.
Ich rannte mit einigen Kameraden los, doch zwang uns das Geschützfeuer aus dem Lainzer Tiergarten immer wieder in Deckung. Und da war uns klar, daß die Bedienungsmannschaft »unserer« 2-cm-Kanone aus Rotarmisten bestand! Durch einen Zufall wurde mir später bekannt, wie »problemlos« dieses Geschütz in die Hände der Feinde geriet: Es stand feuerbereit auf einer Waldlichtung, einige ältere Heimatflaksoldaten waren einfach davongelaufen.
Als wir über die Böschung zum Wienfluß hinunterkletterten, befanden wir uns bereits außerhalb der Schußlinie und konnten vom Lainzer Tiergarten her nicht mehr getroffen werden.
Der Flugzeugführer lag zirka 50 Meter von der Schleuse entfernt auf einem Zufahrtsweg. Und etwas weiter flußabwärts hatten sich die Trümmer seiner Maschine in die Erde gebohrt. Aber in weitem Umkreis brannten das Gras und die Sträucher.
Die starke Rauchentwicklung nahm den Sowjets die Sicht auf einen Steg, welchen wir überqueren mußten. Unter normalen Verhältnissen wären wir dort wie die Kaninchen bei einer Treibjagd abgeschossen worden.
Meine beiden MG-Schützen erreichten als erste das andere Ufer. Sie drehten den Piloten sofort auf den Rücken. Er war tot, hatte offenbar sehr schwere innere Verletzungen erlitten. Aber als ich sein blutverschmiertes Gesicht mit der eingeschlagenen Nase sah, erkannte ich ihn trotzdem: Das war mein Freund Walter Sch., der früher derselben Fliegergefolgschaft wie ich angehörte!

Zuletzt hatten wir uns in Neumarkt a.d. Ybbs gesehen, wo ich eine befreundete Familie besuchte. Walter war mit diesen Leuten ebenfalls bekannt. Er kam vom Begräbnis seiner Braut und wollte bei unseren gemeinsamen Freunden etwas Trost suchen. So erfuhr ich von einem Tiefangriff amerikanischer Mustang-Maschinen, wobei ein Eisenbahnzug beschossen wurde. Aber in diesem befanden sich nur Arbeiterinnen, Hausfrauen und Schulkinder.
Und zu diesen unschuldigen Opfern der US-Airforce[107] gehörte auch die Verlobte meines Freundes...
Plötzlich fiel es mir auch ein, daß Walter Sch. sehr große Schwierigkeiten bei seiner Bewerbung für die Offizierslaufbahn hatte: Als sogenanntes Findelkind, dessen Eltern unbekannt waren, konnte er keinen Ariernachweis erbringen. Sein Aussehen war zwar »germanisch«, doch ignorierte man dies bei der Militärbehörde. Auch sein Dienstgrad bei der Hitler-Jugend wurde nicht berücksichtigt.
Trotzdem erklärte ein Ergänzungsoffizier, daß Walter als gewöhnlicher Kriegsfreiwilliger durchaus willkommen sei!
Erst eine Intervention der Gebietsführung schien das zuständige Wehrbezirkskommando davon zu überzeugen, wie wenig eine »Adlernase« als typisches »Rassenmerkmal« gewertet werden konnte. So brachte es mein Freund doch noch zum Fahnenjunker-Unteroffizier und Jagdflieger.
Jedenfalls empfand ich es als Ironie des Schicksals, daß seine so oft gelästerte Nase nun gebrochen und plattgedrückt war.
Wir trugen den toten Kameraden zur nahen Gastwirtschaft »Wolf in der Au« und betteten ihn dort auf eine Gartenbank. Dann nahm ich ihm die Erkennungsmarke, das Soldbuch und eine Armbanduhr ab. In einer Brieftasche, die ich bei ihm fand, waren zahlreiche Fotos. Und dazwischen lag

[107] In der Fernsehdokumentation »Österreich II« wurden Filmaufnahmen von amerikanischen Tieffliegerangriffen aus den Apriltagen 1945 gezeigt. Das verwendete Material stammte übrigens aus US-Archiven

auch ein Zettel mit der Anschrift jenes Mittelschulprofessors, der das Heimkind Walter Sch. bereits im Jahre 1936 adoptiert hatte.
So wußte ich wenigstens, wem ich das persönliche Eigentum meines toten Freundes schicken konnte. Wobei mir durchaus klar war, daß dies erst nach dem Krieg geschehen konnte. Denn vorläufig gab es in Wien keine Postzustellung mehr.
Als ich mich nach den Kameraden umblickte, sah ich einen Zivilisten bei ihnen stehen. Er gab uns das Versprechen, daß er Walter Sch. auf dem Friedhof von Mariabrunn beerdigen würde.
Wir eilten zu unserer Kompanie zurück, die im Schutz der hereinbrechenden Nacht eine Riegelstellung auf der Knödelhütte bezog. Die Brücke zwischen Hadersdorf und Weidlingau mußte von den Heerespionieren gesprengt werden, nachdem auch die Polizeifeldeinheit aus Purkersdorf zurückgenommen wurde. Und auf dem diesseitigen Wienflußufer blieb nur ein Panzervernichtungstrupp zurück.
Zu dieser Gruppe von etwa 8 Burschen gehörte auch der 15jährige Fronthelfer Sedelmayer, der später einen T 34 abschoß, dabei verwundet wurde und in sowjetische Kriegsgefangenschaft geriet.
Aber auch bei der Dr. Karl Lueger-Brücke in Mariabrunn gingen Angehörige der 4. Kompanie des aus Preßburg herangeführten HJ-Volkssturmbataillons 41/6 in Stellung. Sie wurden durch eines unserer Jagdkommandos verstärkt, das vorher in der Hermessiedlung in Lainz, sowie in der Versorgungsheim- und Jagdschloßgasse die Sowjets fast 8 Stunden lang aufgehalten hatte.
Und außerdem sagte man mir, daß beim Edenbad, in der Umgebung des Schottenhofes und beim ehemaligen Linienamt in Neuwaldegg eine weitere HJ-Kompanie eingetroffen sei. Nicht erwähnt wurde dabei, wie schnell sich einige Fronthelfer verdrückten.

Auch am Laaerberg kämpften HJ-Fronthelfer.
Sie wurden einem Polizeibataillon[108] *unterstellt, welches unter der Führung eines Oberstleutnants stand. Dieser war allerdings kein erfahrener Frontoffizier. Und er kümmerte sich in erster Linie um die Festnahme von Kampfunwilligen und Deserteuren*[109].
Zunächst gab es in diesem Gebiet noch einige Flakbatterien der Waffen-SS und des RAD. Dann aber kam für die 2. SS-Panzerdivision »Das Reich« der Rückzugsbefehl, um wenigstens den Abschnitt Inzersdorf – Liesing – Mauer halten zu können. Dies veranlaßte aber auch die Polizeieinheit zu einem Verlassen ihrer Stellungen[110].
Merkwürdigerweise wurde die Flakbatterie auf dem Johannesberg darüber nicht informiert.
Diese Großkampfbatterie wurde großteils von 16- und 17jährigen Luftwaffenhelfern bedient, die man noch im letzten Augenblick zu Flak-v-Soldaten machte. Jedenfalls sollen 16 bis 20 Mann gefallen sein[111]. *Der Rest der Bedienungsmannschaft konnte sich noch absetzen.*
Ähnlich erging es einer weiteren Flakbatterie auf dem Wienerberg. Auch dort machten die Sowjets keine Gefangenen. Und es gibt Zeugenaussagen, nach denen jugendliche Flakkanoniere entweder in ihren Deckungslöchern niedergemacht oder mit Telefonkabeln aufgehängt wurden.
Die am Laaerberg eingesetzten HJ-Fronthelfer gelangten in mehreren Trupps zum Gürtel und nach Simmering, wo sie sich abermals verschanzten. Und beim Südtiroler Platz schoß der Gefolgschaftsführer Walter P. kurz hintereinander drei sowjetische Panzer ab.
Ein anderer Panzervernichtungstrupp des HJ-zbV-Batail-

108 Ringler, a.a.O., S. 165
109 Weidinger, Division, a.a.O., S. 495
110 Rauchensteiner, Der Krieg, a.a.O., S. 163
111 Rauchensteiner, Der Krieg, a.a.O., S. 163. Vgl. auch Ringler, a.a.O., S. 173. Ringler erwähnt die größere Anzahl von Toten.

lons erledigte im weitläufigen Gelände des Arsenals einen weiteren T 34, während zwei andere Sowjetpanzer auf das Konto des ukrainischen Waffen-Unterscharführers Petja Orlow gingen. Dieser setzte sich dann mit den Burschen in Richtung Südbahnhof ab, wo ihm von der Waffen-SS eine weitere Gruppe von Hitlerjungen unterstellt wurde.

Gegen die verschiedenen Unterstellungen hatten die Bannführer Leo P. und Ralf Roland Ringler bereits am Morgen des 6. April 1945 bei Baldur von Schirach protestiert[112]*. Und dies mit der Begründung, daß bereits ganze Frontabschnitte allein von den Hitlerjungen verteidigt werden mußten. Dabei standen diesen nur leichte Infanteriewaffen, aber nicht einmal schwere Maschinengewehre, Pakgeschütze oder Granatwerfer zur Verfügung.*

Überdies wies Bannführer Leo P. auf den Ausbildungsstand der beiden Wiener HJ-Bataillone hin, welcher eigentlich nur Hilfsdienste für die kämpfende Truppe zuließ.

Aber den Reichsverteidigungskommissar interessierten keinerlei Details. Er schien mit den Gedanken weit abwesend zu sein und machte einen fast lethargischen Eindruck. Trotzdem unterschrieb er mehrere Sonderausweise, welche den Bannführern und Kompaniechefs des HJ-Volkssturmkontingents die Möglichkeit gaben, jederzeit einen Unterstellungsbefehl ablehnen zu können.

Zu dieser Vollmacht war Baldur von Schirach eigentlich gar nicht berechtigt. Aber es war anzunehmen, daß sich die meisten Kommandeure ohnedies nicht im Kompetenzwirrwarr zurechtfanden.

Außerdem war Bannführer Leo P. darum bemüht, eine eigene HJ-Kampfgruppe zu bilden, die nur mehr geschlossen und mit entsprechender Artillerie- und Panzerunterstützung eingesetzt werden sollte. Denn beim Heer und auch bei der

[112] Mitteilung Direktor Leo P. Vgl. auch Ringler, a.a.O., S. 167–170. Allerdings wird die Ringler-Version über die Vorsprache bei Schirach von keinem höheren HJ-Führer bestätigt

Waffen-SS machte sich immer mehr die Tendenz bemerkbar, den schwindenden Personalstand ganz einfach mit HJ-Fronthelfern auszugleichen.
Was übrigens der SS-Obergruppenführer Willy Bittrich dahingehend formulierte: »Wir müssen dieses ausgezeichnete Menschenmaterial in unsere eigenen Verbände eingliedern, bevor irgendein Idiot auf die Idee kommt, die Hitlerjungen überhaupt aus der Stadt herauszuziehen.«[113]
Und an dasselbe »ausgezeichnete Menschenmaterial« dachte auch Adolf Hitler selbst, als er annähernd zur selben Zeit noch zehn HJ-Divisionen aus dem Boden stampfen wollte[114].

Die 5. HJ-zbV-Kompanie verbrachte eine unruhige Nacht auf der Knödelhütte. Die Sowjets schickten Spähtruppen vor, Handgranaten krachten.
Und meine Kameraden schossen wie wild Leuchtkugeln über das Niemandsland. Denn Feldwebel Fischer hatte uns ausdrücklich ermahnt, besonders wachsam zu sein, damit die Rotarmisten nicht in unsere Stellungen einsickern konnten.
Um 2 Uhr früh sah ich einige Gestalten aus einem Gartenweg herauskommen. Ich rief sie an, doch sie antworteten nicht. Da gab ich den ersten Schuß ab.
Aber auch die Kameraden begannen zu feuern.
Auf einmal schrie vor uns jemand die Parole dieser Nacht. Und jemand anderer befahl uns, das Feuer unverzüglich einzustellen.
Ich sprang mit schußbereitem Karabiner aus der Deckung, lief auf die Baumgruppe zu, hinter der ich die Unbekannten vermutete. Erst in diesem Augenblick fiel das Mondlicht auf einen einzelnen Mann, der mit einer deutschen Maschinenpistole in der Hand auf uns zukam.

[113] Mitteilung Ing. Köhler
[114] Rose, a. a. O., S. 121/122

Es war ein Offizier der nahen Flakbatterie. Und da stellte es sich heraus, daß vor uns noch eine B-Stelle lag, über die wir nicht informiert worden waren. Überdies hatte man an uns eine völlig andere Parole als den Flaksoldaten durchgegeben. Nur der stellvertretende Batteriechef konnte sich im letzten Augenblick daran erinnern, welches Wort er mehrmals rufen hörte, wenn wir uns gegenseitig »auf die Zehen traten«.

Damit meinte er unsere Verbindungsposten und Melder, die nur zu oft als »verdächtige Individuen« angesehen und zur Identifizierung aufgefordert wurden.

Erst als es hell wurde und ein leichter Nieselregen einsetzte, nahm die Nervosität ab. Da kam aber der Befehl vorzuverlegen.

Wir nisteten uns in Wochenendhäusern und Schrebergärtenhütten ein, weil sie uns vor der Nässe schützten. Und Heinz Kladrowa organisierte eine große und schöngestickte Bettdecke, mit der er draußen im Garten sein Maschinengewehr zudeckte. Denn es gab noch immer zu wenig Zeltplanen.

Ich selbst kletterte in einem der Häuser auf den Dachboden hinauf. Dort konnte man durch eine Luke bis nach Mariabrunn hinein sehen. Aber dort schien alles wie ausgestorben zu sein!

Kurz nachher muß ich eingenickt sein.

Plötzlich hämmerten unsere Maschinengewehre los. Und als ich durch die Dachluke schaute, sah ich die sowjetische Infanterie in dichten Wellen aus dem gegenüberliegenden Wald herauskommen.

Ich griff nach dem 98k und begann zu schießen.

Ein sowjetischer Offizier, der seiner Einheit voranstürmte, brach in die Knie, kam nicht wieder hoch!

Wieder schob ich einen neuen Ladestreifen in die Waffe, repetierte und schoß. Ich tat dies fast schon automatisch, hatte aber trotzdem irrsinnige Angst.

»Alles raus da!«
Das war Unteroffizier Pollerus, forsch wie immer.
Ich polterte die Holztreppe hinunter, lief in den Garten. Da sah ich meine Kameraden geduckt nach vorne hasten. Sofort folgte ich ihnen, nahm unterwegs eine Panzerfaust auf, die an den Zaun gelehnt war.
Es geschah rein instinktiv.
Denn im Rattern der Maschinengewehre und im Peitschen der Gewehrschüsse achtete ich zunächst gar nicht auf das anschwellende Motorengeräusch vor uns. Plötzlich schrie Heinz Kladrowa: »Panzer!«
Und da sah auch ich die T 34, die drüben aus dem Wald hervorbrachen. Zuerst glaubte ich, es wären nur drei oder vier Stück. Schließlich zählte ich insgesamt fünfzehn, die über die Wiese kamen. Dahinter befanden sich abermals Infanteristen, und zwar Welle um Welle.
Bald mußten sie unten in der Talsohle sein, von der ein Feldweg genau auf uns zuführte!
Offenbar begannen nun die Flakgeschütze zu ballern, denn über den ersten Panzern standen Sprengwölkchen, weiß und sofort wieder in Auflösung begriffen. Aber von tödlicher Wirkung.
Ich erkannte, daß sowjetische Infanteristen zusammenbrachen und liegen blieben. Dahinter kamen aber andere nach.
Ich rannte auf ein Haus zu, das vor mir auf einem kleinen Hügel lag.
Genau in diesem Moment schlug eine feindliche Granate hinter mir ein. Was mein Tempo wesentlich beschleunigte.
Die Tür stand offen, hing nur mehr in den Angeln. Ich stürmte hinein, fand ein Fenster, von welchem das Gelände noch besser überschaubar war. Und wieder jagte ich Schuß um Schuß aus dem Karabiner.
Diesmal feuerte ich in den Hohlweg hinein, aus welchem sie daherkamen: untergehakt und in dichten Haufen.
Kladrowas Maschinengewehr fiel gerade aus. Er hatte eine

Ladehemmung und fluchte. Da befahl Pollerus, die Handgranaten fertig zu machen. Aber auf einmal ratterte unser MG wieder los, diesmal in eine ganz andere Richtung. Offenbar versuchte man uns zu umgehen.
Ich wollte gerade meinen Karabiner nachladen, als mich ein Geräusch herumfahren ließ: Vor mir stand ein Mongole mit der Maschinenpistole im Anschlag.
Im nächsten Augenblick fiel ein Schuß, und der Iwan brach zusammen.
Da sah ich den Feldwebel Fischer in der Tür stehen. Seine Maschinenpistole hatte er lässig über die Schulter hängen, doch seine Linke hielt die Parabellum umklammert, aus der er den rettenden Schuß abgefeuert hatte. Er gab mir einen Wink und ich folgte ihm zurück in die Gärten.
Dort lag Heinz mit seinem MG und ein paar Meter weiter unser Meisterschütze Alfred Suchomel. Beide feuerten ohne Unterlaß, obwohl sie nur mehr wenig Munition besaßen.
Da kam Kurt Weiß mit zwei Behältern angerannt.
Zehn Meter noch und er hätte es geschafft!
Plötzlich explodierte dicht neben ihm eine russische Handgranate. Der Freund schrie auf, ließ die Munitionskästen fallen und preßte seine Hände gegen den Bauch. Blut quoll zwischen den Fingern hervor. Seine Augen starrten entsetzt zu mir herüber. Er wollte mir etwas zurufen, bewegte die Lippen, brachte aber keinen Ton hervor. Dann schwankte und torkelte er wie ein Betrunkener, fiel hin.
Er versuchte wieder aufzustehen, doch er konnte nur mehr knien.
Seine Rechte krallte sich um den Behälter, der ihm am nächsten lag. Er wollte ihn hochheben und den Kameraden zuwerfen. Aber da verließ ihn die Kraft. Noch einmal begegneten sich unsere Blicke, dann schlug sein Kopf auf den Boden auf.
Hans Schack und ich sprangen hinzu, packten ihn bei den Beinen und den Schultern. So schleppten wir Kurt Weiß

hinter eine Schrebergartenhütte. Als wir ihn absetzten, war uns klar, daß er bereits tot war. Trotzdem trugen wir den Leichnam noch zum Sanka[115] und veranlaßten, daß er mit ins Lazarett genommen wurde.
Dies hörte der Bannführer Franz Höfer, der sich mit seiner Beinverwundung nur mühsam heranschleppte. Er versprach uns sofort, für eine Benachrichtigung der Familie Weiß zu sorgen.
Dies geschah dann auch, denn die Telefonverbindung zwischen Penzing und Hetzendorf war noch vollkommen in Ordnung. Nur gab es keine Transportmittel, um den toten Kameraden von einem Bezirk in den anderen zu überführen. Deshalb mußte Kurt Weiß zunächst in der Gartenanlage des damaligen Rainerspitals[116] beerdigt werden.
Der Kampf um die Knödelhütte ging weiter, obgleich sowjetische Panzer bis nach Hütteldorf vordrangen. Allerdings wurden etliche Stahlkolosse von den Panzerjagdtrupps der 4. Kompanie des HJ- Volkssturmbataillons 41/6 abgeschossen. Dabei fiel der Fronthelfer Alfred Süß, der bereits bei den Kämpfen um Preßburg verwundet worden war.
Die Sowjets setzten sich bald auf den Höhen des Wolfersberges fest, brachten Minenwerfer in Stellung und schossen sich auf das wesentlich tiefer liegende Gebiet der Knödelhütte ein. So gab es nicht nur Ausfälle bei unserer Kompanie, sondern auch in der Flakbatterie, die etwas weiter hinten am Waldrand lag.
Außerdem rumpelten einige T 34 über die Bergstraße aus Mariabrunn herauf und versuchten, in unsere linke Flanke zu gelangen. Mein Freund Hampel zog mit seiner Gruppe los und erledigte wenigstens einen Panzer. Die anderen drehten daraufhin ab.

[115] Sanka = Abkürzung für Sanitätskraftwagen
[116] Das ehemalige Rainerspital heißt jetzt Hanusch-Krankenhaus.

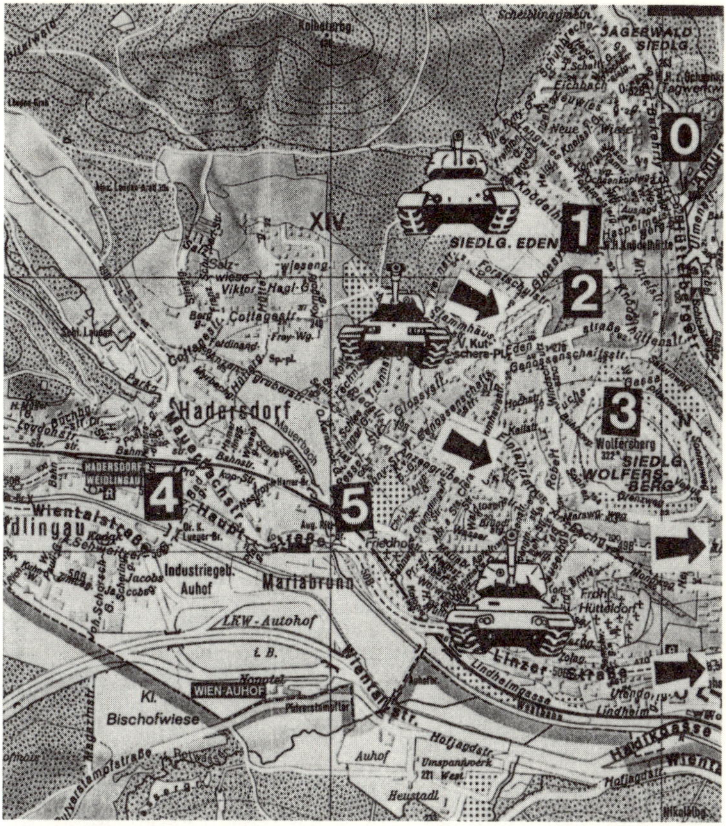

* *Karte: Freytag & Berndt*

Kampf um die Knödelhütte. *0* *Sperriegel beim Edenbad*
1 *Standort der Flakbatterie*
2 *Barackenlager*
3 *Stellungen von sowjetischen Scharfschützen*
4 *u. 5 Vorgeschobene Stellungen der Hitler-Jugend*

Die Stellungen der 5. HJ-zbV-Kompanie lagen westlich von der Flakbatterie und dem Barackenlager.

Aber die Muschiks[117] brachten nun Stalinorgeln[118] heran, und gleich die ersten Einschläge krepierten in der Nähe einer Straßensperre, hinter der auch ich mich befand.
Da kam der Rottenführer Rainer gelaufen. Dicht vor ihm haute es in den Boden, und ein Splitter rasierte seinen Kopf ab. Trotzdem machte sein Körper noch ein paar Schritte, bevor er zusammenbrach. Und ein dicker Blutstrahl ergoß sich auf die Straße.
Ich konnte nicht fassen, was da geschah!
Helmuth Rainer hatte zwar die Vermutung geäußert, daß es ihn als einen der ersten erwischen würde. Und ich widersprach damals nicht, sondern meinte nur, daß ich kein Hellseher sei.
Nun empfand ich seine Prophezeiung nicht mehr als Spintisiererei. Und ich fühlte eine ganz schreckliche Angst in mir hochkommen, daß ich der nächste Verwundete sein könnte. Dies trieb mich zu dem mehr als lächerlichen Versuch, mit einem kleinen Handspaten den Straßenbelag zu bearbeiten: Natürlich gab die Asphaltdecke nicht nach und ließ sich auch kein Deckungsloch ausheben. Aber zum Weglaufen fehlte mir der Mut.
Neben mir schrie Hampel nach seinem Mädchen. Immer wieder dasselbe Wort: »Herta, Herta, ach Herta...«
Dieser Freund empfand also gleichfalls Angst, obwohl er vor wenigen Minuten seinen ersten Panzer abgeschossen hatte und ganz gewiß nicht feige war!
Ich krallte mich weinend an den Boden und begann zu beten, was ich schon jahrelang nicht mehr getan hatte.
Dabei bewegte mich vor allem der Gedanke, daß das Ende schnell kommen sollte. Und daß ich nicht tage- oder wochenlang leiden wollte.

[117] Muschik: Russische Bezeichnung für Kleinbauer, in der Landsersprache soviel wie sowjetische Soldaten.
[118] Stalinorgel: Vorrichtung zum Abfeuern von über 40 Raketengeschossen auf einmal.

Einschlag um Einschlag!
Rund um uns krepierten die Werfergranaten, surrten und jaulten die Splitter durch die Gegend. Da hörte ich jemanden rufen: »Fred, mich hat es erwischt!«
Hans Schack kam angekrochen. Ich glaubte zuerst, daß er einen roten Schal umgebunden hätte, doch dann bemerkte ich, wie das Blut von seinem Hals heruntertropfte. Wir zogen ihn hinter die Straßensperre. Und da stellte sich heraus, daß er auch Verletzungen am Bein und in der Bauchgegend erlitten hatte.
Er aber machte einen seiner üblichen Scherze und sprach von einer notwendig gewordenen »Generalüberholung«...
»Sanitäter, Sani nach vorn!«
Von überall klang das Rufen und Schreien der HJ-Soldaten: »Hilfe, so helft doch!«
Einige Kameraden wankten heran, stürzten hin, rappelten sich wieder auf, wurden abermals getroffen. Andere konnten sich selbst nicht mehr helfen, blieben auf der Straße liegen. Und ihre Schreie verstummten bald.
Aber der Sanitätsgefreite lag unter seinem Wagen und rührte sich nicht. Da zog ich meine Pistole, worauf er sehr schnell seine Deckung verließ. Gemeinsam nahmen wir uns dann um einen 15jährigen an. Dieser hatte einen Lungenschuß, denn bei jedem Atemzug bildeten sich Luftblasen auf seiner Brust.
Seine Stimme war kaum mehr zu hören, trotzdem verstand ich, daß er nach seiner Mutter rief.
Ich versuchte, beruhigend auf ihn einzusprechen. Da bäumte sich der geschundene Körper noch einmal auf, bevor er endgültig ausgelitten hatte.
Auch Alfred Suchomel kam angekrochen. Wir trugen ihn zum Sanka, und er sagte mir, daß sich in seiner Hosentasche noch ein paar Eierhandgranaten befanden. Und er wollte, daß ich sie an mich nahm. Nur über die Schmerzen, die er zweifellos litt, sprach er kein Wort.

Schließlich traf auch der »Linnerl« bei der Straßensperre ein. Er trug kein Koppelzeug mehr, hatte aber den Tornister über die rechte Schulter gehängt. Und von einer Verwundung war nichts zu bemerken.
Auf meine Frage, ob für ihn bereits »Betriebsschluß« wäre, gab er nur kurz und bündig zur Antwort: »Ich habe Rheuma!«
Da mußte ich lachen und glaubte zunächst an einen schlechten Scherz. Aber der »Linnerl« blieb bei seiner Selbstdiagnose. Außerdem wies er darauf hin, daß ihm der Feldwebel Fischer die Erlaubnis gab, mit ins Lazarett zu fahren.
Der »Linnerl« war übrigens genau so alt wie ich und gleichfalls HJ-Unterführer. Und jeder von unserer Kompanie wußte, daß er bei jeder Gelegenheit mit seinem Vater prahlte. Denn dieser hatte es zum Ortsgruppenleiter der NSDAP gebracht.
Aber nun verdrückte sich dieses Burli[119]!
Dabei ahnte ich nicht, daß der »Linnerl« einmal ein hoher und einflußreicher Beamter der wiedererstandenen Republik Österreich werden würde. Nachdem er seinen nicht gerade ehrenvollen Abgang zur Fahnenflucht hochstilisiert hatte.
Das Trommelfeuer ließ nach, erstarb schließlich ganz.
Ich eilte zu meiner Gruppe, die nicht allzuweit von der Flakstellung entfernt in einem Hohlweg lag. Da sah ich, wie zwei T 34 heranrollten. Sie waren bestenfalls 10 oder 15 Meter von jenem Deckungsloch entfernt, in welchem Heinz Kladrowa mit seinem MG lag. Doch der Junge schoß wie irrsinnig, dachte nicht daran, sich zurückzuziehen.
Meinen Befehl schien er nicht zu hören.
Der erste Panzer fuhr weiter, direkt auf das Deckungsloch zu. Kladrowa versuchte erst im letzten Augenblick noch hoch zu kommen, aber da war der T 34 bereits über ihm.

[119] Burli: Wiener Spottbezeichnung für verwöhnten und unreifen Burschen.

Malmend fraßen sich die Ketten ins Erdreich, wurden durch den Hebeldruck des Fahrers auf der einen Seite angehalten, worauf sich der Panzer nach links zu drehen begann. Dann stoppte der Sowjetarmist abermals und wiederholte das »Spielchen« nach rechts.
Auf diese Weise wurde der unter dem Panzer liegende MG-Schütze erbarmungslos zerquetscht!
Einige Kameraden sprangen auf, liefen halb irr vor Angst zurück. Und es war nur gut, daß sie sich immer wieder hinwarfen oder unfreiwillig stolperten, sonst hätten die Garben des T 34 auch sie niedergemäht.
Ich verharrte in meinem etwas abseits gelegenen Deckungsloch aus. Nicht aus Heldenmut, sondern weil ich mir vorstellte, daß ich ohnedies nur ein paar Meter weit gekommen wäre. Außerdem hatte ich das Gefühl: sie haben mich noch nicht gesehen!
Hilfe war von den Flakgeschützen keine zu erwarten. Denn man hatte sie seinerzeit ausschließlich für die Luftverteidigung postiert. Überdies standen sie auf der anderen Seite des Waldstückes und besaßen kein freies Schußfeld in diese Richtung.
Die Besatzung des T 34 schien dies zu wissen. Jedenfalls tuk-kerte der Panzer weiter auf die Batteriestellung zu, walzte Zäune, Sträucher und Bäume nieder.
Zitternd löste ich den Sicherungsdraht von meiner Panzerfaust, klappte das Visier hoch und betätigte den sogenannten Schieber. Dann schob ich die Hohlladungsgranate über die Grabenwand. Und auf einmal fühlte ich mich völlig ruhig, zielte auf das große Kettenrad, drückte ab.
Die Detonation hüllte den Panzer zunächst in eine Wolke aus Rauch, Qualm und Dreck. Doch nach einigen Minuten – oder waren es nur Sekunden? – konnte ich erkennen, daß die linke Kette des T 34 zerfetzt war.
In die Wanne des Panzers hatte es ein Loch gerissen, aus welchem schwarze Rauchschwaden hervorquollen. Doch

da flog das Turmluk auf und eine Pelzmütze wurde sichtbar.
In diesem Moment warf ich bereits eine Handgranate.
Ihr Krepieren hörte ich nicht einmal, denn die vorhergehende Detonation hatte mich fast taub gemacht. Aber die Stichflamme, die nun hochschoß, sah ich.
Aus dem Turm hing ein russischer Soldat. Sein Gesicht war blutüberströmt. Aber der Mann lebte noch, er versuchte seine Beine aus dem Inneren des Panzers herauszuziehen, was ihm aber nicht gelang. Und er schien zu schreien, als ihn die Flammen erfaßten.
Es gab abermals eine Explosion!
Sie war so gewaltig, daß ich zu Boden geschleudert wurde. Als ich wieder einigermaßen bei Sinnen war, halfen mir Flaksoldaten aus dem Deckungsloch. Sie schüttelten meine Hände, klopften mir auf die Schulter, führten fast einen Freudentanz auf.
Auch der Oberleutnant aus der vergangenen Nacht war da. Ich konnte seine Stimme zwar nicht wahrnehmen, verstand auch so den Sinne seiner Worte. Aber ein Glücksgefühl kam trotzdem nicht in mir auf. Jedenfalls mußte ich an Kurt Weiß, Helmuth Rainer und Heinz Kladrowa denken, deren Tod ich offenbar »gerächt« hatte.
Ich blickte mich nach meiner Gruppe um. Sie war nun wieder vollzählig, bis auf Heinz Kladrowa. Da begannen sowjetische Granatwerfer abermals zu schießen: Punktfeuer!
Der zweite T 34 hatte sich zwar zurückgezogen, doch griff nun ein Frauenbataillon an. Wir gingen in Deckung, jagten wieder Schuß um Schuß aus unseren Gewehren. Und plötzlich lag Edi Schubert neben mir, der sich bei der Flak ein neues MG 42 organisiert hatte.
Edi war bei Kladrowa Schütze II gewesen. Er hatte die Nerven verloren, als vorhin die Panzer kamen. Da war er aufgesprungen und hatte sich als erster in Sicherheit gebracht.
War dies Feigheit vor dem Feind?
Schubert schien dies zu glauben. Zu Unrecht, denn in der

Folge mußte ich selbst den Rückzugsbefehl geben, weil wir einem Nahkampf mit den »Flintenweibern« nicht gewachsen waren. Außerdem zeigte es sich bald, daß auch dieser Angriff von der sowjetischen Führung abgebrochen wurde. Offenbar nur deshalb, um Material zu sparen!
Allerdings wußten wir nicht, wie einfach es die Sowjets nur wenige Kilometer weiter in der Sandleiten-Siedlung hatten. Dort kamen ihnen Zivilisten entgegen, die ihnen versicherten, daß mit keinem weiteren Widerstand zu rechnen sei. Vorher hatten dieselben Leute eine Wehrmachtseinheit zum Aufgeben überredet, nachdem sie den Landsern Zivilkleidung zur Verfügung stellten.

7. April 1945
Während auf der Knödelhütte noch immer gekämpft wurde, mußte der Wiener Westbahnhof bereits aufgegeben werden. Schon in der vergangenen Nacht waren dort sowjetische Panzer aufgetaucht, die aber von einem Panzervernichtungstrupp der 1. HJ-zbV-Kompanie zur Umkehr gezwungen wurden. Dabei wurden zwei oder drei Feindpanzer abgeschossen[120].
Aber am Morgen griffen die Sowjets erneut an, und die Soldaten der 2. SS-Panzerdivision »Das Reich« zogen sich nach hinhaltendem Widerstand auf den Neubaugürtel und in die Mariahilferstraße zurück.
Etwas später nützten die Muschiks eine Frontlücke zwischen der Burggasse und der Alserstraße, und drangen in den 7. und 8. Bezirk vor. Da traf die Führergrenadierdivision ein: Sie hatte nagelneue Panzer, Sturm- und Pakgeschütze. Außerdem waren ihre Soldaten gut ausgeruht. So gelang es dieser Eliteeinheit, den ganzen Gürtel bis zur Heiligenstädter Straße zu halten.
In Heiligenstadt selbst gingen Angehörige der Panzerjäger-

[120] Bericht Bünau und Mitteilung Ing. Herbert H.

Ersatz- und Ausbildungsabteilung 17 mit mehreren Pakgeschützen in Stellung, weil die ersten sowjetischen Panzer aus Klosterneuburg heranrollten.
Weniger gut war die Lage im Südosten der Stadt: Die 3. SS-Panzerdivision »Totenkopf« mußte das Arsenal sowie den Ost- und Südbahnhof räumen und zog sich kämpfend in die Innenstadt zurück. Aber die 6. Panzerdivision des Heeres kämpfte 15 Stunden lang in der Gegend der Wiener Gas- und Elektrizitätswerke[121]*.*
Tragisch endete der Kampf um den Königskogel bei Rauchenwarth: Dort waren ursprünglich zwei Flakbatterien des RAD und eine der Luftwaffe eingesetzt. Sie verfügten über eine Feuerkraft von vierundzwanzig 8,8 cm-Kanonen und acht 2 cm- Vierlingsgeschützen.
Der Angriff der Sowjets hatte schon am frühen Nachmittag des 1. April begonnen und wurde zunächst mit Panzern vorgetragen. Aber die Flakartilleristen schossen in kürzester Zeit zirka 10 bis 12 Stahlkolosse ab. Und auch der nachfolgenden Infanterie wurden durch den Einsatz von Sprenggranaten sehr hohe Verluste zugefügt.
Am 2. April war es relativ ruhig.
Dann griff am nächsten Tag erneut die Infanterie an, doch mußte sich der Feind abermals zurückziehen. Es folgten stundenlange Artillerieduelle und schließlich am 6. April ein weiterer Panzervorstoß. Aber die Verteidiger des Königskogels gaben noch immer nicht auf!
Am 7. April setzten die Sowjets sowohl Stalinorgeln als auch schwere Artillerie ein, und dieses Trommelfeuer dauerte rund 11 Stunden. Als die Dunkelheit hereinbrach, stürmten von drei Seiten die Muschiks vor und räucherten mit Flammenwerfern die deutschen Stellungen aus[122]*.*

[121] Rauchensteiner, Der Krieg, a.a.O., S. 173
[122] Bericht des Robert Probst an das Gemeindeamt Rauchenwarth. Der Militärhistoriker Rossiwall nannte als Ende der Kämpfe den 5. April, was ein Irrtum war.

Und wer dann noch lebte, wurde mit Spaten und Bajonetten niedergemacht...
Einige Landser, die sich beim Rauchenwarther Friedhof verschanzt hatten, versuchten noch, die nahe Straße nach Schwechat zu erreichen. Sie wurden jedoch wie bei einer Hasenjagd abgeknallt[123].
Später fand man insgesamt 57 Leichen. Einige der Toten wiesen Genickschüsse auf. Und unter den Opfern dieses gnadenlosen Kampfes befanden sich auch sechzehn- und siebzehnjährige Burschen. Bei der Exhumierung im Jahre 1970 mußten die sterblichen Überreste auf nur sechs Holzsärge aufgeteilt werden, was übrigens ein Hofrat Dr. Klos von der Niederösterreichischen Landesregierung verfügte[124]. *Und dies hatte zur Folge, daß später nur 14 Gefallene identifiziert werden konnten.*
Unter diesen befand sich auch der 16jährige Johann Schachner.

Am späten Nachmittag des 7. April 1945 wurde die 5. HJ-zbV-Kompanie von der Knödelhütte abgezogen. Ich blieb mit einigen Kameraden als Nachhut zurück und wollte vor allem die Rückkehr von einem Panzervernichtungstrupp abwarten, dem auch Edi Schubert angehörte.
Plötzlich hörten wir eine Detonation.
Und kurz nachher kamen die Kameraden in wilden Zickzacksprüngen angehetzt. Edi war der letzte; aber er schrie schon von weitem, daß er einen Panzer getroffen hatte.
Gewehrschüsse peitschten auf. Sie kamen vom Wolfersberg, wo sowjetische Scharfschützen saßen. Und diese trafen leider sehr gut, denn Schubert brach zusammen, blieb etwa 50 m vor den Deckungslöchern liegen.

123 Mitteilung Bgm. Buchberger
124 Niederschrift der Gemeinde Rauchenwarth vom 24.9.1970 u. Gemeindechronik

Wir konnten nicht hin.
Jeder Schritt aus der Deckung wurde eingesehen und wäre der reinste Selbstmord gewesen. Außerdem begannen die Muschiks abermals die Gegend mit Granatwerfern zu »bepflastern«.
Auch hinten in der Flakstellung waren Detonationen zu hören. Zuerst glaubten wir an Treffer in den Munitionsdepots. Aber dann berichtete ein Melder, daß dort die Geschütze gesprengt wurden.
Als die Nacht völlig hereingebrochen war, holte ich meinen toten MG-Schützen. Wir legten Edi Schubert in ein Dekkungsloch, durchsuchten seine Taschen nach persönlichen Dingen, fanden aber nur einen Schlüsselbund und das zerknitterte Foto eines Mädchens. Auf der Rückseite stand der Name Gretel.
Seinen Ausweis vom HJ-zbV-Bataillon hatte er offenbar vernichtet.
Ich deckte den Leichnam mit meiner eigenen Zeltplane zu, dann setzten wir uns ab, erreichten das Barackenlager. Dicht vor dem Küchengebäude blitzte es auf: Granatwerferbeschuß!
Aber die Treffer lagen weit ab.
Schon der nächste Einschlag ließ mich taumeln, ich spürte einen stechenden Schmerz in der Schulter, hielt aber nicht an. So erreichten wir den Wald und wurden angerufen. Diesmal gab es keine Schwierigkeiten mit der Parole. Und es war ein einmaliger Zufall, daß ebenso wie in der vergangenen Nacht der stellvertretende Batteriechef vor uns stand.
Er erkannte mich sofort und gratulierte mir abermals zu dem »Schützenfest« am Nachmittag. Womit er meinen Panzerabschuß meinte. Dann machte er mir den Vorschlag, eine Bestätigung über den Abschuß auszustellen.
Ich folgte ihm in eine der Unterkünfte. Dort gab ich ihm mein Soldbuch, und er erledigte im Schein einer Taschen-

lampe den Papierkram. Anschließend bat er mich an den Kartentisch: Unsere Lage war alles andere als »rosig«, denn die Sowjets schienen uns bereits vollständig eingekreist zu haben.
Aber er empfahl mir, in Richtung Kolbeter Berg zu marschieren, um von dort die Sofienalpe zu erreichen.
Da wurde unser Gespräch unterbrochen.
Ein Hauptmann der Luftnachrichtentruppe trat ein und wollte von mir sofort wissen, ob die Jungens vor dem Haus zu mir gehörten. Als ich dies bejahte, entwickelte er einen »Angriffsplan«: Wir sollten als sogenannter Schützenschleier vorausgehen, wenn er mit seiner Kompanie und den Flaksoldaten die Ortschaft Mariabrunn zurückerobern würde!
Aber da schrie ihn bereits der Flakoffizier an und gab zu bedenken, daß wir nur mehr sieben »Heinis« wären, die überdies der bereits abgezogenen HJ-Kompanie folgen mußten. Außerdem betonte der Oberleutnant die Sinnlosigkeit eines Vorgehens in Richtung Mariabrunn und schlug einen gemeinsamen Ausbruch nach Hütteldorf vor.
Es kam zu einem erregten Wortwechsel. Und in dessen Verlauf machte der Oberleutnant eine ganz eigenartige Kopfbewegung.
Der Hauptmann schien nicht darauf zu achten, aber ich verstand sofort und verließ den Raum. Draußen vor dem Kommandogebäude gab ich den Kameraden einen Wink. Und dieser bedeutete, mir zu folgen. Dann stolperten wir durch die Stellung, erreichten einen Weg, der zur Hüttelbergstraße hinunter führte.
Als wir dort kurz anhielten, erklärte ich den Freunden, daß uns ein wildgewordener Luftwaffenhauptmann bei einem sinnlosen Gegenangriff verheizen wollte.
Trotzdem waren zwei Unterführer zunächst der Meinung, wir könnten uns nicht ganz einfach verdrücken!
Da erklärte ich die Lage und schilderte auch das Verhalten

des Flak-Oberleutnants. Und schließlich machte ich den Vorschlag, auf den Satzberg hinaufzuklettern. Denn ich war fest davon überzeugt, daß sich dort oben nur einige sowjetische MG-Nester befanden, die man relativ leicht umgehen konnte.
Norbert stimmte mir sofort zu.
Willy war aus »Prinzip« dagegen. Doch der Karl erzählte uns von einem Weg, der vom Satzberg hinüber nach Steinhof führt. So würden wir auch die Nationalpolitische Erziehungsanstalt in Breitensee erreichen. Und dort hofften wir den Anschluß an unsere Kompanie zu finden.
Plötzlich gab es keine Bedenken mehr.
In der Hüttelbergstraße stand ein T 34, und wir bedauerten es, daß wir ihn nicht abschießen durften. Denn dies hätte sofort die ganze Gegend alarmiert.
Um nicht aufzufallen, ließ ich die typischen deutschen Stahlhelme abnehmen. Und jeder von uns zog die Kapuze der Tarnbluse über den Kopf. Dann überquerten wir im Laufschritt die Straße, krochen zum Halterbach hinunter.
Das Wasser war zwar eiskalt, aber nicht tief.
Als wir anschließend auf den Satzberg hinaufkletterten, ließ es sich wirklich nicht vermeiden, daß sich immer wieder Steine lösten und ins Tal hinunterpolterten. Aber dieses Geräusch ging im Gefechtslärm unter, der von der Knödelhütte herüberklang.
Auf einmal hatte auch ich Bedenken, ob wir richtig handelten!
Und ich fragte mich, ob der eigenmächtige Ausbruchsversuch nicht als grenzenlose Feigheit zu werten war. Aber dann sagte ich mir, daß wir ohnedies weiterkämpfen wollten. Allerdings sollte dies auch einen Sinn haben...
Wir waren dem Gipfel bereits ziemlich nahe, als dicht vor uns ein sowjetisches Maschinengewehr losballerte. Die Flugbahn der Leuchtspurmunition wanderte auf die andere Seite des Tales hinüber.

16 Ein Sicherungsposten der Hitler-Jugend am Ortsrand von Gols

17 Auch Luftwaffenhelfer mußten Flakstellungen bauen.

18 Baldur von Schirach zu Besuch im WE-Lager Exelberg

19 Unteroffiziere überwachten die Schießausbildung im WE-Lager Judenburg-Reiterbauer.

20 Boxen gehörte zum Ausbildungsprogramm, und auch das Kartoffelschälen war ein Muß (21).

22 Die Feuerwehr-HJ wurde nach jedem Luftangriff eingesetzt, hier in Linz a. d. Donau.

23 HJ-Löschtrupp in Wiener Neustadt

24 Hitlerjungen bergen Verschüttete in Wien-Floridsdorf.

25 Auch »Pimpfe« suchten in den Trümmern.

26 u. 27 BDM-Mädchen halfen freiwillig beim Schuttschaufeln und beim Dachdecken.

28 Ein Klappbett wird geborgen.

29 Trümmer werden weggeräumt.

30 Ein frischer Trunk für das Schutträumkommando

31 BDM-Mädchen bringen warme Verpflegung für die Ausgebombten.

32 Panzerjagdkommandos der HJ, auf Fahrrädern unterwegs

Man hatte uns also noch nicht bemerkt!
Trotzdem warfen wir uns hin, wagten kaum zu atmen. Und ich fühlte, wie mein Herz vor Aufregung klopfte. Doch dann stellten die Muschiks ihr Feuer wieder ein. Offenbar ließen sie eine Schnapsbuddel kreisen, denn ich hörte ihr Lachen und ihr Gegröle. Da wollte ich eine Handgranate wurfbereit machen.
Im selben Augenblick zischte oben auf der Anhöhe eine Leuchtkugel empor.
Nun erkannte ich eine Granatwerferstellung, die vielleicht 150 m weiter links lag. Auch sie war besetzt, nur schienen die dortigen Genossen völlig nüchtern zu sein. Sie schrien etwas herüber, worauf die Leute am Maschinengewehr sehr unwillig reagierten. Und ich verstand ein russisches Schimpfwort, welches das deutsche Götzzitat bei weitem übertraf.
Plötzlich flog etwas zu uns her, und ich preßte mein Gesicht auf den Boden. Aber es folgte keine Detonation, dafür aber das Klirren von Glas. Da wußte ich, daß die Kerle nur eine Schnapsflasche weggeworfen hatten.
Ein Stück davon traf den Norbert am Stiefel und ließ ihn erschrocken zusammenzucken.
Wieder gab es beim MG einen lautstarken Spektakel, der in einen Streit und sogar in Handgreiflichkeiten ausartete. Da kam von der Granatwerferstellung ein Mann herüber. Er sprach im Befehlston, duldete keinen Widerspruch. Trotzdem mußte er ein paar Fußtritte austeilen, bevor dort endlich Ruhe war.
Die besoffenen Rotarmisten rollten sich in Decken und Mäntel ein, und bald hörten wir ihr Schnarchen.
Trotzdem wartete ich noch zu, denn ihr Feldwebel hatte noch nicht die Granatwerferstellung erreicht. Er blieb auf dem Rückweg stehen und nahm die typische Haltung eines Menschen ein, der »austreten« mußte.
Da gab ich den Kameraden ein Zeichen, sprang auf und

rannte los. Im letzten Augenblick bemerkte ich einen niederen Gartenzaun, wollte darüberhechten, krachte aber mit der Stirn gegen einen Pfosten. Dieser gab Gott sei Dank nach. Dennoch verhedderte ich mich im Stacheldraht. Und dabei verlor ich vermutlich meinen Stahlhelm, den ich am Koppel befestigt hatte.

Ich achtete zunächst nicht darauf, sondern war bestrebt, meine Beine aus den Drahtschlingen zu ziehen. Es gelang, aber außer der Beule auf der Stirn hatte ich dann auch zerschundene und blutige Hände.

Hinter mir hörte ich das Knattern einer sowjetischen Maschinenpistole. Und eine Leuchtkugel erhellte die Umgebung fast taghell. Trotzdem wurde von den Kameraden niemand getroffen, erreichten wir den schützenden Wienerwald.

Weniger Glück hatten wir mit dem Weg nach Steinhof, denn wir fanden ihn nicht, gingen mehrmals im Kreis. Karl wurde deshalb verspottet, was ihn aber kaum aus der Ruhe brachte. Schließlich erreichten wir das Rosental und marschierten nach Hütteldorf hinunter.

Die Straßen waren wie ausgestorben, doch bei der Einmündung der Bahnstraße in die Linzer Straße lag eine Frau auf der Fahrbahn. Sie trug nur ein Nachthemd, welches zerrissen und zerfetzt war. Und der Einschuß in ihrem Rücken ließ die Vermutung zu, daß sie ihren Peinigern noch entkommen wollte.

Wir schlichen vorsichtig weiter, denn aus den umliegenden Häusern klang Lärm, hörten wir auch Hilfeschreie von Frauen. Aber wir konnten ihnen nicht helfen, da wir zahlenmäßig unterlegen waren.

Am Baumgartner Spitz hatte der Volkssturm eine Straßensperre errichtet. Sie war noch besetzt. Und die alten Männer plauderten ziemlich ungezwungen über die noch ausstehende Verpflegung. Wir hörten dies sehr deutlich, obwohl wir noch mehr als 100 m entfernt waren.

Dann wurden wir aber doch bemerkt.
Ein Maschinengewehr begann zu feuern, wir mußten uns hinwerfen. Da gaben wir uns als Angehörige des HJ-Bataillons zu erkennen. Doch dies machte auf den Führer der Volkssturmkompanie überhaupt keinen Eindruck. Denn er forderte uns auf, die Waffen liegen zu lassen und mit erhobenen Händen einzeln hinüberzukommen.
Wir dachten nicht daran, diesen verrückten Befehl auszuführen, hielten die Karabiner weiterhin schußbereit. So marschierten wir gemeinsam auf die Barrikade zu.
Natürlich passierte nichts!
Als wir über unsere Erlebnisse im Einsatz berichteten, waren die Volkssturmmänner entsetzt. Denn niemand von ihnen konnte sich vorstellen, daß ein sowjetischer Panzer so »rücksichtslos« war und einen 15jährigen Burschen in seinem Deckungsloch zermalmte.
Und viel zu spät bemerkten wir, daß unsere Erzählungen den Wehrwillen der alten Herren stark erschütterte. Nur der Volkssturmkommandant, ein Mittelschulprofessor aus dem Gymnasium in der Astgasse, versicherte uns beim Abschied: »Wir werden wie einst auf den Thermopylen kämpfen…«
Wir zogen müde und erschöpft weiter, sprachen von diesem alten Mann, der uns an die eigenen Lehrer erinnerte und an eine gewisse Theatralik, die es im Geschichtsunterricht schon immer gegeben hat. Dann wurden unsere Gespräche etwas einsilbig.
Endlich erreichten wir das Gebäude der einstigen k.u.k.-Kadettenschule. Dort war in der Zwischenkriegszeit eine Bundeserziehungsanstalt und ab 1938 eine Napola[125] untergebracht. Aber der riesige Häuserblock wirkte auf uns verlassen und leer.

[125] Heute ist in diesem Gebäude das Armeekommando des Bundesheeres untergebracht.

Trotzdem stand vor dem Tor noch ein Posten, der zu einem Nachkommando des Regimentes »Deutschland« gehörte. Er informierte uns, daß die 5. HJ-zbV-Kompanie bereits auf die Hohe Warte verlegt wurde. Und er meinte, wir sollten uns seiner Kompanie anschließen. Doch wir waren unentschlossen, waren hungrig und müde, wollten wenigstens noch ein paar Stunden schlafen.
Karl führte uns in den 2. Stock hinauf. Dort oben sollte sich unser Marschgepäck befinden. Er selbst hatte es mit einigen Kameraden hierher gebracht, bevor wir in Purkersdorf eingesetzt wurden.
Wir fanden die Tornister. Und auf einem Tisch standen auch Eßgeschirre mit Bohnen und Speck. Wir schlangen diese Köstlichkeit mit einem wahren Heißhunger hinunter, obwohl sie natürlich bereits kalt war. Aber wir hatten seit mehr als 24 Stunden nichts mehr im Magen.
Als wir uns hinlegten, teilten wir nicht einmal eine Wache ein.
Wozu auch? Das Nachkommando der Waffen-SS war Schutz genug. Und in Baumgarten lag außerdem noch der Volkssturm...

Wir wurden durch Schüsse geweckt.
Und das Dröhnen von Panzerkanonen raubte mir eine Illusion: Ich hatte noch im Halbschlaf mehrere Kettenfahrzeuge gehört, die unten auf der Hütteldorfer Straße vorbeirasselten. Ich nahm jedenfalls an, daß es sich nur um unsere »Tiger« handeln konnte, die vielleicht einen Gegenangriff vorbereiteten.
Ein Blick aus dem Fenster zeigte uns, in welcher Gefahr wir uns befanden. Denn mehrere T 34 schickten sich eben an, das Gelände der Nationalpolitischen Erziehungsanstalt zu besetzen.
In der gegenüberliegenden Missindorfstraße zog sich ein Trupp Waffen-SS-Soldaten schießend zurück und Ecke

Hütteldorfer Straße – Ameisgasse sammelten sich sowjetische Infanteristen. Und wir konnten damit rechnen, daß sie unser kasernenartiges Gebäude stürmen würden.
Jedenfalls durften wir keine Zeit mehr verlieren. Wir zwängten uns in die Stiefel, zogen die Tarnbluse über, schnallten das Koppelzeug mit den Patronentaschen um. Ein Griff noch nach den Handgranaten und dem Karabiner, dann hetzten wir die Treppe hinunter.
Als wir das Parterre erreichten, dröhnten bereits Kolbenschläge gegen das verriegelte Haustor. Das Glas der Fensterscheiben zersplitterte, und ein MPi ballerte los. Doch wir liefen nach hinten auf den Hof hinaus.
Dort sah ich einen mir unbekannten HJ-Führer liegen. Er trug nicht die feldgraue, sondern die braune Uniform. Aber ich registrierte dies nur oberflächlich und machte mir über den Toten keine Gedanken. Denn schließlich rannten wir nun um unser eigenes Leben!
Schon erreichten wir die Mauer gegen die Spallartgasse zu, kletterten hinauf und sprangen auf der anderen Seite in die Tiefe. Kaum standen wir wieder auf den Beinen, zog Karl eine Handgranate ab und warf sie mitten in einen sowjetischen Spähtrupp, der bei der Muthsamgasse um die Ecke bog.
Schießend rannten wir weiter.
Eine Gefangennahme war für uns unvorstellbar, denn wir wußten, daß man uns als HJ-Soldaten kein Pardon gewähren würde. Dies hatten wir immer wieder gehört. Und inzwischen wußte auch jeder von uns, mit welchem Haß etwa in Preßburg einige Angehörige der 4. Kompanie niedergemacht wurden.
Aber auch am südlichen Stadtrand von Wien soll es nicht anders gewesen sein...
Bei der St. Laurentiuskirche kam uns ein Unteroffizier der Panzertruppe entgegen. Er trug auf der Uniform kein Hoheitsabzeichen, was uns sofort auffiel. Außerdem hatte er

das Koppelzeug und die Pistole schon längst abgeschnallt und vermutlich weggeworfen.
Sein Gesicht drückte Verlegenheit aus, als er uns zurief, wir sollten gleichfalls »abrüsten«.
Wir kümmerten uns nicht um seinen Ratschlag, gaben ihm nicht einmal eine Antwort. Nur Norbert sprach das aus, was wir eigentlich alle dachten: »Der hat die Hose voll...«
In der Schanzstraße fiel uns dann erstmals eine Aufschrift auf, die mit weißem Kalk an die Hauswand gepinselt war. Sie brachte in deutscher Sprache zum Ausdruck, daß in diesem Haus nur Zivilpersonen wohnten. Und wir fragten uns, ob die Muschiks dies auch lesen und verstehen konnten?!
Die wenigen Menschen, die auf der Straße waren, blickten entweder demonstrativ weg oder gaben uns den »Rat«, so schnell als möglich zu verschwinden.
Erst in der Schrebergartensiedlung am Rande der Schmelz, wie das einstige Exerzierfeld der k.u.k.-Armee genannt wurde, trafen wir auf einen Eisenbahner, der uns nicht feindlich gesinnt war. Er erzählte uns, daß er im 1. Weltkrieg in russische Gefangenschaft geriet und lange Jahre in Taschkent war. Dort hatte er auch die bolschewistische Revolution erlebt.
Jedenfalls beteuerte er, keine Angst vor den Rotarmisten zu haben. Dann zeigte er uns seine abgearbeiteten Hände und meinte, daß ihn niemand für einen Kapitalisten oder Bourgeois halten könne.
Da er aber noch immer das Abzeichen der NSDAP trug, wollte ich ihm hinsichtlich seiner Überlebenschancen widersprechen. Es gelang nicht, denn er ließ mich gar nicht zu Wort kommen. Auf diese Weise erfuhren wir wenigstens, daß in Hietzing und Meidling noch starke Waffen-SS-Einheiten lagen.
Unklar war seiner Ansicht nach die Lage in Ottakring, nachdem die nahe Radetzkykaserne von Widerstandskämpfern besetzt worden war.

Trotzdem wollten meine Kameraden weiter in Richtung Hohe Warte marschieren, weil sich unsere Kompanie dort befinden sollte. Allerdings war zu befürchten, daß die Gemeindebauten in der Possingergasse bereits fest in der Hand der Kommunisten waren.

Da kamen auch wir auf die Idee, unsere Gewehre unbrauchbar zu machen. Außerdem warfen wir unsere Tarnblusen weg, trennten die Schulterklappen von der Uniform. Dies ermunterte den Norbert zu einer Wiederholung seines früheren Ausspruches: »Jetzt haben auch wir die Hose voll...«

Ganz so war es nicht!

Denn wir gingen auf die Wohnhausanlage zu, obwohl dort einige bewaffnete Zivilisten standen. Und wir benahmen uns in einem Gespräch mit ihnen so frech und ungeniert, daß sie uns tatsächlich für Deserteure hielten. Dabei bemerkte ich erst im letzten Moment, wie sich ein Mann nach vorne drängte, dessen Gesicht mir bekannt vorkam.

Es war jener Sanitätsgefreite, der vor den Einschlägen der Stalinorgel unter seinem Sanka Schutz gesucht hatte und den ich mit vorgehaltener Pistole zur Verwundetenbetreuung »animieren« mußte.

Natürlich erkannte er mich, aber er schien die Erinnerung an den leidigen Vorfall zu verdrängen!

Und er machte den Widerstandskämpfern sogar den Vorschlag, uns Zivilkleidung zu verschaffen. Als wir anschließend ein paar Minuten allein waren, erzählte er mir, daß das gesamte Sanitätspersonal in der Radetzky-Kaserne entwaffnet wurde. Ihn ließen die Widerstandskämpfer heimgehen, da sie ihn als Wohnungsnachbarn kannten. Aber seine Kameraden lieferten sie an die Sowjetarmee aus.

Ich wurde von einer Frau Kopecky und ihrer Tochter aufgenommen. Sie gaben mir zunächst etwas zu essen, dann brachten sie Zivilkleidung herbei und sorgten dafür, daß meine Uniform in der Waschküche verbrannt wurde.

Als ich meine HJ-Kameraden wieder traf, trug ich eine ur-

sprünglich weiße, nun aber in allen Farben schillernde Arbeitshose, ein relativ elegantes Nadelstreifensakko und darüber einen dicken Wintermantel. Während mir die Hose viel zu weit und auch zu lang war, paßte die Jacke wie angegossen. Aber den Mantel konnte ich nur offen tragen, weil die Knöpfe fehlten und in der Eile keine anderen beschafft werden konnten. Dies empfand ich nur deshalb als ärgerlich, weil ich noch immer meine Pistole bei mir hatte und diese zunächst im Hosenbund verstecken wollte. Aber dort wäre sie bei dem engen Sakko sicherlich aufgefallen!
Schließlich machte ich aus der Not eine Tugend und brachte die P 38 in der Manteltasche unter, was bei der Dicke des Stoffes und der kolossalen Weite des Kleidungsstückes nicht die geringste Ausbuchtung erkennen ließ.
Überdies trennte ich ein Stück des Mantelfutters auf und versteckte dahinter das Soldbuch, sowie das Reservemagazin samt Munition. Natürlich rutschten diese Utensilien mit jedem Schritt etwas tiefer. Und als ich sie später wieder hervorholen wollte, mußte ich nicht nur das Mantelfutter aufschneiden, sondern mich auch durch eine Watteschicht und eine steife Leineneinlage hindurchwühlen.
In der Hütteldorfer Straße rollten schwere Stalin-Panzer an uns vorbei. Links und rechts von der Fahrbahn standen jubelnde Zivilisten, welche die Sowjetarmee als Befreier begrüßten. Da erinnerte mich Norbert an das Jahr 1938, als Adolf Hitler und die SS-Verfügungstruppen mit demselben Enthusiasmus empfangen wurden.
Immerhin hatte der Spektakel diesmal den Vorteil, daß uns niemand beachtete!
Nach den Panzern kam eine lange Kolonne von Panjewagen. Gleich auf dem ersten Fahrzeug saß ein Iwan mit einer Ziehharmonika. Er spielte die Melodie eines bekannten Wienerliedes: »Im Prater blüh'n wieder die Bäume...«
Da tobten die Leute vor Begeisterung, rannten auf die Straße, hielten den Wagen an. Und zwei junge Frauen kletter-

ten zu dem Rotarmisten hinauf, umarmten und küßten ihn. Dann nahmen sie an seiner Seite Platz. Was von dem übrigen Publikum mit Beifallgeklatsche quittiert wurde.
Wir überquerten rasch die Straße.
Erst vor dem ehemaligen Kloster in der Reinlgasse hielten uns ein paar bewaffnete Fremdarbeiter auf. Sie waren Franzosen und Italiener, die uns sofort fragten, ob wir Hitlerjungen wären.
Aber der Karl sprach auf Griechisch auf sie ein, was sie natürlich nicht verstanden. Und dann erklärte er ihnen in einem schauderhaften Deutsch, daß man uns aus Athen verschleppt hätte. Er fuchtelte dabei mit seinen Händen herum, als wäre er tatsächlich in der Plaka aufgewachsen.
Ecke Beckmanngasse – Penzinger Straße verabschiedete ich mich von den Kameraden. Sie wollten nach Meidling und ich nach Hietzing. Nur zwei von ihnen sah ich später wieder, die anderen blieben auch nach dem Krieg verschollen.

VI. Rückzug zum Donaukanal (8.–12.4.1945)

Das Maschinengewehr, das auf mich feuerte, befand sich in der Parkanlage genau gegenüber der Nisselgasse. Und es war zweifellos ein deutsches MG 42. Denn der Klang und die Schußfolge dieser Waffe waren unverkennbar. Überdies sah ich bei der Fischhalle ein paar deutsche Stahlhelme, die einen nur bei der Waffen-SS gebräuchlichen Tarnüberzug trugen.
Warum auf mich geschossen wurde, blieb mir zunächst ein Rätsel: Ich war doch Zivilist, ging mitten auf der Fahrbahn und trug auch keine Waffe in der Hand. Außerdem schien ich der einzige zu sein, der nach Hietzing wollte.
Dennoch wurde das Feuer erst dann eingestellt, als ich mich lautstark als HJ-Führer zu erkennen gab. Und ein Mann schrie herüber, daß ich mich beeilen sollte, weil in den Häusern Banditen wären.
Diesen Hinweis fand ich einfach lächerlich!
Trotzdem hetzte ich los. Da fielen hinter mir tatsächlich Schüsse und ein harter Schlag traf mich am rechten Unterarm. Ich warf mich hin, sprang aber gleich wieder auf und lief nach rechts. Dort war ich vorläufig in Sicherheit, denn das Eckhaus zur Hadikgasse ist etwas weiter als die anderen Häuser von der Fahrbahn entfernt.
Die Verletzung am Unterarm war zum Glück nur geringfügig, weil mich das Pistolenprojektil nur gestreift hatte. Aber ich blutete relativ stark.

Ich rannte abermals los, diesmal genau auf die Hietzinger Brücke zu. Dann schlug ich einen Haken nach links, stolperte über ein paar Stufen in die Parkanlage hinunter und warf mich neben dem MG-Nest in den Dreck.
Ein Oberscharführer begrüßte mich mit meinem Vornamen, was mich überraschte. Aber dann erkannte ich den Mann, er war ein Jugendfreund von mir. Und ich erinnerte mich sofort an eine Rauferei mit ihm, bei welcher ich ganz schön verdroschen wurde. Denn Günther Fürst war immerhin einige Jahre älter als ich, und er war ein richtiger »Kraftlackel«.
Der Grund für diese Schlägerei hieß Katharina von Schratt[126].
Das war eine ehemalige Burgschauspielerin, die in der Gloriettegasse wohnte, aber täglich die Frühmesse in der Hietzinger Kirche besuchte. Und meine Klassenkameraden erzählten mir, daß sie von der alten Dame eine Fünf-Schilling-Münze geschenkt bekamen. Quasi als Belohnung für ihre Frömmigkeit.
Auch ich konnte so einen »Alpendollar« gut gebrauchen, um damit meine sonntägigen Kinobesuche zu finanzieren!
Deshalb ging ich eines Morgens gleichfalls in die Kirche, stellte mich demonstrativ neben die Bank, in der Katharina Schratt saß, und begann laut zu beten. Der erhoffte Erfolg blieb nicht aus. Nur wollte ich ihn gleich doppelt genießen und renommierte in meinem Freundeskreis mit diesem Geldstück. Denn immerhin war die Schratt einst die Freundin des Kaisers.
Günther Fürst bezeichnete mein Verhalten als miese Heuchelei. Und er nannte mich einen »typischen Österreicher«.
Letzteres war für mich eine Beleidigung, nachdem sich damals nicht nur Nationalsozialisten, sondern auch viele Christlichsoziale und Sozialdemokraten zum deutschen

[126] Katharina von Schratt starb erst 1940 im Alter von fast 85 Jahren.

Volkstum und dem »größeren Vaterland« bekannten. Jedenfalls wollte auch ich ein Deutscher sein!
Nachdem mich Günther verprügelt hatte, lud er mich ins Lichtspieltheater Schönbrunn ein, wo gerade der Film »Deutschlands neues Heer« gezeigt wurde. »Zufällig« waren viele junge Leute anwesend, die während der Vorführung immer wieder »Sieg Heil!« schrien.
Als die Polizei kam, sangen sie das Deutschlandlied.
Günther Fürst mußte mit einigen seiner Freunde den Arrestantenwagen besteigen und wurde in das Polizeigefangenenhaus auf der Elisabethpromenade gebracht. Mich schleppte man ins Wachzimmer Nisselgasse. Dort mußte mich mein Onkel abholen. Und er verpaßte mir gleich die nächste Tracht Prügel...
Auf dem Weg zum Gefechtsstand erzählte mir Günther Fürst, daß sich in der Nisselgasse und im Café Wunderer mehrere Ostarbeiter verschanzt hätten. Er wollte sie bereits »ausräuchern«, doch wäre ihm dies von Sturmbannführer Hauser verboten worden. Mit dem Hinweis, daß die Frauen und Kinder in diesen Gebäuden nicht gefährdet werden dürften.
Deshalb begnügte sich der Oberscharführer damit, die aufständischen Ausländer so weit wie möglich in Schach zu halten und die Bewohner der Nisselgasse daran zu hindern, auf die Straße zu gehen.

Am 8. April 1945 befand sich im römisch-katholischen Pfarrhof »Maria Hietzing« ein Gefechtsstand der Waffen-SS. Ich meldete mich bei Sturmbannführer Hauser. Ich wurde sofort verarztet, und der Sanitäter entfernte auch gleich einen winzigen Granatsplitter, der seit der letzten Nacht auf der Knödelhütte in meiner Schulter steckte.
Dieser kleine Eingriff verursachte mir Schmerzen, aber der Hietzinger Pfarrherr brachte eine Flasche mit Kartoffelschnaps, aus der ich einen Schluck nehmen mußte.

Ich mußte mich hinsetzen, weil sich das ganze Zimmer zu drehen schien.
Der Sturmbannführer wurde am Telefon verlangt.
Dies hörte ich noch, kurz danach schlief ich ein. Als ich nach einiger Zeit wieder aufwachte und aufsprang, hatte Hauser bereits den Raum verlassen. Ein Untersturmführer nahm sich um mich an und wollte vor allem wissen, wo meine nächsten Verwandten wohnten. Dann mußte ich vom Einsatz der 5. HJ-zbV-Kompanie berichten. Als ich meinen Panzerabschuß erwähnte und die Bestätigung des Flak-Oberleutnants herzeigte, war der Untersturmführer sichtlich beeindruckt.
Trotzdem machte er in Hinblick auf meine Jugend den Vorschlag, einfach heimzugehen und bei meiner Großtante zu bleiben!
Ich blieb dabei, wieder mitmachen zu wollen. Und ich erklärte, daß ich in etwa 20 Minuten wieder zurück sein könnte. Denn ich wollte daheim lediglich meine Fliegeruniform anziehen und eine Kleinigkeit essen.
Dieser Hinweis auf meinen Hunger regte die Kameraden zur Hilfsbereitschaft an: Ein Obermaat[127] gab mir sofort ein Stück Brot, eine Rolle Quargel und ein paar Büchsen Schweinefleisch. Und Männer der Waffen-SS schleppten einen Kanister mit Kondensmilch und einen ganzen Eimer mit Marmelade herbei, die ich meiner Großtante mitbringen sollte.
Inzwischen erzählte mir der Untersturmführer, daß in der Altgasse ein Essenholer zusammengeschlagen und in der Lainzer Straße ein Kradmelder aus dem Hinterhalt beschossen worden war. Er rief deshalb einen Sturmmann herbei, der mich zu meinem Schutz begleiten sollte.
Auf dem Weg in die Wattmanngasse bemerkte ich nichts

[127] Dem Bataillon Hauser gehörten 50 Scharfschützen an, die von der Kriegsmarine abkommandiert wurden.

von einer Widerstandstätigkeit. Aber der Sturmmann wußte von einem Wiener, der in der Maxingstraße das Kabel des Feldtelefons an mehreren Stellen durchschnitten hatte. Als er dabei erwischt wurde, stellte sich heraus, daß er Funktionär der NS-Volkswohlfahrt war und sein Sohn bei der SS-Division »Florian Geyer« diente.
Ich kannte diesen »Saboteur«. Er machte in den letzten Monaten einen verwirrten Eindruck. Und ich wunderte mich, daß er in kein Krankenhaus kam. Aber vielleicht spielte er nur den Verrückten...
Vor meinem Wohnhaus trafen wir Robert Kupka. Er grüßte uns mit einem überlauten »Heil Hitler!« Dies verblüffte sowohl den Sturmmann als auch mich. Denn andere Zeitgenossen taten bereits so, als wären sie niemals Nationalsozialisten gewesen. Unser Erstaunen wurde aber noch viel größer, als der Forstingenieur von einer gewaltigen Gegenoffensive phantasierte, welche die Sowjets weit hinter den Ural zurückjagen sollte.
Da machte ihn der Sturmmann darauf aufmerksam, daß unser Bataillon noch in der kommenden Nacht aus Hietzing abziehen würde und Wien nicht mehr lange gehalten werden könnte.
Aber mein Nachbar lächelte nur ungläubig, ließ uns plötzlich stehen und verschwand in seiner Wohnung.
Als wir dieselbe Mitteilung später meiner Großtante machten, reagierte sie sehr vernünftig: Sie war sofort bereit, die nächsten Tage und Nächte im Keller zu verbringen. Dort war sie zumindest vor Artilleriebeschuß sicher. Und es bestand außerdem die Hoffnung, daß unser bombenbeschädigtes Haus von keinem Sowjetarmisten betreten werden würde.
Jedenfalls halfen wir ihr noch beim Hinuntertragen der wichtigsten Dinge des täglichen Bedarfs. Und ich stellte ihr im Keller auch gleich einen Liegestuhl auf.
Im Hausflur begegneten wir dem Transportunternehmer

Franz L., der vor ein paar Wochen zum Volkssturm eingerückt war. Er trug keine Uniform, sondern einen total verdreckten Overall. Und er schien in großer Eile zu sein. Dabei wußte ich, daß in seiner Garage längst nur mehr ein altes Fahrrad stand.
Kaum war er verschwunden, hörte ich abermals die Stimme des Ingenieurs Kupka. Er wirkte nun zwar weniger zuversichtlich als vorhin, machte uns sofort darauf aufmerksam, daß Franz L. von seiner Volkssturmeinheit desertiert war. Dann fragte er mich, wie er sich selbst verhalten sollte.
Ich verstand diese Frage nicht!
Da meinte mein Nachbar, ich müßte doch wissen, daß er Parteimitglied sei. Und als solches wollte er »Instruktionen« für eine mögliche Begegnung mit den Russen. Wir konnten ihm lediglich den Rat geben, sein NSDAP-Abzeichen endlich abzunehmen...
Nach unserer Rückkehr auf den Gefechtsstand bekam ich einen Stahlhelm, einen Karabiner und genügend Munition. Und weil ich ortskundig war, sollte ich mich auf Schleichwegen zu den Pionieren am Hietzinger Kai durchschlagen. Diesmal war ich allerdings allein unterwegs, nachdem sich die Einsatzreserve in höchster Alarmbereitschaft befand.
Ich betrat in der Hietzinger Hauptstraße ein Haus, kletterte dahinter über einen Gartenzaun, drang in das nächste Gebäude ein. So erreichte ich die Jodlgasse und pirschte mich zur Ortsgruppenleitung in der Emil-Wimmer- Gasse[128] vor.
An der Eingangstüre fehlten die Fensterscheiben, die Scherben lagen auf den Stufen. Und in den Büroräumen, das sah man schon von außen, herrschte das Chaos: Die Aktenschränke waren aufgebrochen worden und überall lagen Karteikarten, Schriftstücke und Fotos herum. Auch die Schreibtischladen hatte man durchwühlt, das Kaffeegeschirr zusammengeschlagen und mitten im Raum die Notdurft verrichtet.

[128] Jetzt: Eduard-Klein-Gasse

Mehrere Uniformstücke hingen auf einem Kleiderständer, umrahmt von einem Hitlerbild, das von einem Huthaken durchbohrt und aufgespießt worden war.
Als ich den Vorgarten durchquerte, pfiffen bereits die ersten Kugeln vom anderen Wienflußufer herüber. Ich lief geduckt weiter und wunderte mich, daß dieses Gewehrfeuer nicht erwidert wurde. Die Kameraden, die in den Gräben und Deckungslöchern beim Amtshaus lagen, schienen zu schlafen.
Nur beim Badhaussteg ballerte in längeren Abständen eines unserer Maschinengewehre.
Etwas weiter links, in einem der Vorgärten direkt am Kai, konnte ich einen Granatwerfer sehen, dessen Bedienungsmannschaft gerade einen Stellungswechsel vollzog. Als sie wieder schußbereit waren und die erste Granate ins Rohr geschoben wurde, rannte ich los.
Keuchend und nach Luft ringend erreichte ich die Gräben in der kleinen Parkanlage. Und da erkannte ich, daß sich in dieser Stellung nur mehr Tote befanden.
Einer von ihnen trug eine Parteiuniform, sein Kopf war bis zur Unkenntlichkeit zerfetzt. Trotzdem hielt er noch immer seinen 98 k umklammert. Dicht daneben lag ein Pionier mit einem Rückenschuß. Auch dessen Verletzungen ließen erkennen, daß unsere Gegner entweder Sprengmunition oder Dumdum-Geschosse verwendeten.
Beim nächsten Abschuß des Granatwerfers sprang ich auf, rannte durch die Parkanlage und über die dahinter befindliche Fahrbahn. Gleichzeitig ratterte das Maschinengewehr bei der Fußgängerbrücke los, Feuerschutz für mich!
Neben den beiden MG-Schützen lag ein Feldwebel, der zum Panzerpionier-Ersatz- und Ausbildungsbataillon 80 gehörte. Und das war eine jener Heereseinheiten, die seit den Geständnissen des Majors Biedermann als »unzuverlässig« galten. Jedenfalls war der Feldwebel der Meinung, daß er deshalb von der Waffen-SS im Stich gelassen wurde.

Ich widersprach sofort, denn für die mehrmals unterbrochene Fernsprechleitung war entweder ein Zivilist oder das sowjetische Störfeuer verantwortlich, welches seit einiger Zeit auch auf Hietzing niederprasselte. Und weil keine telefonische Meldung mehr durchkam, hatte ich den Auftrag erhalten, die Lage am rechten Wienflußufer zu erkunden.
Was der Mann mir sonst noch sagte, war einfach katastrophal: Seine Kompanie bestand nur mehr aus einer Handvoll Leuten. Es machte sich bereits ein starker Munitionsmangel bemerkbar. Ebenso kam auch keine Verpflegung zu den Leuten. Sowjetische Spähtrupps wurden bereits mehrmals im Wienflußbett gesichtet. Einmal versuchten zwei Rotarmisten im Tragwerk des Badhaussteges herüberzuklettern, doch konnten sie durch gezielte Schüsse daran gehindert werden. Überdies saßen Scharfschützen in einigen Häusern am anderen Ufer. Deren Treffsicherheit war geradezu mörderisch, denn es gab nur Tote und keine Verwundete.
Die Sache mit den Sowjets wollte ich nicht glauben!
Bisher wußten wir nur von der Anwesenheit einiger Ostarbeiter und Kriegsgefangenen, die sich bewaffnet hatten. Aber da wurde ich ganz gehörig »zusammengestaucht«, weil sich ein fronterfahrener Feldwebel natürlich nicht von einem »Grünschnabel« belehren lassen wollte. Überdies stellte sich bald heraus, daß der Iwan bereits tatsächlich in Penzing war.
Doch dürfte es sich zunächst nur um einzelne Trupps und nicht um eine größere Einheit gehandelt haben.

Ich mußte noch zu einer anderen Kompanie, die sich in der Gegend der Stadtbahnstation Braunschweiggasse befand. Der direkte Weg dorthin wurde aus der Hadikgasse eingesehen. Deshalb robbte ich fast 50 m zurück. Und erst bei der Jodlgasse konnte ich wieder aufrechtgehen. Als ich am Café Dommayer vorbeikam, sah ich ein paar Plünderer. Einer von ihnen sprang aus dem Fenster und rannte davon, die an-

deren versteckten sich im Inneren des traditionsreichen Lokals.
Ich näherte mich dem Stationsgebäude der Stadtbahn. Dieses lag hoch über dem Straßenniveau, von dort oben war noch ein kurzes Stück Weg zu überwinden, welches vom anderen Ufer her eingesehen wurde.
Kaum hatte ich die letzte Stufe erreicht, peitschte auch schon ein Schuß. Ich hörte, wie das Projektil von einer Eisentraverse abprallte und verspürte gleichzeitig einen Schlag gegen die Brust. Aber da ließ ich mich bereits fallen.
Im nächsten Augenblick rollte ich mich nach rechts, erreichte eine Mauer und kroch diese entlang. An der Seitenfront des Kassaraumes befand sich ein »Mauerdurchbruch«, der von einem Granateinschlag herrührte. So gelangte ich in das Innere des Gebäudes.
Ein Hauptmann wollte sofort wissen, ob ich verletzt sei. Und er deutete dabei auf ein Loch in meiner linken Brusttasche. Ich schüttelte den Kopf und zog jenen Talisman hervor, den mir die alte Frau nach dem Bombenangriff am 12. März 1945 geschenkt hatte.
Dieser Anhänger war nun plattgedrückt und deformiert. Dann nahm ich die Papiere des bei Hadersdorf-Weidlingau gefallenen Fliegers und mein eigenes Soldbuch aus der Brusttasche. Dabei fiel etwas zu Boden. Meine Hände zitterten so, daß ich das kleine Ding nicht aufheben konnte.
Es war eine verbeulte Gewehrkugel!
Der Hauptmann gab sie mir. Und er meinte dann lächelnd, daß er kein Nähzeug hätte, um das Loch in der Feldbluse zu »reparieren«. Aber man könnte dieses sehr leicht mit einem EK I verdecken...
Ich ließ mir einen Situationsbericht geben. Dieser unterschied sich sehr wesentlich von dem des Feldwebels beim Badhaussteg: Der Hauptmann führte diese Kompanie erst seit einem Tag. Er kannte seine Leute kaum. Und er wußte nur, daß sie immer weniger wurden. Wobei dies nicht auf

Feindeinwirkung, sondern auf Fahnenflucht zurückzuführen war.
Begünstigt wurde die Desertion durch eine gewisse Hilfsstellung der Hietzinger Bevölkerung, die den Soldaten Zivilkleidung anbot und manchen auch versteckte.
Außerdem wirkte es sich sehr ungünstig aus, daß unter den zahlreichen Versprengten, die am Tag vorher dem Hauptmann zugeteilt wurden, auch Angehörige der Kroatischen Ausbildungsbrigade waren. Und diese verstanden relativ wenig Deutsch. Aber das Hauptproblem blieb die Unmöglichkeit, sowohl das diesseitige Wienflußufer als auch die Verbindungsbahntrasse bis hin zur Hietzinger Hauptstraße abzudecken.

Am frühen Nachmittag des 8. April wurde ich wieder einmal als »Pfadfinder« eingesetzt. Diesmal bei einem überraschenden Vorstoß in den Lainzer Tiergarten, an welchem auch ein »Tiger« und ein Panzer IV teilnahmen. Wir sollten eine kleine Kampfgruppe freikämpfen, die sich quer durch den Lainzer Tiergarten bis in die Gegend der Hermes-Villa durchgeschlagen hatte.
Der Vorstoß gelang, aber unsere Kettenfahrzeuge wurden auf der Teichwiese von einem feindlichen Panzerrudel gestellt und nach einem etwas längeren Gefecht leider abgeschossen.
Dennoch konnte ein Melder die Verbindung zu der besagten Kampfgruppe aufnehmen und sie in Richtung Leitenwald umdirigieren. In der Zwischenzeit lotste ich die Waffen-SS-Kameraden durch die Siedlungen entlang der Tiergartenmauer. Als wir das Ende der Wittgensteinstraße erreichten, trafen kurz nachher bereits die ersten Männer aus dem Leitenwald ein.
Sie wurden sofort in Richtung Rosenhügel weitergeschickt, wo sich der Gefechtsstand des SS-Panzergrenadierregimentes »Der Führer« befand.

Es dauerte einige Zeit, bis auch der letzte Versprengte über die Tiergartenmauer kam. Dies machte mich sichtlich nervös, weil beim Städtischen Trinkwasserreservoir zwei T 34 auftauchten. Im Turm des einen Panzers stand der Kommandant und dieser suchte mit seinem Feldstecher die ganze Gegend ab.

Auf einmal verschwand er wieder in seiner Luke, die Motoren jaulten auf. Und beide Fahrzeuge setzten sich langsam in Bewegung. Da entsicherte ich eine Panzerfaust, überkletterte zwei Gartenzäune und legte mich hinter einem Geräteschuppen auf die Lauer. Kurz nachher rasselten die beiden T 34 an mir vorbei. Der erste wurde von einem Kameraden erledigt, und den zweiten traf ich genau von hinten.

Anschließend zogen wir uns durch die Gärten der »Sat«-Siedlung zurück, erreichten die Speisinger Straße und das Filmgelände am Fuße des Rosenhügels. Dort sah ich in einem kleinen Wäldchen einen Sherman-Panzer stehen. Sein Turm begann sich zu drehen. Aber diese »Drohgebärde« galt nicht mir, sondern einem Lkw, der gerade aus einer Halle herausfuhr.

Ich bekam den Sherman etwa zwischen dem dritten und dem vierten Laufrad ins Visier und schoß abermals eine Panzerfaust ab. Im selben Moment blitzte auch seine Kanone auf. Mein Schuß traf, während die Granate des sowjetischen Panzerschützen lediglich in einer Hauswand krepierte.

Am 8. April 1945 fand in einer Floridsdorfer Schule das Standgerichtsverfahren gegen Major Karl Biedermann, Hauptmann Alfred Huth und Oberleutnant Rudolf Raschke statt. Alle drei Offiziere wurden beschuldigt, daß sie Wien den Sowjettruppen kampflos übergeben wollten.

Was übrigens keiner der Angeklagten bestritt!

Daraufhin wurde jeder von ihnen zum Tod durch den Strang verurteilt. Angeblich zögerte das Militärgericht, dieses Urteil auch gleich zu vollstrecken[129]*. Trotzdem kam es kurze Zeit später zu einer öffentlichen Hinrichtung am Floridsdorfer Spitz, an der auch HJ-Fronthelfer als »Zuschauer« teilnehmen mußten: Biedermann, Huth und Raschke bekamen zunächst ein Schild auf die Brust gebunden. Und darauf stand, daß sie mit den Bolschewisten paktierten. Dann legte man ihnen einen Strick um den Hals und benützte die Haltestellentafeln der Straßenbahn als Galgen.*

Bei Hauptmann Huth riß der Strick. Der Todeskandidat stürzte zu Boden, aber ein Angehöriger des Hinrichtungskommandos stach mehrmals mit einem Bajonett auf ihn ein. Schließlich wurde der bereits schwerverletzte Delinquent abermals aufgehängt[130]*.*

Zur selben Zeit richtete sich in der Kahlenberger Straße, Silbergasse und Billrothstraße das HJ-zbV-Bataillon zur Verteidigung der Hohen Warte ein, während das HJ-Volkssturmbataillon 41/6 die Sicherung aller Donaukanalübergänge zwischen Nußdorfer Spitz und Döblinger Steg übernahm.

Baldur von Schirach befand sich nicht mehr in seiner Residenz auf der Hohen Warte, sondern hatte sich schon längst in die Hofburg begeben. Dort ließ er einen Kellerraum zum »Salon« umgestalten. Und zu diesem Zweck wurden wertvolle Teppiche und prachtvolle Gemälde herangeschafft[131]*. Gegessen wurde auf Porzellangeschirr mit einem pompejanischroten Rand. Aber auch der Speisezettel war alles andere als spartanisch, denn es gab für den Herrn Reichsleiter und seinen Stab natürlich noch Fleisch, Weißbrot, Gänseleberpastete, Kaviar, Champagner und genügend Zigaretten*[132]*.*

Ebenfalls am 8. April stellte der bereits in Pension befindliche Generalmajor Marian von Wessely eine Kampfgruppe auf, mit der er in der Alserstraße die Sowjets bis zum Gürtel zu-

129 Portisch, a.a.O., S. 88/89
130 Aussage des Ferdinand Huschka vor dem Volksgericht
131 Skorzeny, a.a.O., S. 395
132 Traudl Lessing in der TV-Sendereihe »Österreich II«

rücktrieb. Dadurch wurde es möglich, noch eine größere Anzahl von Verwundeten aus dem Allgemeinen Krankenhaus abzutransportieren. Und dem ehemaligen k.u.k.-Offizier Marian von Wessely war es ferner zu verdanken, daß ein Dutzend Lipizzanerhengste aus der Spanischen Hofreitschule in Sicherheit gebracht werden konnte[133].

Am Abend des 8. April 1945 befand ich mich bei einer MG-Gruppe, die Ecke Auhoferstraße-Burkmaiergasse[134] in Stellung ging. Kurz nachher gab es Panzeralarm. Aber es stellte sich heraus, daß lediglich ein Sturmgeschütz SU 76 das Vorgehen der sowjetischen Infanterie unterstützte. Und dieses zog sich aus unerklärlichen Gründen bald wieder über den Bahnübergang zurück.
Die Muschiks gelangten nur bis zur Hügelgasse, brachen in unserem MG-Feuer zusammen oder flüchteten in eine Bombenruine. Dann wurde es auf einmal ruhig. Was allerdings ein relativer Begriff war, weil hin und wieder doch ein Schuß fiel.
Jedenfalls nützten meine Kameraden diese Kampfpause für einen Imbiß. Sie aßen Schweinefleisch aus der Dose, nur hatten sie kein Brot dazu. Und dies war auch der Grund dafür, daß ich nicht mithielt. Außerdem traute ich dem Frieden nicht und behielt den Finger weiterhin am Abzug des Maschinengewehres.
Da fiel mir ein, daß in dem bombenzerstörten Haus in der Hügelgasse früher der bekannte Filmschauspieler Hans Moser wohnte. Und ich erinnerte mich daran, welchen Spaß wir mit ihm einmal erlebten: Das Deutsche Jungvolk benützte nämlich regelmäßig den Turnsaal in der Auhofschule. Aber vor- und nachher verwandelten wir die Hügelgasse in einen Fußballplatz. So kam es, daß einmal unser »Fetzenlaberl« in den Garten der Prominentenvilla fiel.

[133] Weidinger, Division, a.a.O., S. 507/508
[134] Jetzt: Fleschgasse

Zuerst kam eine Haushälterin heraus. Sie war keinesfalls gewillt, uns den Fußball zu geben. Und sie drohte sogar mit einem Anruf bei der Polizei.
Aber dann stand plötzlich Hans Moser im Garten, nuschelte etwas von »Xanthippe« und »Antikickerin«[135], sperrte das Tor auf und schoß selbst mit dem Ball. Dabei ging in der Auhofstraße eine Fensterscheibe in Trümmer. Was zunächst unsere Begeisterung keinesfalls hemmte. Schließlich stellte sich aber heraus, daß in der fraglichen Wohnung niemand daheim war. Und hineinklettern durften wir nicht!
Da gab uns der Schauspieler das Geld für einen neuen Ball.
Einige Jahre später begegnete ich Hans Moser bei einer Sammlung für das Winterhilfswerk und bat ihn um eine Spende. Er gab mir 100 Reichsmark. Außerdem erzählte er mir, daß er selbst schon für das WHW gesammelt habe. Und zwar gemeinsam mit Paul Hörbiger bei einem Aufenthalt in Berlin...
Meine Erinnerungen wurden auf einmal unterbrochen. Denn ich sah in der ehemaligen Moser-Villa einige Gestalten, die einen schweren Gegenstand hinter sich herzogen. Vermutlich war es ein Maxim-Maschinengewehr. Jedenfalls jagte ich mehrere Feuerstöße aus meiner Waffe.
Drüben blitzte es auf, gab es eine Explosion. Und plötzlich brannte die ganze Ruine!
Vermutlich hatte ich einen Munitionsbehälter getroffen. Zwischen dem Schutt lagen aber auch Deckenbalken, Türen und sonstige Gegenstände aus Holz, die dem Feuer noch weitere Nahrung boten. Trotzdem schrieb dann einige Wochen später eine österreichische Zeitung, daß die »SS-Bestien« die Moser-Villa »angezündet« hätten, weil ihr Besitzer der »Urtypus des kritischen Wieners« war, der von den »Piefkes« so sehr gehaßt wurde.
In den frühen Nachtstunden des 8. April 1945 griffen die

[135] Wiener Ausdruck für Fußballgegnerin.

Rotarmisten erneut in der Auhofstraße an. Dabei bemerkten wir zunächst nicht, daß ein feindlicher Stoßtrupp über die Kremser Gasse in unseren Rücken gelangte. Als Lotse diente ihnen ein Österreicher, der selbst Hauptsturmführer der Reserve war. Und dieser Roman Gamotha wurde in einem Bericht an das SS-Personalhauptamt als »pflichtbewußt, kameradschaftlich und überdurchschnittlich begabt« bezeichnet. Außerdem attestierte ihm der SS-Obergruppenführer August Heißmeyer, daß er ein »ausgesprochener Willensmensch« sei[136].

Jedenfalls detonierte dicht neben uns eine Handgranate. Sie wurde angeblich von Gamotha selbst geworfen[137]. Die Splitter trafen vor allem einen Unterscharführer. Aber auch unser Maschinengewehr wurde beschädigt. Und ein Teil davon verletzte mich im Gesicht.

Dann bekam der neben mir liegende Rottenführer aus nächster Nähe eine MPi-Garbe in den Bauch. Er wälzte sich schreiend am Boden, und ich versuchte, ihn hinter die Hausecke zu ziehen. Da rissen die Kameraden auf der anderen Straßenseite ihr MG herum. Die Kugeln pfiffen dicht über mich hinweg, trafen aber zwei der herankommenden Muschiks.

Die anderen Sowjetarmisten zogen sich wieder in die Kremser Gasse zurück. Dort droschen sie ein Haustor ein und stürmten offenbar in die oberen Stockwerke hinauf. Denn kaum hatten wir den schwerverwundeten Rottenführer in einen Vorgarten geschleppt, krachten aus den Fenstern des Eckhauses die ersten Schüsse.

Überdies griffen die Sowjets aus Richtung Hietzinger Kai an. So konnten wir den zweiten Verwundeten nicht bergen. Er lag noch immer neben dem Maschinengewehr, gab aber keinerlei Lebenszeichen von sich.

136 Das Original dieses Personalberichtes befindet sich beim »Berlin Document Center« der US-Administration.

137 Mitteilung des Roman Gamotha an die Österreichische Freiheitsbewegung im April 1945.

Persönlicher Stab Reichsführer-SS
Schriftgutverwaltung
Akt. Nr. Geh. / [illegible] August 1943

Feld-Kommandostelle

10/28/43 g Ms/Sa.

Betr.: SS-Hauptsturmführer d.R. Roman G a m o t h a .
Bezug: Dort.Schrb.v. 30.7.43 29 c 16 / 7883/43 WZ (IIIb)

An das
Oberkommando der Wehrmacht
B e r l i n W 35
Tirpitzufer 72/76

Aufgrund obigen Schreibens werden nachfolgend die gewünschten Personalangaben gemacht:

Der SS-Hauptsturmführer d.R. Roman G a m o t h a ist als stud.jur. Angehöriger der SS-Mannschaftshäuser in der Reichsführung-SS. Er wurde am 10.4.17 in Wien geboren.

Am 8.11.38 wurde G. zur Panzer-Abwehr-Abtl. 14 in Halle/S eingezogen. Mit der gleichen Einheit nahm er am Polenfeldzug teil, wurde während des Feldzuges mit dem EK II ausgezeichnet und am 1.10.39 zum Gefreiten befördert und zum ROA. ernannt.

Auf Befehl des Führers vom 27.1.40 wurde G. zwecks Sonderverwendung innerhalb der Schutzstaffel gemäß (Verfügung Ob.d.H. (Ch.H.Rüst.u.B.d.E.) 12 e/f AHA/Ag/H(VI) Nr. 298/40 geh. vom 15.2.40) aus der Wehrmacht entlassen und zur Waffen-SS überstellt.

Am 22.2.40 wurde Gamotha zum SS-Untersturmführer d.R., am 20.4.43 zum SS-Obersturmführer d.R. und am 1.5.43 zum Hauptsturmführer d.R. durch den Reichsführer-SS befördert und persönlich mit dem EK I ausgezeichnet.

Während seines Sondereinsatzes erhielt G. das KVK II. Kl.

H e i l H i t l e r !

SS-Hauptsturmführer 14.8.

Lotsendienste für die Sowjetarmisten: Vorher war Gamotha bei der Waffen-SS.

Irgendwer fragte mich, ob mir sein Name und seine Einheit bekannt wären. Aber ich wußte nur, daß er zu jenen Leuten aus der Kraftfahrtechnischen Lehranstalt gehörte, die dem Bataillon Hauser zugeteilt wurden. Er hatte zwar von seiner Mutter erzählt, die in der Firmiangasse wohnte, doch darüber hinaus konnte ich nichts sagen.
Unsere Situation wurde langsam ungemütlich, denn auch in unserem Rücken war auf einmal Kampflärm zu hören. Außerdem wurde das sowjetische Sturmgeschütz erneut aktiv. Und die für seine Bekämpfung so notwendigen Panzerfäuste waren bei uns noch immer nicht eingetroffen!
Wir wichen in die Gärten aus, erreichten die Hietzinger Hauptstraße. Beim Ottakringer Bräu stießen wir dann auf jenen Hauptmann, der früher mit seiner Alarmkompanie in der Gegend der Stadtbahnstation Braunschweiggasse lag. Allerdings hatte er nur mehr fünf Mann. Alle übrigen waren zum Iwan übergelaufen. Er übernahm nun den Befehl über unseren Zug. Und es gelang uns, den sowjetischen Angriff abermals zu stoppen.
Aber kurz nach Mitternacht traf bei uns ein Melder ein, der uns den Rückzugsbefehl überbrachte.

Es war meine Idee, daß wir beim sogenannten Kaiserpavillon zur Stadtbahntrasse hinunterkletterten. Denn wir waren die letzten deutschen Soldaten, die Hietzing räumen mußten. Und im Schönbrunner Schloßpark befanden sich sicherlich bereits die ersten sowjetischen Spähtrupps.
Erst nach der Lobkowitzbrücke tauchten wir wieder aus der »Unterwelt« auf.
Dies erwies sich schon deshalb als richtig, weil mir später gesagt wurde, daß in den frühen Morgenstunden des 9. April 1945 die Sowjets bereits die Grünberg- und die Winkelmannstraße erreicht hatten. Aber sie entdeckten uns schon deshalb nicht, weil wir unter der Schönbrunner Brücke durchmarschierten.

Auf dem Margaretengürtel kamen wir an einer Batteriestellung vorbei. Die Geschütze konnten sowohl den Gürtel in beiden Richtungen als auch den oberen Teil der Schönbrunner Straße unter Beschuß nehmen.
Ein Geschützführer rief uns zu, daß wir uns beeilen sollten, um den Anschluß an die vor uns marschierende Kompanie zu finden. Allerdings holten wir die Kameraden erst in der Hamburger Straße ein. Da flogen gerade Handgranaten aus den Fenstern. Und etwa drei oder vier Kameraden mußten verarztet werden.
Als dann die umliegenden Häuser vom Keller bis zum Dachboden durchsucht wurden, waren die vermeintlichen Widerstandskämpfer bereits verschwunden.
Erst in der Gegend des Naschmarktes machte uns ein 10jähriger Bub auf einen sowjetischen Stoßtrupp aufmerksam, den er kurz vorher in einem Kanaleinstieg verschwinden sah. Bei diesen Muschiks soll sich auch ein Wiener Gemeindebediensteter befunden haben. Jedenfalls wußte der Junge sogar seinen Namen.
Auch am Karlsplatz fielen Schüsse. Sie kamen aus den oberen Stockwerken der Technischen Hochschule, wurden aber sofort von einem Panzer IV erwidert. Trotzdem erlitt unser Hauptmann einen Streifschuß am rechten Oberschenkel. Ein Sanitäter nahm sich um ihn an. Minuten später kam eine Zugmaschine der Artillerie vorbei und ließ alle Verwundeten aufsitzen. Nur der Hauptmann lehnte es ab, nach Floridsdorf mitgenommen zu werden[138].
Er wollte noch einmal in seine Wohnung, die sich in der Rotenturmstraße befand. Und seinem Wunsch entsprechend, begleitete ich ihn.
Auf dem Marsch durch die Kärntner Straße mußten wir immer wieder in Deckung gehen. Denn die Sowjets beschos-

138 Die 2. SS-Panzerdivision wurde über den Ring und die Augartenbrücke abgezogen. Vgl. Weidinger, Division, a.a.O., S. 512

sen mit ihren Salvengeschützen die gesamte Innenstadt. Die dadurch entstehenden Zerstörungen waren entsprechend groß, außerdem brachen die ersten Brände aus.
Beim Erzbischöflichen Palais trafen wir vier HJ-Fronthelfer. Sie kamen aus Favoriten, wo ihr Panzerjagdkommando der 3. SS-Panzerdivision »Totenkopf« unterstellt wurde. Aber ein Oberscharführer teilte die Burschen zum Munitionstransport ein, was ihnen gar nicht gefiel.
Die vier Freunde benutzten dann die erste Gelegenheit, um sich von dem »Arbeitskommando« abzusetzen.
Unterwegs organisierten sie sich Panzerfäuste, gleich zwei Stück für jeden Mann. Einem Gefallenen nahmen sie die Maschinenpistole ab. Und schließlich entdeckten sie in der Gußhausstraße ein verlassenes MG 34 samt Munitionskästen. Natürlich nahmen sie diese »Fundgegenstände« mit.
Jedenfalls kamen mir diese HJ-Kameraden wie ein wanderndes Munitions- und Waffendepot vor. Denn sie hatten außer ihren Gewehren auch MG-Gurte umgehängt. Und hinter einem jeden Koppel und in jedem Stiefelschaft steckten gleich mehrere Stielhandgranaten. Aber genau dies ließ den Verdacht in mir aufkommen, daß das kriegerische Quartett vielleicht nur abhauen wollte.
Allerdings stellte sich später heraus, daß jeder der Burschen ein tapferer Kerl war. Und es freut mich besonders, mit ihnen das Kriegsende erlebt zu haben.

Am Nachmittag des 9. April 1945 verließ Baldur von Schirach die Wiener Hofburg. Er tat dies auf Befehl von Adolf Hitler, der ihn als einfachen Leutnant zur kämpfenden Truppe schickte[139]*. Was den Herrn von Schirach zu der Feststellung veranlaßte: »Wenn der Reichsstatthalter und Reichsverteidigungskommissar zur Truppe abkommandiert wurde, dann hieß das, daß es nichts mehr zu verteidigen gab*[140]*!«*

[139] Den Funkspruch nahm Bannführer Junghans vom Stab Schirach entgegen.
[140] Schirach, a.a.O., S. 314

Anderer Ansicht war man bei den beiden Wiener HJ-Bataillonen: Ihre Panzervernichtungstrupps wehrten in der Grinzinger Allee zwei Panzerangriffe ab[141]*. Und besonders hartnäckig war ihr Widerstand auch in der Nähe des Rudolfinerhauses und beim Karmeliterkonvent in der Silbergasse. Jedenfalls wurden mehrere Sowjetpanzer abgeschossen.*

Annähernd zur selben Zeit lagen drei Pioniere des SS-Panzergrenadierregimentes 4 »Der Führer« bei der Heiligenstädter Brücke. Sie hatten alle Pfeiler mit Sprengbüchsen belegt und das elektrische Zündgerät angeschlossen.

Als die Dämmerung hereinbrach, näherte sich eine sowjetische Kompanie. Und der Sturmmann Lange jagte die Brücke im letzten Augenblick in die Luft. Er erhielt dafür am 6. Mai 1945 das Ritterkreuz des Eisernen Kreuzes, weil er selbständig gehandelt und die Bildung eines feindlichen Brückenkopfes am nördlichen Donaukanalufer verhindert hatte[142]*.*

Jedenfalls war dem Sturmmann Lange nicht bekannt, daß in der Barawitzkagasse, in der Heiligenstädter Straße und auch in der Hofzeile noch Panzervernichtungstrupps des HJ-zbV-Bataillons unterwegs waren. Der Großteil dieser Burschen unterstand dem Bannführer Ralf Roland Ringler, der mit ihnen über die zerfetzten und verbogenen Brückenteile auf das Brigittenauer Ufer hinüberklettern mußte. Wozu abenteuerliche Balanceakte notwendig waren[143]*.*

Leider wußte auch Ringler nichts von jenen HJ-Fronthelfern, die sich noch immer auf einer Anhöhe gegenüber dem Döblinger Steg befanden. Denn diese neun Burschen gehörten nicht zu seiner Kompanie und unterstanden vorübergehend einem Heeresoffizier. Als der Herr sich verdrückte, wollten

141 Rauchensteiner, Der Krieg, a.a.O., S. 177/178

142 Weidinger, Kameraden, a.a.O., S. 363. Weidinger irrte sich beim Datum. Vgl. auch Krätschmer, a.a.O., S. 889/890.

143 Ringler, a.a.O., S. 186. Auch dem Ringler unterlief ein Datumfehler. Vgl. Rauchensteiner, Der Krieg, a.a.O., S. 178. Rauchensteiner nennt als Datum für die Brückensprengungen im Bereich des HJ-Baons den 9.4.1945.

auch sie auf das linke Donaukanalufer gelangen. Allerdings hatten Angehörige der Waffen-SS den Steg gesprengt.
Die HJ-Soldaten hoben dann in der Gegend des heutigen Wertheimsternparkes Schützenlöcher aus. Und als unten in der Heiligenstädter Straße eine sowjetische Marschkolonne vorbeikam, nahmen sie diese unter Beschuß. Wobei sie sogar Panzerfäuste abfeuerten.
Schließlich tauchten andere Muschiks in ihrem Rücken auf, und sie mußten sich ergeben. Lediglich ein Junge überlebte die Gefangenschaft, die übrigen acht sind in einem sowjetischen Straflager verstorben...[144]
Eine weitere Katastrophe ereignete sich bei der Kanalschleuse am Nußdorfer Spitz. Dort bemerkten die Sowjets das Zurückgehen der HJ-Soldaten und stießen ihnen sofort nach. Die Burschen und einige Angehörige einer Alarmeinheit wehrten sich zwar heftig, konnten aber letztlich nicht verhindern, daß die Rotarmisten die Schleusenanlage besetzten[145].

Als in den frühen Morgenstunden des 10. April 1945 General Rudolf von Bünau und sein Stab das Wehrkreiskommando XVII[146] am Stubenring verließen, sollte die Aspernbrücke sofort gesprengt werden. Allerdings verzögerte sich dies, weil sowjetische Truppen bereits die Vordere Zollamtsstraße und Marxergasse erreicht hatten. Und kurze Zeit später tauchten ihre Stoßtrupps auch beim Dr. Karl Lueger-Platz und in der Biberstraße auf.
Die Männer der 3. SS-Panzerdivision zogen sich nur schrittweise zurück. Aber plötzlich bemerkten sie, daß auch in den Häusern gegenüber dem Wehrkreiskommando XVII bereits der Feind eingedrungen war. Vermutlich kam er aus der Biberstraße und hatte die verschiedenen Mauerdurchbrüche in den Luftschutzkellern ausgenützt.

[144] Mitteilung Robert Suchanek
[145] Rauchensteiner, Der Krieg, a.a.O., S. 178
[146] In diesem Gebäude sind jetzt mehrere Ministerien untergebracht.

Da wurde den bedrängten Kameraden eine Gruppe mit Flammenwerfern zu Hilfe geschickt!
Ihnen folgten Freiwillige einer Alarmkompanie, denen auch ich mich anschloß. Und obwohl ich sie eigentlich zurückweisen wollte, machten auch meine vier HJ- Fronthelfer bei diesem Gegenangriff mit. Allerdings ließ ich sie am Beginn der Wiesingerstraße in Stellung gehen. Dort sollten sie mit ihrem MG 34 dafür sorgen, daß der Iwan nicht in unseren Rücken gelangte.
Als wir in eines der Häuser am Stubenring eindrangen, lag im Hausflur eine Puppe mit blonden Zöpfen, Kulleraugen und Stupsnäschen. Sie war mit einem Trachtendirndl bekleidet, doch fehlte ihr ein Fuß. Trotzdem bückte sich mein Freund Ernst und hob das Spielzeug auf. Was ich als ausgesprochen unsinnig empfand.
Bevor ich ihn fragen konnte, was er damit anfangen wollte, mußte ich bereits die Maschinenpistole hochreißen. Denn auf der Treppe kamen uns mehrere Rotarmisten entgegen. Mein Feuerstoß ließ ihnen keine Zeit zur Gegenwehr.
Einige Etagen höher hörten wir slawische Laute. Sie kamen aus der Wohnung des SS-Führers Anton Ziegler, der meines Wissens nach gar nicht in Wien war. Ernst zog eine Handgranate ab, riß die Türe auf, und warf das »Ei« in den Vorraum. Die Detonation war ohrenbetäubend. Und die Druckwelle riß den Türstock heraus, zerfetzte die Möbel und ließ einen Luster von der Zimmerdecke herunterpoltern.
Staub, Qualm, Dreck!
Auf der Schwelle zum Nebenzimmer lag ein toter Muschik. Seine ursprünglich braune Uniform glich nun der Montur eines Maurers, so sehr war sie mit Kalk und Mörtel bedeckt. Einige Schritte weiter hockte ein anderer Rotarmist am Boden. Er lehnte mit dem Rücken an einer Kommode, sein Gesicht war blutüberströmt. Auch er schien nicht mehr zu atmen.

Ein dritter Mann stand beim Fenster, seine Augen waren starr vor Entsetzen. Und sein Mund bewegte sich wie im Fieber. Aber vielleicht wollte er etwas sagen oder zumindest seine Angst hinausschreien. Er kam nicht mehr dazu, denn im nächsten Augenblick ballerte einer der Kameraden auf ihn, bevor ich selbst abdrücken konnte.
Erst viel später wurde mir klar, wie gefährlich und geradezu selbstmörderisch mein Zögern war!
Aber das Gesicht des Sowjetsoldaten erinnerte mich an die Ukrainerin Eva, die ich auf der Knödelhütte umschwärmt hatte. Und ich gab mich der Illusion hin, er würde seine Maschinenpistole gar nicht benützen.
Wir stürmten in das nächste Stockwerk, in welchem eine Firma oder ein Büro untergebracht war. Die Türen standen offen und wiesen keine sichtbaren Beschädigungen auf. Dies brachte mich auf den Gedanken, daß vermutlich eine »Vertrauensperson« die Originalschlüssel benutzt hatte. Und dann wurde, wie überall in Wien, geplündert und gestohlen.
Zu dieser Annahme kam ich auch deshalb, weil die Aktenschränke aufgebrochen und die Schreibtischladen herausgezogen waren. Jedenfalls befanden sich die Rotarmisten viel zu kurz im Haus, um auch dafür verantwortlich zu sein!
Die Muschiks hockten übrigens in einem Zimmer, dessen Fenster auf den Stubenring hinausgingen. Und wir hörten nicht nur das Ballern ihrer Maschinenpistolen, sondern auch die Salven eines schweren MGs.
Ein paar Fußtritte beseitigten das Hindernis, dann detonierten unsere Handgranaten...
Kritisch wurde die Situation erst im nächsten Haus.
Auch dort gelangten wir zunächst ohne Schwierigkeiten in eine der ersten Etagen. Dann fiel in einer Wohnung etwas polternd zu Boden, und wir schlugen das Gangfenster ein. Als Ernst und ich hineinkletterten, fanden wir nur eine Katze, die sich hinter einem Tisch versteckte.

Plötzlich waren die gellenden Schreie einer Frau zu hören. Und wir waren uns sicher, daß sich diese in einer Wohnung ober uns befand. Deshalb sprangen wir wieder auf den Gang.

Unsere Kameraden eilten bereits voraus, da kamen ihnen Muschiks entgegen. Und mitten unter ihnen befand sich ein uniformiertes Flintenweib, das geradezu hysterisch lachte.

Wir waren in eine Falle gelaufen!

Auch aus den Nachbarwohnungen und selbst aus dem Keller tauchten weitere Sowjetarmisten auf. Ein Nahkampf war daher unvermeidbar. Wir bestanden ihn zwar, aber trotzdem empfand ich ihn noch lange als Alptraum: Da schoß ein sowjetischer Unterleutnant einen meiner Kameraden nieder. Mein Freund Ernst rettete mir mit einem Spatenhieb das Leben, als hinter mir ein Iwan den Nahkampfdolch zog. Aber anderseits war es nicht zu verhindern, daß ein etwa 18jähriger Kriegsfreiwilliger über die Treppe hinuntergeworfen wurde. Und unten im Mezzanin drosch ihm dann ein Muschik den Schädel ein.

So konnte ich es zumindest damals verstehen, warum ein Landser einen Feuerstoß nach dem anderen abgab, obgleich sein Gegner bereits tot am Boden lag.

Die sowjetische Soldatin entkam uns, flüchtete mit einigen ihrer Genossen wieder die Stiegen hinauf. Und von dort oben warf sie eine Handgranate, die einer der Kameraden noch wegstoßen konnte. Sie krepierte dann einen Stock tiefer. Ihre Splitter verletzten einen Rotarmisten, aber seine »Brüder« ließen ihn einfach liegen.

Als ich sie davonlaufen sah, warf ich selbst eine Handgranate hinter ihnen her. Dann stürmten auch wir die Treppe hinunter. Und auf einmal kam uns die Pioniergruppe zu Hilfe. Sie setzte gleich im Parterre ihre Flammenwerfer ein. Trotzdem verschanzten sich einige Muschiks in den oberen Stockwerken.

Vor dem Haus mußten wir sofort in Deckung gehen, weil

hinter dem nächsten Straßeneck ein feindlicher Stoßtrupp lag. Er hielt uns mit seinen Maschinenpistolen eine Zeitlang nieder. Schließlich kroch Ernst zu einem Geschäftslokal, welches sperrangelweit offen stand. So gelangte er durch die Hinterräume und einen kleinen Lichthof bis zum Café »Ministerium«.
Dann deckte er von hinten die ahnungslosen Muschiks mit Handgranaten ein.
Inzwischen waren die Sowjets in das Gebäude des Wehrkreiskommandos XVII eingedrungen. Und zwar gelang ihnen dies auf der Hinterseite, weil die Marxerbrücke offenbar noch intakt war. Jedenfalls bemerkten wir relativ spät, wie verbittert auch auf der anderen Seite des Stubenringes gekämpft wurde.
Als die Sowjets auch Panzer einsetzten, war Ernst bereits wieder bei unserem Zug. Er lief sofort zu der MG-Gruppe bei der Wiesingerstraße und brachte gemeinsam mit dem HJ-Fronthelfer Kainz ein paar Panzerfäuste nach vorne. Kainz wollte den feindlichen Panzern sofort entgegenlaufen, aber ich ließ ihn neben mir in Deckung gehen. Und dann erklärte ich ihm, daß er kaum ein paar Meter weit gekommen wäre.
Denn die T 34 feuerten bereits aus allen Rohren!
Vor dem Haus der Gauwirtschaftskammer[147] stand ein ausgebrannter Triebwagen der Straßenbahn. Und hinter diesem lag ein Unterscharführer. Er ließ den ersten Panzer bis auf seine Höhe herankommen, dann erledigte er ihn mit einer geballten Ladung. Auch uns gelangen zwei Panzerabschüsse, wobei einer davon auf mein »Konto« ging. An dem anderen Treffer war ich »mitschuldig«, weil ich dem Kainz genau sagte, auf welches Fahrzeug er zielen und wann er abdrücken sollte.
Die Freude über unsere Abschüsse war schon nach einigen

[147] Nunmehr Handelskammer Wien

Minuten wieder vergessen, weil Ernst von einer feindlichen MG-Garbe regelrecht durchsiebt wurde.
Ich selbst war bei seinem Tod nicht dabei, sondern befand mich bereits in der Unteren Donaustraße. Aber ein Sanitäter erzählte mir von einem gefallenen Sturmmann der Totenkopfdivision, der unter seinem Koppel eine kleine Trachtenpuppe stecken hatte, der bereits ein Fuß fehlte.
Erwischt hat es den Freund, als er von der Zentrale der Wiener Rettungsgesellschaft zusätzliches Verbandszeug holen wollte. Er tat dies vermutlich freiwillig, denn der Sanitäter lobte nicht nur seine Ortskenntnis, sondern war auch ganz verwundert, daß es diesen »Verein« überhaupt gab. Allerdings war der Mann kein Wiener, während Ernst im Bezirk Landstraße aufwuchs.
Durch die Sprengung der Aspernbrücke, die schließlich doch noch erfolgte, wurden angeblich nicht nur die Urania, sondern auch das Gebäude der Wiener Rettungsgesellschaft schwer in Mitleidenschaft gezogen[148]. Und dies bewerteten später die österreichischen Behörden als boshafte Beschädigung öffentlichen Eigentums. Und ein Staatsanwalt sagte: »Das war Willfährigkeit gegenüber Befehlen, die lediglich der nationalsozialistischen Gewaltherrschaft dienten!«[149]

Am Vormittag des 10. April 1945 mußte ich mich beim Brigadeführer Helmuth Becker melden und wurde mit dem EK II und dem EK I ausgezeichnet. Dann schickte man mich in die Lilienbrunngasse. Dort befand sich in den Kellerräumen des Dianabades[150] ein provisorischer Befehlsstand des SD.

[148] Rebhann, a.a.O., S. 205

[149] Mit derselben Argumentation wurde am 18. Mai 1946 der Kremser Kampfkommandant, Oberst Ferdinand Soche, zu 6 Jahren schwerem Kerker verurteilt. Soche hatte in seinem Bereich eine Donaubrücke sprengen lassen.

[150] Das Dianabad wurde am 12. März 1945 durch Fliegerbomben beschädigt, ausgebrannt ist es erst am 12. April. Ursache: Artilleriebeschuß!

Ein Obersturmbannführer stellte mich einigen Herren vor, die dem Sicherheitsdienst, beziehungsweise der Sicherheitspolizei angehörten. Man fragte mich ganz interessiert nach meinen Panzerabschüssen und ließ sich auch über die Straßen- und Häuserkämpfe berichten.
Und trotzdem hatte ich bei einigen Gesprächspartnern das Gefühl, daß sie gar nicht bei der Sache waren.
Auch ein SS-Obergruppenführer und ein SS-Gruppenführer kamen an uns vorbei. Der eine, so wurde mir zugeflüstert, soll im Jahre 1944 einen maßgeblichen Anteil bei der Niederwerfung des kommunistischen Aufstandes in der Slowakei gehabt haben. Und von dem anderen wußte ich ohnedies, daß er der Höhere SS- und Polizeiführer von Wien war.
Nach etwa einer halben Stunde wurde ich in einen Raum befohlen, in welchem sich zu meiner Überraschung auch der Chef des seinerzeitigen Werwolf-Lehrganges, Sturmbannführer Z., befand. Er begrüßte mich recht herzlich.
Dann teilte mir der Obersturmbannführer mit, daß ich die Führung eines Jagdkommandos übernehmen müßte. Und für dieses, so sagte er gleichfalls, wurden bereits 60 Mann ausgewählt, die fast ausschließlich dem HJ-zbV-Bataillon angehörten. Außerdem sollten auch die vier »zugelaufenen« Fronthelfer unter meinem Kommando verbleiben.
Ferner war von einem ukrainischen Waffen-Unterscharführer und einigen SD-Männern die Rede: Der Obersturmbannführer nannte sie Spezialisten und für Z. waren sie Berater, die mich im Jagdkampf unterstützen sollten.
Jedenfalls machte man mir klar, daß ich ab sofort dem Sicherheitsdienst und damit auch der Spezialabwehr des Obergruppenführers Hans-Adolf Prützmann angehörte.
Als Hauptaufgabe unseres Jagdeinsatzes bezeichnete der SD-Kommandeur die Beunruhigung der feindlichen Truppen im Hinterland. Er versprach sich davon eine indirekte Hilfe für unsere schwerringenden Landser. Denn es war

vorauszusehen, daß die Sowjets sofort Säuberungsaktionen durchführen würden. Aber dazu benötigten sie Soldaten und Material, welches zumindest zeitweise ihren Angriffsverbänden entzogen werden mußte.
In diesem Zusammenhang sagte der Obersturmbannführer zu mir: »Sie werden mehr ein Gejagter als ein Jäger sein!« Womit er wohl zum Ausdruck bringen wollte, daß wir in gewisser Hinsicht wie die Bauern auf dem Schachbrett geopfert werden sollten, um den Gegner von wichtigeren Zielen abzulenken.
Jedenfalls wurde mir aufgetragen, vor allem während der Nacht zu operieren, um unsere Kampfstärke etwas größer erscheinen zu lassen. Außerdem war der Kontakt mit der Zivilbevölkerung auf ein Minimum zu beschränken. Und ich wurde ausdrücklich vor »Spionen und Verrätern« gewarnt.
Dann gab man mir eine Generalstabskarte, in der einige Versorgungsbasen eingezeichnet waren. Diese enthielten angeblich größere Mengen an Waffen, Munition, Sprengstoff und Verpflegung. Allerdings konnten wir diese Depots schon deshalb nicht in Anspruch nehmen, weil wir später immer wieder umdirigiert wurden. Und da zeigte es sich, daß die Vorbereitungen für die Kleinkriegsführung nicht besonders weit gediehen waren.
Zwei andere Mängel kamen bereits bei der Einsatzbesprechung im Dianabad zur Sprache: Mir wurde lediglich ein Funker mitgegeben, obwohl man uns beim Werwolflehrgang beigebracht hatte, daß unbedingt auch ein Ersatzmann zur Verfügung stehen müßte. Überdies fand ich einen einzigen Sanitäter für mehr als 60 Mann als ungenügend. Denn ich konnte annehmen, daß meine HJ-Soldaten nicht einmal einen Erste-Hilfe-Kurs besucht hatten. Und was sollte letztlich mit Schwerverwundeten geschehen?!
Der Obersturmbannführer fand meine Einwände durchaus berechtigt. Trotzdem wies er sofort darauf hin, daß die

Fronttruppe kein geeignetes Fachpersonal abgeben konnte. Deshalb mußte er sich auf Leute des SD und der Sicherheitspolizei beschränken, die vorher für die Funküberwachung tätig waren.
Jedenfalls waren dies nur wenige Leute, die außerdem auf das gesamte Funknetz der in Österreich eingesetzten Kleinkriegsverbände aufgeteilt werden mußten.
Meine Vorgesetzten gaben sich auch sonst sehr ehrlich. So erklärten sie mir, daß etliche Hauptverbandsplätze und Feldlazarette nicht mehr evakuiert wurden. Die dort eingesetzten Sanitäter, Krankenschwestern und Ärzte gerieten gemeinsam mit ihren Verwundeten in Gefangenschaft.
Aber dies war eine Personaleinbuße, die kaum mehr verkraftet werden konnte!
Deshalb grenzte es fast an ein Wunder, daß der ungeliebte »Prützmann-Verein«[151] wenigstens von der Waffen-SS einige gutausgebildete und durchtrainierte Sanitäter bekam. Anderseits war es niemals vorgesehen, auch Ärzte in den Jagdkampf zu schicken. Und der Obersturmbannführer begründete dies dahingehend, daß man mitten im Wald oder in einem Erdloch keine schweren chirurgischen Eingriffe vornehmen kann.
Man dachte daher an Kleinlazarette, die in den Ordinationsräumen von Landärzten eingerichtet werden sollten. Allerdings mißtraute der SD sowohl den Medizinern als auch ihren Nachbarn. Immerhin bestand die Möglichkeit, daß jemand die Sympathie der Sowjets erringen wollte und das »Naziversteck« auffliegen ließ. So ein Hinweis gefährdete aber auch das Jagdkommando selbst, wenn es sich noch in derselben Gegend befand. Und dies mußte unbedingt vermieden werden.
Trotzdem ordnete später der Obergruppenführer Hans-

[151] Bei der Waffen-SS verwendete Spottbezeichnung für die Jagdkommandos des SD.

II. Aufstellung von Jagdeinheiten

1. Allgemeine Anforderungen

Im Kleinkrieg geben nicht die Stärke der eingesetzten Einheiten und die Masse ihrer Waffen den Ausschlag, sondern der innere Wert der Kämpfer, ihre Kühnheit, Schlauheit und Gewandtheit in der Ausnutzung aller Geländevorteile und Hilfsmittel. Bei der Aufstellung und Ergänzung der Jagdeinheiten muß diesen Anforderungen Rechnung getragen werden. Geeignet sind Freiwillige, die neben Begeisterung und Einsatzfreude auch die notwendige Zähigkeit, Härte und Gewandtheit mitbringen. Lücken ihrer Ausbildung lassen sich beheben.

Die Vielfalt der Aufgaben einer Kleinkriegseinheit macht es erforderlich, daß sie nicht nur gute Soldaten umfaßt, sondern auch Männer mit technischen und praktischen Fertigkeiten und solche mit politischem Blick und propagandistischer Fähigkeit.

2. Führer

Von entscheidender Bedeutung ist die richtige Auswahl und Schulung der Führer. Der Führer einer Jagdeinheit soll in der Durchführung seines Auftrages hart sein gegen sich selbst und gegen andere; andererseits muß er in unermüdlicher Fürsorge um das Wohlergehen seiner Männer besorgt sein und damit die Schlagkraft der Einheit erhalten.

Sein Schneid als Vorkämpfer, seine Führungserfolge und seine unbedingte Gerechtigkeit sollen Vertrauen erwecken. Vertrauen ist die Grundlage der Führung von Jagdeinheiten. Die Autorität des Führers beruht nur auf seiner Persönlichkeit, nicht auf Rang und Abzeichen.

Der Führer einer Jagdeinheit trägt ein hohes Maß von Verantwortung; er hat die Rechte des Kommandanten eines selbständig operierenden Kriegsschiffes und kann zur Aufrechterhaltung der Manneszucht jede Strafe verhängen, auch die Todesstrafe.

12

»Winke für Jagdeinheiten«: Eine Broschüre, die vom Stab Prützmann ausgearbeitet und herausgegeben wurde.

Adolf Prützmann an, daß im Bereich der sogenannten Alpenfestung einige Notlazarette in Almhütten eingerichtet wurden. Sie dienten aber letztlich nur mehr als vorübergehender Unterschlupf für mehrere KZ-Ärzte, was jedoch nicht beabsichtigt war.
Mich »tröstete« man hinsichtlich schwerverwundeter Kameraden dahingehend, daß eine Zyankalikapsel wesentlich »humaner« als ein langsames Dahinsiechen sei...
Auch der Sturmbannführer Z. meldete sich zu Wort und wies darauf hin, daß »höheren Orts« bereits Kontakte zu den Amerikanern aufgenommen wurden. Und er hielt auf einmal einen Separatfrieden mit dem Westen für möglich[152]. Später sprach er in diesem Zusammenhang von der Notwendigkeit, den sowjetischen Vormarsch in Österreich zu stoppen oder zumindest »einzubremsen«.
Ich empfand dies als Aufforderung, meine »kleinlichen« Bedenken zu vergessen...

Am 10. April 1945 wehte am Wiener Stephansturm bereits eine weiße Fahne. Sie war schon am Abend vorher durch den Hauptsturmführer Roman Gamotha gehißt worden.
Dieser Mann gehörte seit Jahren der Österreichischen Widerstandsbewegung[153] und dem sowjetischen Geheimdienst an, obwohl er im Rahmen des Sonderunternehmens »Norma« sowohl Stalin als auch Roosevelt und Churchill ermorden sollte. Und zwar wollte der SD mit diesem Attentat die Konferenz von Teheran platzen lassen. Allerdings schob Gamotha den Abflug seiner Kommandoeinheit so lange hinaus, bis der Aktionsradius des Kampfgeschwaders 200 einen Langstrekkenflug nach Persien gar nicht mehr zuließ.
Gamotha, der Jahre hindurch mit den Sowjets in Funkkontakt stand, täuschte aber nicht nur das Reichssicherheits-

152 Vgl. Dr. Portisch, a.a.O., S. 181–183. Siehe auch Höhne, a.a.O., S. 531
153 Molden Fritz, a.a.O., S. 257. Die 05 war eine österreichische Widerstandsgruppe.

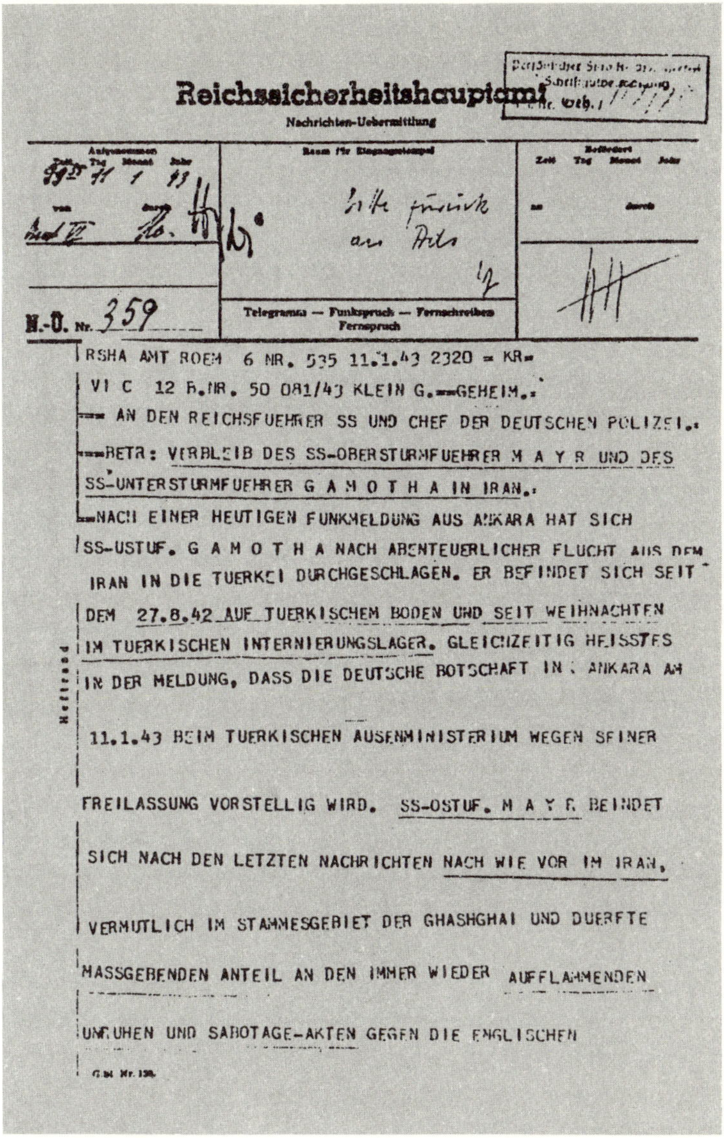

Reichssicherheitshauptamt
Nachrichten-Uebermittlung

N.-Ü. Nr. 359

Telegramm — Funkspruch — Fernschreiben
Fernspruch

RSHA AMT ROEM 6 NR. 535 11.1.43 2320 = KR=
VI C 12 B.NR. 50 081/43 KLEIN G.==GEHEIM.:
== AN DEN REICHSFUEHRER SS UND CHEF DER DEUTSCHEN POLIZEI.:
==BETR: VERBLEIB DES SS-OBERSTURMFUEHRER M A Y R UND DES
SS-UNTERSTURMFUEHRER G A M O T H A IN IRAN.:
==NACH EINER HEUTIGEN FUNKMELDUNG AUS ANKARA HAT SICH
SS-USTUF. G A M O T H A NACH ABENTEUERLICHER FLUCHT AUS DEM
IRAN IN DIE TUERKEI DURCHGESCHLAGEN. ER BEFINDET SICH SEIT
DEM 27.8.42 AUF TUERKISCHEM BODEN UND SEIT WEIHNACHTEN
IM TUERKISCHEN INTERNIERUNGSLAGER. GLEICHZEITIG HEISST ES
IN DER MELDUNG, DASS DIE DEUTSCHE BOTSCHAFT IN ANKARA AM
11.1.43 BEIM TUERKISCHEN AUSENMINISTERIUM WEGEN SEINER
FREILASSUNG VORSTELLIG WIRD. SS-OSTUF. M A Y R BEINDET
SICH NACH DEN LETZTEN NACHRICHTEN NACH WIE VOR IM IRAN,
VERMUTLICH IM STAMMESGEBIET DER GHASHGHAI UND DUERFTE
MASSGEBENDEN ANTEIL AN DEN IMMER WIEDER AUFFLAMMENDEN
UNRUHEN UND SABOTAGE-AKTEN GEGEN DIE ENGLISCHEN

Gamotha galt nach seinem früheren Einsatz in Persien als Nahost-Spezialist, arbeitete aber damals bereits für den sowjetischen Geheimdienst KGB.

hauptamt und den SS-Gruppenführer Walter Schellenberg, sondern letztlich auch seine Freunde von der 05. Denn er erzählte ihnen am 10. April 1945, daß er nach 7 Jahren und 29 Tagen endlich wieder eine rotweißrote Fahne auf der Stephanskirche hochgezogen hätte[154].

Seine sowjetischen Auftraggeber sorgten später für einen höchst fragwürdigen Beweis und brachten in der 1. Ausgabe ihrer deutschsprachigen Frontzeitung ein Bild des Stephansturmes, in das eine rotweißrote Fahne hineinretuschiert wurde. Was allerdings relativ leicht erkennbar war[155].

Auf deutscher Seite reagierte man auf die weiße Fahne ausgesprochen hysterisch. Und der Flak-Hauptmann Gerhard Klinkicht bekam folgenden Befehl: »Als Vergeltung für das Hissen der weißen Fahne auf dem Stephansdom ist der Dom zunächst mit 100 Granaten in Schutt und Asche zu legen. Sollte das nicht ausreichen, ist bis zu seiner Zerstörung weiterzuschießen.«[156]

Klinkicht war Führer der Flakuntergruppe Großjedlersdorf und hatte seine Geschütze auf dem Bisamberg in Stellung gebracht. Und jener SS-Oberstgruppenführer, der diesen Wahnsinnsbefehl gab, hieß Sepp Dietrich.

Jedenfalls führte Hauptmann Klinkicht diesen Befehl nicht aus. Und die österreichische Bundesregierung ehrte ihn deshalb sogar mit einem Orden. Trotzdem behauptete der Hauptbannführer Gustav Höpken, daß es einzig und allein Baldur von Schirach gewesen sei, der eine Beschießung des Stephansdomes verhindert hätte[157].

Baldur von Schirach hielt sich in der fraglichen Zeit im Gasthaus Hempfling in Flandorf auf. Er fungierte als Verbindungsoffizier zwischen dem Oberbefehlshaber der 6. Pan-

[154] Ebenda

[155] »Österreichische Zeitung« v. 15.4.1945, S. 1

[156] Portisch, a.a.O., S. 106/107. Vgl. auch Rauchensteiner, a.a.O., S. 182/183

[157] Archiv des Österreichischen Rundfunks (ORF)

zerarmee, Oberstgruppenführer Sepp Dietrich, und dem Kommandierenden General des II. SS-Panzerkorps, Obergruppenführer Willy Bittrich. Und aus seinen Memoiren ist zu entnehmen, daß er sich schon deshalb als der richtige Mann am richtigen Platz verstand, weil er in der Gegend des Bisamberges »jeden Steg und Weg«, sowie jedes Benzin- und Verpflegungslager kannte[158].

Dennoch passierte dem Herrn von Schirach der bemerkenswerte Fehler, daß er die Städte Korneuburg und Klosterneuburg miteinander verwechselte...[159]

Nach dem Krieg tauchte übrigens die Behauptung auf, daß Baldur von Schirach eine Stabskompanie hatte, die er im Raum Flandorf einsetzte. Diese Einheit war in Wirklichkeit eine sogenannte Genesendenkompanie. Sie stand unter der Führung des Rittmeisters Heinz-Ludwig Batram und gehörte zum Panzerkorps »Großdeutschland«. Bis zum Beginn der Kämpfe um Wien wurde diese Kompanie in erster Linie bei der Verschickung von Liebesgabenpaketen verwendet[160]*, übte aber auch einige Bewachungsdienste aus. Und es heißt, daß sie für Baldur von Schirach eine Art Schutzgarde war. Jedenfalls schickte er sie niemals an die Front!*

Ausgesprochen kämpferisch gab sich hingegen ein namentlich nicht bekannter Kompaniechef des Wiener HJ-zbV-Bataillons, das bekanntlich aus 15- bis 17jährigen Fronthelfern bestand: Er erschien am 10. April 1945 beim Standartenführer Rudolf Lehmann und machte diesem das Angebot, mit seinen »Jungs« einen Vorstoß in Richtung Burgtheater zu unternehmen[161].

Lehmann lehnte dies allerdings ab!

Und auch die BDM-Führerin Christl H. wurde mit etwa 20

158 Schirach, a.a.O., S. 314

159 Ebenda

160 Diese Aktion kam den Familienangehörigen von Gefallenen des Panzerkorps »Großdeutschland« zugute.

161 Weidinger, Division, a.a.O., S. 507

Mädchen weggeschickt, als sie sich gleichfalls bei der 2. SS-Panzerdivision meldete und unbedingt am Kampf teilnehmen wollte[162].

Inzwischen konzentrierten die Sowjets ihr Artillerie- und Werferfeuer auf den 2. und 20. Bezirk. Und das Oberkommando der Roten Armee gab sich der Hoffnung hin, gleich drei deutsche Divisionen in dem Gebiet zwischen Donaukanal und Donau einzuschließen. Dies wäre allerdings nur dann möglich gewesen, wenn ihre Truppen auf dem nördlichen Donauufer zeitgerecht die Reichsbrücke wie auch die Floridsdorfer Brücke erreicht hätten. Aber gerade das wurde durch die Führergrenadierdivision verhindert, als sie am nördlichen Rand der Lobau und südlich von Großenzersdorf den feindlichen Vormarsch stoppte[163].

Trotzdem war es dem SS-Obergruppenführer Willy Bittrich durchaus klar, daß die Brigittenau und die Leopoldstadt nicht mehr lange gehalten werden konnten. Er erteilte deshalb am Nachmittag des 10. April 1945 den Befehl: »Die beiden HJ-Bataillone müssen sofort in den Raum Bisamberg verlegt werden!«

Dies geschah dann auch. Allerdings warteten die HJ-Kompanien das Hereinbrechen der Nacht und das Abflauen des sowjetischen Artilleriefeuers ab, bevor sie über die Floridsdorfer Brücke abzogen[164].

Die Nacht vom 10. auf den 11. April 1945 verbrachte ich mit meinem Jagdkommando in einer leerstehenden Fabrik nahe dem Gelände des Nordwestbahnhofes.

Meine Burschen waren vorher im Augarten gewesen, wo das Artillerieregiment der Division »Das Reich« seine Geschütze aufgebaut hatte. Die beiden Flaktürme waren be-

[162] Ebenda

[163] Tagesmeldung der Heeresgruppe Süd v. 10.4.1945

[164] Der Abzug der HJ-Bataillone wurde vom Gebietsführer Hans Lauterbacher durchgesetzt.

reits unaktiv und wurden nur mehr von den Artilleriebeobachtern der Waffen-SS benützt. Wann und auf wessen Befehl die Stammannschaft der Flak abgezogen wurde, wußte angeblich niemand.
Natürlich kamen die HJ-Fronthelfer nicht als Zuschauer in den Augarten. Sie wurden sofort beim Munitionstransport eingesetzt. Dabei gab es in kürzester Zeit zwei Verwundete. Die Ursache für diese Verletzungen waren feindliche Granateinschläge im Meßturm, die zwar den meterdicken Betonwänden keine nennenswerten Schäden zufügten, aber in ihrer Splitterwirkung verheerend waren.
Als dies dem Sturmbannführer Z. gemeldet wurde, ordnete er sofort den Abzug der »Kindersoldaten« an.
Diese gehörten großteils dem Geburtsjahrgang 1929 an und kamen aus verschiedenen Wiener Bezirken. Auch ein paar Niederösterreicher waren dabei, die von zurückgehenden Waffen-SS-Einheiten »eingesammelt« wurden. Jedenfalls besaßen sie alle bereits Erfahrung in der Panzerjagd, obwohl nur zwei von ihnen auch Abschüsse erzielt hatten.
Jener Waffen-Unterscharführer Petja Orlow, der sich bisher um die Burschen annahm, war ein Mann mit listigen Augen, einer Art Boxernase, vorstehenden Backenknochen und einem breiten, brutalen Mund. Sein Deutsch empfand ich als guttural, außerdem sprach er mit einem unverkennbaren slawischen Akzent. Und sein Händedruck war alles andere als eine schüchterne Angelegenheit.
Als wir uns das erste Mal gegenüberstanden, fühlte ich sofort eine große Sympathie, die er mir entgegenbrachte. Auch später war ich immer wieder überrascht, daß er sich trotz diverser Meinungsverschiedenheiten anzupassen verstand.
Dabei gab mir der Sturmbannführer Z. zu verstehen, wie sehr er diesem »Kerl« mißtraute...
In den frühen Morgenstunden des 11. April 1945 wurden wir in die Gegend der Augartenbrücke verlegt und mußten

uns in einer Bombenruine verschanzen. Dann vergingen Stunden, die wir schlafend verbrachten. Erst gegen Mittag tauchte abermals der Sturmbannführer Z. auf. Und in seiner Begleitung befand sich ein älterer Meister der Schutzpolizei. Dieser gehörte zur Kanalbrigade und sollte uns im unterirdischen Wien als Lotse dienen.

Z. erzählte mir sofort von einem Gespräch, welches er mit Heeresangehörigen geführt hatte. Er bezeichnete sie als »unsichere Kantonisten«, obgleich sie zur Wachmannschaft der Augartenbrücke gehörten[165]. Aber gerade dies schien ihm besonderen Spaß zu bereiten. Denn er deutete ihnen an, daß eine Einheit der Waffen-SS erneut auf den Schottenring vorstoßen würde.

Ob dies ein »Witz« sein sollte, verstand ich zunächst nicht.

Erst viele Jahre später las ich in einer Publikation der beiden Theologen Viktor Flieder und Franz Loidl, daß auch den Sowjets das Gerücht über den bevorstehenden Gegenangriff bekannt wurde. Sie zogen daraufhin einige ihrer Einheiten aus der unmittelbaren Nähe des Donaukanals ab[166]. Jedenfalls hatte der Sturmbannführer Z. das Zurückgehen der Sowjets beobachtet. Denn er versicherte mir, daß ich mit meinem Jagdkommando völlig unbehelligt über die Brücke gelangen würde.

So war es tatsächlich!

Allerdings wurde die Augartenbrücke etwas eingenebelt, und wir kletterten auf der anderen Seite des Donaukanals sofort zur Stadtbahntrasse[167] hinunter. Dort verkrochen wir uns auftragsgemäß in einem Tunnel, während über uns erneut der Kampflärm anschwoll. Erst nach Einbruch der

[165] Im Bünau-Bericht heißt es, daß der Schutz der Brücken der Heerespionierbrigade 127 übertragen wurde. Vgl. auch Otto Molden, a.a.O., S. 255/256. Molden spricht von Angehörigen der Reichsgrenadierdivision »Hoch- und Deutschmeister«, die mit der Widerstandsbewegung zusammenarbeiteten.

[166] Flieder, a.a.O., S. 35

[167] Jetzt verkehrt dort die U-Bahn.

Nacht stiegen wir bei der ehemaligen Einmündung des Alserbaches in das Kanalnetz ein.
In diesem Labyrinth von unterirdischen Verbindungsgängen wimmelte es von Ratten, und der Gestank war fast unerträglich.
Aber dieser Fäulnisgeruch rührte nicht nur von Fäkalien her, denn man hatte bei den zahlreichen Bombenangriffen auch Tierkadaver in die Kanäle gekippt. Überdies erzählte uns der Polizeimeister, daß dort unten auch schon Leichen gefunden wurden. Und zwar dann, wenn der Alserbach und der Währingerbach Hochwasser führten. Natürlich waren die Ertrunkenen keine normalen Bürger, sondern Ganoven, die den Versuch unternommen hatten, durch das Kanalnetz in ein Lebensmitteldepot oder in eine Wurstfabrik zu gelangen. Außerdem diente das unterirdische Wien auch als vorübergehendes Versteck für Deserteure...
Ein weiteres Problem, womit wir uns konfrontiert sahen, war die Finsternis in den Kanälen. Die Kameraden besaßen zwar einige Taschenlampen, doch durften diese nur sehr selten benützt werden. Denn jeder Lichtschein, der in die »Oberwelt« gelangte, konnte die Sowjets auf uns aufmerksam machen.
So blieb uns nichts anderes übrig, als dem Polizeimeister nachzustapfen und mit dem jeweiligen Vordermann auf Tuchfühlung zu bleiben. Und dies war schon deshalb schwierig, weil wir sowohl Waffen als auch Munition mitschleppen mußten.
Am bedauernswertesten war unser Funker, weil er mit dem Gerät auf dem Rücken oft nur gebückt gehen konnte. Außerdem hatte sein »Zauberkasten« ein ganz respektables Gewicht. Ich ordnete daher an, daß er von Zeit zu Zeit abgelöst wurde und ein anderer Kamerad die Bürde auf sich nahm. Dies aber brachte Streit, weil Georges Matthys einfach Angst hatte, daß wir mit dem Funkgerät nicht sorgfältig genug umgehen würden.

Die Gefahren, auf die er immer wieder hinwies, waren in erster Linie Schmutz und Wasser. Beides mußte so gut wie möglich vom Funkgerät ferngehalten werden. Aber darüber hinaus war zu befürchten, daß dieses bei einem Sturz überhaupt verlorenging.
Einmal stolperte ein Kamerad, glitt auf dem glitschigen Pfad am Rande des Hauptsammelkanals aus und wäre fast in die Fluten gestürzt. Die Munitionskästen, die er trug, waren nicht mehr zu retten, denn sie flogen ins Wasser und gingen sofort unter.
Irgendwo unterhalb der Jörgerstraße wurde ein HJ-Soldat mehrmals von einer Ratte gebissen, als er in eine Mauernische griff und dort Halt suchte. Er schrie gellend auf und war minutenlang nicht zu beruhigen. Aber ich empfand es als wesentlich schlimmer, daß die stark blutenden Wunden zunächst weder gereinigt noch verbunden werden konnten!
Kurz nachher stürzte ein SD-Mann und verletzte sich dabei am linken Knie so schwer, daß er beim Weitermarsch gestützt werden mußte. Erst in der Neuwaldegger Straße, als wir aus dem Kanal hinauskletterten, konnte der Sanitäter den beiden Kameraden Erste Hilfe leisten. Dann bot unser Polizeilotse an, sie zum Krankenhaus in der Dornbacher Straße zurückzubringen.
Ich war damit sofort einverstanden, aber der flämische SD-Angehörige wollte vorerst einmal austreten.
Nur mühsam humpelte er bei einer Villa in den kleinen Vorgarten, dann krachte ein Schuß. Matthys und einige Jungen rannten sofort hin, aber sie konnten dem verzweifelten Kameraden auch nicht mehr helfen. Er hatte sich mit der Pistole in den Kopf geschossen und war offenbar sofort tot.
Sicherlich wollte er den Rotarmisten nicht in die Hände fallen, die Lazarett um Lazarett durchkämmten und vor allem nach verwundeten SS-Leuten suchten. Und das Schicksal, welches diesen bevorstand, konnten wir uns unschwer vorstellen[168].

Der verletzte HJ-Fronthelfer drehte nun vollkommen durch.
Auch er wollte nicht mehr ins nahe Spital, sondern unbedingt bei uns bleiben. Ich machte ihm klar, daß er eine Blutvergiftung bekommen könnte. Und der Mann von der Kanalbrigade beschrieb die im Krankenhaus »Zum göttlichen Heiland« beschäftigten Klosterschwestern als »besonders häßlich«. Womit er dem Buben lediglich einreden wollte, daß er dort vor jeder politischen Verfolgung sicher wäre. Und er meinte sogar: »Selbst der Teufel rennt davon, wenn er diese Schwestern sieht...«
Jahre nach dem Krieg habe ich dann erfahren, daß der knapp 16jährige HJ-Soldat tatsächlich gerettet werden konnte und auch nicht in Gefangenschaft geriet. Als er nach mehreren Wochen aus dem Spital entlassen wurde, war er ein Krüppel; der rechte Arm, unterhalb vom Ellbogen, mußte amputiert werden.
Das schreckliche Erlebnis mit der Ratte konnte er niemals ganz verkraften. Und es mag sein, daß sein späterer Selbstmord auf eine geistige Verwirrung zurückgeführt werden mußte, deren tiefere Ursache die Apriltage des Jahres 1945 waren.

[168] Im Lazarett Wien-Baumgarten, heute ist dort ein Altersheim, wurden im April 1945 mehrere verwundete Waffen-SS-Soldaten erschossen. Die Rotarmisten liquidierten außerdem auch zwei flämische Krankenschwestern und einen SS-Arzt.

VII. Das Ende in Wien (12.–14.4.1945)

12. April 1945.
In der Wiener Innenstadt wüteten verheerende Brände. Sie waren dadurch entstanden, daß sich Plünderer nicht nur an dem Eigentum ihrer Mitmenschen vergriffen, sondern anschließend auch ihre Spuren »verwischen« wollten. So wurden am Stephansplatz und in den umliegenden Straßenzügen einige Geschäftslokale regelrecht angezündet[169].

Trotzdem hieß es später, daß an diesen Brandstiftungen auch »abziehende Wehrmachtseinheiten« und eine »Werwolfgruppe« schuld gewesen wären[170].

Es entstand ein Flächenbrand, der schließlich auf den Stephansdom übergriff: Zuerst erfaßten die Flammen das Holzgerüst am niemals fertiggestellten Nordturm, dann brannte die Glockenstube und die Halbpummerin stürzte in die Tiefe. Auch die benachbarte Dombauhütte fing Feuer. Dann setzte der Funkenflug die Hauptorgel beim Riesentor in Brand, und schließlich wurde auch der Dachstuhl ein Raub der Flammen[171].

Alle Löschversuche mußten schon deshalb scheitern, weil den Domherren nur einige Wassereimer zur Verfügung

[169] Rauchensteiner, Der Krieg, a.a.O., S. 182
[170] Rebhann, a.a.O., S. 220
[171] Ebenda, S. 225

standen. Und die wenigen Feuerwehrmänner, die herbeieilten, besaßen nur einen kleinen Handwagen mit Schläuchen, aber keine Wasserpumpe[172].

Zur selben Zeit wurde bereits im Norden der Brigittenau und auch im Prater verbittert gekämpft. Und die sowjetischen Sturmtruppen machten sich für einen weiteren Angriff über die Augartenbrücke bereit. Da kam es in der Förstergasse zu einer Exekution, die abermals im Widerspruch zum Himmler-Befehl vom 28. März 1945 stand: Angehörige der SS liquidierten neun jüdische Männer, die dort mit ihren nichtjüdischen Frauen gewohnt hatten[173].
Jeder von diesen »Hingerichteten« besaß ordnungsgemäß ausgestellte Papiere. Es gab weder eine Standgerichtsverhandlung noch hatte irgendein Kommandeur diese Erschießung angeordnet. Und es ist erwiesen, daß ein namentlich nicht bekannter Scharführer nach »eigenem Ermessen« handelte. Er wurde niemals ausgeforscht!
Kurze Zeit später erzielten die Sowjets einen tiefen Einbruch im nahen Augarten und drangen bis zum Nordwestbahngelände vor. Der deutsche Verteidigungsring wurde immer kleiner. Und schließlich konnte man überhaupt nur mehr von einem schmalen Streifen sprechen, den die Sowjets noch nicht erobert hatten. Er befand sich zwischen der Floridsdorfer Brücke und der Reichsbrücke, und er wurde auf der einen Seite von der Donau und auf der anderen von der Vorgartenstraße begrenzt.
Allerdings hieß es in der täglichen Meldung der Heeresgruppe Süd: »Bis gegen Mittag wurden am Westufer der Donau, 1 km südlich der Reichsbrücke, über 15 Feindpanzer vernichtet.«[174]

[172] Dr. Portisch, a.a.O., S. 106
[173] Ebenda, S. 104/105
[174] Rauchensteiner, Der Krieg, a.a.O., S. 474

In der Nacht vom 12. auf den 13. April 1945 mußte der größte Teil der 3. SS-Panzerdivision »Totenkopf« und der 6. Panzerdivision des Heeres über die Reichsbrücke zurückgenommen werden. Und bei der Floridsdorfer Brücke sah sich die 2. SS-Panzerdivision »Das Reich« dazu gezwungen, ihren Brückenkopf immer weiter einzuengen.
Teile des Pater-Abel-Hofes gingen verloren.
Und während auf der Ostseite noch gekämpft wurde, spielte sich beim Kapaunplatz eine Tragödie ab: Sowjetische Soldaten perlustrierten mehrere Zivilisten, und dabei stellte sich heraus, daß diese noch Erkennungsmarken der Waffen-SS umgehängt hatten. Daraufhin wurden diese Männer erschossen, obgleich sie Deserteure waren[175].
Am Nachmittag des 13. April drangen drei Sowjetarmisten in ein Schulgebäude in der Vorgartenstraße ein. Sie durchsuchten den Keller und fanden dort 11 Waffen-SS-Soldaten, von denen einer verwundet war. Dieser Verwundete wurde von den Muschiks sofort getötet, während man seine Kameraden zuerst in einen Hof trieb und diese dann ebenfalls liquidierte[176].
Zur selben Zeit lagen 56 Schwerverletzte unter der Floridsdorfer Brücke. Ihr Abtransport war zunächst unmöglich, da der gesamte Peter-Abel-Platz[177] unter starkem sowjetischen Feuer lag. Zwei Krankenschwestern riskierten wiederholt ihr Leben, um diesen Verwundeten zu helfen[177a].
Ebenfalls am 13. April 1945 feierten die Sowjets bereits die Eroberung von Wien. Und aus diesem Anlaß fand in Moskau eine eindrucksvolle Siegesfeier statt, bei der 24 Salutschüsse aus insgesamt 324 Kanonen abgegeben wurden.
Trotzdem ist es erwiesen, daß die letzten Soldaten der SS-Regimenter »Der Führer« und »Deutschland« erst in der

[175] Rebhann, a.a.O., S. 234
[176] Buchinger, a.a.O., Band I, S. 254.
[177] Jetzt: Friedrich-Engels-Platz
[177a] Weidinger, Division, a.a.O., S. 521/522

Nacht vom 13. auf den 14. April die Floridsdorfer Brücke passierten. Dieser Donauübergang wurde anschließend in die Luft gejagt, während die Reichsbrücke völlig unversehrt blieb[178].

Und dies ist eine Bilanz des Schreckens: Bei insgesamt 53 Luftangriffen auf Wien wurden fast 9.000 Menschen getötet. Allerdings sind in dieser Zahl die Bombenopfer der Wehrmacht, der Organisation Todt (OT) und des Deutschen Roten Kreuzes (DRK) noch nicht berücksichtigt. Außerdem scheinen in keiner Statistik jene Durchreisenden und sonstigen Wien-Besucher auf, die unerkannt und namenlos unter den Trümmern der Stadt liegenblieben[179].
Ferner fehlen nach wie vor jegliche Angaben über Kriegsgefangene und KZ-Häftlinge, die hier gleichfalls im Hagel angloamerikanischer Bomben buchstäblich verreckt sind oder die bei der Entschärfung von Blindgängern und Langzeitzündern getötet wurden.
Während die deutsche Heeresgruppe Süd lediglich lakonisch feststellte, daß während der Kämpfe um Wien zumindest die 6. Panzerdivision fast völlig aufgerieben wurde[180], sprachen die Sowjets von 19.000 Toten bei den Deutschen und deren Verbündeten. Außerdem rühmten sie sich der Gefangennahme von 47.000 Offizieren und Soldaten. Und ihre eigenen Verluste bezifferte die Rote Armee mit 18.000 Mann[181].
Schließlich wurde auch ein Bericht des neuen Wiener Bürgermeisters und Ex- Generals Theodor Körner (Edler von Siegringen) veröffentlicht, aus welchem hervorging, daß im April 1945 rund 4.000 Leichen auf den Friedhöfen und weitere 1.000 Tote in den Spitälern sowie auf den Straßen und

[178] Ebenda, S. 523/524
[179] Rebhann, a.a.O., S. 226. Vgl. auch Rauchensteiner, 1945, a.a.O., S. 91
[180] Rauchensteiner, Der Krieg, a.a.O., S. 476
[181] Ebenda, S. 191

Plätzen der Stadt weder abtransportiert noch beerdigt worden waren[182].
Und zwar handelte es sich dabei in erster Linie um gefallene deutsche Soldaten und um Ziviltote, da die Sowjets ihre eigenen Leute selbst beerdigten.
Registriert wurden aber auch 850.000 Kubikmeter Schutt, die nach Beendigung der Kampfhandlungen in den Straßen von Wien herumlagen.

In der Nacht vom 13. auf den 14. April 1945 standen die deutschen Truppen noch im Nordosten von Wien und verteidigten Kaisermühlen, Kagran, Aspern, Breitenlee, Süßenbrunn und Gerasdorf. Aber nordwestlich davon, im Raum Großebersdorf, stießen starke sowjetische Verbände bereits in Richtung Enzersfeld, Königsbrunn und Hagenbrunn vor.
Außerdem gelang es der Roten Armee bei Kritzendorf die Donau zu überqueren und sich beim Tuttendörfel festzusetzen. Allerdings konnte ihr Vorstoß in Richtung auf den Ort Bisamberg beim sogenannten Donaugraben aufgehalten werden. Was der Panzeraufklärungsabteilung der Division »Das Reich« zu danken war[183].
In aller Eile wurde der Gefechtsstand dieser Waffen-SS-Division nach Stockerau verlegt, und kurze Zeit später kam es auch in Jedlesee und Langenzersdorf zu heftigen Straßenkämpfen.
Dann stellte sich heraus, daß der Kontakt zwischen dem II. SS-Panzerkorps und der 96. Infanteriedivision (8. Armee) verlorenging, nachdem sich diese auf Pillichsdorf, Wolkersdorf und Ulrichskirchen zurückziehen mußte. In dieser Situation blieb dem SS-Obergruppenführer Willy Bittrich nichts anderes übrig, als die gefährliche Frontlücke mit sei-

[182] Ebenda, S. 191. Vgl. auch Rebhann, a.a.O., S. 226
[183] Weidinger, Division, a.a.O., S. 527/528

ner Korpsreserve zu schließen. Und diese bestand zu diesem Zeitpunkt nur aus den beiden Wiener HJ-Volkssturmbataillonen[184].

Als die Sowjets am 14. April um 4 Uhr früh erneut bei Großebersdorf angriffen und in das Gebiet nördlich von Korneuburg gelangen wollten, hatten die HJ-Kompanien bereits den Frontabschnitt zwischen dem Bisamberg und der Ortschaft Schleinbach besetzt. Außerdem griffen von den Höhen des Bisamberges und des Veiglberges sowohl Sturmgeschütze als auch Panzerspähwagen und leichte Flakgeschütze in den Kampf ein.

So gelang es bei Manhartsbrunn dem Bannführer Ralf Roland Ringler, den Feind sogar um einige Kilometer zurückzuwerfen[185].

Weitere Sowjetangriffe wurden von den 16- und 17jährigen HJ-Fronthelfern in den Wäldern östlich von Seebarn abgewehrt. Und besonderes Lob für die »Kindersoldaten« finden sich in den Aufzeichnungen der Führergrenadierdivision[186], die gemeinsam mit den Hitlerjungen die Orte Königsbrunn, Hagenbrunn und Klein-Engersdorf verteidigten. Diese Burschen gehörten zur HJ-zbV-Kompanie des Ottakringer Bannführers Franz Korn, doch hielt sich dieser bei Baldur von Schirach in Flandorf auf. Und das Kommando vorne an der Front hatte der mehrfach ausgezeichnete Feldwebel Fromm aus der Steiermark.

Frontabschnittskommandeur war übrigens der Bannführer Leo P., der mit seinem HJ- Volkssturmbataillon 41/6 sowohl in Zusammenhang mit den Kämpfen in Preßburg als auch hinsichtlich des erfolgreichen Gegenangriffs bei Mariabrunn erwähnt wurde. Sein Gefechtsstand befand sich oben

184 Mitteilung Direktor Leo P. u. Dipl.Kfm. Willy W.

185 Ringler, a.a.O., S. 196. Ringler irrte sich im Datum. Nachdem sein militärischer Erfolg im Wehrmachtsbericht v. 15.4.1945 erwähnt wurde, kann er diesen nur am Vortag errungen haben.

186 Mitteilung Mj. d. R. Horst Voigt

am Bisamberg. Und in den umliegenden Wäldern stand ein Teil des Trosses, dem sich auch zahlreiche Frauen und Kinder angeschlossen hatten.
Als sowjetische Tiefflieger angriffen, wurde einer von ihnen durch den 16jährigen Adolf Peyerl abgeschossen.
In den Vormittagsstunden des 14. April griffen die Sowjets erneut bei Manhartsbrunn an, und der Bannführer Ralf Roland Ringler sah sich gezwungen, einen dringenden Appell an das II. SS-Panzerkorps zu richten: »Schickt endlich schwere Waffen zu unserer Unterstützung! Und wie steht es mit der Verpflegung? Meine Buben haben seit mehr als 24 Stunden nichts mehr zum Beißen bekommen...«
Ein Stabsoffizier des II. SS-Panzerkorps versprach daraufhin lediglich, daß der tapfere Einsatz der Hitlerjungen im nächsten Wehrmachtsbericht erwähnt werden würde. Sonst hieß es weiterhin: »Durchhalten!«[187]
Trotzdem rückten am Nachmittag des 14. April mehrere Kompanien der SS- Unterführerschule Radolfzell als auch diverse andere Waffen-SS-Einheiten in die Stellungen der HJ-Fronthelfer ein. Und die HJ-Kompanien wurden aus der Hauptkampflinie herausgenommen.
Kurz vorher verließ auch Baldur von Schirach die Ortschaft Flandorf[188]. Begleitet wurde er vom Hauptführer Gustav Höpken und dem Oberbannführer Fritz Wieshofer. Beide Herren waren nach wie vor seine Adjutanten. Und allein dies empfanden die zurückbleibenden HJ-Wachposten als erstaunlich, weil ihr ehemaliger Reichsjugendführer nur mehr den Dienstgrad eines Leutnants besaß. Außerdem soll er gesagt haben: »Ich möchte wieder Verbindung mit der kämpfenden Truppe bekommen.«
Das war allerdings nicht ganz wörtlich zu nehmen, weil Bal-

[187] Ringler, a.a.O., S. 198
[188] Der ehemalige HJ-Fronthelfer Walter Zemann berichtete, daß Baldur von Schirach in rasender Fahrt aus Flandorf hinausfuhr.

dur von Schirach noch am selben Tag zum weitentfernten Schloß Grünbichl bei Kilb fuhr. Dort meldete er sich beim SS-Oberstgruppenführer Sepp Dietrich, während etwa die HJ-zbV-Kompanie des Bannführers Amon »Affi« Göth im Raum Hetzmannsdorf-Obergänserndorf erneut in die Schlacht geworfen wurde.

Dort kam nämlich eine SS-Polizeikompanie ins Wanken und die 16- und 17jährigen mußten abermals »Feuerwehr« spielen...

Genaue Zahlen über die Verluste der Wiener HJ-Kampfgruppe »Werwolf« gibt es auch aus dem Bezirk Korneuburg nicht. Bannführer Leo P. spricht von vier bis sechs Gefallenen. Und Ralf Roland Ringler erwähnte in seinem Buch »Illusion einer Jugend« überhaupt nur einen Burschen, der in Manhartsbrunn verwundet wurde[189]. Dort allerdings liegt der 16jährige HJ-Fronthelfer Robert Benesch begraben, während dreiundzwanzig weitere Gefallene später exhumiert und anschließend in der Kriegsgräberanlage Allentsteig im Waldviertel beigesetzt wurden.

Zweiundzwanzig von ihnen waren kaum älter als 16 oder 17 Jahre und hatten weder eine Erkennungsmarke noch ein Soldbuch bei sich[190]!

Das gleiche traf auch bei insgesamt 164 Gefallenen zu, die ursprünglich in Schleinbach, Pfösing, Münichthal, Rückersdorf-Harmannsdorf, Seebarn, Stetten und am gemeinsamen Friedhof von Klein Engersdorf, Hagenbrunn und Flandorf ihre letzte Ruhestätte fanden, doch im Verlauf einer großen Umbettungsaktion entweder nach Allentsteig oder Oberwölbing überführt wurden.

Allerdings fielen bei den späteren Kämpfen in dieser Gegend auch volksdeutsche und slowakische Jugendliche, die ebenso wie die Wiener HJ-Fronthelfer keine Erkennungs-

[189] Ringler, a.a.O., S. 199. Siehe auch »Rundblick«, Folge 4/1985, S. 20 u. 21

[190] Mitteilung des Totengräbers von Manhartsbrunn

marken besaßen. Sie standen unter dem Befehl des bereits erwähnten Generalmajors Marian von Wessely, dessen Grab sich in der Kriegsgräberanlage Retz befindet.
Und dies sagte der bekannte Militärhistoriker Doz. Dr. Manfried Rauchensteiner über den Sinn der verlustreichen Kämpfe: »Die sowjetischen Angriffe gingen weiter, aber die Bildung einer neuen Front nördlich von Korneuburg über Stetten-Seebarn-Manhartsbrunn-Pfösing-Schleinbach, die im großen und ganzen bis Kriegsende gehalten werden konnte, war gelungen und der Anschluß an die 8. Armee gewahrt.«[191]

[191] Rauchensteiner, Der Krieg, S. 190

VIII. Im Jagdeinsatz (13.–28.4.1945)

Wir hatten einen stundenlangen Gewaltmarsch hinter uns, der vom Michaeler Berg zum Dreimarkstein und von dort zum Hermannskogel führte. Feindberührung hatten wir keine, aber wir mußten querfeldein latschen. Und dies bedeutete, daß wir schwitzend und keuchend einen Hang nach dem anderen hinaufkletterten, um dann wieder in ein anderes Tal hinunter zu stolpern.

Anfangs zählte ich noch die Holzzäune und Stacheldrahtumgrenzungen, die wir überwinden mußten, doch etwa bei der Zahl Dreizehn hatte ich von diesem »Zeitvertreib« genug. Jedenfalls verfluchte ich die diversen Forstverwaltungen ebenso wie die unzähligen privaten Grundbesitzer, die diese Hindernisse errichten ließen. Obwohl dies natürlich ihr gutes Recht war.

Dicht bei der Habsburger Warte wäre es fast zu einem Feuergefecht gekommen. Da tauchten plötzlich mehrere Gestalten auf, die wir für Sowjetarmisten hielten. Denn diese Männer steckten in erdbraunen Regenpelerinen, trugen undefinierbare Schiffchen auf dem Kopf und hatten sowjetische Maschinenpistolen umgehängt. Außerdem baumelte bei einigen von ihnen ein zusammengeschnürter Kartoffelsack auf dem Rücken. Und dies war ganz die Art, wie die meisten Muschiks ihre Verpflegung und ihre Munition beförderten.

Schon wollte ich das Feuer eröffnen!

Da sah ich im letzten Augenblick einen deutschen Flaksoldaten, der beim Aufgang zum Aussichtsturm hockte und sich dort »erleichterte«. Zur Reinigung seiner Kehrseite kam er nicht mehr, denn er riß sofort die Arme in die Höhe und deutete so seine Übergabebereitschaft an.

Wesentlich anders reagierten seine Begleiter, als sie meine Maschinenpistole sahen: Sie brachten gleichfalls ihre Waffen in Anschlag.

Im selben Augenblick stolperte ein HJ-Soldat, fluchte laut und hemmungslos. Daraufhin begann der Anführer der vermeintlichen Feinde zu lachen. Und es stellte sich heraus, daß diese 8 Mann zur Russischen Befreiungsarmee des General Wlassow gehörten, also unsere Verbündeten waren[192].

Der Flakunteroffizier diente ihnen als Lotse, was keinesfalls freiwillig geschah. Jedenfalls erzählte er mir, daß er sich von der Großkampfbatterie Haschhof nach Salmannsdorf durchschlagen wollte, als er dort von den Nationalrussen »kassiert« wurde. Diese hatten nämlich von einem ROA-Verband[193] gehört, welcher sich noch in der Gegend von St. Andrä-Wördern befinden sollte. Aber sie kannten den Weg dorthin nicht.

Den Hinweis auf den ROA-Verband ließ ich sofort an unseren Führungsstab »Cherusker« durchgeben. Und kurz nachher erreichte auch uns ein Funkspruch: Wir sollten noch vor dem Morgengrauen eine sowjetische Truppenansammlung in der Nähe des Kritzendorfer Strandbades angreifen!

Natürlich war uns klar, daß wir ein weiteres Übersetzen des

[192] Wlassow geriet 1942 in deutsche Gefangenschaft und wollte mit über 500.000 Hilfswilligen insgesamt 30 nationalrussische Divisionen aufstellen. Adolf Hitler genehmigte ihm nur eine Division, erst 1945 kam noch eine zweite hinzu.

[193] ROA = Abkürzung für Russkaja Oswoboditelnaja Armija (Russische Befreiungsarmee)

Feindes auf das nördliche Donauufer nicht verhindern konnten. Aber wir mußten wenigstens den Versuch unternehmen, diese Aktion zu stören. Denn jede Minute, die auf diese Weise gewonnen werden konnte, half unseren schwerringenden Kameraden im Raum Bisamberg-Korneuburg. Und irgendwo in dieser Gegend vermuteten wir auch die beiden Wiener HJ-Bataillone.
Wir marschierten sofort los.
Die Vorhut wurde von mir und den ROA-Kameraden gebildet, dann kamen meine HJ-Soldaten, während Petja Orlow mit den SD-Leuten die Rückendeckung übernahm.
Der Kierling-Bach und die parallel dazu verlaufende Straße wurden ohne jegliche Schwierigkeiten überquert. Doch beim Käferkreuz jaulte und bellte plötzlich ein Hund. Dies brachte einen HJ-Fronthelfer auf die wahnwitzige Idee, eine Handgranate abzuziehen. Natürlich wurde das Tier durch die Detonation zerfetzt, was keinesfalls notwendig war. Aber noch mehr ärgerte es mich, daß der laute Knall vermutlich kilometerweit gehört wurde.
Als ich Franz Gary deshalb Vorhaltungen machte, versuchte er die Schuld auf Petja Orlow abzuwälzen. Aber ich konnte mir nicht vorstellen, daß der Ukrainer tatsächlich der Anstifter bei diesem Lausbubenstück war. Und für ein eingehendes Verhör hatte ich wirklich keine Zeit!
Wir erreichten den Freiberg und sahen in den Straßen von Kritzendorf sowjetische Panzer, Lastkraftwagen und Geschütze stehen. In den Gärten am Ortsrand lagerte außerdem Infanterie. Und deren Stärke schätzte ich auf etwa zwei bis drei Kompanien.
Aus der Au klangen dumpfe Schläge herüber, war auch das Dröhnen von schweren Motoren zu hören. Außerdem wummerte und röhrte am jenseitigen Donauufer die Front, machte sich hin und wieder das heisere Bellen von Maschinengewehren bemerkbar.
Ich schickte den HJ-Fronthelfer Kainz auf Erkundung. Er

berichtete, daß sich auf einem 2 km langen Straßenstück keine Feindkräfte befänden.
Folglich mußte ich versuchen, genau dort die Fahrbahn zu überqueren, um in die Au zu gelangen!
Aber zur selben Zeit sollten auch Orlow und unsere Nationalrussen aktiv werden: Der Ukrainer bekam ein Drittel meiner Burschen und zwei Maschinengewehre zugeteilt. Seine Aufgabe bestand zunächst darin, die am Ortsrand biwakierenden Gardeschützen durch gezieltes Feuer niederzuhalten. Außerdem hatte er mit seinem Jagdzug als Einsatzreserve zu fungieren, wenn wir in der Au in Bedrängnis kämen oder uns der Rückweg abgeschnitten würde.
Die ROA-Männer machten übrigens selbst den Vorschlag, sich der Fahrzeugkolonne »anzunehmen«. Und es wurde mit ihnen vereinbart, daß sie die Kampfhandlungen eröffnen sollten. Bis dahin, so versprach Orlow, wollte er sich völlig ruhig verhalten.
Leider tat er dies nicht!
Als ich mit meinen Leuten den Friedhof erreichte und die Nationalrussen noch ein gutes Stück von der Ortskirche entfernt waren, begannen oben am Berg unsere Maschinengewehre zu rattern. Dieser Spektakel scheuchte auch die schlafenden Muschiks auf den abgestellten Lastkraftwagen auf. Allerdings waren sie so verwirrt, daß sie die herankommenden Wlassow-Soldaten für ihre Genossen hielten.
Im nächsten Augenblick ballerten auch dort die Maschinenpistolen, detonierten Handgranaten, das Chaos war perfekt.
Inzwischen liefen wir durch eine kleine Siedlung zur Bahntrasse hinunter. Dahinter befand sich ein Wasserlauf, den wir nicht überqueren konnten. Aber wir fanden einen Feldweg und stolperten diesen entlang. Nach einigen Minuten näherten wir uns einer Brücke, über die gerade sowjetische Panzer rollten. Sie wären ein lohnendes Ziel gewesen, allerdings besaßen wir keine Panzerfäuste.

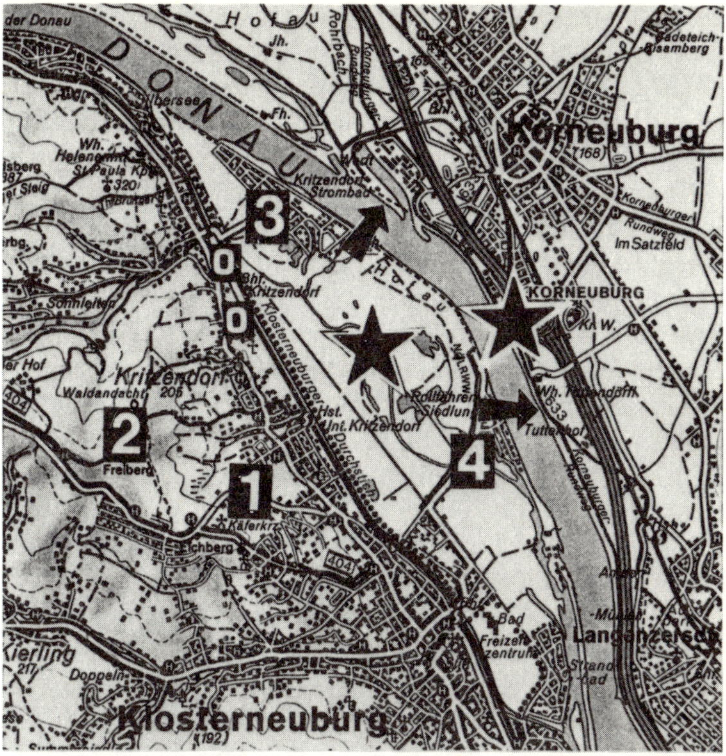

Karte: Freytag & Berndt

Einsatz Kritzendorf: 1 *Käferkreuz*
2 *Freiberg*
3 *u. 4 Sowjetische Truppenansammlung*
0 *Die Stellen, wo der Feuerüberfall erfolgte.*

Die Pfeile kennzeichnen die Donauüberquerung durch die sowjetischen Truppen.

Die auf der Karte eingezeichnete Autobahn am nördlichen Donauufer hat es 1945 noch nicht gegeben.

Deshalb überquerten wir abermals die Gleise der Franz Josefs-Bahn und nisteten uns vorübergehend in einem etwas höher gelegenen Haus sowie in den daneben befindlichen Gärten ein. Das Gebäude war zu unserem Glück unbewohnt. Deshalb gab es auch keine lautstarken Auseinandersetzungen mit dem Eigentümer oder den Mietern.

Ich stieg zu einer Dachkammer hinauf, von dort konnte ich einen Teil des Strandbades überblicken. Dabei wurde mir bewußt, daß es bereits gefährlich hell war.

Zwischen den Holzhütten wimmelte es von Fußvolk. Außerdem erkannte ich eine Batteriestellung, bei der gerade Munition abgeladen wurde. Und auf einer Straße, die etwa parallel zur Bahnlinie verlief, standen ebenfalls Lastkraftwagen. Vermutlich dienten auch sie dem Transport von Granaten.

Als weitere Ziele boten sich die Batteriestellung sowie die vielen Infanteristen und Pioniere an, die auf der »Insel« herumliefen. Gegen die Panzer konnten wir mit unserem Maschinengewehr ohnedies nichts unternehmen.

Auch die Pontons, mit denen der Sowjetverband über die Donau gebracht wurde, waren für uns unerreichbar!

Ich erteilte den MG-Schützen Befehle. Dann gingen wir erneut am Bahndamm in Stellung. Dabei achtete ich darauf, daß unsere Schützenlinie so weit wie möglich auseinander gezogen wurde. Auf diese Weise sollte eine möglichst große »Frontbreite« vorgetäuscht werden.

Da kam uns auch der Zufall zu Hilfe, denn im Ortszentrum von Kritzendorf dröhnten mehrere Explosionen, der Kampflärm verstärkte sich. So konnte bei den Sowjets der Eindruck entstehen, daß wir bereits den ganzen Ort bedrohten.

Ich jagte den ersten Feuerstoß aus meiner MPi. Im nächsten Augenblick begann unser Maschinengewehr zu rattern, und meine HJ-Fronthelfer feuerten Schuß um Schuß aus ihren Gewehren.

Drüben in der Au entstand ein Inferno, brannten Lastkraftwagen, ging Munition hoch, es gab Tote und Verwundete. Trotzdem brachten die Muschiks eine Pak[194] in Stellung und feuerten damit auf die Häuser am Hang. Dabei wurde auch jenes Gebäude getroffen, in welchem sich ursprünglich unser MG befand. Aber die Kameraden hatten längst einen Stellungswechsel vollzogen.
Als die Sowjets schließlich auch Granatwerfer einsetzten und damit den Bahndamm »umackerten«, verlegten wir unsere »Stellung« um ein paar Meter weiter nach vorne. Dort begann bereits der Auwald, und die riesigen Bäume boten uns etwas Deckung.
Dann krepierte ein Geschoß in einer Eiche, ihr Stamm wurde wie ein Zündholz geknickt, und er begrub unter sich einen HJ-Soldaten. Zwei Kameraden und ich sprangen auf, um ihm zu helfen. Wir kamen allerdings nur ein paar Meter weit, dann mußten wir uns flach auf den Boden pressen. Denn plötzlich kam am Bahndamm ein T 34 daher, dessen MG-Garben dicht neben uns niederprasselten.
Die beiden Burschen gerieten in Panik, hetzten mit wilden Zickzacksprüngen zurück. Und selbst einer meiner Unterführer schrie mir zu, ich sollte doch endlich den Rückzugsbefehl geben.
Sicherlich hatte er recht, denn diesmal waren wir dem Panzer gegenüber völlig wehrlos. Und dem Buben unter dem Baum konnten wir auch nicht mehr helfen. Aber ich hörte, wie der Schwerverwundete verzweifelt um Hilfe schrie!
Wie pflegte der Sturmbannführer Z. zu sagen?: »Was wollt ihr. Wir sind nicht mehr im Kindergarten...«

Wir sammelten uns auf dem Freiberg.
Ich war überrascht, daß kein weiterer Kamerad fehlte. Nur einer von uns, ein ROA-Mann, hatte einen relativ harmlosen Streifschuß erlitten.

[194] Pak = Abkürzung für Panzerabwehrkanone

Der Anführer der Wlassow-Soldaten meldete mir mit sichtlichem Stolz die Vernichtung von drei sowjetischen Panzern, die sie mit einer geballten Ladung und mit Brandflaschen erzielen konnten. Überdies hatten sie auch etliche Lastkraftwagen in Brand gesteckt.
Aber letztlich schimpfte der ROA-Kommandant auf Petja Orlow, weil dieser durch die vorzeitige Feuereröffnung fast das ganze Unternehmen gefährdet hatte. Zum Glück war Petja gerade auf Erkundung, so konnte ich unsere »Weißgardisten« dazu bringen, daß sie in Richtung Stiftswald voraus marschierten. Wobei natürlich der Flak-Unteroffizier erneut als »Pfadfinder« fungierte.
Als Orlow kurz nachher zurückkam, wies er zunächst auf mehrere sowjetische Spähtrupps hin, die im Weidlingtal offenbar nach uns suchten. Und erst auf meine konkrete Frage, was vorhin passiert sei, bequemte er sich zu der knappen Feststellung: »Der Oberrottenführer Gary hat zu früh abgedrückt!«
Dieses »nervliche Versagen« wurde zwar von dem Beschuldigten eingestanden, doch erfuhr ich erst nach Kriegsende, daß der Ukrainer einen eindeutigen Feuerbefehl erteilt hatte. Und die HJ-Fronthelfer schwiegen nur deshalb, weil sie ihn so sympathisch fanden...
Auf derHöhe 351 wartete der Funker auf uns.
Er war zwischenzeitlich auf Empfang gegangen und hatte dabei festgestellt, daß bei den Sowjets offenbar große Aufregung herrschte. Ihre Morsetasten kamen kaum zur Ruhe, allerdings konnte er den Code nicht entschlüsseln.
Irgendwann trafen wir wieder auf unsere ROA-Kameraden und verkrochen uns dann gemeinsam in einem nur schwer zugängigen Jungwald. Matthys und seine Freunde vom SD übernahmen freiwillig die erste Wache, während wir übrigen sofort einschliefen. Später fanden wir einen Bach mit klarem, eiskaltem Wasser, welches uns fühlbar erfrischte. Allerdings war es ein Fehler, daß meine Burschen ihren

10. Sichern der Ruhe

Feste Lager können nur in besonders günstigem Gelände, in ausgedehnten Wald- und Heidegebieten und im Hochgebirge, eingerichtet werden.

Für gute Tarnung des Lagers sowie der zu ihm hinführenden Spuren ist zu sorgen. Einen sicheren Schutz bietet es, wenn nur fester, steiniger Grund betreten wird. Das Einlaufen von verräterischen Trampelpfaden muß vermieden werden.

Auch dort, wo feste Lager nicht eingerichtet werden können, muß für die Sicherung der ruhenden Jagdeinheit stets Sorge getragen werden. Eine wirksame Form der Sicherung besteht in möglichst häufigem Wechsel der Unterschlupfe, für die Einzelhöfe, Keller, Hausruinen, Jagdhütten, Scheunen, Fichtendickungen in Frage kommen.

Die unmittelbare Sicherung durch Lausch- und Spähposten ist durch ständige Aufklärung der Umgebung des Unterschlupfes zu ergänzen. Baumbeobachtung ist manchmal von Nutzen. Die beste Sicherung wird durch Mithilfe der Bevölkerung erreicht. Frauen und Kinder können dabei gute Dienste leisten.

Bestimmte unauffällige Zeichen zur Warnung und Alarmierung der ruhenden Jagdeinheit müssen verabredet sein, desgleichen wechselnde Kennworte und Erkennungszeichen.

Unterschlupfe sollen einen Notausgang haben.

Wo die Verminung der Zugänge oder wenigstens das Verlegen von Handgranaten mit Spanndraht zum Alarmieren möglich ist, wird damit ein guter Schutz erreicht.

Auch in der Ruhe muß jeder Jäger seine Waffe stets in Greifweite bei sich haben.

Bei Verlassen eines Unterschlupfes sind alle Spuren der Benutzung sorgfältig zu tilgen.

»Winke für Jagdeinheiten« (1945)
Eine Zusammenarbeit mit der Bevölkerung war beim Erscheinen dieser Broschüre bereits unrealistisch.

Durst etwas zu ausgiebig löschten. Denn bereits am Abend hatten etliche von ihnen einen höchst unangenehmen »Dünnpfiff«!
Der Sanitäter führte dies auf unsere Verpflegung zurück, die aus stark gesalzenem Büchsenfleisch bestand. Das machte natürlich durstig. Aber das Fleisch war in Schmalz eingelegt, und dieses vertrug sich im Magen keinesfalls mit dem nachher getrunkenen Wasser. Außerdem besaß kaum jemand mehr ein Brot, welches das Fett aufgesogen und etwas neutralisiert hätte.
Georges Matthys verschwand plötzlich. Und als er nach einiger Zeit wieder auftauchte, hatte er sein Eßgeschirr mit Brombeerblättern gefüllt. Diese mußten von unseren »Kranken« gekaut und hinuntergeschluckt werden, was ihnen eindeutig zuwider war. Jedenfalls meinte einer der HJ-Soldaten, daß er weder ein Hase noch ein Ziegenbock sei, um auf diese Blätter scharf zu sein. Er entrüstete sich auch über das widerliche Dörrgemüse, welches wir seinerzeit im Wehrertüchtigungslager vorgesetzt bekamen.
Aber das »Wundermittel« half tatsächlich...

In der Nacht zum 15. April 1945 mußten wir aus Sicherheitsgründen die Ortschaft Hintersdorf im weiten Bogen umgehen, obwohl wir dort vermutlich eine bessere Verpflegung aufgetrieben hätten. Anschließend stiegen wir auf den Plöcking hinauf. Dort sammelten wir Reisig und errichteten jurtenartige Hütten, in denen wir uns vor dem Regen verkriechen konnten. In der Eile verzichteten wir aber auf das Ausheben von kleinen Wassergräben, und es dauerte nicht lange, bis sich der Boden unter uns in ein Schlammbad verwandelte.
Erst gegen Morgen, als der Regen bereits nachließ, schickte ich einen Jagdtrupp unter der Führung von Franz Gary zur Straße nach St. Andrä vor dem Hagenthale. Der Oberrottenführer hatte sich zu dieser Erkundung freiwillig gemel-

det, was ich selbstverständlich akzeptierte. Denn ich hielt diesen Jungen für einen Draufgänger, dessen gelegentlicher Übermut durch einen entsprechenden Appell an sein Verantwortungsbewußtsein gebremst werden konnte.
Überdies wollte ich ihn von Peter Orlow »abnabeln«, weil er diesem geradezu blind ergeben war.
Das Spähtruppunternehmen bereitete uns von allem Anfang an einigen Ärger: Zuerst stürzte einer der Burschen und zog sich eine Sehnenzerrung zu. Er mußte deshalb von zwei Kameraden auf den Plöcking zurückgebracht werden. Dann fand nur einer von den beiden den Anschluß an den Jagdtrupp, während der andere irgendwo herumirrte.
Dies stellte sich allerdings erst nachträglich heraus, als es für eine Suchaktion schon zu spät war.
Franz Gary und sein Jagdtrupp hatten sich auf dem Rückweg ebenfalls verlaufen. Und als er sich zurückmeldete, waren seit seinem Aufbruch mehr als 2 Stunden vergangen. In dieser Zeit konnte der Vermißte längst einer sowjetischen Streife in die Hände gefallen sein.
Er hieß Felix Binkowski und wurde von den Kameraden »Binkerl« genannt, wenn sie ihn nicht gerade als »Wasserpollack« bezeichneten. Aber Schimpfworte dieser Art entsprachen einer gewissen Überheblichkeit der Wiener und hatten mit einer nationalsozialistischen Denkungsweise sehr wenig zu tun. Denn auch in der k.u.k.-Monarchie spöttelte man über die »Behm«[195] und die »Krowaden«[196].
Binkowski war übrigens ein gebürtiger Schlesier, der sehr gut Polnisch sprach. Er konnte sich auch mit unseren Wlassow-Russen verständigen. Allerdings mißfiel dies dem Ukrainer Petja Orlow, obgleich dieser bei jeder Gelegenheit mit dem »Polen« plauderte. Aber die Sympathien und Antipathien des Waffen- Unterscharführers waren für mich keine Richtschnur.

[195,196] Mit den »Behm« waren die Tschechen gemeint, mit »Krowaden« die Kroaten.

So konnte ich es einfach nicht glauben, daß Felix Binkowski ein Deserteur sein sollte!
Wesentlich mehr beschäftigte mich die Frage, ob und wie weit er den Sowjets antworten würde, wenn man ihn einem Verhör unterzog. Denn von seinem Schweigen hing letztlich das Schicksal von uns allen ab...

Der deutsche Feldzug in Polen war bekanntlich nach 18 Tagen beendet und er ging deshalb als »Blitzkrieg« in die Geschichte ein. Im Gegensatz dazu verlief der sowjetische Vormarsch in Österreich geradezu im Schneckentempo: Wien wurde zwar erobert, doch nördlich der Donau kam die Rote Armee zunächst nicht über Korneuburg hinaus. An der Westbahnstrecke standen die Sowjets zwar in St. Pölten, aber sie wurden bereits im Dunkelsteinerwald wieder aufgehalten. Der Semmering erwies sich als uneinnehmbare Festung. Und nach den Kämpfen bei Fehring, bei denen sich der Bannführer Hermann Reitinger ausgezeichnet hatte, gelangten die sowjetischen Panzer nur bis Kirchberg a.d. Raab.
Dort stellten sich ihnen etwa 700 »Genesene« der Fahr-Ersatz- und Ausbildungsabteilung 18 entgegen[197]. Aber auch einige HJ-Fronthelfer gingen auf Panzerjagd. Und obwohl die Zahl ihrer Abschüsse sicherlich nicht besonders hoch war, stellte die Sowjetarmee zunächst ihren Vormarsch in Richtung Graz ein.
Dann kam es in diesem Gebiet zu deutschen Gegenangriffen, bei welchen nicht nur Fallschirmjäger und ukrainische SS-Angehörige, sondern auch Hitlerjungen eingesetzt wurden. Wobei zu erwähnen ist, daß die 15- bis 17jährigen Burschen vor allem in der Umgebung des Stradner Kogels kämpften[198]. Besonders langsam kamen die Sowjets im Raum nordwest-

[197] Der Großteil dieser Einheit bestand aus Kriegsversehrten. Vgl. Rauchensteiner, Der Krieg, a. a. O., S. 251
[198] Mitteilung Karl Antosch

lich von Mogersdorf und Heiligenkreuz voran. Dort standen sie am 17. Tag nach Überschreiten der ungarischen Grenze erst bei Eltendorf und Königsdorf.
Aber um so »siegreicher« waren die Rotarmisten im Pinka- und im Lafnitztal: Bereits am 6. April konnten sie die Orte Pinggau, Friedberg und Dechantskirchen geradezu kampflos besetzen. Einen Tag später fühlten sie über St. Lorenzen am Wechsel, Bruck a.d. Lafnitz und Mönichwald gegen Waldbach vor, ohne auf besonderen Widerstand zu stoßen[199]*.*
Und erst am 14. April 1945 meldete die in Graz erscheinende »Tagespost«, daß Wenigzell mehrere Stunden lang von einer Volkssturmkompanie verteidigt werden konnte, obwohl diese Ortschaft von zwei Schwadronen Kosaken und einer sowjetischen Radfahrabteilung angegriffen wurde.
Aber keine Erwähnung fand in diesem Zusammenhang, daß es sich bei diesen »Volkssturmmännern« großteils um Angehörige eines Wehrertüchtigungslagers gehandelt hat, die aus Marburg a.d. Drau in den Raum Vorau verlegt worden waren[200]*.*
Gleichfalls am 14. April 1945 schrieb die »Kleine Zeitung«: »Jagdkommandos der Hitler-Jugend griffen hinter den Feindlinien mit gutem Erfolg Granatwerferstellungen und Feindansammlungen nördlich Bruck a.d. Lafnitz an und vernichteten eine größere Anzahl von Bolschewisten. Der Gebietsführer der Steiermark, Hauptbannführer Eduard Danziger, ist als Führer eines Jagdkommandos gefallen.«
Annähernd zur selben Zeit wurde eine weitere HJ-Fronthelfer-Einheit von Birkfeld nach Fischbach verlegt und marschierte dann weiter in Richtung Schanz, um dort eine Verteidigungsstellung zu beziehen.
In der Ortschaft Fischbach mußten zwei HJ-Kradmelder zu-

[199] Tuider, a.a.O., S. 5
[200] Mitteilung Richling

rückbleiben, weil ihr Motorrad eine Panne hatte. Sie übernachteten ziemlich unbekümmert auf dem Dachboden des Kaufhauses Schlager, obwohl die sowjetischen Truppen nurmehr wenige Kilometer entfernt waren. Und so kam es, daß sie gegen 3 Uhr früh von den Rotarmisten im Schlaf überrascht wurden.

Ihre Leichen lagen später neben dem Pfarrhof mitten im Kot. Und als Todesursache stellte der Feuerwehrkommandant Frühwirth eindeutig Genickschüsse fest[201]!

Vierundzwanzig Stunden später, in der Nacht zum 15. April 1945, versuchte eine rund 2000 Mann zählende sowjetische Kampfgruppe ins Mürztal durchzustoßen. Sie kam allerdings nicht weit über Fischbach hinaus, weil ihr auf der Schanz ein wütendes Abwehrfeuer entgegenschlug. Die dortigen Stellungen wurden von Gebirgsjägern, Volkssturmsoldaten und 28 HJ-Fronthelfern gehalten.

Außerdem war es bemerkenswert, daß die Sowjets relativ hohe Verluste erlitten und in wilder Flucht zurückgingen[202].

Als schließlich der Führer der Kampfgruppe Semmering, Oberst Heribert Raithel, einen Gegenangriff befahl, sollten die Hartberger HJ-Soldaten zunächst als Einsatzreserve auf der Schanz zurückbleiben. Aber da zeigte es sich, daß die vorgehenden Einheiten aus der Flanke mit Maschinengewehren und Granatwerfern beschossen wurden.

Und es war letztlich eine Eigeninitiative des Bannführers Rudi Nitsch, als er mit seinen achtundzwanzig Buben dieses Widerstandsnest ausschaltete[203]. Er bekam dafür das Eiserne Kreuz I. Klasse verliehen. Ausgezeichnet wurden auch die HJ-Fronthelfer Rudolf Wohlgenannt, Josef Buswald und Richard Mühlberger; ihnen gab man allerdings nur das EK II.

Außerdem hieß es in einem Frontbericht, welcher von der »Kleinen Zeitung« und der »Tagespost« veröffentlicht wur-

[201] Frühwirth-Bericht, abgedruckt in der »Kleinen Zeitung« v. 18.4.1965, S. 18
[202] Tuider, a.a.O., S. 8 u. 9
[203] Mitteilung Nitsch

de, daß bei den Kämpfen auf der Schanz der 16jährige Franz Köstner aus Hartberg gefallen war[204].

Keine Notiz nahm der Kriegsberichterstatter von dem Tod der HJ-Fronthelfer Karl Brix, Harald Gösslbauer, Johann Höfler, Erich Ochabauer und Alfred Reinisch, die zwar nicht bei den Kämpfen auf der Schanz, aber gleichfalls im Vorgelände der Fischbacher Alpen gefallen sind.

Übrigens wurden im Raum Fischbach-Birkfeld auch Luftwaffenhelfer- Flakkampftrupps mit ihren 8,8 cm-Kanonen eingesetzt. Und in der Gegend von Rettenegg kämpfte eine HJ-Volkssturmeinheit aus dem Bezirk Leoben[205].

Außerdem ist es erwähnenswert, daß die Sowjets den Hitlerjungen Klement Grabenbauer aus Fischbach verschleppten. Sie brachten ihn nach Wenigzell, wo er dann als »Werwolf« erschossen wurde, obgleich er an den Kampfhandlungen überhaupt nicht teilgenommen hatte. Er war noch nicht einmal 16 Jahre alt...[206]

Am 15. April 1945 kam es auch in Fürstenfeld zu einem fast zehnstündigen Kampf. Dadurch wurde es ermöglicht, daß westlich der Stadt eine neue Hauptkampflinie (HKL) aufgebaut werden konnte.

Und der General der Panzertruppen, Hermann Balck, meldete in einem Funkspruch an das Oberkommando der Wehrmacht: »Der schwerkriegsbeschädigte Kreisleiter von Fürstenfeld, Eduard Meissel, hat sich mit seinen Hitlerjungen im Häuserkampf ganz hervorragend geschlagen.«[207]

Balck bat in diesem Zusammenhang um eine Erwähnung im Wehrmachtsbericht, was aber letztlich ignoriert wurde. Statt dessen gab das Oberkommando der Wehrmacht am selben Tag bekannt: »Zwischen Drau und Donau hielten die schwe-

204 Dieser PK-Bericht wurde von der »Kleinen Zeitung« am 8.5.1965 abermals veröffentlicht. Siehe auch »Tagespost« v. 8.5.1945

205 Mitteilung Graf

206 Mitteilung Gemeindeamt Fischbach

207 Rauchensteiner, Der Krieg, a.a.O., S. 275

ren Abwehrkämpfe an. Bei schwungvollen Gegenangriffen nordöstlich St. Pölten vernichteten unsere Truppen 20 Panzer. Westlich der March wurden starke feindliche Angriffe abgeschlagen, zum Teil auch nach anfänglichem Geländeverlust aufgefangen. Der in Manhartsbrunn eingedrungene Gegner wurde durch ein Volkssturmbataillon der Hitler-Jugend wieder geworfen.«[208]

Aber nicht alles, was in diesen Tagen geschah, war tapfer und ehrenwert: So wurden in Randegg (Niederösterreich) zirka 80 jüdische Männer, Frauen und Kinder zu einer Marschkolonne zusammengefaßt, die man dann auf eine Waldlichtung trieb. Dort mußten die Juden mehrere Reisighaufen aufschichten. Und als sie mit dieser Arbeit fertig waren, »mähte« sie ein Maschinengewehr nieder.

Diese »Hinrichtung« mußte ebenso wie seinerzeit das Massaker von Deutsch-Schützen von Hitlerjungen abgesichert werden. Nur waren es diesmal nicht sieben, sondern nur zwei Burschen: Der eine von ihnen war 16 und der andere 17 Jahre alt.

Als das SD-Sonderkommando die Leichen der Ermordeten verbrannte, mußten die beiden Hitlerjungen die restlichen Spuren beseitigen. Aber dies war dem 16jährigen Alois M. offenbar nicht grauenvoll genug, denn er »prahlte« später einem Kameraden gegenüber, daß er selbst aktiv an der Erschießung teilgenommen habe.

So kam es nach dem Krieg zu mehreren Verhaftungen und schließlich zu einem Volksgerichtsprozeß, bei welchem Alois M. allerdings nur mehr als Zeuge fungierte. Denn in der Zwischenzeit kam ein Gerichtspsychiater zu der Erkenntnis, daß dieser ehemalige Hitlerjunge ein krankhafter Lügner war. Und auf der Anklagebank saßen nicht etwa jene SD-Leute, die die Judenmorde durchgeführt hatten, sondern der Bannführer Ernst Burian.

[208] Wegmann, a.a.O., Band III/S. 536

Dieser hatte dem SD-Sonderkommando seinen Dienstwagen zur Verfügung gestellt. Und er behauptete, daß er »nur aus Neugierde« bei den Erschießungen zugesehen habe. Aber das österreichische Volksgericht kam dennoch zu der Erkenntnis, daß Ernst Burian für die Judenmorde verantwortlich war und verurteilte ihn zu lebenslangem Kerker[209].

Anfang April 1945 nahm sich der erst 16jährige Kanonier Roman Kneißl ganz einfach »Urlaub« und verließ ohne Einverständnis und Wissen seiner Vorgesetzten die Flakbatterie in Mautern. Er wollte zu Fuß nach Pottschach marschieren, obwohl dort bereits die Sowjets waren.

Kneißl kam nur bis Schwarzau im Gebirge, dann nahm ihn eine SS-Streife fest und brachte ihn in ein Barackenlager, in welchem der Neunkirchner Kreisleiter Braun und sein Stab residierten. Außerdem war in diesem Lager auch das Volkssturmbataillon Ternitz untergebracht. Und zu diesem gehörte eine HJ-Kompanie, die unter der Führung des Bannführers Johann Wallner stand.

So kam es, daß die Arrestzelle von dem HJ-Soldaten Gottfried Graser bewacht werden mußte.

Graser erzählte nach dem Krieg, daß ihm der jugendliche Deserteur gesagt hatte: »Jetzt kommen die Russen, ich glaube, jetzt wird es gefährlich, jetzt will ich heimgehen...«[210]

Zufällig befand sich auch der Gebietsführer Sepp Kracker-Semler im Lager. Er ließ sich den Roman Kneißl vorführen, der übrigens nur 1,45 m groß war und noch wie ein Kind aussah. Da stellte sich heraus, daß der Bub bereits am 25. Jänner 1945 zur Luftwaffe einrücken mußte und deshalb nicht mehr der Hitler-Jugend unterstand[211].

209 Berichte über dieses Judenmassaker erschienen in der »Österreichischen Zeitung« v. 23.11.1945, in »Das kleine Volksblatt« v. 16., 17. u. 20.6.1948 und in »Neues Österreich« v. 16., 17. u. 20.6.1948.

210 Anklageschrift im Prozeß gegen Josef Kracker-Semler, S. 18

211 Der Einberufungstermin wurde am 24.6.1985 vom Bürgermeister der Stadt Ternitz bestätigt. Kneißl war übrigens nicht Luftwaffenhelfer, sondern Flaksoldat.

Daraufhin soll Kracker-Semler gesagt haben: »Dies scheint ein klarer Fall zu sein, dem Mann ist nicht mehr zu helfen!« Ein »Standgericht«, welches nur aus dem Kreisleiter Braun und dem Bannführer Wallner bestand, verurteilte den Kneißl zum Tode. Bei der Vollstreckung, die am 15. April 1945 durchgeführt wurde, kam es zu geradezu unglaublichen Szenen. Darüber hieß es später in einer Anklageschrift der Staatsanwaltschaft Wien: »Wallner stellte sich an die Spitze des Hinrichtungspelotons und führte es zu der Wiese unterhalb des RAD-Lagers, wo auch die anderen Hinrichtungen stattgefunden hatten. Wallner verlas das Urteil. Zu diesem Zeitpunkt stand Kneißl ungefähr 15–20 m vor dem Peloton. Als Wallner die Verlesung des Urteils beendet und Kneißl nun den Eindruck hatte, daß auf ihn geschossen würde, lief er auf Wallner zu und klammerte sich schutzsuchend an ihn. Wallner stieß ihn jedoch weg und führte ihn auf seinen früheren Platz zurück. Kaum hatte sich Wallner von Kneißl entfernt, als ihm dieser wieder nachlief. Dies wiederholte sich 2- bis 3mal, wobei Kneißl laut weinend um Gnade bat und nach seiner Mutter rief. Als Kneißl sah, daß er bei Wallner keinen Schutz fand, versuchte er davonzulaufen, wobei ihn Wallner abfing und ihm mit seiner Pistole einen ›Fangschuß‹ gab. Wallner dürfte Kneißl in den Bauch geschossen haben, da sich dieser mit beiden Händen an den Bauch griff und mit einem Wehlaut zu Boden sank. Dann rief Wallner: ›Schießen!‹, worauf das Hinrichtungspeloton auf den bereits am Boden liegenden, aber noch Lebenszeichen gebenden unglücklichen Roman Kneißl eine Salve abgab, die ihn tötete.«[212]

Das Exekutionskommando bestand übrigens aus 14- bis 17jährigen Hitlerjungen, die auch mehrere andere Erschie-

[212] Es handelt sich hier um ein wörtliches Zitat aus der Anklageschrift im Prozeß gegen Josef Kracker-Semler.

ßungen durchführen mußten[213]. Und es war bezeichnend für den grenzenlosen Haß des Neunkirchner Kreisleiters Braun[214], daß er die Erschossenen auch noch auf Lichtmasten und Laternenpfählen aufhängen ließ. Was gleichfalls die Hitlerjungen zu besorgen hatten.

Von den drei Jagdtrupps, die ich in der Nacht vom 15. auf den 16. April 1945 ausgeschickt hatte, kam nur einer zurück. Dieser bestätigte mir lediglich, daß die Sowjets im Pflegeheim Gugging ein Kriegslazarett eingerichtet hatten. Und im benachbarten Kierling lag irgendeine Versorgungseinheit, deren Angehörige mit Plünderungen und Vergewaltigungen »ausgelastet« waren.
Auf dem Rückweg durchstöberten meine Kameraden den Buchgraben, aber sie fanden auch dort keine Spur von Felix Binkowski, der nach wie vor verschwunden blieb.
Um so mehr überraschte es mich viele Jahre nach dem Krieg, als ich die Kriegsgräberanlage Oberwölbing besuchte und im Bestattungsbuch den Namen des Vermißten fand. Er starb in einer völlig anderen Gegend, allerdings blieben die näheren Umstände ungeklärt...
Etwa gegen 4 Uhr früh ballerte in westlicher Richtung ein deutsches Maschinengewehr. Es folgten mehrere Detonationen von Handgranaten, dann waren nochmals einige kurze Feuerstöße zu hören. Schließlich fielen ein paar Einzelschüsse, bevor es wieder völlig ruhig war.
Ich wartete noch eine halbe Stunde, dann hastete ich mit den ROA-Leuten los. Zunächst ging es durch einen dichten Jungwald in eine Talsenke hinunter, wir mußten streckenweise kriechen, weil der Weg durch dieses Dickicht bestenfalls als Wildwechsel bezeichnet werden konnte.
Meine Hände und das Gesicht waren bald von Dornen und

213 »Neues Österreich« v. 6.5.1947. Siehe auch »Das kleine Volksblatt« vom 5.4. bis 25.5.1947

214 Braun und Wallner wurden 1947 zum Tode verurteilt und gehenkt.

Ästen zerkratzt. Und obwohl es relativ steil bergab ging, kam ich gehörig ins Schwitzen. Immer wieder verfing sich die Feldflasche oder der Brotbeutel in dem widerwärtigen Geranke der Brombeer- und Himbeerstauden. Auch der Lauf der MPi mußte unzählige Male aus dieser »Umklammerung« befreit werden. Außerdem entstanden am Tarnanzug Löcher und Risse, ging meine Feldmütze verloren und war der Feldstecher bald völlig verdreckt.
Obwohl die Wlassow-Soldaten dieselben Schwierigkeiten hatten, machte ihnen dies überhaupt nichts aus. Jedenfalls gaben sie nach wie vor das Tempo an.
Überdies gewann ich den Eindruck, daß diese Naturburschen keinerlei Probleme mit der Orientierung hatten, sie schienen die einzuschlagende Richtung ganz einfach zu wittern. Denn plötzlich erreichten wir einen Kahlschlag und sahen dort eine große Anzahl von ausgeschossenen Patronenhülsen herumliegen. Und ein paar Meter weiter fanden wir einen deutschen Stahlhelm. Er trug auf der Innenseite die Buchstaben H. d. C., was Hendrik de Coster hieß.
Ich lernte Hendrik nach der Einsatzbesprechung im Dianabad kennen, als er dem Sturmbannführer Z. eine Nachricht überbrachte. Er meldete sich geradezu ostentativ zu meinem Jagdkommando, weil er früher ebenfalls Jugendführer war. Allerdings nicht bei der Hitler-Jugend, sondern beim Verbond van Dietsche Nationaalsolidaristen des Flamen Joris van Severen.
Ich hastete weiter, überholte die ROA-Kameraden und sah plötzlich ein Bein aus einem Gebüsch hervorragen. Offensichtlich war der Mann dort hineingeworfen worden, nachdem ihn die Sowjets liquidiert hatten.
Wir konnten den Toten nur mit großer Mühe bergen. Sein Rücken wies zahlreiche Einschüsse auf, und sein Nacken war nur mehr eine blutig-breiige Masse. Als die Kameraden ihn umdrehten, starrte ich entsetzt in leere Augenhöhlen.
Die ROA-Leute durchsuchten die Taschen des Toten. Sie

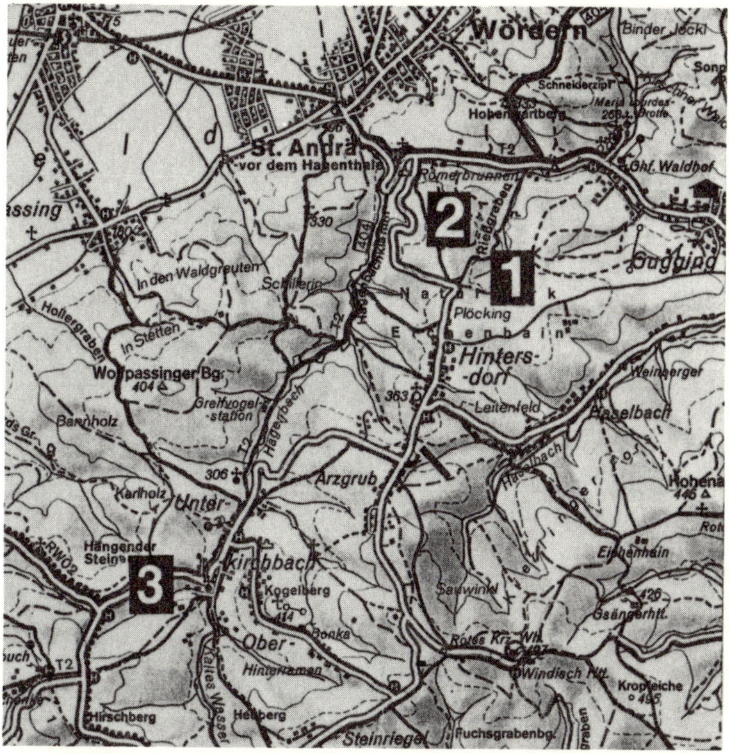

Karte: Freytag & Berndt

Jagdeinsatz im Raum St. Andrä-Wördern:
1 Lager am Plöcking
2 Popenwald. Fundstelle der drei toten Kameraden
3 Überfall auf die Panjewagen

fanden sein Soldbuch. Und so konnten wir feststellen, daß dieser so grauenhaft zugerichtete Mensch unser Kamerad Jens T. war. Auch er hatte sich freiwillig zu unserem Haufen gemeldet, weil wir einen Sprengmeister brauchten. Er kam übrigens von der 3.SS-Panzerdivision »Totenkopf«.
Etwa 50 Meter weiter fanden wir Hendrik de Coster, der in fast knieender Haltung vor einem Baum lag. Sein Genick war zerfetzt, aber man hatte ihn wenigstens nicht verstümmelt.
Schließlich fanden wir den HJ-Soldaten Günther Schramm. Und es grenzte fast an ein Wunder, daß er noch atmete: Ihn hatte eine MPi-Garbe erwischt, die den rechten Oberschenkel regelrecht durchsiebt hatte. Er war dann offenbar zusammengebrochen, bekam aber aus nächster Nähe auch einen Kopfschuß verpaßt. Dies bewiesen die Verbrennungen im Gesicht und die Schmauchspuren auf der Stirn. Außerdem war der erst 16jährige Bub auf besonders bestialische Weise im Genitalbereich verstümmelt worden!
Nach Ansicht der Wlassow-Soldaten konnten diese Unmenschlichkeiten nur sibirische Rotarmisten begangen haben. Der ROA-Kommandant schlug mir deshalb vor, die gesamte Ortschaft St. Andrä-Wördern niederzubrennen. Ich konnte zwar seine Erregung verstehen, lehnte aber diese »Vergeltungsmaßnahme« ab. Ich unterstrich dies mit den Worten: »Wir sind ja nicht in Rußland!«
Schon im nächsten Augenblick bereute ich diese Äußerung. Aber der Anführer unserer Nationalrussen begann bereits zu schreien. Er beschimpfte mich als »Hitler-Faschist«. Und so weit ich sein Kauderwelsch aus deutschen und russischen Worten verstehen konnte, hielt er mir die Tätigkeit der SD-Einsatzkommandos in seiner Heimat vor.
Was er dann noch sagte, verstand ich nicht mehr, weil er in seiner Wut nur mehr russische Worte verwendete.
Er beruhigte sich schließlich und war damit einverstanden, daß er mit seinen Leuten zunächst die nähere Umgebung

33 Ein junger Fronthelfer mit der Panzerfaust als letzte Waffe

34 (links) HJ-Fronthelfer auf Wache vor einem Kompaniegefechtsstand im 20. Wiener Gemeindebezirk. – 35 (oben) Der Flakbunker auf dem Königskogel wurde von den Sowjets ausgeräuchert. 56 deutsche Soldaten, darunter auch ehemalige Luftwaffenhelfer, fanden den Tod. – 36 u. 37 (unten) Bunkereingang und Gedenktafel

38 Die Araburg wurde nach schweren Kämpfen von den Sowjets erobert. Nach ihrem Abzug aus Kaumberg versteckte sich das Jagdkommando des Autors in der Ruine.

39 Schöpfl-Gebiet: Auch neuerdings wird dort der Jagdkampf geübt – vom österreichischen Bundesheer.

40 In Schönwies (Tirol) ergaben sich die jüngsten HJ-Fronthelfer den amerikanischen Truppen.

41 Der Krieg ging zu Ende: In Wien sprach Kardinal Innitzer zur Bevölkerung. Ganz links Sowjetgeneral Lebedenko, rechts Bürgermeister Körner.

42 u. 43 Mit Beginn der Luftangriffe wurden im Rahmen der Aktion »Kinderlandverschickung« zahlreiche Wiener Buben nach Lunz am See gebracht. In der dortigen Jugendherberge kam es am 8. Mai 1945 zu einer willkürlichen Erschießung.

44 Fronthelfer Horst Heinle wurde in Mitterweißenbach von US-Soldaten erschossen.

45 Leutnant Walter Barth war HJ-Führer und starb als Widerstandskämpfer.

46 Feldwebel Anton Fischer verlor im Rußlandfeldzug das rechte Auge und den rechten Unterarm. Er kämpfte in der 5. HJ-zbV-Kompanie.

47 Sepp Kattinger kam den Fahnenjunkern des Hptm. Dr. Rudolf Kirchschläger zu Hilfe.

48 (links) Emil Kosabek wurde in Preßburg verwundet und starb am Hauptverbandsplatz. – 49 (rechts) Der nicht einmal 14jährige Flakhelfer sollte ein Werksgelände sichern. Er wurde bei einem Tieffliegerangriff schwer verwundet und starb im Lazarett Preßbaum. – 50 (unten) Sowjetischer Heldenfriedhof bei Preßbaum. Die dort beerdigten Soldaten starben im Kampf gegen das HJ-zbV-Bataillon.

nach den übrigen Vermißten absuchen sollte. Ich selbst blieb bei Günther Schramm zurück, der allerdings nicht mehr das Bewußtsein erlangte. Ein letztes Zittern ging noch durch den geschundenen Körper, bevor seine Augen starr und glanzlos wurden.

Ganz automatisch begann ich zu beten: »Vater unser, der du bist im Himmel, geheiligt werde dein Name, dein Reich komme und dein Wille geschehe...«

Auf einmal wurde mir bewußt, daß ich Worte aussprach, die mir seit Jahren nicht mehr über die Lippen kamen. Und ich fragte mich, ob es der Wille Gottes sein konnte, daß ein 16jähriger wie ein Tier abgeschlachtet wurde?

In ohnmächtiger Wut versuchte ich mit dem Nahkampfdolch und mit den bloßen Händen die Erde aufzugraben, um meinen toten Kameraden beisetzen zu können. Da kamen die Wlassow-Soldaten zurück, und ihr Kommandant gab einige Befehle in russischer Sprache. Ich verstand sie nicht, aber dann sah ich, daß jeder von seinen Leuten einen Spaten besaß. Sie hoben gemeinsam eine große Grube aus und legten unsere drei Toten hinein.

Als das Grab zugeschüttet war, schleppten wir auch noch Steine herbei, die wir zu einer Art Pyramide aufschichteten. Und ich gab mich der Illusion hin, daß ich später einmal die letzte Ruhestätte der Kameraden Jens T., Hendrik de Coster und Günther Schramm finden würde.

St. Andrä war von starken sowjetischen Verbänden besetzt! Dies hatte mir der Anführer unserer Nationalrussen berichtet.

Und er wies vor allem auf eine Panzerkompanie hin, deren Fahrzeuge gerade aufgetankt wurden. Jedenfalls war es merkwürdig, daß einige T 34 bereits in Richtung Gugging rollten, während westlich von Herzogenburg ein sowjetischer Angriff unmittelbar bevorstand.

Von dieser Absicht des Gegners wußten wir deshalb, weil

Georges Matthys die Meldung eines deutschen Frontaufklärungskommandos mithören und entschlüsseln konnte.
Als wir dann unser Lager erreichten, lag eine weitere Information vor. Diese brachte zum Ausdruck, daß im Raum Neulengbach starke sowjetische Panzerverbände in östlicher Richtung unterwegs wären. Außerdem wurden andere Kettenfahrzeuge im Anmarsch auf den Riederberg beobachtet.
Natürlich dachte ich sofort an eine großräumige Säuberungsaktion im sowjetischen Hinterland!
Trotzdem konnte ich nicht glauben, daß diese Truppenbewegungen allein meinem Jagdkommando galten. Und ich wurde sehr heftig, als der ROA-Kommandant wieder einmal unseren Ukrainer als Verräter bezeichnete. Petja Orlow und die ihm zugeteilten HJ-Soldaten waren zwar noch immer nicht von ihrer Erkundung zurückgekommen, aber es blieb die Hoffnung, daß sie sich seit Tagesanbruch irgendwo versteckt hielten.
Jedenfalls wären mir etliche Sorgen erspart geblieben, wenn ich gewußt hätte, daß überhaupt keine Säuberungsaktion im Gange war. Denn »Väterchen« Stalin gruppierte seine Truppen um und schickte seine 9. Garde-Armee zur Auffrischung in die Wälder westlich und südwestlich von Wien. Überdies mußte seine 6. Garde- Panzerarmee bis zum 16. April 24.00 Uhr an die sogenannte 2. Ukrainische Front übergeben werden. Was natürlich auch alle rückwärtigen Truppen und Einrichtungen betraf[215].
Und die 2. Ukrainische Front befand sich nördlich der Donau...

Ich ließ meine Jagdkompanie aufbrechen.
Zunächst marschierten wir in westlicher Richtung, schwenkten dann aber immer mehr auf Südwest ein. So gelangten

[215] Rauchensteiner, a.a.O., S. 492. Gemeint ist der Befehl des Oberkommandos der Roten Armee vom 13.4.1945.

c) Die Einkesselung und das Durchkämmen des Einsatzraumes erfordert starke Feindkräfte. Es ist bereits als Kleinkriegserfolg zu werten, wenn der Gegner sich zu einer solchen kräftebindenden Maßnahme gezwungen sieht.

Derartige Großunternehmen sind weniger zu fürchten als Verfolgung durch feindliche Jagdkommandos, da es dabei immer erprobte Ausweichmöglichkeiten gibt:

aa) Ausweichen aus dem Einsatzraum, wenn die Feindabsicht einer Umschließung erkannt wird;

bb) Durchschlüpfen durch die zu Beginn der Einschließung meist nur dünnen Sperrlinien in einen geeigneten Abschnitt;

cc) Überrollenlassen durch die Abkämmungslinie in gut getarnten Fuchslöchern oder ähnlichen Verstecken;

dd) Ausbruch aus dem Kessel an einer schwachen Stelle der Einschließung.

d) Die Sicherung des Landes und aller wichtigen Anlagen durch den Feind zwingt zwar zu sorgfältiger Aufklärung und Planung aller Kleinkriegsunternehmen, kann sie jedoch nie völlig unmöglich machen.

Es gibt keine Gegenmaßnahme des Feindes, die nicht durch geschickte Anpassung zunichte gemacht werden könnte.

Von großer Bedeutung ist hierbei, wie in der gesamten Kleinkriegführung, die Haltung der Bevölkerung und die Hilfe, die sie den Jagdeinheiten zu gewähren bereit ist.

»Winke für Jagdeinheiten« (1945)
Wie man sich bei feindlichen Säuberungsaktionen verhält…

wir in die Gegend des Eichberges. Dort rief plötzlich eine Stimme: »Halt, wer da? Parole!«
Aber dann wartete der Wachposten keine Antwort ab, sondern sprang aus seinem gut getarnten Deckungsloch hervor und lief auf mich zu: Es war der Oberrottenführer Franz Gary. Und auf einmal tauchten aus dem dichten Unterholz auch die anderen sieben HJ-Soldaten auf, die wir seit mehr als 24 Stunden vermißten.
Etwas später fand sich der Waffen-Unterscharführer Petja Orlow ein. Er kam von einem halbverfallenen Jägeranstand herunter, der sich auf einer nahen Anhöhe befand.
Petja machte mir Meldung; er sprach sofort von einer Falle, die ihm und seinen Leuten noch im Rießgraben gestellt wurde. Allerdings hatte ich befohlen, daß er lediglich von zwei Fronthelfern begleitet werden sollte. Franz Gary und die übrigen Burschen hatte ich eigentlich dem Hendrik de Coster zugeteilt. Außerdem sollte dieser Jagdtrupp nicht den Rießgraben, sondern die Hagenbachklamm zum Abstieg benützen.
Wie schon einmal nahm Gary die Schuld auf sich. Und er erzählte mir von seinen Hungergefühlen, die ihn plagten und über die er mit den Kameraden sprach. Jedenfalls soll dies eine »ansteckende« Wirkung gehabt haben. So entschloß man sich zu einem gemeinsamen Besuch des vermeintlichen Försterhauses.
Petja war außerdem davon überzeugt, daß dort keine Sowjetarmisten sein würden.
Diese Annahme erwies sich als richtig. Aber das Haus war nicht nur unbewohnt, sondern auch ausgeplündert[216]. Und als die Kameraden weitermarschierten, wurden sie aus einer Scheune beschossen.

[216] Dieses Haus gehörte von 1923–1938 dem ehemaligen zaristischen General Grigoriew und wurde dann von einem Fleischhauer erworben. Dieser führte im April 1945 noch Schlachtungen durch, vergrub aber das Fleisch im Garten. Ein Korneuburger Plünderer fand später das Versteck und betrieb mit dem Fleisch einen schwungvollen Schleichhandel.

Angeblich benützte der unbekannte Heckenschütze eine deutsche Maschinenpistole, doch blieb unklar, ob es sich bei ihm um einen Deserteur oder einen Widerstandskämpfer handelte. Für eine Identifizierung blieb schon deshalb keine Zeit, weil unmittelbar nach diesem Feuerüberfall eine sowjetische Patrouille auftauchte.
Die Muschiks feuerten einige Leuchtkugeln ab, und es dauerte nicht lange, bis auch ihre Verstärkung eintraf.
Hendrik de Coster ging daraufhin am Waldrand in Stellung und hielt mit seinen MG-Garben die vorstürmenden Rotarmisten nieder, während Petja Orlow den Fronthelfern befahl, ihm zu folgen. Kriechend erreichten sie die Straße, gelangten in den Rücken des Feindes. Aber dann griffen zwei Panzer in den ungleichen Kampf ein, und der Ukrainer wich mit seinen Burschen in Richtung Schneiderzipf aus.
Zu diesem Zeitpunkt verschwanden auch de Coster und seine beiden Kameraden im sogenannten Popenwald...
Bevor ich noch zu diesem Bericht etwas sagen konnte, kam ein Melder von Matthys angehetzt. Er überbrachte einen Befehl unserer Funkleitstelle. Und dieser besagte, daß wir unbedingt den Bau einer Behelfsbrücke bei Tulln verhindern sollten.
Unsere Wlassow-Soldaten waren sofort bereit, dieses Himmelfahrtskommando zu übernehmen. Sie marschierten auch los und gingen vermutlich zugrunde. Jedenfalls haben wir von ihnen nichts mehr gehört. Allerdings wurde mir später erzählt, daß in der Tullner Au eine Gruppe von »Weißgardisten« liquidiert wurde. Außerdem war es für uns nicht gerade ermutigend, als ein weiterer Funkspruch bei uns eintraf, der den befohlenen Einsatz in Tulln als Irrtum bezeichnete[217].
Eine nähere Erklärung dafür gab es nicht!

[217] Die Tullner Donaubrücke war schon am 8. April 1945 gesprengt worden, aber es entstand das Gerücht, daß sowjetische Pioniere an ihrer Wiederherstellung arbeiteten. Dies war jedoch erst nach Kriegsende der Fall.

Aber es wurde befohlen, in Richtung Westbahnstrecke zu marschieren. Und man kündigte uns weitere Weisungen für unterwegs an. Kurz nachher meldete ein Sicherungsposten das Herannahen einer Kolonne von Panjefahrzeugen. Deshalb ließ ich meine Leute sowohl vor als auch ein gutes Stück nach dem sogenannten Hängenden Stein[218] in Stellung gehen: Die Straße verlief dort fast schnurgerade durch den Wald. Und der Baumbestand war so dicht, daß die Pferdefuhrwerke nicht vorzeitig abbiegen konnten.
Außerdem setzte ein Nieselregen ein, der den Boden aufweichte, so daß eine Fahrt abseits der befestigten Straße ohnedies nicht mehr in Frage kam.
Weniger Freude bereiteten mir die Nebelschwaden, weil sie die Zielgenauigkeit meiner HJ-Fronthelfer beeinträchtigen konnten. Und es machte mir auch Sorgen, wie sich die Burschen beim ersten Nahkampf ihres Lebens verhalten würden. Denn ich wußte, daß keiner von ihnen eine diesbezügliche Ausbildung erhalten hatte[219].
Zusätzlich nervös machte mich das Geflüster von Petja Orlow, der mir ausgerechnet in diesem Augenblick darüber berichtete, daß noch vor einigen Tagen um die Burgruine Greifenstein gekämpft wurde. Und er nannte auch einen Gutshof bei Hadersfeld, wo sich gleichfalls Wlassow-Soldaten verschanzt hatten. Allerdings wußte er nichts Genaueres darüber und seine Informationen stammten lediglich von einigen Frauen, die sich in den Wäldern südöstlich von Altenberg versteckt hielten...
Endlich schwieg der Kamerad.
Deutlich hörten wir auf einmal das Ächzen und Quietschen der näherkommenden Wagen. Aber zu sehen war der sowjetische Troß noch immer nicht.
Inzwischen hatte es zu regnen aufgehört. Ein paar zaghafte

218 Bekanntes Naturdenkmal im Wienerwald
219 Nahkampf wurde nur in Sonderlehrgängen gelernt.

Sonnenstrahlen blinzelten durch die Wipfel der Bäume. Aber die Fahrbahn dampfte und war bis in etwa einen Meter Höhe von Nebelfetzen bedeckt. Da hörte ich ein Pferd wiehern, dennoch vergingen noch einige Minuten, bis das erste Gespann herankam.
Auf dem Kutschbock saß ein Iwan, der ein eintöniges Lied vor sich hinträllerte. Der Mann an seiner Seite schlief offenbar tief.
Was nun folgte, war ein Kampf auf Leben und Tod.
Inzwischen kam es auch in der Mitte und am Ende der Kolonne zu ähnlichen Szenen. Und es überraschte mich, daß meine Fronthelfer ohne zu zögern auf die Fahrzeuge zusprangen. Einige Burschen luden ihre Gewehre erst gar nicht nach, sondern droschen mit dem Kolben auf ihre Gegner ein. Keiner von diesen kam mit dem Leben davon.
Auch wir hatten Verluste erlitten: Ein Junge wurde getötet und ein zweiter am Bein verwundet. Daran war ein Fronthelfer schuld, der mit einer erbeuteten sowjetischen Maschinenpistole nicht richtig umgehen konnte...
Auf den Panjefahrzeugen fanden wir auch mehrere Säcke mit Brot, Kartoffeln und Hirse. Und der Oberrottenführer Franz Gary lud sich einen gewaltigen Blechkessel auf. Das brachte Orlow auf die Idee, uns ein wahres Festmahl zu versprechen. Und ganz besonders schwärmte er von einer Kascha[220]. Mich freute es jedoch wesentlich mehr, daß wir auch sowjetische Maschinenpistolen, MPi-Munition, Eierhandgranaten und ein paar Tellerminen erbeutet hatten. Außerdem fanden wir sogar mehrere deutsche Panzerfäuste.
Trotzdem blieb auf den Panjefahrzeugen noch allerlei zurück: Zerlegte Messingbetten, Matratzen und Tuchenten, Frauenkleider in jeder Menge sowie ein altes rostiges Fahrrad.

[220] Kascha: Russisches Nationalgericht

Am 17. April 1945 fand im Schloß Ruppersthal eine militärische Feierstunde statt. Sie galt jenen Angehörigen der Wiener HJ-Kampfgruppe »Werwolf«, die sich bei den Kämpfen in Preßburg und Wien sowie im Raum nördlich von Korneuburg durch besondere Tapferkeit ausgezeichnet hatten. Kriegsberichterstatter filmten und fotografierten, als der Obergruppenführer Willy Bittrich die Front der angetretenen HJ-Kompanien abschritt. Trotzdem sind diese Aufnahmen später in Verlust geraten oder verschwanden in alliierten Archiven. Und lediglich in einem ehemaligen Kloster bei Cornelimünster[221] finden sich einige unvollständige Aufzeichnungen darüber, daß auch österreichische Hitlerjungen mit dem Eisernen Kreuz ausgezeichnet wurden.

Allerdings gibt es einige von ihnen, denen dies heute eher peinlich ist, weil die Tapferkeit im 2. Weltkrieg nur bei den siegreichen Alliierten zählt. Und weil sie nicht daran erinnert werden wollen, wie enttäuscht sie waren, als die HJ-Kompanien nach dieser Feierstunde aus dem Kampfgebiet herausgezogen wurden und westwärts marschierten. Denn auch sie wollten zurück in die Hauptkampflinie!

Anderseits gab es Burschen, die tatsächlich nicht mehr kämpfen wollten. Ein typisches Beispiel dafür waren der 18jährige Johann Lichtenwörther und der 17jährige Alois Leisser. Beide gehörten zum SS-Gebirgsjäger-Ersatz- und Ausbildungsbataillon 13 und waren mit diesem in das Semmeringgebiet verlegt worden.

Leisser gehörte vorher dem HJ-Bann 506 an und absolvierte seine vormilitärische Ausbildung im Wehrertüchtigungslager Judenburg-Reiterbauer. Dort meldete er sich gemeinsam mit zahlreichen anderen Lehrgangsteilnehmern freiwillig zur Waffen-SS. Aber auch der etwas ältere Johann Lichtenwörther war letztlich kein »Zwangsrekrutierter«. Jedenfalls freundeten sich die beiden Burschen miteinander an.

[221] Gemeint ist die Zentralnachweisstelle des Deutschen Bundesarchives.

Was dann in Breitenstein passierte, konnte niemals restlos aufgeklärt werden. Dennoch gibt es eine Tagebucheintragung des Oberleutnants Andreas Luger vom 17. April 1945: »Zwei SS-Männer wurden von ihrer eigenen Kompanie hingerichtet. Sie sollen versucht haben, in Zivilkleidung zu desertieren.«[222]

Diese Hinrichtung war übrigens durch einen Befehl des Oberbefehlshabers der 6. Armee, General der Panzertruppen Hermann Balck, gedeckt: »Wir verfügen nicht über die nötige Härte, um gegen Zersetzungserscheinungen wirklich durchgreifend anzugehen. Generale und viele andere Truppenführer führen das Wort vom Erschießen zwar oft genug im Munde, sind aber zu weich, um es in die Tat umzusetzen. Ich habe von keiner standrechtlichen Erschießung bei irgendeiner Division oder bei irgendeinem Korps gehört. Wir müssen wissen, daß das ausgelöschte Leben eines Schweinehundes zwanzig anderen das Leben erhält, denn sie kehren um und tun ihre Pflicht. Wir wollen keine Blutherrschaft, aber wenn in Ausnahmezeiten drakonische Mittel am Platz sind, dann soll jeder Führer sie sofort anwenden. Mit den ersten durch mich befohlenen 20 Erschießungen hörte das Versprengtenunwesen schlagartig auf.«[223]

Nebenbei bemerkt handelten auch die alliierten Armeen nach dem selben Grundsatz!

Anderseits gab es auf deutscher Seite auch Ausnahmen von dieser Regel: Als Baldur von Schirach am 18. April 1945 in Richtung Oberösterreich fuhr, wurde er weder von der Feldgendarmerie noch von einer SS-Streife aufgehalten. Sicherheitshalber trug er einen Marschbefehl bei sich, den vermutlich der SS-Oberstgruppenführer Sepp Dietrich ausgestellt hatte. Jedenfalls war in diesem Zusammenhang von einem

[222] Brettner, a.a.O., S. 91
[223] Ebenda, S. 131

»Geheimen Reichsauftrag«[224] *die Rede, was allerdings von hohen österreichischen HJ-Führern als »blanker Unsinn« bezeichnet wurde. Denn für sie war der ehemalige Reichsjugendführer nichts anderes als ein Deserteur.*
Baldur von Schirach sah sich deshalb in seiner Ehre gekränkt und brachte in den späten Sechzigerjahren eine Klage beim Landgericht München I ein. Sie wurde übrigens abgewiesen, da der Vorwurf der Fahnenflucht nicht entkräftet werden konnte[225].

Irgendwo zwischen dem Tulbinger Kogel und dem Troppberg erhielten wir den nächsten Funkspruch von unserer Leitstelle »Cherusker«. Es wurde uns befohlen, die Gleisanlagen der Westbahn an drei bestimmten Punkten zu zerstören. Was übrigens ohne Rücksicht auf Verluste geschehen sollte.
Dabei hatten wir ohnedies Schwierigkeiten mit unserem Verwundeten: Horst Strasser mußte getragen werden, er litt unter starken Schmerzen und war durch den Blutverlust sichtlich geschwächt.
Am Rande der Teufelswiese wollte ich ihn bei einem Bauern unterbringen, aber er war damit ebensowenig einverstanden wie seinerzeit jener flämische SD-Kamerad, der sich auf dem Marsch durch den Hauptsammelkanal in Wien verletzt hatte. Und ebenso wie bei diesem kam es letztlich zu einer Tragödie, nur griff der HJ-Fronthelfer nicht zur Pistole, sondern zu einer Giftampulle.
Woher er diese bekam, blieb zunächst unklar.
Stunden später gab aber Petja Orlow zu, daß er es war, der dem Jungen das Zyankali in den Mund gesteckt hatte. Seine

224 Der Hinweis auf den »Geheimen Reichsauftrag« tauchte erstmals 1984 in einer sogenannten Wehrgeschichtlichen Befragung des Majors d. R. Horst Voigt auf. Als Informanten wurden die Schirach-Adjutanten Höpken und Wieshofer genannt.
225 Über diesen Prozeß berichtete die Deutsche Wochenzeitung.

»Sterbehilfe« ging sogar so weit, daß er dem 16jährigen das Kinn nach oben drückte, damit die Glaskapsel zerbrach.
Für mich war diese Handlungsweise nichts anderes als Mord!
Und ich gab dem Ukrainer zu verstehen, daß ich ihn vor ein Kriegsgericht bringen würde. Trotzdem blieb er nach wie vor sarkastisch und bezeichnete uns Deutsche als Dilettanten, weil wir ohne die nötige Härte einen Partisanenkrieg führen wollten.
Ärger gab es auch mit einigen HJ-Fronthelfern, die den Unglücksschützen vom Vortag schikanierten und ihn als Mörder bezeichneten. Ich selbst hatte ihn zwar gehörig »zusammengestaucht«, aber dann war für mich die Angelegenheit erledigt. Und auf keinen Fall durfte ich es dulden, daß Ernst V. nun von den anderen systematisch fertiggemacht wurde. Ich ordnete daher an, daß er stets in meiner Nähe blieb.
Nach einiger Zeit kam allerdings Georges Matthys angekeucht und fragte, ob der Bursche nicht das Funkgerät tragen könnte. Dagegen hatte ich nichts einzuwenden. So kam es, daß ich den Ernst vorübergehend aus den Augen verlor.
Ich sah ihn erst wieder, als wir in der Nähe von Tullnerbach den Großen Wienerberg erreichten. Da hatte er sich bereits mit dem Donauschwaben Willy Krepp angefreundet, der ihn als Melder verwenden wollte.
Krepp war etwa zwei Jahre älter als ich. Er ging aus der Neulandbewegung hervor, die zwar betont christlich, sich aber andererseits sehr deutschbewußt gab. Außerdem wußte ich, daß dieser Volksdeutsche einmal Lehrer werden wollte. Und ich schätzte ihn besonders wegen seines ruhigen Gemüts und seiner Besonnenheit. Deshalb bekam er von mir den Auftrag, mit seinen Leuten bis nach Eichgraben vorzustoßen.
Dort gab es einen Eisenbahnviadukt, der schon in den ersten Apriltagen gesprengt werden sollte. Aber es gab Bedenken, ob dieser Befehl auch ausgeführt wurde. Und dazu

trug eine Meldung nicht unwesentlich bei, die unsere Funkleitstelle erhalten hatte: »Die Sowjets wollen bereits in wenigen Tagen den Zugverkehr nach St. Pölten wieder aufnehmen!«
Als Willy Krepp mit seinen HJ-Soldaten den Zwicklberg erreichte, liefen ihm im Wald mehrere Frauen über den Weg, die sich auf der Flucht vor der sowjetischen Soldateska befanden. Sie berichteten ihm von Plünderungen, Mißhandlungen und Vergewaltigungen, denen nicht nur Ortsbewohner, sondern auch die Schwestern des Annunziatenordens ausgesetzt waren[227]. Den Jagdzugführer interessierte allerdings wesentlich mehr, wie in Eichgraben die Kampfhandlungen verliefen. Deshalb stellte er sehr gezielte Fragen.
Daraufhin sagte man ihm, daß Anfang April mehrere amerikanische Fliegerbomben aus St. Pölten herangekarrt und auf dem Viadukt deponiert worden waren. Außerdem wollte ein Sprengkommando der Waffen-SS auch das Tunnel nach Rekawinkel mit diesen Blindgängern »vollstopfen«, aber dann klappte der Nachschub nicht[228].
Jedenfalls griffen am 6. April 1945 sowjetische Schlachtflieger den Bahnhof Rekawinkel an, und man befürchtete auch eine Bombardierung von Eichgraben. Da hieß es plötzlich, daß der Eisenbahnviadukt in den Morgenstunden des kommenden Tages gesprengt werden müßte. Und die Frau und die Kinder des Gastwirtes Knödler wurden aufgefordert, ihr Haus zu verlassen, weil sich dieses genau unter dem Talübergang befand[229].
Trotzdem kam es dann doch zu keiner Sprengung[230]!
Die Soldaten der Waffen-SS zogen sich am Morgen des 7.

[227] Diese Greueltaten finden eine Bestätigung bei Buchinger, a.a.O., S. 32
[228] Nachträgliche Bestätigung durch Holzinger und Knödler
[229] Nachträgliche Bestätigung durch Knödler
[230] Laut Buchinger soll der Pfarrprovisor den Abzug des Sprengkommandos »ausgehandelt« haben. In der örtlichen Gendarmerie-Chronik ist von einem Durchschneiden des Zündkabels durch einen Ortsbewohner die Rede.

April nach Hinterleiten zurück, nachdem sowjetische Artillerie das Feuer eröffnet hatte und Angriffswelle um Angriffswelle aus den umliegenden Wäldern hervorbrach.
Übrigens wurden die Fliegerbomben erst einige Tage später durch sowjetische Soldaten entschärft. Und erst am 16. oder 17. April mußten mehrere alte Männer auf den Viadukt hinaufsteigen, die Bomben hochhieven und in das daneben befindliche Bachbett hinunterstoßen. Dabei gingen ihre Bewacher sicherheitshalber in Deckung, aber es passierte glücklicherweise nichts[231].
Als schließlich unser Jagdzugführer auch erfuhr, daß die Fliegerbomben noch immer in unmittelbarer Nähe des Talüberganges lagen, wollte er sie mit Hilfe kleinerer Sprengladungen hochjagen. Warum dies letztlich doch nicht geschah, konnte ich niemals in Erfahrung bringen.
Jedenfalls bestand die Möglichkeit, daß der Eisenbahnviadukt durch die Druckwelle der explodierenden Bomben vielleicht doch noch zum Einsturz gebracht worden wäre...
Willy Krepp und seine HJ-Fronthelfer sind seit der Nacht vom 19. auf den 20. April 1945 vermißt. Ernst V. überbrachte zwar einen Lagebericht, doch wollte Petja Orlow die Geschichte mit den Fliegerbomben nicht glauben. Und noch größere Skepsis hegte er hinsichtlich der ergänzenden Meldung, daß sich in Altlengbach ein höherer sowjetischer Stab und eine Funkstelle befänden[232].
Er lehnte es daher ab, mit seinem Jagdzug gleichfalls nach Eichgraben zu marschieren. Dann schickte er den Melder weiter in Richtung Haitzawinkel, wo er mich und die beiden restlichen Jagdtrupps vermutete.
Zur selben Zeit befand ich mich allerdings auf dem Marsch nach Wolfsgraben, wo wir einem Verpflegungslager der Ro-

[231] Die Bergung der Fliegerbomben wurde 1985 durch den Gastwirt Knödler bestätigt.

[232] Laut Aufzeichnungen der röm. kath. Pfarrei Altlengbach gab es damals tatsächlich einen sowjetischen Stab samt Funkstation im Ort.

ten Armee einen ungebetenen Besuch abstatteten. Und der Sturmmann Hessler war mit seinem Trupp ebenfalls aufgebrochen. So kam es, daß Ernst V. vermutlich herumirrte und letztendlich in sowjetische Gefangenschaft geriet. Ich hörte von ihm erst wieder im Jahre 1951, als er schwer lungenkrank aus einem Straflager bei Workuta zurückkam.
Fritz Hessler war übrigens relativ erfolgreich: Er beschädigte östlich von Preßbaum gleich an mehreren Stellen die Gleisanlagen und sprengte auch eine kleinere Bahnbrücke. Dann wurde sein Jagdtrupp in ein Feuergefecht mit einer sowjetischen Patrouille verwickelt. Dabei fand ein 15jähriger HJ-Soldat auf tragische Weise den Tod. Und zwar hatte der Bub eine Eierhandgranate abgezogen, die noch in seiner Hand detonierte.
Ausgesprochen spektakulär verlief der Einsatz von Petja Orlow, der mit seinem Jagdzug den Bahnhof Rekawinkel angreifen sollte.
Zunächst hatte der Oberrottenführer Franz Gary erkundet, daß dort eine sowjetische Pioniereinheit lag, welche tagsüber an der Wiederherstellung der Gleisanlagen arbeitete. Während der Nacht schliefen die Muschiks in den umliegenden Häusern, und ihr Kommandant hatte sich mit einigen Offizieren und Unteroffizieren in dem kleinen Bahnhofshotel einquartiert.
Wachposten wurden nur vor diesem Gebäude gesichtet.
Orlow ließ deshalb seine Leute gegenüber vom Bahnhof in Stellung gehen. Dann schlich er mit Gary zum Gendarmeriepostenkommando, das sich in der Nähe des Tunneleinganges befand. Die Amtsräume standen offen, machten aber einen sehr desolaten Eindruck. Und es lag die Vermutung nahe, daß sie von Plünderern verwüstet worden waren[233].

[233] Aus der Gendarmerie-Chronik Preßbaum geht hervor, daß der Posten Rekawinkel tatsächlich geplündert und verwüstet wurde.

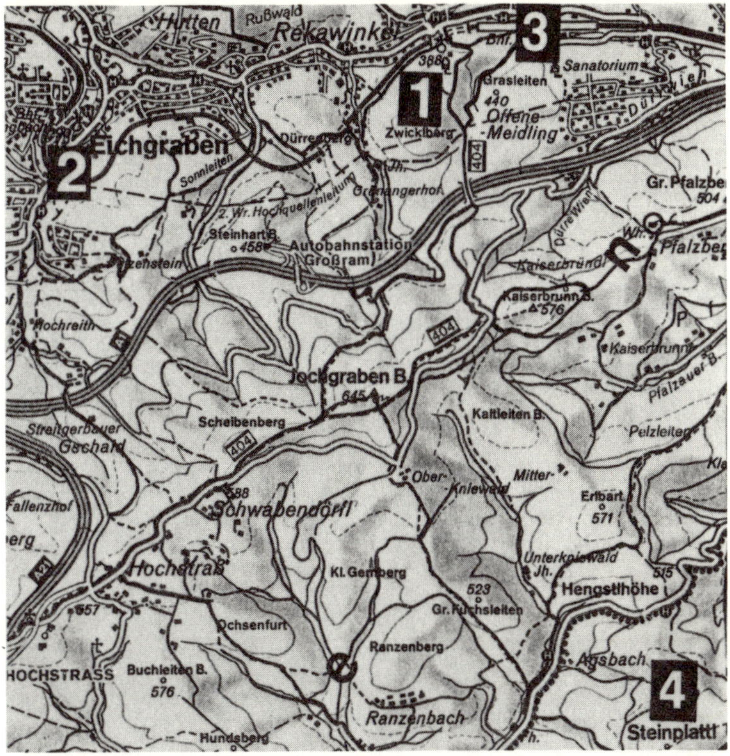

Karte: Freytag & Berndt

Jagdeinsatz im Raum Rekawinkel-Preßbaum:
1 Zwicklberg. Letzte Meldung vom Jagdzug Krepp
2 Der nicht gesprengte Viadukt bei Eichgraben
3 Bahnhof Rekawinkel
4 Sammelpunkt Steinplattl

Trotzdem machte sich der ewig hungrige Oberrottenführer sofort auf die Suche nach etwas Eßbarem. Er stieg deshalb in einen Keller hinunter, fand aber nur altes Gerümpel.
Als er schließlich wieder die Kanzlei betrat, hörte er angeblich, wie Petja Orlow mit irgend jemandem telefonierte. Außerdem behauptete er später, daß der Waffen-Unterscharführer entweder Russisch oder Ukrainisch gesprochen hatte. Petja stellte dies in Abrede, er wollte lediglich aus Neugierde den Telefonhörer abgehoben haben. Dabei fand er seine Vermutung bestätigt, daß das Fernsprechnetz noch immer nicht funktionierte...[234]
Die beiden Kameraden kehrten zum Jagdzug zurück. Dann gab der Ukrainer den Befehl, eine der Panzerfäuste auf das Stationsgebäude abzufeuern. Franz Gary führte dies auch sofort aus. Nur war er erstaunt, daß Orlow eine weitere Faustgranate »sinnlos« opferte und in den Tunneleingang hineinfeuerte.
Jedenfalls waren die Detonationen besonders laut, weil sie von den Felswänden des Tunnels reflektiert wurden. Ein ernstzunehmender Schaden entstand natürlich nicht. Aber der Treffer im Bahnhofsgebäude hatte das Stellwerk zerstört und auch einen Teil des Daches zum Einsturz gebracht. Und innerhalb weniger Minuten wimmelte es im ganzen Bahnhofsgelände von sowjetischen Soldaten, auf die der Jagdzug das Feuer eröffnete.

Trotz der zahlreichen Patrouillen, die von den Sowjets ausgeschickt wurden, erreichten Orlow und Hessler mit ihren Leuten den ausgemachten Treffpunkt auf dem Steinplattl. Wir warteten dann noch einige Zeit auf den Jagdzug Krepp, aber dieser tauchte nicht mehr auf.
Am frühen Morgen des 21. April 1945 machten wir eine kurze Rastpause auf dem Hainbachberg und berieten darüber,

[234] Das Telefonnetz war in der fraglichen Zeit nach wie vor in Betrieb (Mitteilung Franz Pfeiffer).

ob wir Klausenleopoldsdorf im Osten umgehen sollten. Im Ort schien es zwar ruhig zu sein, aber in den letzten Funkmeldungen wurde von schweren Kämpfen im Raum Alland und auch bei St. Corona berichtet[235]. Ich nahm daher an, daß in Klausenleopoldsdorf eine sowjetische Reserve-Einheit liegen mußte.
Unser Ukrainer war anderer Meinung!
Er machte den Vorschlag, einen Spähtrupp in den Ort hineinzuführen.
Ich ließ mich umstimmen, obwohl ich von allem Anfang an ein ungutes Gefühl hatte. Dieser Pessimismus verstärkte sich, als der Spähtrupp bereits aufbrach und mir der Sturmmann Hessler die Mitteilung machte, daß sich der Oberrottenführer Franz Gary doch wieder dem Petja Orlow anschloß.
Franz und Petja waren seit dem angeblichen Telefonat im Gendarmeriepostenkommando Rekawinkel nicht gut aufeinander zu sprechen. Und ich hatte deshalb einen personellen Austausch verfügt: Gary kam zu Hessler und dafür gab dieser den HJ-Fronthelfer Kainz an den Ukrainer ab.
Jedenfalls schien mir die plötzliche »Aussöhnung« sehr rätselhaft zu sein. Aber ich dachte nicht länger darüber nach, sondern versetzte meine Leute in Alarmbereitschaft. Und dies war gut so, weil bereits nach wenigen Minuten ein Horchposten angerannt kam und das Herannahen mehrerer Lastkraftwagen aus Richtung Alland meldete. Ich schickte deshalb den Jagdtrupp Hessler zur Straße hinunter.
Dann kam es am Ortsrand von Klausenleopoldsdorf zu einer wilden Knallerei, und ich sah mich gezwungen, mit der Hälfte des verbliebenen Haufens dort hinzueilen. Gleichzeitig nahm Georges Matthys einen Stellungswechsel vor und versuchte mit den restlichen HJ-Fronthelfern den gegenüberliegenden Höhenzug zu erreichen.

[235] Siehe Tagesmeldung der Heeresgruppe Süd vom 21.4.1945. Gesammelt vom Bundesarchiv/Militärarchiv Freiburg im Breisgau.

So wußte ich wenigstens unser Funkgerät in Sicherheit!
Ich war mit meinen Leuten nur mehr wenige Meter vom Ortsfriedhof entfernt, als ich auf einem Acker zwei HJ-Soldaten zurücklaufen sah. Einer von ihnen hielt mehrere Feldflaschen in den Händen und trug sein Gewehr umgehängt. Aber der andere drehte sich immer wieder um, jagte einen Feuerstoß nach dem anderen aus seiner MPi.
Plötzlich brach der Bursche mit den Feldflaschen in die Knie, wurde ein zweites Mal getroffen. Und sein Oberkörper knallte wie unter einem Peitschenhieb auf den Boden.
Im selben Augenblick ließ sein Kamerad die Maschinenpistole fallen. Seine Hände krallten sich in den Bauch. Trotzdem taumelte er noch einige Schritte weiter, bis er gleichfalls hinstürzte und sich schreiend auf dem Feld herumwälzte. Da dröhnte in unserem Rücken der Abschuß einer Panzerfaust, war auch das Knattern von Maschinenpistolen und einem Maxim-MG zu hören.
Zu unserem Glück befand sich der Ukrainer gleich hinter der Friedhofsmauer. Und ich erfuhr von ihm, daß sein Spähtrupp lediglich auf eine feindliche Patrouille gestoßen war. Einige Muschiks wurden bereits »außer Gefecht gesetzt«. Jedenfalls behauptete Orlow, daß er und seine paar Burschen mit dem Rest sehr leicht fertigwerden würden.
Für zusätzliche Informationen blieb keine Zeit, weil wir dem Jagdtrupp Hessler zu Hilfe kommen mußten. Dennoch ließ ich einige Kameraden bei Petja zurück und lief mit den übrigen HJ-Fronthelfern auf einen kleinen Hügel zu. Von dort oben sah ich dann, daß auf der Straße nach Alland mehrere sowjetische Lastkraftwagen standen. Einer von ihnen brannte, ein zweiter war offenbar von der Panzerfaust getroffen worden und glich einem Trümmerhaufen. Aber auf einem dritten Lkw hatten die Rotarmisten ihr Maschinengewehr postiert, welches pausenlos feuerte.
Außerdem konnte ich auch Muschiks erkennen, die sich immer näher heranarbeiteten.

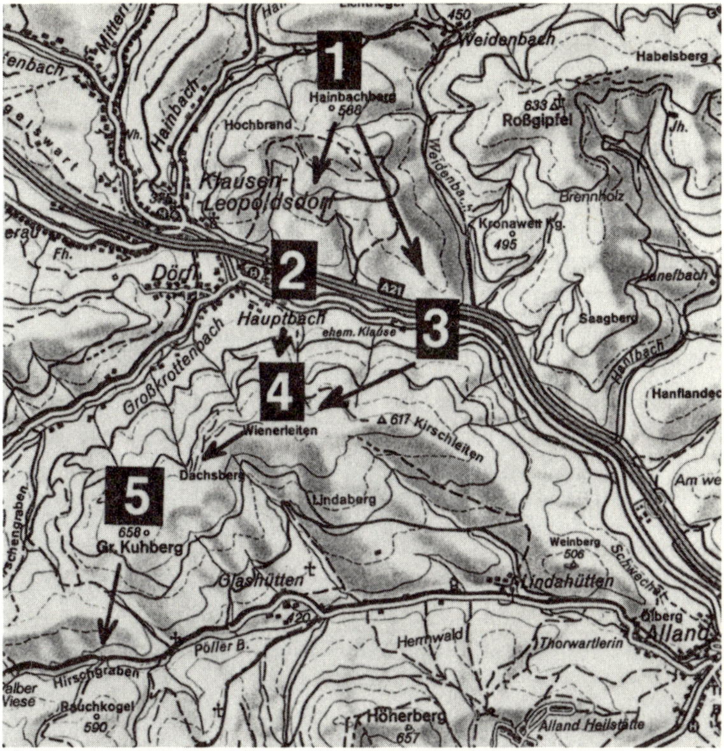

Karte: Freytag & Berndt

Jagdeinsatz im Raum Klausen-Leopoldsdorf:
1 Rast auf dem Hainbachberg
2 Feuergefecht am Ortsrand (Orlow u. Gary)
3 Gefecht mit der Kfz-Kolonne (Hessler)
4 Sammelpunkt Wienerleiten
5 Weitermarsch über den Großen Kuhberg in südlicher Richtung

Die in der Mitte der Karte eingezeichnete Autobahn hat es 1945 noch nicht gegeben!

Fritz Hessler lag mit seinen Burschen im Unterholz neben der Schwechat. Auch sie schossen unentwegt. Nur ihr Maschinengewehr war ausgefallen, weil uns keine deutsche Munition mehr zur Verfügung stand.
Wieder krachte eine Panzerfaust.
Aber die Granate verfehlte ihr Ziel und traf nur einen Baum. Der daneben stehende Lkw mit dem Maschinengewehr auf der Ladefläche blieb unbeschädigt. Der HJ-Fronthelfer, der die Panzerfaust abgefeuert hatte, brach mit einem Kopfschuß zusammen. Wahrscheinlich wurde er das Opfer eines feindlichen Scharfschützen, der darauf lauerte, daß jemand vom Jagdtrupp Hessler die Deckung verließ.
Die Einsatzreserve und mich bemerkten die Sowjets nicht, weil wir uns auf der anderen Seite der Straße befanden und sie offenbar nicht damit rechneten, daß von dort ein Entlastungsangriff erfolgen würde. So konnten wir uns unbemerkt an die Lastkraftwagen heranpirschen. Dann detonierten unsere Handgranaten, die das feindliche MG außer Gefecht setzten und einige der Muschiks in die Flucht trieben.
In der Zwischenzeit entwickelte sich das Gefecht am Ortsrand von Klausenleopoldsdorf zu einer bedrohlichen Angelegenheit: Es zeigte sich nämlich, daß dort relativ starke feindliche Kräfte im Quartier lagen. Nur dauerte es etwa 20 Minuten, bis auch sie eingesetzt wurden. Aber dann nahm uns der Iwan von zwei Seiten in die Zange, und ich gab den Befehl zum Absetzen. Schließlich erreichten wir ohne weitere Verluste die sogenannte Wienerleiten und tauchten wieder einmal in den Wäldern unter.
Unsere drei Toten nahmen wir mit und beerdigten sie am Rande einer verlassenen Stellung, die wahrscheinlich nur zu Übungszwecken angelegt worden war. Denn im weiten Umkreis gab es keinerlei Spuren eines Kampfes.
Als wir weitermarschierten, erzählte mir Petja Orlow, daß er mit seinem Spähtrupp etwa 300 m weit auf der Dorfstraße

vorgedrungen war, ohne irgend etwas Verdächtiges zu bemerken. Sie kehrten daraufhin wieder um. Und sie waren bereits bei der Abzweigung nach Dörfl, da kam der Oberrottenführer Gary auf die Idee, unbedingt etwas Trinkbares zu besorgen.
Er sammelte von jedem die Feldflasche ein und ging gemeinsam mit seinem Freund Wolfgang zu einem Gehöft, während der Ukrainer und die anderen Burschen ihren Weg fortsetzten. Erst beim Friedhof hielten sie an und wunderten sich darüber, daß die beiden Kameraden noch immer nicht nachkamen. Aber dann fielen plötzlich Schüsse, tauchte eine sowjetische Patrouille auf und eine Zivilistin schrie: »Da sind sie!«
Ob damit die Russen oder die beiden HJ-Fronthelfer gemeint waren, konnte Orlow nicht sagen.
Was weiter geschah, glaubte ich ohnedies zu wissen. Aber erst Tage später berichtete mir der HJ-Fronthelfer Kainz, daß er bei der Bergung der beiden Kameraden dabei war: Franz Gary lebte noch, litt aber unter irrsinnigen Schmerzen. Da gab ihm der Waffen-Unterscharführer einen »Gnadenschuß«...

Der Gesundheitszustand meiner HJ-Soldaten war einfach katastrophal: Fast jeder von ihnen hatte unzählige Blasen auf den Füßen, die aufgesprungen waren und eiterten.
Schuld daran waren die viel zu großen Stiefel, die zerschlissenen und verschwitzten Socken sowie der Schlamm und der Dreck, die bei den Querfeldeinmärschen von oben in die Stiefel eindrangen. Und natürlich hatten wir uns schon lange nicht mehr richtig gewaschen. In den Nacht- und Morgenstunden war es noch immer bitter kalt, und wenn wir uns untertags irgendwo verkrochen, ließ zwar die Temperatur eine Reinigung zu, aber es war meistens kein Bach in der Nähe. Außerdem mußten wir uns ruhig verhalten und durften nicht auffallen.

Ich mußte zufrieden sein, daß sie noch immer die Strapazen ertrugen und nach wie vor kämpfen wollten.
Unser Sanitäter besaß nur eine einzige Salbe, mit der er Furunkel ebenso wie Hautabschürfungen versorgte. Verstauchungen und Prellungen wurden nicht behandelt, weil die Ruhestellung einzelner Körperpartien nicht möglich war. Unser Bestand an Aspirin ging rapid zu Ende, die Erkältungserkrankungen nahmen zu. Und weitere Schwierigkeiten gab es mit dem Stuhlgang, woran letztlich die Verpflegung oder, besser gesagt, der Hunger schuld war. Denn alles und jedes wurde mit einer wahren Gier hinuntergeschlungen. Vorausgesetzt, es gab überhaupt etwas.
Auch die schmerzstillenden Mittel gingen uns aus, aber als Ersatz dafür konnten wir wenigstens das Aufputschmittel »Pervitin« schlucken. Was aber für Jugendliche auch nicht gerade geeignet war.
Orlow, Matthys und ich hatten große Feldflaschen mit Wodka erbeutet. Aber wir gaben den Schnaps nur in sehr geringen Mengen aus, wenn jemand unter besonders starken Schmerzen litt. Dies traf beim Sturmmann Hessler zu, nachdem er beim letzten Gefecht an der Schulter verwundet worden war. Und besonders schlimm war dabei, daß unser Sanitäter nicht in der Lage war, die Gewehrkugel operativ zu entfernen.
Irgendwo unterwegs mußten wir fünf erschöpfte HJ-Fronthelfer bei einer Jagdhütte zurücklassen. Der Sanitäter blieb bei ihnen und sollte später nachkommen. Wir haben keinen dieser Kameraden jemals wieder gesehen...
Auf dem Kucherberg klappte endlich wieder eine Funkverbindung mit »Cherusker«, obwohl der Empfang relativ schwach und zeitweise sehr stark gestört war. Jedenfalls erfuhren wir von schweren Kämpfen bei Weißenbach a.d. Triesting, bei denen sich »die Hitler-Jugend« durch besondere Standhaftigkeit auszeichnete. Allerdings ging aus dieser Meldung nicht hervor, ob tatsächlich eine niederöster-

6. Notverpflegung

Eine brauchbare Notverpflegung ist Holzmehl. Es wird am besten in der folgenden Weise von jungen Kiefern- oder Birkenstämmchen gewonnen: Die obere borkige Rindenschicht entfernen; die feuchte, weiche Unterschicht ablösen und in kleine Stückchen zerschneiden; unter mehrmaligem Wasserwechsel abkochen, bis Harzgeschmack genügend abgemildert ist; sorgfältig trocknen, bis die Schnitzel mürbe und brüchig werden; zerstoßen und zerreiben.

Das gewonnene gelblich-bräunliche Rindenmehl kann dann entweder zur Streckung dem Roggen- oder Weizenmehl zugefügt oder auch unvermischt genossen werden. Zu diesem Zweck macht man unter Zuführung von Wasser oder Milch einen Teig, walzt ihn ganz flach aus, zerschneidet ihn in kleine Fladen und backt diese dann auf Blech- oder Eisenpfannen.

Ganz junge Fichtentriebe können roh oder gekocht gegessen werden. Eßbare Pilze sind eine gute Nahrung, ebenso Beeren. Pilze werden durch Frost giftig, während viele Beerenarten erst durch Frost eßbar und schmackhaft werden, wie z. B.: Eberesche, Berberitze u. a. Sehr nahrhaft und vitaminreich sind die auf Hochmooren vorkommenden Moosbeeren, die Preißelbeeren, Holunderbeeren, Hagebutten.

Lindenknospen und die meisten Flechten (mit Ausnahme der gelblichfarbigen), insbesondere die bekannte grauweißliche Renntierflechte (Renntiermoos) sind eßbar. Die in Flechten enthaltenen Bitterstoffe werden durch mehrstündiges Weichen in Wasser, zu dem man Holzasche zugesetzt hat, entfernt. Dann können sie zu einem durchaus eßbaren Brei verkocht werden. Im Notfall kann man Flechten nach einer gründlichen Spülung auch roh essen.

An den Ufern von Flüssen und Seen kann man die dicken Wurzeln von Kalmusschilf ausgraben, die sowohl roh als insbesondere gekocht oder gebacken durchaus eßbar sind.

»Winke für Jagdeinheiten« (1945)
Gegen diese Art von Notverpflegung revoltierte der »österreichische Magen«.

reichische HJ-Volkssturmeinheit gemeint war. Immerhin kämpfte in diesem Gebiet auch die 12. SS-Panzerdivision »Hitlerjugend«[236].

Aber auch über unser Jagdkommando war man bei der Leitstelle voll des Lobes. Und es wurde mir mitgeteilt, daß besonders unser Einsatz in Kritzendorf »allerhöchste Anerkennung« fand.

So etwas freute uns natürlich.

Trotzdem ließ ich dann durchgeben, wie notwendig wir einen Arzt brauchten und daß nun abermals eine Notoperation dringend erforderlich sei. Auch das Fehlen von deutscher MG-Munition und einer ausreichenden Verpflegung wurde gemeldet.

Die Antwort war kurz und bündig: »Schlagt euch nach Klein Mariazell durch!«

Aber etwas anderes als weitermarschieren, konnten wir ohnedies nicht. So gelangten wir schließlich zu einem Einschichthof, in welchem ein Kriegsversehrter mit seiner Frau hauste. Wir wurden bereitwillig aufgenommen, konnten nach langer Zeit wieder unter einem Dach schlafen und bekamen sogar einen Kessel voll Erdäpfelsuppe aufgetischt. Aber noch wichtiger war, daß die Wunden des Kameraden Fritz Hessler gereinigt werden konnten und er einen neuen Verband bekam.

Diese Aufgabe übernahm die junge Bäuerin und führte sie so perfekt aus, als hätte sie jahrelang in einem Krankenhaus gearbeitet. Da überwand einer der HJ-Fronthelfer seine anfängliche Scheu und zeigte ihr seine wunden Füße. Und obwohl sie sicherlich nicht im Überfluß lebte, stellte die Frau sofort einen Topf mit reinem Schweineschmalz zum Einschmieren der Wunden zur Verfügung.

Viel ist von dem Fett nicht übriggeblieben, weil praktisch jeder von uns in das Gefäß hineinlangte.

[236] Buchinger, a.a.O., Band I, S. 128. Buchinger spricht eindeutig von Hitlerjungen, die kurz vorher in Wilhelmsburg ausgebildet wurden.

Der Kriegsversehrte erzählte mir dann von einem Arzt, den er aus St. Corona holen würde. Außerdem machte er den Vorschlag, nicht nur unseren Verwundeten, sondern auch einige der fußmaroden Buben zurückzulassen.
Ich entschied, daß die drei Jüngsten abzurüsten hatten. Jeder von ihnen mußte seine Waffen und die Munition abliefern. Überdies kontrollierte ich auch noch ihre Taschen, nahm dem einen den HJ-Ausweis und dem anderen ein paar Fotos weg, die ihn als Hitlerjungen identifiziert hätten. HJ-Schulterklappen und der Hoheitsadler wurden von den Feldblusen abgetrennt. Ihre einzige Überlebenschance war, jeden verdächtigen Gegenstand zu vernichten.
Dies verlangte ich übrigens nicht nur im Interesse meiner »Soldaten«, sondern auch zum Schutz der beiden Quartiergeber, nachdem wir immer wieder hörten, wie leicht man als »Werwolf« verdächtigt wurde.

In der Nacht zum 23. April 1945 wollte ich mit meinem Haufen die Straße St. Corona-Altenmarkt überqueren. Aber wir mußten sofort am Waldrand in Deckung gehen, weil eine sowjetische Marschkolonne daherkam. Und hinter ihr hörten wir den Hufschlag von Pferden und das Rumpeln von Panjefahrzeugen.
Wir entschlossen uns zum Angriff, warfen ein paar Handgranaten und ballerten wie wild herum. Auf diese Weise erreichten wir ohne eigene Verluste den Kaumberger Forst. Dort stießen wir unerwartet auf biwakierende Rotarmisten, die uns herankommen hörten. Jedenfalls hielten sie uns keineswegs für ihre Genossen und empfingen uns mit einem Kugelhagel.
Zwei oder drei Kameraden wurden tödlich getroffen, einige dürften verwundet in Gefangenschaft geraten sein. Aber es ist auch möglich, daß der eine oder andere HJ-Fronthelfer zunächst in Deckung ging und den sowjetischen Suchkommandos entkam.

Die Bilanz war erschütternd: Außer Matthys, Orlow und mir bestand das Jagdkommando nur mehr aus 12 Mann! Mit diesen erreichte ich den 719 m hohen Steinriegel, wo wir uns sofort in einem Jungwald versteckten. Und obwohl jeder von uns erschöpft war, blieben wir wach und hellhörig. Allerdings zeigte es sich bald, daß die Muschiks uns nicht verfolgten.
Den ganzen Tag über hörten wir dann aus südwestlicher Richtung starken Gefechtslärm, der erst gegen Abend etwas schwächer wurde. Zwischen Mitternacht und 1 Uhr früh ging Georges Matthys mit seinem Funkgerät wieder auf Empfang. Er brauchte nicht lange zu warten, da meldete sich bereits unsere Leitstelle. Und wir wurden angewiesen, uns in den nächsten Tagen »luftschutzmäßig« zu verhalten. Das heißt, uns wurde vorläufig kein neuer Einsatz befohlen. Aber noch mehr überraschte uns die Ankündigung einer sogenannten Bienenkorbaktion[237], in deren Verlauf uns ein Flugzeug mit Lebensmitteln, Medikamenten und Munition versorgen sollte. Eine »Fehlmeldung«, wie sich herausstellte.

Am 25. April 1945 griff die amerikanische Luftwaffe unter anderem den Fliegerhorst Pocking in Niederbayern an und zerstörte dabei fast alle Kleinflugzeuge, die für Sondereinsätze bestimmt waren[238].
Aber am selben Tag wurde auch Linz a. d. Donau bombardiert. Dieser Luftangriff dauerte rund zwei Stunden lang, wobei insgesamt 467 US-Bomber im Einsatz waren. Als die Entwarnung gegeben werden konnte, gab es die »Hermann Göring-Werke«[239] nur mehr dem Namen nach. Doch dar-

[237] Dahl, a.a.O., S. 204–208. Dahl schrieb über die Bienenkorbeinsätze ganz allgemein, die übrige Kriegsliteratur schwieg sich darüber aus.
[238] Ebenda, S. 204
[239] Nach dem Krieg wurde aus den Hermann Göring-Werken die Voest.

über hinaus wurden auch rund 200 Wohnhäuser zerstört und fanden 172 Zivilisten den Tod.
Sechs feindliche Flugzeuge stürzten in der Umgebung der oberösterreichischen »Gauhauptstadt« ab, und neun weitere Liberator-Bomber gelangten nicht mehr in ihre Einsatzflughäfen zurück.
In der Nähe von Pregarten landeten zwei amerikanische Flieger mit ihren Fallschirmen auf einem Feld. Die Bewohner einer in der Nähe befindlichen Siedlung wollten sie lynchen, zwei Wiener HJ-Fronthelfer verhinderten dies.
Die Burschen brachten dann ihre Gefangenen zum Bannführer Ralf Roland Ringler, der sofort die Feldgendarmerie verständigte. Bevor diese eintraf, schrien vor dem Haus einige Zivilsten, daß man diese »Luftgangster« einfach aufhängen sollte. Aber auch ein jüngerer Gefolgschaftsführer war für einen »kurzen Prozeß«, worunter er zwar nicht das Aufhängen, sondern das Erschießen verstand.
Ringler wies darauf hin, daß der Krieg verloren sei und sich die Sieger für den Tod ihrer Soldaten in deutscher Gefangenschaft rächen würden.
So wurden die beiden Flieger ordnungsgemäß der Feldgendarmerie übergeben[240].
Ursprünglich sollte die Wiener HJ-Kampfgruppe »Werwolf« in Pregarten einen bereitstehenden Eisenbahnzug besteigen. Allerdings erwies sich dies nach dem schweren Luftangriff als sinnlos, weil die Bahnhöfe von Linz und Wels zerstört wurden. So entschloß sich der Bannführer Leo P. zur Weiterfahrt auf Lastkraftwagen.
Als die Kolonne dann den Stadtrand von Linz a.d. Donau erreichte, stellte sich ihr der oberösterreichische Gauleiter August Eigruber in den Weg und verlangte eine sofortige Unterstellung aller Wiener HJ-Soldaten.
Leo P. lehnte dies entschieden ab und wies auf einen Marsch-

[240] Mitteilung Ralf Roland Ringler

befehl hin, auf welchem der Pyhrnpaß als nächstes Tagesziel angegeben wurde. Unterfertigt war dieses Papier vom Generaloberst Dr. Lothar Rendulic.
Als der Gauleiter sich uneinsichtig zeigte und auf die Unterstellung beharrte, machten der Bannführer und sein Adjutant ihre Maschinenpistolen schußbereit. Auch die Burschen auf den nachfolgenden Fahrzeugen griffen zu ihren Waffen. Schließlich setzte sich die Kolonne langsam in Bewegung, so daß dem Gauleiter nichts anderes übrigblieb, als sich mit einem Sprung in den Straßengraben in Sicherheit zu bringen.
Dennoch wurde später die Wiener HJ-Kampfgruppe »Werwolf« auf Befehl der Heeresgruppe Süd gestoppt und mußte die Zufahrt zum Kremstal absichern. Dies war deshalb notwendig, weil immer mehr Wehrmachtsverbände und auch unzählige Zivilisten in Richtung Pyhrnpaß drängten[241].

»Achtung, tieffliegendes Flugzeug aus Nord-Nordwest!«
Kaum hatte einer der Beobachtungsposten mir dies zugeschrien, da donnerte bereits der schwarze Schatten über die Valeriehöhe hinweg. Und wir hörten, wie die Bü 181 im Steilflug hochgezogen wurde. Kurz nachher kam sie aus Richtung Ober Piesting erneut angeflogen.
Unsere Taschenlampen blitzten auf: Kurz, kurz, lang, kurz. Aber es schien so, als hätten die Fliegerkameraden das Erkennungszeichen nicht gesehen, weil der Tiefdecker dann relativ weit nach Westen flog, dort eine Schleife zog und beim Sulzer Kogel sowie in der Gegend der Araburg herumkreiste.
Doch plötzlich nahm die Maschine wieder Kurs Nord, überflog Kaumberg, drehte abermals auf die Höhe 772 ein. Da schoß Matthys eine Leuchtkugel ab, zuerst eine grüne und dann eine rote. Außerdem steckten die HJ-Fronthelfer einige Reisighaufen in Brand, die sie schon lange vorher auf der Waldlichtung aufgeschichtet hatten.

[241] Mitteilung Leo P.

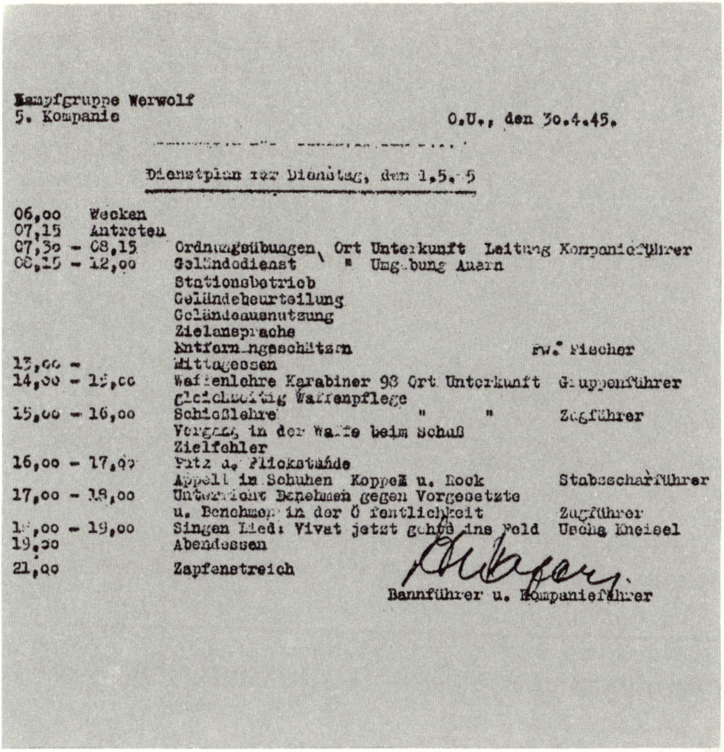

Kampfgruppe Werwolf
5. Kompanie

O.U., den 30.4.45.

Dienstplan für Dienstag, den 1.5.45

06,00	Wecken		
07,15	Antreten		
07,30 – 08,15	Ordnungsübungen, Ort Unterkunft	Leitung Kompanieführer	
08,15 – 12,00	Geländedienst	" Umgebung Auern	
	Stationsbetrieb		
	Geländebeurteilung		
	Geländeausnutzung		
	Zielansprache		
	Entfernungsschätzen		Fw. Fischer
13,00 –	Mittagessen		
14,00 – 15,00	Waffenlehre Karabiner 98	Ort Unterkunft	Gruppenführer
	Gleichzeitig Waffenpflege		
15,00 – 16,00	Schießlehre	" "	Zugführer
	Vorgang in der Waffe beim Schuß		
	Zielfehler		
16,00 – 17,00	Putz u. Flickstunde		
	Appell in Schuhen Koppel u. Rock		Stabsscharführer
17,00 – 18,00	Unterricht Benehmen gegen Vorgesetzte		
	u. Benehmen in der Öffentlichkeit		Zugführer
18,00 – 19,00	Singen Lied: Vivat jetzt gehts ins Feld		Uscha Kneisel
19,30	Abendessen		
21,00	Zapfenstreich		

Bannführer u. Kompanieführer

Ein Krieg ging zu Ende, aber es gab noch Unterricht über das Benehmen gegenüber den Führern…

Zum Glück hatte es hier in den letzten Tagen nicht geregnet, so daß das Reisig sofort in Flammen stand.
Trotzdem wurden die kleinen Versorgungsbehälter erst beim vierten Anflug abgeworfen. Einer ging verloren, aber die beiden anderen konnten geborgen werden, obgleich sie in ein stark verfilztes Brombeerdickicht fielen.
Die Bü 181 entschwand in Richtung Schöpfl, aber ihr Motorengeräusch war noch etliche Zeit zu hören. Und dies führte bei uns zu der Annahme, daß die Fliegerkameraden noch einen zweiten, ähnlichen Auftrag ausführten. Außerdem wußten wir von kleineren Kampfgruppen der Waffen-SS, die nördlich von uns noch immer einen verbitterten Widerstand leisteten.
Ich ließ die brennenden Reisighaufen auseinanderreißen und die Flammen mit Decken und Zeltplanen ersticken. Dabei kam den HJ-Fronthelfern zustatten, daß sich in der Nähe ein Wasserloch befand, in welchem sie ihre »Feuerpatschen« vorher naß gemacht hatten. Die Glutreste wurden schließlich sehr sorgfältig ausgetreten.
Auf einmal kam es zwischen Orlow und Matthys zu einer erregten Auseinandersetzung, weil der Ukrainer das Absetzen eines Funkspruches verlangte. Und zwar zur Bestätigung dafür, daß der Luftwaffeneinsatz erfolgreich verlaufen war. Georges hielt dieses Ansinnen nicht nur für vollkommen überflüssig, sondern auch für höchst gefährlich, weil unser Funkgerät relativ leicht angepeilt werden konnte. Überdies wies er darauf hin, daß die mehrmaligen Anflüge der Bücker ohnedies aufgefallen sein dürften.
Ich setzte dem Streit ein Ende, indem ich die beiden auf einen grellen Lichtschein aufmerksam machte, den es vorher noch nicht gegeben hatte: Er drang aus einem Bauernhof ins Freie und dieser war von uns etwa zwei Kilometer entfernt. Und es bestand immerhin die Möglichkeit, daß sich dort ein paar Muschiks befanden.
Jedenfalls blieb für eine Sondierung des Gebietes keine Zeit, weil uns das Eintreffen und die geplante Abwurfstelle nur

Karte: Freytag & Berndt

Jagdeinsatz im Raum Kaumberg:
1 Valeriehöhe. Abwurf der Versorgungsbehälter
2 Ruine Araburg. Versteck für 2 Tage

relativ kurzfristig mitgeteilt wurden. Wir kletterten dann in ein Tal hinunter, keuchten auf der anderen Seite zur Bramerhöhe hinauf, stolperten abermals abwärts und überquerten östlich vom Gerichtsberg die Landstraße nach Hainfeld. Als wir uns in den frühen Morgenstunden des 28. April 1945 der Araburg näherten, regnete es bereits in Strömen, so daß die Waldwege in eine glitschige Rutschbahn verwandelt wurden.
Schließlich kamen wir im dichten Nebel überhaupt vom Pfad ab, verloren die Orientierung und stapften – bis an die Waden einsinkend – durch das Gelände. Trotzdem kamen wir zu einer Stelle im Wald, wo sich zwei Wege kreuzten. Und da erkannte ich, daß wir viel zu weit südlich und vermutlich in das Mariental gelangt waren.
Wir verbrachten dann fast zwei Tage in den Ruinen der Araburg und unternahmen während der Nachtstunden mehrere Erkundungen. Dabei konnten meine Fronthelfer feststellen, daß die Sowjets im Raum westlich von Hainfeld immer mehr Infanterie und Panzer zuführten. Georges Matthys gab diese Beobachtungen in ganz kurzen Funksprüchen an eine unserer Relaisstationen weiter.
Die HJ-Soldaten »organisierten« auf ihren Streifzügen auch Lebensmittel; was zwar verboten war, aber Hunger tut bekanntlich weh. Und auch sie wußten, daß die Konserven aus dem abgeworfenen Versorgungsbehälter nur für ein paar Tage ausreichen würden.
Ich war daher sichtlich überrascht, als ich viele Jahre später von einem Kaumberger Gastwirt erfuhr, daß in den Kellergewölben der Araburg viele Tonnen erstklassiger Obstkonserven lagerten. Davon hatten wir natürlich keine Ahnung. Außerdem war der Zugang zu diesen Köstlichkeiten durch eine Sprengung verschüttet worden. Das war unter der Bevölkerung bekannt. Im Spätsommer 1945 wurden die Konserven von den Sowjets geborgen und als »deutsches Eigentum« beschlagnahmt…

IX. Dramatische Tage im Westen (29.4.–4.5.1945)

Am Abend des 29. April erreichte die französische 5. Panzerdivision bei Hohenweiler die Vorarlberger Grenze. Zunächst fühlten nur einige Spähtrupps vor, die aber bald wieder umkehrten. Erst am nächsten Morgen griffen französische Panzer in Richtung Lochau an.
Beim Wellenhof lagen 8 Burschen eines KLV-Lagers[242] in Stellung. Sie gehörten zum HJ-Volkssturm, obwohl sie keine vormilitärische Ausbildung hatten. So kam es, daß sechs von diesen Hitlerjungen einfach davonrannten. Nur zwei Berliner blieben zurück, und einer von ihnen schoß dann mit seiner Panzerfaust einen französischen Kampfwagen ab. Dabei wurden zwei Mann der Besatzung getötet und drei verwundet.
Die Franzosen rächten sich fürchterlich: Sie machten den jugendlichen Panzerknacker nieder und warfen seine Leiche in ein Bachbett, wo sie zwei Tage lang liegenblieb. Der andere Bub wurde in ein Kriegsgefangenenlager gebracht und später nach Frankreich deportiert. Dort mußte er strafweise in einem Bergwerk arbeiten[243].

30. April 1945: Auch in Oberösterreich stand der Feind bereits an der Grenze. Und zwar war es die 11. US-Panzerdivi-

[242] KLV-Lager: Erholungsstätte der Aktion Kinderlandverschickung.
[243] Mitteilung Karl Antosch

sion, die mit ihrer Artillerie die Orte Oberkappel und Kollerschlag beschoß.
In Oberkappel lagen angeblich nur 50 Mann einer Volkssturmeinheit, die kampflos in das Rannatal »auswichen«. Aber auch Kollerschlag wurde nicht verteidigt. Auf den ersten Widerstand stießen die amerikanischen Panzer erst in Peilstein. Dort gab es vor dem Haus Märzinger eine von fünf HJ-Fronthelfern besetzte Straßensperre. Allerdings kamen die Burschen nicht mehr zum Feuern, weil ein amerikanischer Panzerschütze etwas schneller reagierte[244].
Die toten HJ-Soldaten konnten später identifiziert werden: Ihre Namen waren Ferdinand Matschnig, August Kastner, Otto Hunsinger, Hubert Brückler und Josef Hain. Jeder von ihnen gehörte dem Geburtsjahrgang 1929 an. Hunsinger war übrigens Volksdeutscher und kam im Rahmen der Aktion Kinderlandverschickung[245] aus Ungarn nach Österreich. Seine Kameraden stammten aus Langenstein, Haid bei Mauthausen, St. Georgen und Langenberg[246].
Auch bei einer zweiten Panzersperre in Peilstein wurden Angehörige des HJ-Panzervernichtungsregimentes »Oberdonau« eingesetzt. Sie hielten den Vormarsch der US-Panzer so lange auf, bis die ganze Umgebung mit schwerem Artilleriefeuer belegt wurde. Dann zogen sich die HJ-Fronthelfer gemeinsam mit der Kampfgruppe des Oberst Engel nach Diendorf-Unterhaag zurück, wo sie erneut eine Widerstandslinie aufbauten[247].
Ein anderes HJ-Panzerjagdkommando lag bei Lembach in Bereitschaft. Da wurde gemeldet, daß amerikanische Panzer aus Richtung Pfarrkirchen heranrollen. Die Hitlerjun-

[244] Siehe Rudolf Walter Litschel: »Lanze, Schwert und Helm« u. Oberösterreichische Nachrichten vom 30.4.1965, S. 13
[245] Wesentlich beteiligt an der Aktion Kinderlandverschickung war Hannelore Glaser, die spätere Gattin des deutschen Bundeskanzlers Helmut Schmidt.
[246] Mitteilung der Gemeinde Peilstein
[247] Siehe Rudolf Walter Litschel: »Lanze, Schwert und Helm«

gen räumten auftragsgemäß die Ortschaft, bezogen aber bei Glasholz eine Riegelstellung. Und dort kam es dann zu mehreren Panzerabschüssen[248].
Die Räumung von Lembach erfolgte vermutlich deshalb, weil der Oberbefehlshaber der 3. US-Armee, General George S. Patton, auch in unverteidigte Orte hineinschießen ließ. Er begründete dies später dahingehend, daß »künftige deutsche Generationen wissen sollen, wo die Dritte Armee durchgezogen ist.«[249]
Trotzdem mußte sich Patton weder vor einem amerikanischen noch vor einem Internationalen Militärtribunal verantworten...

Am Nachmittag des 1. Mai 1945 übernahm Major Wilhelm Grünwaldt das Kommando über den Frontabschnitt Braunau am Inn-Schärding. Ihm standen allein in der »Geburtsstadt des Führers« rund 2000 Mann des Heeres, der Waffen-SS, des Reichsarbeitsdienstes und des Volkssturmes zur Verfügung. Außerdem fand sich in Braunau auch ein Luftwaffenstab ein, der sich noch rechtzeitig aus Pocking in Niederbayern absetzen konnte.
Zur selben Zeit befand sich ein HJ-Panzerjagdkommando weiterhin in Simbach und damit auf der anderen Innseite.
Diese Hitlerjungen wurden den Amerikanern entgegengeschickt, wobei von einem »würdigen Empfang« die Rede war. Jedenfalls schossen die Burschen bei Erding und Eggstetten mehrere Sherman-Panzer ab. Als sie sich schließlich zurückziehen mußten, stellten sie mit Entsetzen fest, daß Grünwaldt die Braunauer Innbrücke sprengen ließ. Zum Glück konnten sie mehrere Floßsäcke organisieren, so erreichten sie dann doch noch das östliche Innufer[250].

[248] Ebenda und Mitteilung Peter Rauscher
[249] Rauchensteiner, Der Krieg, a.a.O., S. 347
[250] Mitteilung Josef Reiterberger. Siehe auch Rudolf Walter Litschel: »Lanze, Schwert und Helm«.

Wie hoch ihre Verluste an Toten und Verwundeten waren, wurde nicht aufgezeichnet.

Der Bannführer der Stadt Innsbruck stellte bereits am 27. April 1945 eine Standschützen-Alarmkompanie auf. Ihr gehörten Burschen im Alter zwischen 14 und 16 Jahren an, die vorher das Innsbrucker Gymnasium und die Hans Schemm-Schule besucht hatten. Und einige von ihnen waren bereits Luftwaffenhelfer[251].
Zwei oder drei Tage später wurden die Jung-Schützen nach Scharnitz verlegt, wo man sie in vier Gruppen zu je 10 Mann einteilte. Dann bezogen sie eine Riegelstellung an der Porta Claudia.
Der amerikanische Vorstoß erfolgte am 1. Mai, doch wurde er rund zwei Stunden lang gestoppt. Dabei gelang den Buben auch der Abschuß von zwei Panzern. Erst als die Amerikaner Artillerieunterstützung anforderten, konnten sie die Stellung der Hitlerjungen stürmen. Aber sie gerieten dann sofort in das Abwehrfeuer einer Heereseinheit[252], die in aller Eile eine zweite Widerstandslinie aufgebaut hatte.
Von der Standschützen-Alarmeinheit sind insgesamt 28 Burschen gefallen[253]. Und der Rest, der in Gefangenschaft geriet, wurde von US-Soldaten mit Fußtritten und Fausthieben traktiert. Was übrigens von einem amerikanischen Kriegsberichterstatter sogar gefilmt werden konnte[254].

30. April 1945: Ein schwaches Jägerbataillon und zwei Marine-Kompanien sollten den Fernpaß verteidigen. Trotz-

[251] Bericht Hans W. Stoermer, MWI 1945/22-St und ergänzender Brief Univ. Dozent Dr. Rauchensteiner v. 7.1.1986

[252] Rauchensteiner, Der Krieg, a.a.O., S. 324

[253] Der Innsbrucker Univ. Prof. Dr. Steinegger bezeichnete den Tod der Jung-Standschützen zunächst als Gerücht (18.12.1985), revidierte aber seine Meinung am 2.1.1986 aufgrund von Unterlagen des Volksbundes Deutscher Kriegsgräberfürsorge.

[254] Fernsehserie Österreich II von Dr. Hugo Portisch

dem lehnte ein Offizier der 14. Jägerdivision den Einsatz von »Kindersoldaten« ab. Und er sagte darüber in einem Bericht: »Erst in zeitraubendem Bemühen gelang es zum Beispiel, einen Arbeitsdienstführer von der Sinnlosigkeit des Einsatzes mehrerer hundert Reichsarbeitsdiensthelfer zu überzeugen – etwa 16jährige, nicht ausgebildete und kaum bewaffnete Knaben.«[255]

Allerdings dürfte dieser Mann nicht gewußt haben, daß andere 16jährige bereits vorher in Vils, Reutte und Lermoos gekämpft hatten. Außerdem geht aus den Verlustmeldungen der beiden zuletztgenannten Gemeinden hervor: »Der jüngste Gefallene war der 12jährige Ferdinand Bader.«

Und schließlich kann auch angenommen werden, daß sich bei den aus Imst herangeführten Standschützen gleichfalls einige Hitlerjungen befunden haben.

Jedenfalls hält sich in Tirol und im benachbarten Bayern dieses Gerücht: »Bei den Panzerabschüssen, die am 1. Mai 1945 auf dem Fernpaß erfolgten, waren Hitlerjungen und sogar Pimpfe[256] beteiligt.«

Diese Burschen sollen dann über Nassereith in das Gurgl-Tal abgezogen sein. Und es existiert ein erschütterndes Foto aus Schönwies, auf welchem acht Jungvolkangehörige zu sehen sind, die mit erhobenen Händen ihre Übergabebereitschaft bekunden. Außerdem heißt es im Begleittext: »Da Kinder und Jugendliche im Alter von 10 bis 17 Jahren bis zuletzt gekämpft hatten, mußten sie auch regelrecht kapitulieren, wie hier gegenüber den Soldaten der amerikanischen 44. Infanterie-Division.«[257]

Allerdings fehlt bisher jeglicher Beweis, daß die abgebildeten »Kindersoldaten« mit den Panzerknackern vom Fernpaß identisch waren.

[255] Rossiwall, a.a.O., S. 269

[256] Pimpfe: Bezeichnung für die jüngsten Angehörigen des Deutschen Jungvolkes

[257] Rauchensteiner: »Der Krieg in Österreich 1945«, 2. Auflage, 25. Bildseite

In Braunau am Inn kam es in den frühen Morgenstunden des 2. Mai 1945 zu einer Demonstration von Frauen, die sogar ihre Kleinkinder mitbrachten. Dabei wurde die kampflose Übergabe der Stadt an die Amerikaner verlangt.
Zur selben Zeit traf bei Major Grünwaldt ein Befehl des Gauleiters August Eigruber ein: »Die Geburtsstadt unseres Führers Adolf Hitler ist unbedingt zu halten!«
Diese Nachricht verbreitete sich wie ein Lauffeuer in der Stadt. Und man wies darauf hin, daß Kampfgruppen der Hitler Jugend, die bis an die Zähne bewaffnet waren, für den Einsatz gegen die US-Army bereitstehen[258]. Dennoch wurde Braunau am Nachmittag des 2. Mai einem amerikanischen General übergeben, der sich dann mit seinem Stab im »Hitler-Geburtshaus« einquartierte.
Da traf aus Linz kommend der Oberstammführer Hans Hellwagner am Stadtrand ein. Er stellte sofort einen Stoßtrupp zusammen und ließ auch Sprengstoff auf einen Lkw aufladen. Übrigens gehörte kein einziger HJ-Fronthelfer zu seinen Leuten.
Als der Lastkraftwagen die Ringstraßenkreuzung erreichte, geriet er in feindliches MG-Feuer und mußte wenden. Dies gelang zwar, aber auf der Ladefläche lagen zwei tote Waffen-SS-Angehörige und auf dem Beifahrersitz war Hellwagner schwer verwundet zusammengebrochen. Seine Leiche wurde zwei Wochen später in Ranshofen unter einem Schlackenhaufen gefunden. Wer sie dort vergraben hatte, blieb ungeklärt[259].

2. Mai 1945: In Kirchdorf a.d. Krems wurde ein kleiner Teil der Wiener HJ- Kampfgruppe »Werwolf« aus dem Wehrdienst entlassen. Aus diesem Anlaß fand eine kleine Feier-

[258] Artikelserie von Dr. Walter Knoglinger in den Oberösterreichischen Nachrichten/April-Mai 1965

[259] Artikelserie in den Oberösterreichischen Nachrichten im April und Mai 1965

stunde statt, bei der man sowohl der gefallenen als auch der vermißten Kameraden gedachte.

Unter den Demobilisierten befanden sich in erster Linie kranke und fußmarode Fronthelfer, aber auch kriegsversehrte Unteroffiziere sowie einige ältere Volkssturmmänner, die sich der Kampfgruppe angeschlossen hatten. Auch einige Mädchen und Frauen blieben zurück und suchten entweder ein Quartier oder eine neue Fahrgelegenheit.

Aber das Gros der Kampfgruppe marschierte weiter in Richtung Liezen, wo dann das I. Bataillon in den Lungau und das II. in den Plannerkessel dirigiert wurde.

Der Wiener Gebietsführer Hans Lauterbacher fuhr zunächst nach Gmunden am Traunsee. Dort meldete er sich gemeinsam mit dem Bannführer Willy W. und dem Gefolgschaftsführer Walter P. im Schloß Cumberland bei Baldur von Schirach.

Walter P. war übrigens jener HJ-Führer aus dem Stab Lauterbacher, der auf dem Südtiroler Platz in Wien drei sowjetische Panzer abgeschossen hatte. Und von dieser Tat war der ehemalige Reichsjugendführer so begeistert, daß er nun sein eigenes HJ-Ehrenzeichen von der Uniform nahm und dieses dem P. an die Brust heftete.

Anschließend kam es zwischen Baldur von Schirach und Hans Lauterbacher zu einem Gespräch unter vier Augen. Dabei wies das einstige Idol der deutschen Jugend auf seine verwandtschaftlichen Beziehungen zum einflußreichen Norris- Clan[260] in Amerika hin. Aber noch mehr überraschte es den Gebietsführer, als sein Gesprächspartner unumwunden zugab, daß er sich so schnell wie möglich nach Tirol begeben würde. Nicht etwa, um dort zu kämpfen, sondern mit der klaren Absicht, sich unter den Schutz der Amerikaner zu stellen[261]!

260 Baldur von Schirachs Großvater war Major der Nordstaaten im amerikanischen Bürgerkrieg und heiratete eine reiche Amerikanerin.

261 Mitteilung Hans Lauterbacher an Willy W. und Walter P.

An das eigene Überleben dachte letztlich auch der Obersturmbannführer Adolf Eichmann, der für die »Endlösung der Judenfrage« verantwortlich gewesen ist: Er forderte in Alt-Aussee 150 Hitlerjungen an, die ihm und seinem Wagenpark die Straße auf die Blaa-Alm freischaufeln mußten, nachdem es Anfang Mai zu einem Kälteeinbruch und starken Schneefällen im Gebirge gekommen war[262].

In der Nacht vom 2. auf den 3. Mai 1945 passierte der Major Heinz Otto Fabian mit seinem Panzergrenadierbataillon zbV den Paß Lueg. In seiner Begleitung befand sich Baldur von Schirach, der mehrere Lastkraftwagen mit »wertvollen Versorgungsgütern und Funkgeräten« nach Tirol transportierte. Allerdings wurden die Fahrzeuge des Reichsleiters auf der Fahrt von Flandorf westwärts von einigen HJ-Fronthelfern mitbenützt und der Bannführer Franz Korn berichtete später: »Es waren durchwegs Leute vom NSKK[263], die diesen Transport durchführten. Auf den Wagen befanden sich wertvolle Möbel und Teppiche. Man sagte uns, daß der Eigentümer niemand anderer als Baldur von Schirach sei. Aber dies wußte ich ohnedies bereits von ihm selbst...«
Übrigens sollte der Paß Lueg von einem Pionier-Ersatzbataillon, verschiedenen Reserveeinheiten und mehreren Volkssturm- und HJ-Kompanien verteidigt werden. Allerdings heißt es, daß der Salzburger Major Dr. Herbert Hodurek sowohl die alten Volkssturmmänner als auch die 15- und 16jährigen HJ-Fronthelfer ganz einfach heimschickte[264].
Anderen Quellen zufolge soll der Gauleiter Dr. Gustav Adolf Scheel den Befehl zur Auflösung des Volkssturmes selbst gegeben haben, nachdem er gleichfalls über den Paß Lueg abhaute[265].

262 Aschenauer, a.a.O., S. 418
263 NSKK: Nationalsozialistisches Kraftfahrerkorps
264 Österr. Schwarzes Kreuz, Mitteilungen und Berichte, Heft 2/1985, S. 13
265 Rauchensteiner, Der Krieg, a.a.O., S. 338

Jedenfalls sind seit damals die beiden Buben Johann Barth und Mario Bonecker aus Hallein vermißt. Und man weiß lediglich, daß in ihre Heimatstadt am frühen Morgen des 3. Mai die Panzer des französischen Generals Philippe Leclerc einrückten.

4. Mai 1945: Im Bregenzerwald lagen zwar relativ starke deutsche Verbände und darunter auch mehrere HJ-Fronthelfer-Einheiten, trotzdem soll die 2. marokkanische Infanteriedivision unter Oberst de Castries kaum auf Widerstand gestoßen sein[266]. Dies ist deshalb erstaunlich, weil im Raum Krumbach-Hittisau eine HJ-Kompanie aus Dornbirn eingesetzt wurde, die unter der Führung eines Offiziers der Waffen-SS stand[267].
Und es stimmt auch nachdenklich, daß die beiden 16jährigen Alexander Kohlacher und Hermann Schneider seit ihrem Einsatz im Bregenzerwald als vermißt gelten, obwohl es dort angeblich gar keine Kämpfe gab.
Eine letzte Riegelstellung westlich des Arlberges wurde am späten Nachmittag des 4. Mai bei Dalaas bezogen. Sie diente dem Schutz der abziehenden Truppen, die den Arlbergtunnel benutzten. Auch ein Verwundetentransport kam noch durch, bevor eine Widerstandsgruppe unter der Führung des bekannten Rennfahrers Hans Stuck einen Eisenbahnzug entgleisen ließ und damit den Schienenstrang blokkierte.
Unter den Verwundeten, die in ein Lazarett in St. Anton gebracht wurden, befand sich der 13jährige Josef Engstler. Er starb zwei Tage später.

Am 2. Mai 1945 stand die 65. US-Infanteriedivision vor Passau und wurde dort mehrere Stunden lang durch eine

[266] Ebenda, S. 327
[267] Rossiwall, a.a.O., S. 258

Kampfgruppe der Waffen-SS aufgehalten. Dieser Einheit gehörten auch HJ-Fronthelfer an[268].

Etwa 48 Stunden später (4. 5. 1945 / 15.00 Uhr) begann amerikanische Artillerie die Stadt Schärding zu beschießen. Auch dort wurden SS-Soldaten und Hitlerjungen eingesetzt. Letztere kamen aus dem Landdienstlager Otterbach und waren dort noch in den letzten Wochen vormilitärisch ausgebildet worden. Und dies vor allem an der Panzerfaust. Ihre ersten Panzerabschüsse erzielten die HJ-Fronthelfer dann bei Neuhaus am Inn, bevor sie sich in das Stadtgebiet von Schärding absetzten[269].

Andere Burschen gingen mit einem Maschinengewehr in der Kurhausstraße in Stellung und nahmen von dort die Rottmündung unter Feuer. So konnten sie zunächst verhindern, daß amerikanische Pioniere mit ihren Schlauchbooten übersetzen konnten. Als die Dunkelheit hereinbrach, wurde auch diesen HJ-Fronthelfern der Rückzug befohlen. Trotzdem sollen beim Bahnhof Brunnwies einige Hitlerjungen in Gefangenschaft geraten sein. Anderseits gibt es Zeugenaussagen, in denen es heißt, daß diese Buben sofort niedergemacht wurden[270]. Ihre Leichen steckten die US-Soldaten in Säcke und warfen diese in den Inn[271]. Deshalb konnte auch niemals festgestellt werden, wie viele HJ-Fronthelfer tatsächlich in Schärding umgekommen sind.

4. Mai 1945: Allein im Raum Altenfelden-Neufelden verloren Einheiten der Hitler-Jugend, des Pionier-Ersatz- und Ausbildungsbataillons 86 und des Volkssturmes 18 Mann an

268 Rauchensteiner, Der Krieg, a.a.O., S. 348

269 Mitteilung Bruno Effenberger

270 Oberösterreichische Nachrichten, Rückschau auf die Maitage 1945, vom 24.4.–21.5.1965, Rudolf Walter Litschel und Prof. Buchinger

271 Buchinger, a.a.O., Band II, S. 18. Zu Buchingers Buch schrieb der niederösterreichische Landeshauptmann Andreas Maurer ein Vorwort. Es ist daher nicht anzunehmen, daß der Autor Greuelpropaganda betrieb.

Toten. Die meisten Gefallenen konnten nicht identifiziert werden.
Im Gemeindegebiet von St. Martin im Mühlkreis leistete der Reichsarbeitsdienst (RAD) einen langanhaltenden Widerstand, wobei mehrere amerikanische Kampfwagen mit der Panzerfaust abgeschossen wurden. Drei besonders junge RAD-Männer fanden bei diesen Kampfhandlungen den Tod.
Nördlich von Lichtenberg unterstand eine HJ-Kompanie der Kampfgruppe des Oberst Eggeling. Und dieser Offizier lobte später besonders den Einsatzwillen und die Tapferkeit dieser »Jungs«, weil sie einen Vorstoß der Amerikaner in Richtung Linz etliche Stunden lang aufhielten. Sie wurden übrigens bei der Panzerbekämpfung durch Flakgeschütze unterstützt, deren Bedienungsmannschaft zum Großteil aus Luftwaffenhelfern beziehungsweise aus jugendlichen flakv-Soldaten bestand. Auch bei Eidenberg und Lichtenberg sind zumindest drei Buben gefallen[272].
Zur selben Zeit gab der oberösterreichische Gauleiter August Eigruber einem seiner Kreisleiter den Befehl, mit einer weißen Flagge am Wagen nach Ottensheim zu fahren, um den Amerikanern die Übergabe der Stadt Linz a.d. Donau anzubieten[273]. In diesem Zusammenhang ist es besonders erwähnenswert, daß Eigruber bereits der Auflösung des HJ-Panzervernichtungsregimentes »Oberdonau« zugestimmt hatte.
Die Demobilisierung der Hitlerjungen war von dem HJ- und SD-Führer Sepp Geyrhofer verlangt worden. Er begründete sie dahingehend, daß »die Jugend vor dem unsinnigen und gefährlichen Tun einiger übereifriger ›Helden‹ beschützt werden sollte.«[274]

[272] Siehe Rudolf Walter Litschel: »Lanze, Schwert und Helm«
[273] Langoth, a.a.O., S. 275
[274] Stellungnahme Sepp Geyrhofer vom 21.5.1987

Keinen Einfluß hatte Geyrhofer auf ein Luftwaffen-Schul- und Ersatzregiment des Oberst Reppchen, welches vorwiegend aus Hitlerjungen bestand. Diese Einheit wurde gemeinsam mit den beiden ungarischen SS-Divisionen »Hunyadi« und »Hungaria« im Raum Vöcklabruck, Lambach und Wels eingesetzt[275].
Jedenfalls hieß es nach dem Krieg, daß ein Hitlerjunge bei Timmelkam einen US-Panzer abschoß[276]. Aber auch bei Oberschwaig, Ornharting, Fischlham, Haitzing und Eggenberg sollen HJ-Fronthelfer verheizt worden sein. Allerdings blieb unklar, ob diese Burschen nicht bereits regulär der Luftwaffe angehörten, was allerdings den bereits sinnlos gewordenen Einsatz auch nicht rechtfertigen kann.

Am 4. Mai 1945 war für den ehemaligen Reichsjugendführer Baldur von Schirach der Krieg praktisch zu Ende: Er fand beim Drechslermeister Huber in Schwaz ein Quartier und trug bereits Zivilkleidung. Außerdem nannte er sich Richard Falk und gab vor, Schriftsteller zu sein.
Sicherheitshalber organisierte der Adjutant Fritz Wieshofer eine Schreibmaschine, »weil ein Schriftsteller eben schreiben soll«. Und so entstand der Kriminalroman »Die Geheimnisse der Mirna Loy«, während andere noch starben.
Baldur von Schirach las seiner Wirtin jeden Abend aus dem Manuskript vor. Sie kam niemals auf die Idee, daß sie den früheren Reichsstatthalter von Wien beherbergte[277].
Und diesen schien es nicht zu stören, daß er einmal den Text zum HJ-Fahnenlied geschrieben hatte. Dabei legte er in diesem Lied das Versprechen ab: »Deutschland, du wirst leuchtend stehen, mögen wir auch untergehen...«

[275] Siehe Rudolf Walter Litschel: »Lanze, Schwert und Helm«. Litschel nennt irrtümlich ein Luftwaffen-Panzersturmregiment Gayer. Die Richtigstellung erfolgte durch Major Horst Voigt.

[276] Rauchensteiner, Der Krieg, a.a.O., S. 350, Buchinger, a.a.O., Band II, S. 18 und Mitteilung Kreuzeder

[277] Schirach, a.a.O., S. 317

X. Die letzten Gefechte (1.–10.5.1945)

Überall wurde noch gestorben, aber die Muschiks feierten den 1. Mai 1945 sehr ausgiebig. Und sie hatten nicht nur Wodka in Mengen, sondern auch »Marketenderinnen«. Allerdings gehörten diese nicht zur Roten Armee. Der Sprache nach waren sie Ungarinnen, was uns überraschte, weil es sich nur um Frauen handeln konnte, die ursprünglich vor den Sowjets davongerannt waren.

Die Rotarmisten sollten ein Treibstofflager bewachen, welches sich außerhalb von Hainfeld in einem Werksgelände befand. Vor der Einfahrt stand ein einziger Iwan auf Wache, er hatte die Maschinenpistole wie üblich vor der Brust hängen. Seine Hände steckten in den Hosentaschen, und er döste an einen Pfahl gelehnt vor sich hin. Nur hin und wieder blickte er entweder auf seine Armbanduhr oder auf einen vorsintflutlichen Chronometer, den er jeweils aus der Brusttasche hervorholte.

Dem Alter nach war der Bursche kaum siebzehn! Also hatten auch die Sowjets ihre »Kindersoldaten«.

Der erste Feuerstoß war für ihn tödlich. Aber auch die Fässer und die Kanister unter dem nahen Flugdach wurden getroffen, obwohl etliche Projektile einfach abprallten. Wir warfen Handgranaten, die den ausfließenden Treibstoff in Brand setzten. Und dann gab es nur mehr ein Inferno aus Flammen und Explosionen.

Mehrere Sowjetarmisten stürzten aus der Baracke. Sie ka-

men nur ein paar Meter weit, da wurden sie bereits von den Salven unseres MGs erfaßt. Andere Muschiks, die vermutlich den hinteren Ausgang benutzten, erwiderten das Feuer, trafen aber zunächst keinen meiner Kameraden.
Und erst dann, als sich ein HJ-Fronthelfer an die Unterkunft heranpirschte, gab es auch bei uns den ersten Toten: Der Junge dürfte nämlich nicht bedacht haben, daß er das schützende Dunkel nicht verlassen sollte. Jedenfalls sah nicht nur ich seine Gestalt, die sich im Widerschein des brennenden Treibstofflagers sehr deutlich vom nächtlichen Hintergrund abhob. Für die sowjetischen Schützen war er zweifellos ein leichtes Ziel!
Unmittelbar nachher kam ein Lkw zwischen den Werkshallen hervor, raste in voller Fahrt auf unsere MG-Gruppe zu. Diese nahm gerade einen Gurtenwechsel vor und kam daher nicht mehr zum Feuern. Das tonnenschwere Fahrzeug wurde zwar von mir und den Kameraden beschossen, konnte aber nicht gestoppt werden.
Als es schließlich in einem Graben landete, waren die beiden HJ-Soldaten samt ihrem Maschinengewehr längst überrollt worden. Und dies mit einer Wucht, die absolut tödlich gewesen sein mußte.
Ich gab das Zeichen zum Absetzen.
Diesmal konnten wir uns nicht um die Gefallenen kümmern, sondern mußten sie zurücklassen, weil uns die Rotarmisten verfolgten. Wir flohen zunächst in südliche Richtung, schlugen mehrere Haken und erreichten einen Pfad, der auf den Vollberg hinaufführte. Und erst da waren wir sicher, daß wir die Muschiks abgehängt hatten.
Trotzdem erwartete uns eine ungute Überraschung, als wir bei unserem Treffpunkt nur Petja Orlow vorfanden: Der Funker Georges Matthys hatte angeblich seinem Leben selbst ein Ende gesetzt, nachdem er von einem Deserteur angeschossen und schwer verwundet worden war.
Ich konnte die Geschichte nicht glauben, obwohl sie Petja

Orlow gleich mehrmals erzählte: Er war wegen einer leichten Fußverletzung auf der Araburg zurückgeblieben. Und der Flame hörte noch die letzten Funkmeldungen ab. Erst dann marschierten sie in Richtung Gerichtsberg. Georges hielt bei einer Quelle an und wollte sich etwas Trinkwasser holen. Deshalb setzte er sein Funkgerät ab. Als er sich wieder aufrichtete, krachten mehrere Schüsse.
Einer davon traf Matthys in den Bauch!
Petja sah angeblich zwei Gestalten davonlaufen, er hetzte ihnen nach, aber sie sollen dann spurlos verschwunden sein. Allerdings konnte ich mir dies nicht gut vorstellen, weil das fragliche Gelände gar nicht so unübersichtlich war. Außerdem beteuerte der Ukrainer, daß er ohnedies jeden Quadratmeter Boden abgesucht hätte.
Sicherlich, es gab in der Gegend etliche Deserteure, die sich vor den Sowjets verstecken mußten, um nicht in ein Kriegsgefangenenlager gebracht zu werden. Und wahrscheinlich nützten auch sie die Nächte, um in die Heimat zu gelangen. Doch andererseits sah ich keinen Sinn darin, auf zwei Männer im typisch deutschen Kampfanzug zu schießen!
Orlow konnte keine plausible Erklärung geben. Seiner Darstellung nach brauchte es einige Zeit, bis er zu Georges Matthys zurückkam. Da sei aber der Kamerad bereits tot gewesen. Er soll sich selbst eine Kugel in den Kopf gejagt haben, was ich ernstlich in Frage stellte, da ein Mann mit einem Bauchschuß kaum dazu in der Lage gewesen sein konnte.
Als ich den Ukrainer fragte, ob er etwa wie bei Franz Gary und Horst Strasser so etwas Ähnliches wie »Sterbehilfe« geleistet habe, wies er diese Anschuldigung ganz entschieden zurück.
Trotzdem mißtraute ich ihm!
Und daran war seine Bemerkung über das Funkgerät schuld, welches er zwar mitbrachte, aber für »nutzlos« hielt. Aber letztlich konnte er ja nicht wissen, daß der HJ-Fronthelfer Erich E. ein fernmeldetechnischer Lehrling war, der

bereits die Funkerprüfung abgelegt hatte. Schließlich erfuhr ich dies erst selbst, als mich sein Freund Harald Kainz darauf aufmerksam machte.
Jedenfalls schien diese Mitteilung für Petja Orlow nicht besonders erfreulich gewesen zu sein...

Die nächsten 48 Stunden mußten wir uns wieder einmal im Wald verkriechen, weil im Triestingtal sowjetische Suchtrupps unterwegs waren. Und wir konnten annehmen, daß wir das »Wild« waren, welches sie aufspüren wollten.
Sie setzten sogar einen Doppeldecker vom Typ Iljuschin 153 ein, der auch mehrmals über unser Versteck hinwegdonnerte, dann aber anschließend viel weiter südlich von uns herumkreiste.
Schließlich setzten wir uns in Richtung Michelbach ab und fanden dort etwas außerhalb des Ortes einen Bauernhof, wo wir sogar verpflegt wurden. Der zukünftige Hoferbe gehörte zur 37. SS-Freiwilligen-Kavallerie-Division »Lützow«. Sein Vater berichtete uns übrigens von der Bildung einer provisorischen österreichischen Staatsregierung in Wien und vom Einmarsch der Amerikaner in Oberösterreich.
Beide Informationen stammten aus einer Rundfunksendung, die der Altbauer mit einem uralten Detektor abgehört hatte.
Ich war mehrmals erstaunt, weil uns die Funkleitstelle zwar die offizielle Version vom Tod Adolf Hitlers, nicht jedoch diese »Sensationsmeldungen« mitgeteilt hatte.
Als wir wieder abrückten und in der Nähe der Durlaßhöhe vorbeikamen, knallte es plötzlich, worauf wir sofort das Feuer erwiderten. Allerdings machten sich unsere unbekannten Gegner bald aus dem Staub, und ich hatte das unbestimmte Gefühl, daß die Schüsse gar nicht uns, sondern einem Rudel Wildschweine galten. Jedenfalls liefen uns mehrere Stück Schwarzwild über den Weg.
Im Raum südlich von St. Veit a.d. Gölsen kam es dann aller-

dings zu einem ernsten Gefecht. Und daran war eine Bäuerin schuld, die uns an ihrem Anwesen vorbeischleichen sah: Sie hielt uns offenbar für Plünderer und schrie wie besessen, worauf eine sowjetische Patrouille aufmerksam wurde. Bei der anschließenden Schießerei wurden zwei HJ-Fronthelfer getötet und der Waffen- Unterscharführer Petja Orlow verwundet.
Wir erreichten dennoch die Klosteralm, wo uns der erste deutsche Vorposten anrief. Und er sagte uns sofort, daß wir bereits erwartet werden, was ich natürlich als dummen Scherz betrachtete. Dann zeigte er uns ungefähr die Richtung zu einem Erdbunker, der jedoch so ausgezeichnet getarnt war, daß wir zunächst daran vorbeiliefen. Aber Petja hörte plötzlich Stimmen, die seiner Meinung nach russisch sprachen. Und ich hatte das entsetzliche Gefühl, in eine Falle gelaufen zu sein!
Allerdings tauchte dann ein deutscher Fallschirmjäger auf, und dieser zeigte uns den Einstieg in den Bunker. Zuerst mußten wir einen engen Schacht hinunterklettern, passierten anschließend eine Art Lichtschleuse, die aus ein paar Wehrmachtsdecken bestand. Dahinter befand sich ein Raum, der von einer Petroleumlampe nur notdürftig beleuchtet wurde. Jedenfalls glaubte ich zu träumen, weil dort ein ausgesprochener »Waldschrat« mit ein paar merkwürdigen Zivilisten um einen Tisch herum saß. Außerdem sprachen sie Russisch.
Nur der Fallschirmjäger-Leutnant, der in einer Ecke stand, paßte wirklich nicht zu dieser Gesellschaft.
Als er zu uns herblickte, drehte sich auch der »Waldschrat« um. Und ausgerechnet dieser begrüßte mich mit meinem Vornamen. Doch im nächsten Moment erkannte ich seine Stimme: Es war der Sturmbannführer Z.
Wir sind dann noch mehrere Stunden beisammen gesessen, während Petja Orlow mit meinen HJ-Fronthelfern bereits in Richtung Hinteralpe unterwegs war. Ich mußte von unse-

rem Einsatz berichten und tat dies schonungslos: So kritisierte ich die oft widersprüchlichen Informationen, die uns die Funkleitstelle durchgab. Ich schilderte den Hunger, den wir fast immer hatten. Und ich sprach vom Verheizen all der jungen Kameraden, die man mir anvertraut hatte.
Der »Bischof« ließ mich reden, er ging auf die vorgebrachten Beschwerden erst gar nicht ein. Aber diese Taktik kannte ich noch vom Werwolflehrgang, und ich wartete darauf, daß er endlich seine Fragen stellen würde.
Als er schließlich das Wort an mich richtete, wirkte er sehr müde. Er sprach von unserem Einsatz sehr anerkennend, lobte unsere Tapferkeit und Pflichterfüllung, was bei diesem alten Haudegen wirklich keine leere Floskel war.
Auf meine Vorwürfe ging Sturmbannführer Z. erst gar nicht ein. Er erwähnte lediglich, daß der neue deutsche Reichspräsident, Großadmiral Karl Dönitz, die sofortige Beendigung aller Kommandounternehmen und aller Werwolfaktionen befahl.
Und plötzlich machte mir mein Vorgesetzter den Vorschlag, mit ihm in die Steiermark zu gehen und dort ein sicheres Plätzchen zu suchen.
Ich war zunächst sprachlos, aber er ließ mich ohnedies nicht zu Wort kommen, sondern sprach und sprach. Dabei wies er darauf hin, daß seine sonderbaren Begleiter, die inzwischen den Raum verlassen hatten, dem Auslandsnachrichtendienst angehörten. Jeder von ihnen, so sagte er, spreche mehrere Sprachen und selbstverständlich auch perfekt russisch, weil sie die Söhne eines Kosakenführers seien. Und er nannte mir sogar den Namen einer Sennerin, die uns alle in einem sicheren Versteck unterbringen würde. Jedenfalls könnten wir es uns noch immer überlegen, zu einem späteren Zeitpunkt etwa in die Schweiz zu gehen.
In diesem Zusammenhang zeigte mir Z. sogar mehrere gefälschte Reisepässe und ein Bündel amerikanischer Dollarnoten.

4. Erfolgsaussichten und Grenzen

Die Erfolgsaussichten des Kleinkrieges werden bestimmt durch die politische, militärische und wirtschaftliche Lage, durch Gelände, Besiedlungsdichte, Verkehrsnetz, Volkstums- und Religionsverhältnisse, durch die Haltung der Bevölkerung und vor allem durch die Härte und Kampftüchtigkeit der eingesetzten Kleinkriegseinheiten.

Ohne klaren politischen Willen kann der Kleinkrieg, selbst wenn er taktisch geschickt geführt wird, nur vorübergehende Erfolge erzielen. Rasche, nachhaltige Auswirkung ist dagegen zu erwarten, wenn die militärische und politische Führung die durch Kleinkriegsunternehmen errungenen Vorteile rechtzeitig erkennt und entschlossen ausnutzt.

Die Notwendigkeit eines zuverlässigen Rückhaltes duich geheime Unterstützung seitens der Bevölkerung des Einsatzraumes, durch Anlehnung an eigene starke Verbände oder durch laufende Versorgung auf dem Luftwege setzt den Erfolgsaussichten der Kleinkriegführung bestimmte Grenzen.

Das Gelände bestimmt weitgehend die Möglichkeiten und Kampfverfahren des Kleinkrieges. Bedecktes, eingeschnittenes, an Verkehrslinien armes, schlecht gangbares Gelände, vor allem Waldgebiete und Gebirge, erleichtern den Einsatz. Offene, übersichtliche, verkehrsmäßig gut erschlossene Gebiete mit stärkerer Besiedlung stellen die Kleinkriegführung vor große Schwierigkeiten. Großstädte und Industriebezirke bieten bei entsprechender Anpassung der Organisation gute Einsatzmöglichkeit; vor allem gilt dies für die Ruinenlandschaft zerstörter Großsiedlungen.

»Winke für Jagdeinheiten« (1945)
Die deutsche Kleinkriegsführung hatte von allem Anfang an keine Erfolgsaussichten. Nur wollte man dies nicht erkennen.

Dann wechselte er auf einmal das Thema und erwähnte, wie er nach Freiland und später auf die Reisalpe kam. Er hörte in letzter Zeit auch unseren Funkverkehr mit, deshalb war ihm auch bekannt, daß wir gleichfalls in dieses Gebiet umdirigiert wurden.
Als Z. schließlich eine Atempause machte, erklärte ich ihm klipp und klar: »Ich komme nicht mit!« Ich sei kein Fahnenflüchtiger, der seine Kameraden im Stich läßt. Außerdem, so sagte ich auch, sei der Krieg noch nicht zu Ende.
Dieses Gespräch fand in den frühen Morgenstunden des 6. Mai 1945 statt.

Als die amerikanischen Truppen am 4. April 1945 gegen die deutschen Städte Gotha und Suhl vorstießen, wurde im Kreis Hildburghausen ein Wehrertüchtigungslager aufgelöst. Das heißt, man schickte die 14- und 15jährigen Burschen zwar nicht heim, aber man brachte sie in »Sicherheit«.
Ein Teil der Lagermannschaft wurde in den Raum Eger gebracht, während die übrigen Jungen zunächst nach Sonneberg und dann weiter nach Hof marschierten.
Diese zweite Abteilung stand unter der Führung des Stammführers Werner und des Feldwebels Leipold, der übrigens schwerkriegsversehrt war. Und angeblich war es die Idee des letzteren, daß die Burschen als HJ-Fronthelfer deklariert wurden. Auf diese Weise konnte die Einheit zwar überall verpflegt werden, doch bekam sie auch Karabiner, Munition und Panzerfäuste ausgehändigt.
Jedenfalls besorgte sich der Stammführer einen Marschbefehl und marschierte mit seinem Haufen in Richtung »Alpenfestung«. Als die Buben schließlich in Mitterweißenbach in der Nähe von Bad Ischl eintrafen, quartierte man sie in Privathäusern ein. Dabei fiel auch den Quartiergebern auf, daß etliche Hitlerjungen fußmarod waren[278].

[278] Mitteilung Hans Müller u. Willy Heinle

Am 6. Mai 1945 hieß es auch in Mitterweißenbach: »Die Amis kommen!«
Daraufhin wurde der erst 12jährige Rudi Knörr als Melder eingesetzt; er sollte für den Feldwebel Leipold die Verbindung zu einer anderen HJ-Volkssturmeinheit herstellen, die sich angeblich in einem Jugendheim am Attersee befand.
Allerdings kam dem Knörr bereits eine amerikanische Panzerkolonne entgegen, und er mußte im Straßengraben in Deckung gehen. Was dann passierte, blieb unklar: Entweder wollte der Halbwüchsige tatsächlich mit einer Panzerfaust auf einen Spähwagen schießen oder er wurde auch ohne diese aggressive Handlung als »Werwolf« niedergemacht.
Einige Zeit später drangen die US-Soldaten in Mitterweißenbach ein, aber die Hitlerjungen aus Thüringen hatten den Ort bereits verlassen. Sie liefen in einen Wald und versteckten sich dort in Laubhütten. Da fiel auf einer Anhöhe ein Schuß, den vermutlich ein ungarischer Pfeilkreuzler[279] *abgab. Jedenfalls schwärmten die Amerikaner aus und begannen gleichfalls zu feuern.*
Durch diese Schüsse, so meint der Ortsbewohner Alois Zeppetzauer, wurden zufällig die drei HJ-Fronthelfer Horst Heinle, Kurt Müller und Waldemar Seidler getötet.
Jahre später führte allerdings der Lokalredakteur Friedrich Wiener im Auftrag der »Ischler Wochenrundschau« sehr umfangreiche Recherchen durch und schrieb dann: »Einer anderen Version nach drangen die amerikanischen Soldaten in die Laubhütte ein und schossen auf die Jungen. Drei von ihnen wurden getötet, der vierte konnte sich totstellen und kam so mit dem Leben davon.«
Übrigens erzählte der Bub den Tathergang auch seinen Kameraden. Und er betonte dabei, daß Heinle, Müller und Seidler ebenso wie er selbst bereits die Hände erhoben hatten, als die US-Soldaten das Feuer eröffneten...[280]

279 Pfeilkreuzler: Gemeint sind ungarische Nationalsozialisten.
280 Mitteilung Ing. Willy Heinle

Am 7. Mai 1945 hielt sich der niederösterreichische HJ-Gebietsführer Kracker-Semler in der Jugendherberge Lunz am See auf. Er hatte einen Befehl des Gauleiters Dr. Hugo Jury durchgeführt und rund 12000 Buben und Mädchen aus KLV-Lagern und Kinderheimen nach dem Westen evakuiert.
Nun wollte er auch noch jene Lebensmittel und Textilien freigeben, die nicht mehr gebraucht wurden. Jedenfalls hatte er das mit dem Lunzer Ortsgruppenleiter vereinbart. Und aufgrund dieser Vereinbarung traf bei ihm der Bäckermeister St. ein, um zunächst 3000 kg Mehl zu übernehmen. Da kam es zu einem überraschenden Zwischenfall: Vor der Jugendherberge hielt ein Radfahrer an, der angeblich mit einem drohend erhobenen Schlüsselbund auf Kracker-Semler losging. Dabei soll dieser Mann geschrien haben: »Sie, Ihre Schweinehunde haben mein Haus verunreinigt und ruiniert!«
Dies wurde jedenfalls in einem Nachkriegsprozeß behauptet. Und der ehemalige HJ-Gebietsführer sagte dann als Beschuldigter, daß er in einer Art Abwehrreaktion auf den Angreifer einschlug. Außerdem ließ er den Mann festnehmen und in den Keller der Jugendherberge bringen.
Jener Mann, der auf Kracker-Semler tätlich losging, war der Direktor Rudolf Obendorfer vom Elektrizitätswerk Gaming. Er bewohnte in der Jugendherberge ein Zimmer und wurde aus der dortigen Küche mitverpflegt, weil die Hitler-Jugend seine am Lunzer See gelegene Villa beschlagnahmt hatte. Zuerst wurden dort kinderlandverschickte Mädchen untergebracht, die aber im April 1945 heimgeschickt werden mußten. Dann bezog dort eine Gruppe von HJ-Fronthelfern ihr Quartier, und es heißt, daß diese eine Straßensperre errichten sollten. Ob und wie weit die Villa tatsächlich beschädigt wurde, hat auch das Gericht niemals geklärt.
Und dies war letztlich auch nebensächlich, weil Rudolf Obendorfer am Morgen des 8. Mai 1945 im Keller der Jugendherberge erschossen wurde. Die Schüsse hörte die Köchin des Hauses. Und sie sah angeblich auch, wie HJ-Front-

helfer die Leiche zum Lunzer See transportierten. Jedenfalls wurde der Tote später in der Nähe des Ufers gefunden.
Kracker-Semler befand sich zu diesem Zeitpunkt nicht mehr in Lunz und hatte von diesen Ereignissen zunächst keine Ahnung. Trotzdem sagte dann der Bannführer Ernst Burian, daß der Gebietsführer die Erschießung des Oberndorfer angeordnet hatte. Und erst nach einer Gegenüberstellung mit Kracker-Semler war plötzlich von einem Ausbildungs-Unteroffizier die Rede, der offenbar eigenmächtig handelte und diese Bluttat ausführte.
Allerdings konnte dieser Mann niemals ausgeforscht werden!
Josef Kracker-Semler wurde von der Mordanklage freigesprochen, bekam aber wegen Verletzung der Menschenwürde eine sehr hohe Kerkerstrafe, die er zur Hälfte verbüßte. Dann setzte der damalige Bundespräsident einen Gnadenakt, und der ehemalige Gebietsführer wurde aus der Haft entlassen.
Auch Ernst Burian wurde begnadigt, obgleich man ihn ursprünglich als mitverantwortlich für das Judenmassaker bei Randegg ansah. Er starb bald nach seiner Freilassung an einer schweren Krankheit.
Aber auch dies sollte nicht unerwähnt bleiben: Als im Herbst 1944 alle Reichsverteidigungskommissare von Martin Bormann den Befehl zur Aufstellung von HJ-Kampfeinheiten erhielten, protestierte der Gebietsführer Josef Kracker-Semler. Er stellte sogar sein Amt zur Verfügung und wollte wieder zu seiner Fronttruppe einrücken. Erst nach langwierigen Interventionen der Reichsjugendführung versprach der niederösterreichische Gauleiter Dr. Hugo Jury, daß die Hitlerjungen nur als Kuriere, Melder und Wachen im rückwärtigen Gebiet eingesetzt werden.
In der Wirklichkeit schaute dann allerdings alles anders aus...[281]

[281] So wurden z.B. 70 Niederösterreicher (Geburtsjahrgang 1929) im Februar 1945 zu einer HJ-Panzervernichtungsbrigade in Radebeule einberufen. Der Großteil von ihnen starb beim Bombenangriff auf Dresden.

Bis zum Morgen des 8. Mai 1945 befand sich eine Gruppe von niederösterreichischen HJ-Fronthelfern auf dem 1340 m hohen Saurüssel nordöstlich von Reichenau a. d. Rax. Sie unterstanden einem Untersturmführer der Waffen-SS, und ihrer Einheit gehörten auch viele »Fremdvölkische« an[282].
Die Sowjets verhielten sich in diesem Gebiet relativ ruhig und begnügten sich mit Spähtruppunternehmen. Trotzdem wurden die deutschen Stellungen gelegentlich mit schwerem Artilleriefeuer belegt. So kam es, daß diese Einheit bis zum Inkrafttreten des Waffenstillstandes rund 40 Gefallene zu beklagen hatte. Wie viele Hitlerjungen sich unter den Toten befanden, wurde niemals geklärt.
Ebenfalls am 8. Mai 1945 drangen Rotarmisten in Mürzzuschlag ein und wurden aus einem Wald beschossen. Dort lag eine steirische HJ-Volkssturmkompanie, deren fanatischer Widerstand den ganzen Tag über anhielt[283].
Trotzdem hieß es im letzten deutschen Wehrmachtsbericht vom 9. Mai 1945 in lakonischer Kürze: »Meldungen über die Lage bei den Heeresgruppen Löhr, Rendulic[284] *und Schörner liegen beim OKW zur Stunde nicht vor.« Und etwas später im Text konnte man lesen: »Seit Mitternacht schweigen nun an allen Fronten die Waffen.«*
Aber, stimmte dies auch?

In den letzten Tagen des Krieges verlief südlich von Lilienfeld die deutsche Hauptkampflinie in einem großen Bogen von Freiland zum Muckenkogel und dann weiter zur Reisalpe, zur sogenannten Hölle und zum Güterbach Berg. Und einer der vorgeschobenen Stützpunkte lag zum Beispiel auf dem Hochstaff.
Das Vorgelände war großteils vermint, um vor sowjetischen

[282] Brettner, a.a.O., S. 40
[283] Buchinger, a.a.O., Band I, S. 40
[284] Generaloberst Dr. Lothar Rendulic führte die Heeresgruppe Ostmark.

Überraschungsangriffen sicher zu sein. Aber dies wurde einem HJ-Fronthelfer zum Verhängnis, der als Melder unterwegs war: Er geriet in ein Minenfeld und wurde zerfetzt. Übrigens gehörte dieser Bursche nicht zu meinem Haufen. Er stammte aus dem Burgenland, und ich hörte davon, daß er sich bereits in den ersten Apriltagen einer Waffen-SS-Einheit angeschlossen hatte.

Unser Sturmbannführer Z. war in der Nacht vom 9. auf den 10. Mai 1945 längst schon in der Steiermark, während ich mit dem Rest meiner Leute bei einer Nachhut zurückblieb. Diese bestand sowohl aus Fallschirmjägern als auch aus Waffen-SS- Angehörigen. Außerdem hatten sich uns einige Tartaren angeschlossen, die natürlich gleichfalls die deutsche Uniform trugen.

Kurz vor Mitternacht wurde ich geweckt.

Ein Kamerad teilte mir ganz aufgeregt mit, daß Petja Orlow entweder ein Irrer oder ein Verräter sei. Und zu dieser Annahme kam er deshalb, weil der Ukrainer trotz des strikten Sendeverbots unser Funkgerät betätigte.

Ich sprang auf, griff nach der MPi und rannte los. Unterwegs fielen mir plötzlich all die Vorfälle ein, die ich bis dahin aus meinen Gedanken verdrängte: So etwa die Geschichte mit der Handgranate, die Gary in der Nähe von Kierling einem Hund vor die Schnauze warf. Petja soll der Anstifter gewesen sein, obgleich damals die Gefahr bestand, daß die Sowjets auf uns aufmerksam wurden!

Später erzählte mir der HJ-Fronthelfer Michael Weber, wie es dann zu dem verfrühten Feuerüberfall auf die biwakierenden Muschiks am Rande dieser Ortschaft kam: Auch dazu gab Orlow einen unmißverständlichen Befehl!

Die Giftampulle für Horst Strasser war zwar meiner Meinung nach ungeheuerlich, doch hatte diese »Sterbehilfe« natürlich nichts mit Verrat oder dergleichen zu tun. Aber die Ablehnung einer Unterstützung für den Jagdzug Krepp war bereits verdächtig. Und dies schon deshalb, weil der

Ukrainer unmittelbar nachher im Gendarmeriekommando Rekawinkel ein Telefongespräch führte!
Oder war das doch nur ein Irrtum des Oberrottenführers Franz Gary?
Dieser Kamerad bekam dann von Petja einen »Gnadenschuß«, als er schwer verwundet wurde. Konnte diese Tötung nicht auch deshalb erfolgt sein, um einen unbequemen Mitwisser zu beseitigen?! Mein Mißtrauen nahm jedenfalls zu, als ich an den Streit zwischen Orlow und Matthys denken mußte: Da wollte doch der Ukrainer das Absetzen eines Funkspruches, nachdem das Versorgungsflugzeug eben erst abgedreht hatte. Jedenfalls bestand die Gefahr, daß wir von den Sowjets angepeilt wurden. Aber vielleicht wurde gerade dies von unserem zwielichtigen Weggefährten bezweckt...
Auch Matthys mußte schließlich sterben, wobei die näheren Umstände unklar blieben. Auf einmal hielt ich es jedoch für möglich, daß der Flame nur deshalb umgelegt wurde, weil er als Funker praktisch unser wichtigster Mann war.
Mit dieser entsetzlichen Vermutung stand ich dann vor Petja Orlow: Seine Augen blickten mir ungerührt entgegen, nur sein Mund wies einen typisch spöttischen Zug auf. Er wollte gerade etwas sagen, als ich die Maschinenpistole hochriß und zu feuern begann. Allerdings schoß ich nicht auf den Waffen-Unterscharführer, sondern auf das Funkgerät, welches wir ohnedies nicht mehr brauchten.
Der Ukrainer brach in hysterisches Gelächter aus.
Und als er sich beruhigt hatte, meinte er, daß es vielleicht doch besser gewesen wäre, wenn ich ihn umgelegt hätte. Schließlich sprach er aber von einem Funkspruch, den unser Kamerad von der Nachrichten-HJ mitgehört hatte: »Sowjetische Spähtrupptätigkeit im Raum Mitterbach!«
Jedenfalls konnte dies bedeuten, daß in absehbarer Zeit bereits die Grenze zur Steiermark abgeriegelt werden sollte.
Petja wollte diese alarmierende Meldung an den Sturm-

bannführer Z. durchgeben und setzte sich angeblich nur deshalb an das Funkgerät, weil er wesentlich schneller als der HJ-Fronthelfer die Morsetaste bedienen konnte. Da war mir klar, daß er bisher seine diesbezüglichen Fähigkeiten nicht nur aus Bequemlichkeit verschwiegen hatte...
Trotzdem blieb für eine weitere Debatte keine Zeit. Auf der Hinteralm wurden mehrere Leuchtkugeln abgeschossen, obwohl wir dort keine Vorposten mehr hatten.
Plötzlich gab sich der Ukrainer sichtlich besorgt und drängte zum sofortigen Aufbruch. Da bemerkte ich, daß die SS-Kameraden bereits in Richtung Brennalm hinunterstürmten. Auch die paar Fallschirmjäger folgten ihnen. Und außer meinen HJ-Fronthelfern waren nur die Tartaren zurückgeblieben, die sich geradezu demonstrativ um Orlow scharten. Mir war dies letztlich egal, aber ich gab trotzdem den Abmarschbefehl.
Auf der Brennalm kam es dann zu einem kurzen Aufenthalt, weil ein feindliches Maschinengewehr ausgeschaltet werden mußte. Aber auch im Schwarzgraben entdeckten wir Sowjetarmisten, weshalb wir unsere Marschrichtung abermals änderten.
Schließlich machte der Ukrainer den Vorschlag, daß wir uns vom übrigen Haufen trennen sollten, um den Burschen überhaupt noch eine Chance zum Überleben zu bieten. Und er war sofort bereit, die vor uns liegenden Muschiks anzugreifen, was meine Verrätertheorie natürlich ins Wanken brachte.
In der Folge gelang es unseren Kameraden tatsächlich, die Sowjets in einen Hohlweg zu treiben und sie am Verlassen desselben zu hindern. Petja Orlow kam dann noch einmal zu mir, um sich zu verabschieden. Dabei murmelte er unter anderem ein russisches Wort, welches ich nur undeutlich verstand: »Spassiba!«
Das heißt auf Deutsch nichts anderes als – danke.
Den HJ-Fronthelfern und mir gelang der Abstieg ins Tal,

während Petja und die übrigen Kameraden noch längere Zeit einen hinhaltenden Widerstand leisteten. Sie zogen sich später auf den Gscheidboden zurück und sollen dort zum Großteil von den Sowjets niedergemacht worden sein. Aber wir versteckten uns für ein paar Tage bei einem Bauern, bekamen Zivilkleidung geschenkt und machten uns jeweils zu zweit auf den langen Weg zu unseren Familien.

Hunderttausende Menschen waren heimatlos geworden und konnten oft nur das nackte Leben retten. Sie suchten eine Bleibe, fanden aber eine solche nur höchst selten, weil die Häuser, Wohnungen und Schulen ohnedies bereits als Massenquartier für Evakuierte oder Flüchtlinge dienten.
Außerdem beanspruchten die Besatzungstruppen die schönsten Unterkünfte für sich!
Nicht nur Kriegsgefangene, sondern auch viele Zivilisten mußten im Freien kampieren. Es mangelte an Verpflegung, es fehlten sanitäre Einrichtungen, und selbst die notwendigsten Medikamente waren nur mehr im Schleichhandel erhältlich. Und dies zu astronomischen Preisen.
Während manche Leute das notwendige Geld gleich bündelweise bei sich hatten, mußten andere zu Bettlern oder Dieben werden, um überhaupt überleben zu können.
Mitleid empfanden die meisten Menschen nur mit sich selbst. Wer etwas besaß, der versteckte oder vergrub diese Besitztümer. Und wenn dies Lebensmittel waren, so verschlang man sie in der Nacht oder in aller Heimlichkeit. Geteilt wurde nur in den seltensten Fällen und auch da nur mit den eigenen Kindern oder den Eltern. Aber selbst dies war nicht unbedingt üblich.
In der Ortschaft St. Georgen a.d. Gusen wurden durchziehende Landser, und darunter auch ehemalige Hitlerjungen, von den Höfen gejagt, als sie nur ein Glas Wasser und ein Stück Brot wollten[285]*. Und im Raum Gallneukirchen-Pre-*

[285] Mitteilung Walter Bräuer

DÖNITZ
GROSSADMIRAL A. D.

AUMÜHLE (HOLSTEIN),
DORA-SPECHT-ALLEE 1
TELEFON 379

Igls, den 10. Juni 1958

Lieber Herr Borth!

Wie Sie bereits wissen, erreichten mich Ihre Briefe erst hier. So kann ich erst jetzt Ihre wesentlichste Frage beantworten.

In einem der letzten Gespräche mit Himmler und Prützmann im Mai 1945 kam auch die Verleihung des Ritterkreuzes des Eisernen Kreuzes an Sie und einen weiteren Jagdkommandoführer zur Sprache.

Ich erklärte damals, daß ich bereits die Genehmigung für alle ordnungsgemäß eingegangenen Vorschläge erteilte und den Wehrmachtsführungsstab anwies, noch vor der Kapitulation eine Benachrichtigung vorzunehmen.

Wenn das nicht mehr in allen Fällen möglich war, erklärt sich dies aus den damaligen Ereignissen, wie Zusammenbruch der wichtigsten Nachrichtenverbindungen, Frontlage usw.

Ich hoffe sehr, daß es Ihnen wieder gut geht und bin mit den besten Grüssen

Ihr
Dönitz

Dönitz-Brief an den Autor. Eine Anerkennung durch die Ordensgemeinschaft erfolgte nicht.

garten schossen amerikanische Panzerbesatzungen auf deutsche Kriegsgefangene, weil diese die Marschkolonne verließen und aus einem Bach ihren Durst löschen wollten. Auch das Verrichten der Notdurft war verboten. Trotzdem hieß es später offiziell, daß jene 28 Männer, die auf diesem Marsch getötet wurden, einen »Fluchtversuch« unternahmen[286]*.*

Bei diesem Gemetzel dürfte auch der 17jährige Andreas Ortulay ums Leben gekommen sein.

Noch ein Jahr jünger waren die ehemaligen HJ-Volkssturmangehörigen Walter Hahn, Helmut Jost, Ernst Seirat, Karl-Heinz Brämer, Klaus Doranth und Heinz Meier: Sie wurden am 19. Mai 1945 gemeinsam mit zwei unbekannten Männern, die wahrscheinlich ihre früheren Ausbilder waren, auf dem Scheibner Kirchensteig in der Gemeinde Arbesbach erschossen[287]*.*

Dem Vernehmen nach hatte sie ein Hilfsgendarm als »Werwölfe« verdächtigt, obwohl sie keinerlei Waffen besaßen. Und es ist außerdem erwiesen, daß die Buben nach Deutschland wollten, wo ihre Eltern lebten. Jedenfalls wurde diese Hinrichtung ohne vorhergehende Untersuchung vom sowjetischen Ortskommandanten angeordnet.

Kurz vorher wurde in Arbesbach ein anderer Heimkehrer mit Steinen erschlagen, und niemand wagte es, die »unbekannten Täter« vor ein Gericht zu stellen.

Die Ausgangssperren, die Straßenkontrollen und auch die unzähligen Verhaftungen galten im ganzen Land in erster Linie den »Nazis« und jenen Leuten, die man wegen tatsächlicher oder nur vermeintlicher Kriegsverbrechen auf Listen setzte. Und dies waren in Österreich rund 70.000 Personen[288]*.*

[286] Oberösterreichische Nachrichten v. 19.5.1965, S. 11
[287] Mitteilung Gemeindeamt Arbesbach
[288] Veiter, a.a.O., S. 94

Auch ich befand mich viele Monate in Haft und sollte vor ein britisches Militärgericht gestellt werden, doch erklärte sich dieses für unzuständig. Und kurz vor meinem 20. Geburtstag erfreute ich mich wieder der Freiheit.
Während meiner Gefängniszeit erfuhr ich von einem Vernehmungsoffizier des Counter Intelligence Corps[289], daß Petja Orlow keinesfalls auf der Reisalpe starb. Außerdem sagte man mir seinen »richtigen« Namen, der Pjotr Oleg Masurow gelautet haben soll. Zumindest behauptete er dies selbst, als er den Amerikanern seine Dienste anbot und dabei zugab, daß er vor seinem »Frontwechsel« bei Kittsee einem Aufklärungskommando der Sowjetarmee angehörte.
Ob seine bolschewistische Vergangenheit tatsächlich stimmte, ist mir bis heute unklar. Und ich halte es nach wie vor für möglich, daß er sich diese Legende nur deshalb zulegte, um nicht an seine »Brüder« von der Roten Armee ausgeliefert zu werden.

Wie auch immer: Eines Tages nahm auch ich von den Idealen und Idolen meiner Jugend Abschied, nachdem ich erkannt hatte, welche unfaßbaren Verbrechen im Namen des Nationalsozialismus verübt worden waren. Heute denke ich über den Einsatz von »Kindersoldaten« anders als in den Jahren 1944/45. Und ich empfinde es heute, nach allen leidvollen Erfahrungen, als erschütternd, wenn für die Jugend in Lateinamerika, im Nahen Osten und auch in Afghanistan noch immer der Grundsatz gilt: Wir sind nicht zu jung zum Sterben!

[289] Das Counter Intelligence Corps (CIC) war der Abwehrdienst der US-Armee.

Verlustliste der Geburtsjahrgänge 1928 bis 1936

Sie starben im Bombenhagel und bei Tieffliegerangriffen, wurden bei den Endkämpfen des Jahres 1945 tödlich getroffen, mußten nach ihrer Verwundung noch wochen- oder monatelang dahinsiechen, bis der Tod sie erlöste. Etliche von ihnen standen vor einem deutschen Standgericht, das sie zum Tode verurteilte. Andere wurden von den Siegern aufgehängt, erschlagen oder erschossen.
Auch in der Gefangenschaft holte der Tod seine Beute: So etwa bei Fluchtversuchen und bei Arbeitsunfällen. Außerdem gab es viele Fälle von Dystrophie, Fleckfieber, Hungerödem und Tuberkulose, ohne daß diese Krankheiten erfolgreich behandelt werden konnten.
Und einige der besonders jungen Burschen betätigten sich als »Werwölfe« oder hantierten zu leichtsinnig mit den überall herumliegenden Waffen.
Jedenfalls ist die Verlustliste wesentlich länger als die hier abgedruckte. Denn der Autor konnte nur jene Namen berücksichtigen, die er selbst auf den Soldatenfriedhöfen entdeckte oder die ihm aus seinem Kameradenkreis genannt wurden. Dazu kamen die noch immer unvollständigen Verlustmeldungen zahlreicher österreichischer Gemeinden, durch die wenigstens ein Teil jener Gefallenen und Vermißten erfaßt werden konnte, welche nicht mehr in ihre Heimat zurückkehrten. Ein Anspruch auf Vollständigkeit kann aus diesen Gründen nicht erhoben werden.

ABFREITER Josef
28.2.28–15.4.45
Grab unbekannt

ACHHORNER Franz
11.3.29–25.4.45
KGA Linz-St. Martin/OÖ.

ACHLEITNER Gottfried
19.8.28–14.4.45
Olmütz/ČSSR

ADAM Michael
9.10.28–1.4.45
Mattersburg/Bgld.

AICHER Albert
17.2.28–28.4.45
KGA Semmering/Stmk.

AIGENBAUER Franz
8.1.30–15.5.45
Mauthausen/OÖ

AIGNER Martin
4.5.28–April 45
Grab unbekannt

AISTLEITNER Johann
22.11.28–30.3.45
KGA Mattersburg/Bgld.

ALGÖVER Andor
25.11.28–April 45
KGA Blumau/NÖ

ALMER Erwin
23.2.28–April 45
Berlin

ANDESNER Josef
1928–April 45
Straß i. Straßertal/NÖ

ANZINGER Othmar
31.8.28–April 45
Fiume (Rijeka)

ARBTER Günther
16.10.28 – 4.4.45
KGA Oberwölbing/NÖ

ASCHABER Johann
8.10.28 – 28.4.45
Friedhof Vils/Tirol

ASSALONI Josef
23.1.29–22.10.44
Grab unbekannt

AUINGER Ernst
10.1.29–25.4.45
Wels/OÖ

AUINGER Martin
1928–1945
Grab unbekannt

AUSTER Heinz
21.11.28–17.4.45
KGA Oberwölbing/NÖ

AUTENGRUBER Gustav
1.6.28–April 45
Grab unbekannt

BACH Konrad
8.3.28–Mai 45
KGA Allentsteig/NÖ

BACHMAIR Herbert
4.7.28–10.8.45
in Belgien

BADER Ferdinand
17.11.32–3.5.45
Reutte/Tirol

BAIER Hugo
14.1.28–11.4.45
KGA Oberwölbing/NÖ

BANSEN Werner
30.4.28–18.4.45
KGA Allentsteig/NÖ

BARNREITER Otto
28.1.34–12.5.45
Mauthausen/OÖ

BARTH Johann
1928–1945
Grab unbekannt

BAUER Johann
1.9.28–April 45
Grab unbekannt

BAUER Kurt
1928–8.4.45
KGA Allentsteig/NÖ

BAUMGARTNER Sebastian
6.10.28–25.2.45
Niederndorf/Tirol

BEK Iwan
2.3.28–15.4.45
KGA Oberwölbing/NÖ

BELITZ Horst
24.6.28–17.4.45
KGA Oberwölbing/NÖ

BENDER Erich
13.2.28–April 45
KGA Semmering/Stmk.

BENESCH Robert
1929–15.4.45
Manhartsbrunn/NÖ

BERAUER Josef
9.2.28–29.4.45
Grab unbekannt

BERGER Hermann
1.3.28–19.4.45
Budweis/ČSSR

BERGMANN Hans
20.5.28–19.4.45
KGA Allentsteig/NÖ

BERKI Bela
2.7.28–April 45
KGA Zentralfriedhof Wien

BERNER Rupert
12.7.29–April 45
Stau am Anger

BERNHARD Franz
5.7.28–30.3.45
KGA Mattersburg/Bgld.

BERNIG Edwin
11.9.28–April 45
KGA Oberwölbing/NÖ

BICHLER Alois
19.6.29–April 45
Grab unbekannt

BILLENSTEINER Kurt
12.11.30–10.5.45
Obergrafendorf/NÖ

BINKOWSKI Felix
15.12.28–17.4.45
KGA Oberwölbing/NÖ

BLANK Ignaz
1928–April 45
Grab unbekannt

BLASCHKE Franz
11.8.29–8.8.45
KGA Allentsteig/NÖ

BLECKER Alois
19.11.28–10.4.45
Wels/OÖ

BLINEDER Walter
5.7.33–6.5.45
Mauthausen/OÖ

BLOCH Arno
16.7.28–16.4.45
KGA Oberwölbing/NÖ

BLOHM Hermann
14.6.28–18.4.45
KGA Altlichtenwart/NÖ

BLOSS Johann
23.3.28–20.4.45
KGA Oberwölbing/NÖ

BLUM August
30.2.28–April 45
Grab unbekannt

BÖCSKÖR Alexander
18.10.31–15.4.45
Oberwart/Bgld.

BODI Josef
26.6.32–29.4.45
KGA Feldbach/Stmk.

BOGNER Franz
3.6.28–30.3.45
KGA Mattersburg/Bgld.

BONECKER Mario
1928–1945
Grab unbekannt

BÖRÖCZ Anton
21.1.28–Mai 45
Grab unbekannt

BÖSCH Josef
26.1.29–13.1.45
Gumbinnen/Ostpreußen

BOST Gerhard
11.6.28–22.2.45
KGA Linz-St. Martin/OÖ

BOYKE Franz
20.6.28–29.4.45
Bad Ischl/OÖ

BRÄMER Karl-Heinz
1929–19.5.45
Arbesbach/NÖ

BRANDL Ludwig
14.2.28–30.4.45
Berlin

BRANDL Martin
5.7.28–10.4.45
in Italien

BRANDSTÄTTER Johann
15.4.29–5.5.45
Rohr im Gebirge/NÖ

BRAUNER Rudolf
13.4.29–Mai 45
Grab unbekannt

BRIX Karl
5.6.29–11.4.45
im Bezirk Hartberg/Stmk.

BRÜCKLER Hubert
28.10.29–1.5.45
Peilstein/OÖ

BRUCKNER Julius
24.6.29–April 45
Berlin

BRUNNER Stefan
1.6.28–21.6.45
KGA Linz-St. Martin/OÖ

BRZYCHCZY Thadeus
10.10.28–23.4.45
KGA Retz/NÖ

BUCHBERGER Karl
11.8.28–3.2.45
Grab unbekannt

BÜHLER Herbert
25.3.28–5.5.45
Fiume (Rijeka)

BURGSTALLER Franz
12.12.28–30.3.45
KGA Mattersburg/Bgld.

BURTSCHER Bruno
6.1.28–21.4.45
in Jugoslawien

BURTSCHER Hermann
11.4.28–1.12.45
Kassel/Deutschland

BURTSCHER Rudolf
1.4.28–20.2.45
Zams/Tirol

BUSCH Robert
30.5.28–14.4.45
KGA Allentsteig/NÖ

BUSCHBERGER Richard
1.4.33–29.6.45
Leopoldschlag/OÖ

BUTTINGER Karl
19.8.28–31.3.45
KGA Mattersburg/Bgld.

CELESNIEW Nikolai
29.12.29–14.4.45
KGA Oberwölbing/NÖ

CZEKITS Stefan
15.1.29–8.5.45
Sulz/Bgld.

CZAKI Josef
14.9.28–April 45
KGA Oberwölbing/NÖ

DAMBERGER Rudolf
27.4.28–30.3.45
KGA Mattersburg/Bgld.

DAMM Heinz
25.5.28–22.4.45
KGA Allentsteig/NÖ

DEGEN Georg
10.3.28–14.4.45
KGA Oberwölbing/NÖ

DEHMAL Friedrich
1.11.30–15.4.45
St. Pölten/NÖ

DEHMEL Helmut
4.8.28–18.4.45
KGA Oberwölbing/NÖ

DERN Kurt
25.5.28–22.4.45
KGA Allentsteig/NÖ

DEUTSCH Alois
5.5.28–3.5.45
Grab unbekannt

DILLENBERGER Heinz-Peter
30.1.28–12.4.45
KGA Allentsteig/NÖ

DOBLER Alois
1928–24.4.45
Vohburg/Deutschland

DÖNZ Erich
11.11.28–7.8.45
Sisak/Kroatien

DORANTH Klaus
9.7.29–19.5.45
KGA Allentsteig/NÖ

DÖRRZAPF Werner
29.2.28–14.4.45
KGA Oberwölbing/NÖ

DRECHSLER Franz
4.10.28–5.4.45
KGA Blumau/NÖ

DREWES Karl-Heinz
3.9.28–5.4.45
KGA Blumau/NÖ

DRISCHER Heinz
1.3.28–24.4.45
KGA Retz/NÖ

DRITTELHUBER Mathias
26.12.29–22.2.45
St. Peter-Freinstein/Stmk.

DROEGE Waldemar
25.10.28–16.4.45
KGA Oberwölbing/NÖ

DULLER Othmar
25.10.28–23.4.45
Gottschee/Krain

DWORAK Josef
20.1.28–24.4.45
KGA Retz/NÖ

EBNER Stefan
24.8.28–7.10.45
Bokanjac/Jugoslawien

EDER Johann
30.8.28–20.2.45
Landeck/Tirol

EDER Ludwig
11.7.28–5.5.45
St. Johann a. Walde/OÖ

ELLENBERGER Friedrich
11.5.28–3.4.45
Kalksburg/NÖ

EKERT Josef
2.5.32–20.6.45
Pregarten/OÖ

ENGEL Fabian
11.6.28–31.3.45
Jennersdorf/Bgld.

ENGEL Günther
13.6.28–5.4.45
KGA Semmering/Stmk.

ENGSTLER Josef
1.8.31–6.5.45
St. Anton/Arlberg

ESCHENAUER Johann
19.2.28–April 45
KGA Zentralfriedhof Wien

FABSITS Bruno
22.8.31–1.4.45
Stinatz/Bgld.

FALSTAV Fidasey
23.11.28–27.10.44
KGA Zentralfriedhof Wien

FAU Friedrich
15.6.28–April 45
KGA Zentralfriedhof Wien

FEICHTENHOFER Josef
1.3.28–8.5.45
Grab unbekannt

FEICHTNER Franz
14.8.28–31.3.45
KGA Mattersburg/Bgld.

FENZ Willi
30.5.29–April 45
Grab unbekannt

FICK Walter
19.11.28–17.4.45
KGA Oberwölbing/NÖ

FISCHER Othmar
23.4.28–23.3.45
Gardelegen/DDR

FISCHER Walter
1928–4.4.45
KGA Zentralfriedhof Wien

FORSTER Alois
13.11.28–12.9.45
Grab unbekannt

FORSTNER Otto
16.3.32–1.4.45
Selzthal/Stmk.

FRADNIG Ernst
20.1.31–12.5.45
Seeboden/Ktn.

FRANK Johann
17.5.35–April 45
Grab unbekannt

FRANZ Hermann
24.3.28–8.5.45
KGA Oberwölbing/NÖ

FREIDHÖFER Karl
22.4.28–5.5.45
St. Florian/OÖ

FRICK Tertulian
20.8.29–29.12.45
Bordeaux/Frankreich

FRIEBEL Erwin
26.3.28–April 45
KGA Retz/NÖ

FRIEDRICH Max
21.3.28–20.4.45
KGA Altlichtenwart/NÖ

FRITZ Johann
1935–1945
Grab unbekannt

FRÖHLICH Karl
20.4.29–22.2.45
St. Peter-Freienstein/Stmk.

FUCHS Alois
23.4.28–24.11.45
in der UdSSR

FÜRTBAUER Franz
10.4.28–11.4.45
KGA Blumau/NÖ

FÜZI Ferenz
1.6.29–4.7.45
KGA Allentsteig/NÖ

GABERDAN Artur
30.5.28–April 45
KGA Blumau/NÖ

GAPP Ehrenfried
9.6.28–April 45
Grab unbekannt

GARY Franz
1928–21.4.45
Grab unbekannt

GATTINGER Josef
13.3.28–10.7.45
in der UdSSR

GAUSTERER Johann
26.7.29–3.4.45
Leobersdorf/NÖ

GAYDA Istvan
12.11.28–23.7.45
KGA Linz-St. Martin/OÖ

GEBETSBERGER Ernst
9.6.35–6.5.45
Klosterneuburg/NÖ

GEHRKE Kurt
4.2.28–30.11.45
Gmunden a. See/OÖ

GEISHÜTTNER Johann
23.12.28–3.5.45
Wels/OÖ

GEYER Ernst
1.7.28–2.5.45
Seefeld in Tirol

GLANZER Alfred
19.10.28–4.7.45
in Holland

GLEIRSCHER Anton
16.6.28–April 45
Grab unbekannt

GNIESER Walter
5.3.28–16.4.45
KGA Oberwölbing/NÖ

GÖBEL Herbert
20.1.28–29.3.45
Posen/Polen

GÖSSLBAUER Harald
19.5.29–11.4.45
im Bezirk Hartberg/Stmk.

GRABENAUER Klement
17.11.29–20.4.45
Wenigzell/Stmk.

GRABLER Hildegard*
18.7.29–9.4.45
KGA Zentralfriedhof Graz

GRADWOHL Franz
22.7.28–April 45
Grab unbekannt

GRAF Manfred
3.4.28–1.5.45
Seefeld in Tirol

GRAIER Alois
12.7.28–April 45
Grab unbekannt

GRASZL Johann
15.2.35–1.4.45
Selzthal/Stmk.

GREIDERER Franz
27.10.28–April 45
Grab unbekannt

GRIESZLER Anton
17.1.29–5.6.45
Steyr/OÖ

GRINDLING Karl
2.1.28–1.4.45
Rheine/Westfalen

* Hildegard Grabler war Wehrmachtshelferin.

Gröf Adolf
1934–April 45
KGA Retz/NÖ

Gross Engelbert
11.2.28–April 45
KGA Oberwölbing/NÖ

Grosse Heinz
9.2.28–1.5.45
KGA Allentsteig/NÖ

Grosskopf Heinz
26.4.28–April 45
KGA Allentsteig/NÖ

Groth Gerhard
4.1.28–23.4.45
Gmunden am See/OÖ

Gruber Engelbert
9.7.28–April 45
Grab unbekannt

Gruber Gerhard
26.1.28–23.6.45
St. Georgen/Stmk.

Gruber Karl
24.7.28–30.3.45
KGA Mattersburg/Bgld.

Güfler Franz
1928–30.3.45
KGA Mattersburg/Bgld.

Günther Waldemar
5.1.28–6.10.45
KGA Allentsteig/NÖ

Guschlbauer Johann
14.9.28–30.4.45
KGA Oberwölbing/NÖ

Gütl Johann
8.12.32–12.6.45
Trautmannsdorf/Stmk.

György Johann
8.4.28–26.11.44
KGA Mattersburg/Bgld.

Haaitz Kurt
ca. 14 Jahre/April 45
KGA Zentralfriedhof Wien

Haas Anton
20.9.28–18.12.44
Jennersdorf/Bgld.

Haas Augustin
17.9.28–30.4.45
KGA Mattersburg/Bgld.

Haas Franz
1928–April 45
KGA Retz/NÖ

Haas Hermann
6.2.31–2.5.45
Friedberg/Stmk.

Haas Rudolf
25.1.28–April 45
KGA Allentsteig/NÖ

Haberstroh Adam
21.12.28–21.3.45
KGA Oberwölbing/NÖ

Hackelberg Kurt
11.2.28–4.4.45
KGA Blumau/NÖ

Hacker Alois
27.9.28–April 45
KGA Zentralfriedhof Wien

Hafellner Gabriel
18.3.28–14.4.45
St. Peter-Freienstein/Stmk.

Hafner Johann
6.8.29–April 45
Grab unbekannt

Hahn Walter
22.4.29–19.5.45
KGA Allentsteig/NÖ

Haider Ludwig
1928–4.4.45
Biedermannsdorf/NÖ

HAIDINGER August
14.9.28–30.3.45
KGA Mattersburg/Bgld.

HAIMBÖCK Rudolf
10.2.28–April 45
KGA Allentsteig/NÖ

HAIN Josef
17.8.29–1.5.45
Peilstein/OÖ

HAMANN Gottfried
28.8.29–Mai 45
Grab unbekannt

HAMMERL Karl
12.5.28–April 45
KGA Allentsteig/NÖ

HÄMMERLE Hermann
25.4.28–22.4.45
München/BRD

HÄMMERLE Kurt
12.10.28–8.4.44
Ostrow/Polen

HÄMMERLE Oskar
6.2.28–12.2.44
Triest/Italien

HANISCH Botho
13.8.28–16.4.45
KGA Oberwölbing/NÖ

HANNHALTER Jakob
10.9.28–13.4.45
Grab unbekannt

HARLANDER Josef
8.4.28–April 45
Grab unbekannt

HARRER Josef
28.12.28–April 45
Grab unbekannt

HARTMANN Manfred
17.2.28–18.4.45
KGA Oberwölbing/NÖ

HARTMANN Walter
16.3.28–18.4.45
KGA Blumau/NÖ

HARTTHALER Willy
14.12.28–10.4.45
KGA Blumau/NÖ

HASENZAGL Josef
12.8.28–April 45
Grab unbekannt

HAUPTMANN Josef
18.3.28–30.4.45
Pyselo/ČSSR

HÄUSERMANN Erich
2.1.28–April 45
KGA Mattersburg/Bgld.

HAUSSLE Rudolf
13.11.28–April 45
Triest/Italien

HEBEIN Josef
1928–1945
Grab unbekannt

HEBL Albin
8.2.29–21.4.45
KGA Retz/NÖ

HEGER Erhard
31.12.28–26.4.45
KGA Retz/NÖ

HEHLE Hans
24.6.28–8.4.45
Grab unbekannt

HEIDEMANN Werner
28.7.28–4.5.45
KGA Linz-St. Martin/OÖ

HEILIG Anton
8.6.29–April 45
KGA Mattersburg/Bgld.

HEINLE Horst
3.5.28–6.5.45
Bad Ischl/OÖ

HELD Mathias
22.2.28–31.3.45
Mattersburg/Bgld.

HELLAUER Walter
27.9.28–5.5.45
Linz-St. Martin/OÖ

HELLSTERN Willi
18.1.28–18.4.45
Allentsteig/NÖ

HENNINGER Alfred
26.5.33–14.5.45
Unterradlberg/NÖ

HEPPNER Georg
29.3.28–5.4.45
KGA Blumau/NÖ

HERBERTZ Herbert
12.5.28–April 45
KGA Allentsteig/NÖ

HERBST Anton
12.6.28–30.3.45
KGA Mattersburg/Bgld.

HESS Ekkehard
28.10.28–22.3.45
Brixlegg/Tirol

HEUMANN Harry
13.4.28–13.4.45
KGA Oberwölbing/NÖ

HILLEBRAND Josef
27.6.28–30.3.45
Grab unbekannt

HIPTMAIR Karl
14.1.28–30.3.45
KGA Mattersburg/Bgld.

HIRMANN Josef
28.4.35–1.5.45
Großmürbisch/Bgld.

HIRSCHMEIER Günter
24.3.28–29.4.45
KGA Retz/NÖ

HOCHHAUSER Ernst
21.12.28–April 45
Grab unbekannt

HÖCKE Gerhard
26.2.28–11.8.45
KGA Allentsteig/NÖ

HÖCKNER Johann
28.11.28–15.4.45
Festung Königsberg

HOFFELNER Fritz
21.7.28–April 45
KGA Zentralfriedhof Wien

HOFFMANN Heinz
26.9.28–April 45
KGA Oberwölbing/NÖ

HÖFINGER Walter
11.1.28–5.4.45
KGA Allentsteig/NÖ

HÖFLER Johann
6.6.28–14.5.45
Birkfeld/Stmk.

HOFMANN Helmut
17.3.28–9.2.45
Gmunden a. See/OÖ

HOFMEISTER Artur
8.5.33–12.4.45
Pöckstein/Ktn.

HÖLLER Johann
8.11.28–30.3.45
KGA Mattersburg/Bgld.

HOLLERSBACHER Valentin
2.2.28–April 45
KGA Blumau/NÖ

HÖLLWEGER Johann
9.1.28–30.4.45
Vils/Tirol

HOLPER Eduard
10.1.28–Mai 45
Grab unbekannt

HOLZER Eduard
9.3.28–März 45
in Bayern/BRD

HOLZER Martin
24.1.28–1.5.45
Pfrombach/Bayern

HOLZINGER Johann
7.4.28–April 45
Grab unbekannt

HOLZINGER Mathias
19.6.28–30.3.45
KGA Mattersburg/Bgld.

HÖLZL Anton
23.8.28–12.10.45
Amras/Tirol

HOLZLEITNER Alois
9.6.28–28.3.45
Grab unbekannt

HORVATITS Josef
13.9.29–1.4.45
Stinatz/Bgld.

HOUTEN Cornelius van
1.12.28–April 45
KGA Oberwölbing/NÖ

HUBER Heinrich
6.7.28–30.3.45
KGA Mattersburg/Bgld

HUBER Siegfried
6.10.28–15.3.45
Nastved-See (?)

HUBINGER Johann
31.3.28–30.3.45
KGA Mattersburg/Bgld.

HUF Hans
20.4.28–25.5.45
KGA Allentsteig/NÖ

HUHSE Horst Erich
24.5.29–3.5.45
Schärding/OÖ

HUMER Josef
19.7.28–April 45
Grab unbekannt

HUNSINGER Otto
21.7.29–1.5.45
Peilstein/OÖ

HUTT Günther
29.10.28–4.4.45
KGA Allentsteig/NÖ

ITZINGER Franz
16.9.28–30.3.45
KGA Mattersburg/Bgld.

JAGENTEUFL Franz
13.9.31–27.5.45
Dechantskirchen/Stmk.

JAMASCHOWITZ Michael
15.1.28–17.3.45
KGA Linz-St. Barbara/OÖ

JANDRASITS Eduard
26.1.31–1.5.45
Großmürbisch/Bgld.

JANOSCHITZ Ferdinand
10.10.28–1.4.45
KGA Mattersburg/Bgld.

JASSMANN Johann
25.9.35–2.4.45
KGA Feldbach/Stmk.

JENDROSCH Johann
11.8.32–15.5.45
KGA Oberwölbing/NÖ

JESCHENIAK Erich-Emil
14.1.28–April 45
KGA Blumau/NÖ

JÖBSTL Franz
25.3.28–April 45
KGA Oberwölbing/NÖ

JOST Helmut
20.2.29–19.5.45
KGA Allentsteig/NÖ

JUNG Mathias
15.8.28–April 45
Grab unbekannt

JUNGKUNST Rudi
16.6.28–17.4.45
KGA Allentsteig/NÖ

JUEN Emil
27.3.28–13.4.45
Nienburg/DDR

JURKOWITZ Hans
7.1.28–17.4.45
KGA Allentsteig/NÖ

KALTENBRUNNER Friedrich
28.2.28–30.3.45
KGA Mattersburg/Bgld.

KAMLACH Anton
11.11.28–12.4.45
Degendorf bei Nürnberg

KAMMERHUBER Franz
30.6.28–30.3.45
KGA Mattersburg/Bgld.

KANSCHIK Heinrich
15.10.28–13.4.45
KGA Oberwölbing/NÖ

KAPFERER Walter
21.4.28–April 45
Posen/Polen

KARAS Adolf
29.9.28–18.9.45
Grab unbekannt

KARPE Kurt
22.6.28–30.4.45
KGA Oberwölbing/NÖ

KASTNER August
18.4.29–1.5.45
Peilstein/OÖ

KATHERL Josef
24.9.28–30.3.45
KGA Mattersburg/Bgld.

KATTINGER Sepp
20.2.28–1.4.45
Erlach/NÖ

KATZELOR Wilhelm
14.5.28–2.8.46
Murmansk/UdSSR

KAUFMANN Roman
25.5.28–23.4.44
KGA Zentralfriedhof Wien

KAUL Hans
2.8.28–5.4.45
KGA Semmering/Stmk.

KEISCH Paul
30.11.28–30.4.45
Wels/OÖ

KERN Ladislaus
15.2.29–19.5.45
KGA Zentralfriedhof Wien

KESZLER Josef
18.11.33–4.4.45
Aschbach/Niederalpe/Stmk.

KEWITZKI Franz
1929–Mai 45
Grab unbekannt

KICHSHOFER Hans
3.1.28–30.3.45
KGA Mattersburg/Bgld.

KIEFER Georg
13.1.28–24.1.45
KGA Linz/St. Barbara/OÖ

KIEFL Rupert
26.2.31–3.5.45
Schärding/OÖ

KIRCHNER Norbert
16.7.28–27.4.45
Berlin

KIRSEBAUER Manfred
2.12.28–April 45
KGA Allentsteig/NÖ

Kisch Paul
30.11.28–30.4.45
Wels/OÖ

Kladrowa Heinz
1929–7.4.45
Grab unbekannt

Klement Johann
19.12.36–3.4.45
Heiligenbrunn/Bgld.

Klinger Paul
14.9.28–21.6.45
Sorau/Lausitz

Klinglmayer Franz
4.1.28–April 45
Grab unbekannt

Kluppenegger Johann
2.5.28–30.3.45
KGA Mattersburg/Bgld.

Kneissl Roman
2.12.28–15.4.45
Pottschach/NÖ

Knoblechner Franz
21.5.28–29.4.45
Prag-Lichtenau/ČSSR

Knörr Rudolf
1933–6.5.45
Bad Ischl/OÖ

Kocab Eugen
12.11.28–17.4.45
KGA Oberwölbing/NÖ

Koch Friedrich
6.3.28–20.4.45
KGA Allentsteig/NÖ

Kohlacher Alexander
1928–Mai 45
Grab unbekannt

Köhle Hubert
4.11.28–2.3.45
Berlin

Kohlenberger Ferdinand
15.7.28–27.4.45
Grab unbekannt

Koller Josef
28.4.29–3.4.45
Donnerskirchen/Bgld.

Köller Walter
11.4.28–20.4.45
KGA Oberwölbing/NÖ

Kollmann Hugo
5.1.35–23.6.45
Wolfsberg/Ktn.

Kolp Hugo
4.4.28–30.6.45
Grab unbekannt

Konopitzky Franz
19.1.28–24.4.45
Fiume (Rijeka)

Köppl Franz
26.11.28–Mai 45
Grab unbekannt

Kos Herbert
1929–7.4.45
Grab unbekannt

Kosabek Emil
5.7.29–4.4.45
KGA Allentsteig/NÖ

Kosche Emmerich
26.8.34–17.5.45
St. Veit a. d. Glan/Ktn.

Kosma Karl
1.2.28–9.4.45
KGA Retz/NÖ

Köstner Franz
1.7.29–15.4.45
KGA Feldbach/Stmk.

Krabacher Heinrich
28.4.28–30.3.45
Berlin

KRÄHLING Janos
8.7.29–April 45
KGA Blumau/NÖ

KRAMER Ewald
16.7.29–7.5.45
Seeboden/Ktn.

KRAUSE Erwin
22.11.28–1.5.45
KGA Semmering/Stmk.

KRAUSE Peter
30.4.28–April 45
Wien-Penzing

KREPLETZ Gerhard
20.1.28–Mai 45
KGA Oberwölbing/NÖ

KREUTZER Anton
9.10.28–26.4.45
Schachen bei Vorau

KREUZER Josef
12.7.28–21.4.45
KGA Oberwölbing/NÖ

KRIZ Alfred
26.10.32–8.4.45
Kohfidisch/Bgld.

KRIZINGER Alexander
14.4.28–2.4.45
KGA Blumau/NÖ

KRÜGER August
31.5.28–19.4.45
KGA Oberwölbing/NÖ

KRÜGNER Franz
6.12.28–13.5.45
KGA Linz-St. Barbara/OÖ

KRUPLAK Josef
1928–1945
Grab unbekannt

KRUSE Hubert
21.7.28–25.2.45
KGA Allentsteig/NÖ

KUFFNER Johann
7.4.28–30.3.45
KGA Mattersburg/Bgld.

KÜHL Karlheinz
12.6.28–17.4.45
KGA Oberwölbing/NÖ

KUKOVIC Stanislaus
19.9.28–19.4.45
KGA Hartberg/Stmk.

KUNIS Heinz
10.9.28–18.4.45
KGA Retz/NÖ

KUNST Emil
8.3.28–27.4.45
KGA Retz/NÖ

KÜRBIS Ferdinand
14.5.28–13.4.45
KGA Allentsteig/NÖ

KÜTEMEIER Karl
8.7.29–April 45
KGA Blumau/NÖ

LAIMER Ernst
27.7.29–6.5.45
KGA Zentralfriedhof Graz

LANGER Gerhard
21.1.28–22.4.45
KGA Oberwölbing/NÖ

LANGHAMMER Anton
9.6.28–17.4.45
KGA Oberwölbing/NÖ

LANGLITZ Helmut
26.10.28–19.4.45
KGA Allentsteig/NÖ

LANGMAIR Franz
10.7.28–30.3.45
KGA Mattersburg/Bgld.

LAMPLMAIR Anton
7.6.28–1.4.45
KGA Mattersburg/Bgld.

LEBOCZ György
9.11.28–30.4.45
KGA Zentralfriedhof Wien

LECHNER Johann
13.1.28–18.3.45
Grab unbekannt

LEDERER Josef
4.6.28–Mai 45
Grab unbekannt

LEHNER Ludwig
1.6.28–April 45
Grab unbekannt

LEHNER Rudolf
11.2.28–30.3.45
KGA Mattersburg/Bgld.

LEHNER Rudolf
8.4.28–8.5.45
Ronow/ČSSR

LEHRMAJER Wendelin
18.8.28–25.4.45
KGA Oberwölbing/NÖ

LEIBETSEDER Karl
3.4.28–25.4.45
KGA Retz/NÖ

LEIDENFROST Kurt
15.3.28–April 45
KGA Zentralfriedhof Wien

LEISSER Alois
1928–14.4.45
Breitenstein/NÖ

LEITNER Alois
1.5.29–April 45
Grab unbekannt

LEITNER Gabriel
1.3.28–27.12.44
Marburg/Jugoslawien

LEITNER Johann
11.8.28–April 45
KGA Mattersburg/Bgld.

LEMPKE Karl
1928–4.4.45
KGA Semmering/Stmk.

LENZ Theodor
15.10.28–April 45
KGA Allentsteig/NÖ

LESSLHUEMER Josef
27.10.28–April 45
KGA Blumau/NÖ

LESTERL Franz
12.6.28–1.4.45
Grab unbekannt

LETTNER Anton
3.11.28–28.8.45
Bokanjac/Jugoslawien

LETTO Herbert
5.3.28–26.1.45
KGA Retz/NÖ

LICHTENEGGER Johann
26.12.28–30.3.45
KGA Mattersburg/Bgld.

LICHTENEGGER Johann
23.7.28–29.8.47
Skofja Loka/Jugoslawien

LINDAU Werner
13.5.28–1.5.45
Seefeld in Tirol

LIPOVITZ Anton
18.11.32–2.6.45
Ehrenschachen/Stmk.

LIXL Rudolf
26.5.29–April 45
Grab unbekannt

LOIBNEGGER Raimund
29.8.29–22.2.45
St. Peter-Freienstein/Stmk.

LORENZEN Jendre
30.10.28–7.8.45
KGA Linz-St. Martin/OÖ

LOSERT Otto
23.10.28–April 45
KGA Allentsteig/NÖ

LOVASI Josef
20.2.28–April 45
KGA Zentralfriedhof Wien

LÜHR Wilhelm
25.8.28–18.4.45
KGA Oberwölbing/NÖ

LUKESCH Fritz
1928–1945
Höflein b. Bruck/Leitha

LUSSNER Josef
12.6.29–22.2.45
St. Peter-Freienstein/Stmk.

LUTTMANNSBERGER Leopold
16.6.28–31.3.45
KGA Linz-St. Barbara/OÖ

LÜTKEHÖLTER Günter
29.1.28–19.4.45
KGA Oberwölbing/NÖ

MACHALER Rudolf
24.8.28–2.4.44
St. Ulrich bei Steyr/OÖ

MACKINGER Josef
1.3.28–23.8.45
Mitrovica/Jugoslawien

MADER Franz
1.10.28–25.7.45
Istrien/Jugoslawien

MAGERL Johann
22.1.29–22.2.45
St. Peter-Freienstein/Stmk.

MAGERL Walter
17.11.28–17.4.45
KGA Oberwölbing/NÖ

MAIR Johann
28.11.28–15.6.45
Ludwigslust/Mecklenburg

MANKUS Reinhard
11.2.28–5.4.45
KGA Blumau/NÖ

MARACZI Geza
1.6.29–30.3.45
Grab unbekannt

MARIACHER Stanislaus
5.11.31–9.6.45
Innsbruck/Tirol

MARKOWITSCH Rudolf
29.3.28–April 45
Grab unbekannt

MARTINCIC Oskar
12.8.28–18.4.45
KGA Allentsteig/NÖ

MARX Friedrich
1928–April 45
Altlichtenwart/NÖ

MARX Willibald
1.1.30–16.4.45
Großmürbisch/Bgld.

MATSCHNIG Ferdinand
25.7.29–1.5.45
St. Georgen a. d. Gusen/OÖ

MAURER Johann
9.3.28–15.9.45
Grab unbekannt

MAYER Christian
15.2.28–29.4.46
in der UdSSR

MAYER Ferdinand
10.6.28–22.3.45
Hohenheim/Kitzingen/BRD

MAYER Franz
1.6.35–14.5.45
Unterradlberg/NÖ

MAYER Wendelin
18.8.28–15.4.45
KGA Oberwölbing/NÖ

MAYRHUBER Herbert
21.1.28–30.3.45
KGA Mattersburg/Bgld.

MAZOHNA Fritz
1928–1.4.45
KGA Mattersburg/Bgld.

MEERKÖTTER Horst
7.7.28–17.4.45
KGA Oberwölbing/NÖ

MEIER Heinz
5.6.29–19.5.45
KGA Allentsteig/NÖ

MEISTER Franz
3.2.28–19.4.45
Rogätz (?)

MENZEL Herbert
28.8.28–16.4.45
KGA Oberwölbing/NÖ

METZNER Max
1.5.28–4.4.45
KGA Mattersburg/Bgld.

MIEHL Hans
23.10.28–23.4.44
KGA Zentralfriedhof Wien

MIKLAUTSCH Heribert
27.3.33–22.6.45
Wolfsberg/Ktn.

MIKOLASCHEK Paul
25.1.28–5.5.45
KGA Retz/NÖ

MILLONIG Franz
20.3.28–3.4.45
Meisnerberg/Riegersdorf

MITTER Franz
28.9.28– April 45
Grab unbekannt

MITTERMAIR Gottfried
24.9.28–30.3.45
KGA Mattersburg/Bgld.

MITTERMAYR Josef
12.11.28–5.5.45
Eferding/OÖ

MODROK Georg
30.8.28–2.4.45
KGA Mattersburg/Bgld.

MÖHRE Günter
25.1.28–18.4.45
KGA Allentsteig/NÖ

MOSER Friedrich
9.3.28–30.4.45
Grab unbekannt

MOSER Helmuth
27.2.28–28.4.45
KGA Oberwölbing/NÖ

MOSER Johann
13.3.28–30.4.45
Oberlaibach/Jugoslawien

MÜHLBACHER Georg
10.10.28–30.3.45
KGA Mattersburg/Bgld.

MÜHLBACHER Paul
30.6.28–24.4.45
in Südtirol

MÜHLBRAND Otto
16.7.28–April 45
KGA Oberwölbing/NÖ

MÜLLER August
26.4.28–2.8.45
Petrinja/Jugoslawien

MÜLLER Hans
3.7.28–20.4.45
KGA Oberwölbing/NÖ

MÜLLER Horst
24.10.28–Mai 45
KGA Allentsteig/NÖ

MÜLLER Josef
4.5.28–14.4.45
Jennersdorf/Bgld.

MÜLLER Kurt
3.5.30–6.5.45
Bad Ischl/OÖ

MÜLLER Werner
25.6.28–21.4.45
KGA Allentsteig/NÖ

MÜLLNER Alfred
17.11.28–17.4.45
KGA Oberwölbing/NÖ

NADER Alfred
17.2.29–1.4.45
Zentralfriedhof Graz

NEUDORFER Franz
28.11.28–30.3.45
KGA Mattersburg/Bgld

NEUNER Peter
19.2.28–18.4.45
KGA Altlichtenwart/NÖ

NIEDL Erich
12.4.29–15.11.48
Gröbming/Stmk.

NITSCHE Otto
16.3.29–8.4.45
KGA Oberwölbing/NÖ

NISALKE
1928–28.6.45
St. Florian/OÖ

NOVAK Markus
6.4.29–22.2.45
KGA Zentralfriedhof Graz

NUSSBAUMER Willibald
17.5.29–9.11.44
in Polen

OBALSKY Günther
25.11.28–17.4.45
KGA Oberwölbing/NÖ

OBERHAUSER Johann
2.2.28–1.2.45
in Ostpreußen

OBERLEITNER Franz
8.6.28–30.3.45
KGA Mattersburg/Bgld.

OBERMOSER Stefan
27.9.28–April 45
Grab unbekannt

OBERMÜLLER Hans-Jürgen
21.7.28–20.4.45
KGA Allentsteig/NÖ

OBERZAUCHER Walter
7.5.33–10.5.45
Greifenburg/Ktn.

OCHABAUER Erich
12.3.28–11.4.45
Wenigzell/Stmk.

OFNER Johann
3.3.28–30.4.45
München/BRD

OLBRICH Hubert
8.1.28–April 45
KGA Allentsteig/NÖ

ORTNER Bruno
26.1.28–19.3.45
Grab unbekannt

ORTNER Hans
12.11.28–21.5.45
Bad Ischl/OÖ

ORTULAY Andreas
1928–Mai 45
Pregarten/OÖ

OTTENBERGER
5.6.28–1.3.45
KGA Zentralfriedhof Graz

OTTENSAMER Albin
30.7.28–30.3.45
KGA Mattersburg/Bgld.

PAKULL Heinz
2.2.28–April 45
KGA Oberwölbing/NÖ

PALYCHATA Bohdam
15.9.28–24.2.45
KGA Linz-St. Barbara/OÖ

PANGERL Franz
22.1.28–Mai 45
Grab unbekannt

PANZER Bruno
22.7.28–3.4.45
Leobersdorf/NÖ

PAP Imre
27.5.28–9.4.45
KGA Allentsteig/NÖ

PAPPASOFF Gheorghe
4.4.28–1.5.45
KGA Allentsteig/NÖ

PARTH Hugo
2.4.28–17.4.45
Lautzenhausen/BRD

PATZL Erich
9.12.28–30.3.45
KGA Mettersburg/Bgld.

PAUSCHMANN Anton
1928–1947
in der UdSSR

PAVLOVICS Alexander
1928–1945
Posen/Polen

PEHN Franz
26.12.28–April 45
KGA Oberwölbing/NÖ

PECK Georg
13.6.28–31.3.45
KGA Linz-St. Barbara/OÖ

PEIER Josef
11.11.33–9.5.45
Söckau/Stmk.

PENZ Johann
21.1.28–April 45
Rettenegg/Stmk.

PERTZEL Kurt
7.12.28–23.4.45
KGA Oberwölbing/NÖ

PERWEIN Hermann
20.4.29–15.12.43
Innsbruck/Tirol

PETERS Karl
30.3.28–8.5.45
KGA Oberwölbing/NÖ

PETRITZ Markus
22.4.28–9.4.45
KGA Mattersburg/Bgld.

PFEILSTÖCKER Rudolf
9.4.29–22.2.45
St. Peter-Freienstein/Stmk.

PFURTSCHELLER Ernst
2.12.28–April 45
im Breisgau/BRD

PICHLER Franz
11.7.28–30.5.45
Innsbruck/Tirol

PICHLER Josef
14.1.28–8.4.45
Bruck a. d. M./Stmk.

PICHLER Peter
8.5.28–April 45
Grab unbekannt

PICKL Josef
14.2.28–Mai 45
in Schleswig-Holstein/BRD

PICKL Karl
26.8.28–April 45
KGA Allentsteig/NÖ

PIRCHER Ignaz
25.7.28–2.2.45
in Italien

PLATTNER Walter
31.3.28–15.9.45
in Jugoslawien

PLATZNER Walter
28.8.28–15.8.45
Betrinia/Jugoslawien

PLOOG Hans
8.9.28–17.4.45
KGA Oberwölbing/NÖ

PLUHAR Fritz
17.3.28–April 45
Grab unbekannt

POHANITSCH Josef
13.3.28–14.4.45
KGA Mattersburg/Bgld.

POLLACK Hermann
17.4.28–1.4.45
Schweinfurt/BRD

POLLHAMMER Alfred
10.2.28–15.4.45
in Thayen (?)

POSCH Josef
4.1.28–13.1.45
KGA Götzendorf/NÖ

POSCH Rupert
24.9.29–22.2.45
St. Peter-Freienstein/Stmk.

PRANTL Anton
18.8.28–April 45
KGA Zentralfriedhof Wien

PRASCHBERGER Alois
13.10.28–20.2.45
Grab unbekannt

PREHOFER Walter
16.2.28–28.4.45
Neustadl a. d. Donau/NÖ

PREINSBERGER Josef
9.8.28–April 45
Grab unbekannt

PRÜFERT Willi
29.8.28–19.4.45
KGA Allentsteig/NÖ

PUCKL Erich
2.4.30–14.4.45
St. Peter-Freienstein/Stmk.

PUFFER Friedrich
15.2.28–30.3.45
KGA Mattersburg/Bgld.

PÜRRER Josef
2.4.28–6.4.45
Theilheim (?)

PURRER Siegfried
1.8.28–30.3.45
KGA Mattersburg//Bgld.

RABENAU Baron Alexander
4.10.28–9.4.48
in der UdSSR

RABITSCH Engelbert
30.10.28–16.2.45
Lagerhausen (?)

RADL Viktor
10.7.29–27.4.45
Berlin

RAFTL Alois
18.2.29–11.5.45
Trautmannsdorf/Stmk.

RAINER Helmuth
1929–7.4.45
Grab unbekannt

RAITH Franz
2.11.28–18.4.45
Alland/NÖ

RANSMAYER Emmerich
10.10.29–11.4.45
Langenlebarn/NÖ

RAPPOLD Raimund
1928–1945
Grab unbekannt

RATSCHER Walter
25.7.28–März 45
Grab unbekannt

RAUCH Franz
13.7.29–13.4.45
KGA Zentralfriedhof Wien

RAUCH Emmerich
1929–8.5.45
Blindenmarkt/NÖ

REBERSCHAK Paul
12.2.28–26.8.45
Grab unbekannt

REICHERT Robert
1929–7.4.45
Grab unbekannt

REICHMUTH Ludwig
17.3.36–25.4.45
Lauterach/Vlbg.

REINHARDT Helmut
5.2.29–April 45
KGA Blumau/NÖ

REINISCH Alfred
23.4.29–12.4.45
St. Lorenzen am Wechsel/Stmk.

REITER Johann
13.7.28–11.4.45
KGA Zentralfriedhof Wien

REITER Josef
23.11.28–30.3.45
KGA Mattersburg/Bgld.

REMSCHEIDT Rudolf
18.5.28–17.5.45
KGA Allentsteig/NÖ

RENTMEISTER Hermann
20.3.28–9.4.45
Gleisdorf/Stmk.

RESSMANN Erich
22.5.30–9.3.45
KGA Linz-St. Martin/OÖ

RICHTER Herbert
22.5.28–März 45
Grab unbekannt

RIEDL Anton
9.7.28–April 45
Grab unbekannt

RIEGLER Rudolf
1928–1945
Grab unbekannt

RIEPL Ernst
10.1.29–15.4.45
Grab unbekannt

RIESENBERGER
8.6.28–April 45
Grab unbekannt

ROSE Wilhelm
3.4.28–16.4.45
KGA Oberwölbing/NÖ

RÖSLER Kurt
20.1.28–20.4.45
KGA Oberwölbing/NÖ

ROTHBAUER Franz
11.11.28–30.3.45
KGA Mattersburg/Bgld.

ROTHEN Heinrich
12.2.28–10.9.45
Osijek-Esseg/Jugoslawien

RUDOLFS Theodor
15.2.28–17.4.45
KGA Oberwölbing/NÖ

RUHNKE Horst
25.5.28–16.4.45
KGA Allentsteig/NÖ

RUSCHITZKA Alois
1929–15.4.45
KGA Feldbach/Stmk.

RUSSINGER Georg
10.7.28–23.2.45
Fiume (Rijeka)

RUSSNER Karl
12.3.28–16.4.45
KGA Oberwölbing/NÖ

RUTGERS Wolfgang
3.2.28–1.4.45
KGA Mattersburg/Bgld.

SAHORODNY Alexander
25.6.28–18.7.45
KGA Linz-St. Martin/OÖ

SAILER Josef
24.12.28–16.8.45
Zemun/Jugoslawien

SALLER Heinrich
23.10.28–19.9.45
KGA Allentsteig/NÖ

SALZBORN Johann
23.9.28–April 45
KGA Oberwölbing/NÖ

SALZGER Arthur
31.1.29–28.7.45
Fladnitz-Teichalpe/Stmk.

SANTELER Ehrenreich
2.5.28–1.4.45
in Jugoslawien

SAUERWEIN Josef
1.2.28–April 45
Grab unbekannt

SCHACHINGER Josef
14.5.28–30.3.45
KGA Mattersburg/Bgld.

SCHACHNER Johann
18.6.28–4.4.45
KGA Blumau/NÖ

SCHALLER Oskar
15.2.28–24.4.45
Berlin

SCHARL Otto
3.10.33–14.5.45
Unterradlberg/NÖ

SCHATZ Herbert
10.6.28–April 45
KGA Allentsteig/NÖ

SCHATZ Priska
19.12.28–9.5.45
St. Leonhard/Ktn.

SCHEIBENREIF Anton
22.5.28–19.4.46
in der UdSSR

SCHEIBER Jakob
5.3.28–27.4.45
Vohburg/BRD

SCHEICHL Friedrich
8.4.28–30.3.45
KGA Mattersburg/Bgld.

SCHEINECKER Hermann
6.2.28–30.3.45
KGA Mattersburg/Bgld.

SCHENNACH Walter
4.11.28–6.4.45
Grab unbekannt

SCHENNACH Walter
18.12.28–27.4.45
Vohburg/BRD

SCHEUERLE Adolf
9.8.28–11.5.45
St. Florian/OÖ

SCHEWE Gerhard
30.1.29–10.8.45
KGA Zentralfriedhof Wien

SCHIEXL Fritz
2.7.28–13.4.45
KGA Oberwölbing/NÖ

SCHIMAK Franz
29.5.28–31.3.45
KGA Retz/NÖ

SCHIMECZEK Franz
1.11.28–8.5.45
Gschaidt/Stmk.

SCHIPPLING Gerhard
5.2.28–13.4.45
KGA Oberwölbing/NÖ

SCHMID Hans
14.9.28–16.4.45
KGA Oberwölbing/NÖ

SCHMID Johann
5.2.28–Mai 45
Grab unbekannt

SCHMIDT Franz
5.8.31–8.5.45
Brodersdorf/Stmk.

SCHMIDT Günter
7.5.28–17.4.45
KGA Oberwölbing/NÖ

SCHMIDT Wolfgang
13.8.28–10.4.45
KGA Zentralfriedhof Wien

SCHMIDTLEIN Jakob
1.4.28–20.4.45
KGA Semmering/Stmk.

SCHMITZ Heinrich
29.4.29–8.4.45
KGA Oberwölbing/NÖ

SCHMÖLZER Johann
1928–1945
Grab unbekannt

SCHNABL Otto
17.2.29–1.5.45
Pottenstein/NÖ

SCHNEIDER Hermann
1928–Mai 45
Grab unbekannt

SCHNEIDERBAUER Johann
8.5.28–22.4.45
Grab unbekannt

SCHOBER Kurt
15.11.29–4.4.45
Stillfried/NÖ

SCHRAMM Günther
1929–16.4.45
Grab unbekannt

SCHRANZ Gustav
4.2.28–April 45
Grab unbekannt

SCHREDL Franz
7.3.28–30.3.45
KGA Mattersburg/Bgld.

SCHUBERT Eduard
1929–7.4.45
Grab unbekannt

SCHUCHTER Hubert
3.1.28–April 45
Villadekano/Italien

SCHUHMACHER Günter
9.1.28–27.4.45
KGA Semmering/Stmk.

SCHULZ Harald
15.8.28–17.4.45
KGA Oberwölbing/NÖ

SCHWARZ Helene*
5.5.29–3.4.45
Lazarett Graz/Stmk.

SCHWARZ Josef
9.12.28–April 45
KGA Mattersburg/Bgld.

SCHWARZER Alois
2.3.28–19.1.46
Le Contray poe Chartres

SCHWARZER Ekkehard
13.6.28–April 45
Berlin

SCHWARZINGER Richard
1928–April 45
Wien-Sievering

SEEBACHER Josef
4.5.28–April 45
Postunja/Görz

SEEBACHER Rupert
1929–26.4.45
KGA Fürstenfeld/Stmk.

* Schwarz Helene war Wehrmachtshelferin.

SEEBÖCK Laszlo
28.2.29–31.7.45
Maria Schöndorf/ OÖ

SEEDORF Helmut
26.7.28–17.4.45
KGA Oberwölbing/NÖ

SEELMEYER Hermann
6.4.28–Mai 45
KGA Oberwölbing/NÖ

SEIDL Horst
11.6.28–16.4.45
KGA Oberwölbing/NÖ

SEIDLER Waldemar
22.4.30–6.5.45
Bad Ischl/OÖ

SEIERL Robert
12.2.28–12.4.45
KGA Zentralfriedhof Wien

SEIRAT Ernst
1929–19.5.45
Arbesbach/NÖ

SELLERS Theodor
14.10.28–27.4.45
in Bayern

SENEKOWITSCH Helmut
21.6.29–11.4.45
Hartberg/Stmk.

SENGPIEL Gerhard
18.4.28–2.5.45
KGA Oberwölbing/NÖ

SETZ Thomas
29.7.29–22.2.45
St. Peter-Freienstein/Stmk.

SICKINGER Karl
30.9.28–April 45
KGA Mattersburg/Bgld.

SIEDER Franz
25.4.31–6.4.45
Obergrafendorf/NÖ

SIGL Alfred
8.1.35–6.4.45
Obergrafendorf/NÖ

SIMMA Wilhelm
28.3.28–21.4.45
Rottenburg/BRD

SIMMEL Josef
28.11.36–6.4.45
Rohrbach/Bgld.

SIMOLKA Heinz
28.7.28–April 45
KGA Allentsteig/NÖ

SITEK Adam Ernst
16.6.28–April 45
KGA Allentsteig/NÖ

SKODA Friedrich
26.11.28–30.3.45
KGA Mattersburg/Bgld.

SKODITSCH August
1.8.28–24.7.45
KGA Zentralfriedhof Graz

SKOROPAD Vladimir
28.2.28–18.3.45
KGA Feldbach/Stmk.

SLANEC Alfred
19.10.28–4.7.45
in Holland

SOBOTTA Engelbert
4.9.28–17.4.45
KA Oberwölbing/NÖ

SOMMERBAUER Leo
1928–1945
Grab unbekannt

SONNLEITNER Gerhard
ca. 17 Jahre/April 45
KGA Zentralfriedhof Wien

SORIAT Kilian
8.7.28–Mai 45
Grab unbekannt

SOWA Horst
24.9.28–Mai 45
KGA Allentsteig/NÖ

SPIEKENKÖTTER Günter
30.7.28–28.4.45
KGA Oberwölbing/NÖ

SPÖRR Paul
25.1.28–24.10.45
Halle a. d. Saale/DDR

STADLER Franz
2.4.31–17.7.45
Burgkirchen/OÖ

STADLER Hermann
16.7.28–30.3.45
KGA Mattersburg/Bgld.

STAFFLER Paul
1.1.28–20.10.44
Innsbruck/Tirol

STANGE Karl Heinz
9.2.28–18.4.45
KGA Altlichtenwart/NÖ

STANGRED Bodo
12.6.28–14.11.44
KGA Mattersburg/Bgld.

STEFANON Othmar
9.3.28–April 45
Grab unbekannt

STEIN Wilhelm
30.5.28–28.4.45
KGA Oberwölbing/NÖ

STEINER Fritz
19.6.29–22.2.45
St. Peter-Freienstein/Stmk.

STEINER Gottfried
9.8.29–22.2.45
St. Peter-Freienstein/Stmk.

STEINER Joseph
14.2.28–30.3.45
KGA Mattersburg/Bgld.

STEIR Wilhelm
30.5.28–28.4.45
KGA Oberwölbing/NÖ

STENZEL Dietmar
5.3.35–10.4.45
Klosterneuburg/NÖ

STERNNAGEL Horst
4.3.28–13.4.45
KGA Allentsteig/NÖ

STIPPITS Alois
14.3.28–7.4.45
Niefern b. Pforzheim/BRD

STOCKINGER Josef
28.5.28–April 45
Grab unbekannt

STOG Walter
5.6.28–14.12.45
KGA Zentralfriedhof Graz

STOZKYJ Richard
21.11.29–2.5.45
Seefeld in Tirol

STRAIFER Franz
28.1.31–5.4.45
St. Martin a. d. Raab/Bgld.

STRASSER Herbert
25.6.28–24.3.48
Nüziders/Vlbg.

STRASSER Horst
1929–18.4.45
Grab unbekannt

STROBL Franz
13.6.28–12.6.45
in der UdSSR

STÜRMLINGER Franz
1.5.28–14.5.45
KGA Linz-St. Martin/OÖ

STUTZ Anton
5.12.28–Mai 45
Karlsbad/ČSSR

SUCHANEK Fritz
1929–17.4.45
Grab unbekannt

SUCHER Eduard
12.12.32–30.5.45
Neumarkt a. d. Raab/Bgld.

SULZER Friedrich
2.4.28–8.4.45
KGA Zentralfriedhof Wien

SULZER Maximilian
10.10.28–1.4.45
KGA Mattersburg/Bgld.

SUMBAUER Johann
11.6.28–24.4.45
Grab unbekannt

SUMACH Peter
13.6.33–5.5.45
Bleiburg/Ktn.

SÜSS Alfred
1929–6.4.45
Wien-Baumgarten

SYLL Hans van
25.10.28–29.4.45
KGA Hartberg/Stmk.

SZABO Ludwig
11.8.29–23.11.45
in der UdSSR

SZILAGYI Stefan
16.8.28–April 45
KGA Allentsteig/NÖ

TAUERNARO Werner
7.10.28–April 45
in Jugoslawien

THEUER Friedrich
13.4.29–8.4.45
KGA Zentralfriedhof Wien

THIESSEN Heinrich
9.9.28–7.4.45
KGA Fürstenfeld/Stmk.

THOMA Max
18.6.28–27.4.45
Vohburg/BRD

TIEFENGRABER Eduard
4.1.28–12.4.45
Lastrup/Oldenburg

TIEFENTHALER Walter
17.4.28–19.4.45
Grab unbekannt

TIRAY Othmar
3.11.28–April 45
Fehring/Stmk.

TOLKSDORF Edmund
16.6.28–Mai 45
KGA Oberwölbing/NÖ

TOMANN Peter
1933–9.4.45
Grab unbekannt

TRAGER Georg
2.8.28–11.5.45
Schladming/Stmk.

TRAUSMUTH
10.6.30–21.6.45
Prag/ČSSR

TRAUTMANN Heinz
15.1.28–7.7.45
Windhag/OÖ

TREMETZBERGER Franz
25.7.28–April 45
Grab unbekannt

TRENKER Ernst
16.7.33–15.4.45
Oberwart/Bgld.

TRENKER Johann
2.9.28–14.4.45
KGA Zentralfriedhof Wien

TRESCHER Walter
24.8.28–April 45
KGA Allentsteig/NÖ

TREUTLER Erhard
15.7.28–5.6.45
Vöcklabruck/OÖ

TRIPPELSDORF Heinrich
19.7.28–April 45
KGA Zentralfriedhof Wien

TRUSKA Josef
22.5.28–2.3.45
in der ČSSR

TSCHABRUN Hans
8.2.28–26.4.45
Cilli (Celje) Jugoslawien

TSCHEGOUNIG Adolf
4.6.29–5.5.45
Kömmelgraben/Ktn.

TUMLER Erwin
15.5.28–15.1.45
in Polen

UMLAUF Ladislaus
27.9.30–29.5.45
Schärding/OÖ

UNTERFURTNER Karl
28.5.28–15.9.45
in der UdSSR

UNTERHUBER Josef
1928–24.4.45
Schwaz/Tirol

UNTERLASZ Anton
10.6.28–28.4.45
Steinbach-Mainburg (?)

UNTERSCHWEIGER Armin
1.10.28–1.4.45
Stuttgart/BRD

VALENTER Willibald
26.9.29–22.2.45
St. Peter-Freienstein/Stmk.

VARGA Josef
10.8.30–April 45
Grab unbekannt

VASE Milovaoff
8.2.28–15.2.45
KGA Zentralfriedhof Wien

VELNER Herbert
10.2.28–1.4.45
KGA Mattersburg/Bgld.

VETTER Eduard
18.7.28–12.4.45
Rothenburg/BRD

VOGLER Georg
12.6.28–25.4.45
Grab unbekannt

VRANA Horst
1928–7.2.45
Privatgrab unbekannt

WAGLHUBER Wilhelm
8.3.33–30.4.45
Braunau am Inn/OÖ

WAGNER Eduard
18.9.28–26.8.45
Pacew/ČSSR

WAGNER Ernst
11.11.30–9.5.45
KGA Feldbach/Stmk.

WAGNER Johann
8.2.28–April 45
KGA Zentralfriedhof Wien

WAGNER Michael
9.10.28–19.3.45
Grab unbekannt

WAGNER Otto
28.9.28–2.5.45
Seefeld in Tirol

WAITZ Harry
2.3.28–19.4.45
KGA Oberwölbing/NÖ

WALDEGG Udo
27.5.28–18.4.45
KGA Oberwölbing/NÖ

WALLNER Franz
14.5.28–20.12.45
Osijek-Esseg/Jugoslawien

WALTER Erwin
4.3.28–16.4.45
KGA Allentsteig/NÖ

WALTER Ewan
13.11.28–8.11.45
in Jugoslawien

WALTER Rolf
4.8.28–2.7.45
Schärding/OÖ

WAMMES Anton
4.3.28–11.4.45
Grab unbekannt

WARNAT Herbert
10.5.28–17.4.45
KGA Oberwölbing/NÖ

WEBER Erich
23.9.28–26.3.45
KGA Mattersburg/Bgld.

WEBER Siegfried
17.8.28–5.4.45
KGA Blumau/NÖ

WEGERT Emmerich
4.8.33–3.4.45
Birkfeld/Stmk.

WEGERT Herbert
4.3.35–2.4.45
Birkfeld/Stmk.

WEHRHAHN Paul
30.11.28–April 45
KGA Oberwölbing/NÖ

WEICHELL Joachim
21.3.28–6.5.45
Königswiesen/OÖ

WEIDINGER Hermann
7.7.29–12.4.45
KGA Allentsteig/NÖ

WEIERMAYER Josef
19.2.28–1945
Grab unbekannt

WEIGL Anton
8.11.30–14.5.45
Unterradlberg/NÖ

WEILHARTNER Friedrich
6.3.28–März 45
Grab unbekannt

WEIN Anton
16.1.30–21.4.45
Breitenbrunn/Bgld.

WEINDICH Berthold
7.3.31–17.2.45
KGA Oberwölbing/NÖ

WEINHANDL Alois
19.6.32–Mai 45
Unterpurkla/Stmk.

WESSELY Rudolf
28.3.28–24.10.45
KGA Allentsteig/NÖ

WIELSCH Günther
18.4.28–April 45
KGA Oberwölbing/NÖ

WIENZEK Hubert
3.8.28–April 45
KGA Zentralfriedhof Wien

WIESINGER Franz
23.1.28–30.3.45
KGA Mattersburg/Bgld.

WIMMER Josef
16.10.28–25.5.45
Gmunden am See/OÖ

WIMMER Walter
2.12.28–1.4.45
KGA Mattersburg/Bgld.

WINDISCH Josef
13.3.28–10.4.45
Bichla bei Tischen/Stmk.

WINDISCHMANN Sebastian
23.5.28–17.11.44
Leoben/Stmk.

WINKLER Rudolf
27.8.28–22.12.45
in Schleswig-Holstein/BRD

WINTER Willi
23.6.28–9.8.45
KGA Allentsteig/NÖ

WIPPEL Kurt
11.2.30–3.4.45
Kottingbrunn/NÖ

WIRTH Georg
3.1.28–17.4.45
KGA Oberwölbing/NÖ

WIRTZ Bernhard
30.2.28–April 45
KGA Oberwölbing/NÖ

WITSCH Helmut
14.7.29–8.4.45
Langenlebarn/NÖ

WITTA Erwin
7.11.28–22.5.45
KGA Linz-St. Martin/OÖ

WITTMANN Franz
21.6.28–April 45
KGA Zentralfriedhof Wien

WÖRGÖTTER Siegfried
13.7.28–April 45
Grab unbekannt

WUKETICH Anton
7.7.28–Mai 45
Grab unbekannt

WUNDERSEE Friedrich
21.1.28–16.4.45
KGA Semmering/Stmk.

WURZER Gerhard
22.5.28–11.4.45
in Holland

WUTTKE Günter
22.4.28–April 45
KGA Allentsteig/NÖ

WYCK Helmuth
1928–7.2.45
Privatgrab unbekannt

ZANGERL Emil
3.6.28–April 1945
Grab unbekannt

ZAPKE Arndt-Erhard
15.8.28–3.4.45
KGA Blumau/NÖ

ZECHNER Alois
19.2.28–20.5.45
Hatzendorf/Stmk.

ZEHETNER Hermann
23.12.28–Mai 45
Grab unbekannt

ZENZ Heinrich
9.11.28–30.3.45
KGA Mattersburg/Bgld.

ZEPPETZAUER Josef
8.8.28–21.4.45
KGA Allentsteig/NÖ

ZIEGLER Otmar
13.10.28–April 45
Grab unbekannt

ZIMMERMANN Hans-Ulrich
9.9.28–15.4.45
KGA Semmering/Stmk.

ZIRBS Walter
28.10.28–12.4.45
KGA Allentsteig/NÖ

ZOIDL Hans
1.1.28–14.9.45
Tönnig/BRD

ZOTTER Otto
21.2.29–22.2.45
St. Peter-Freienstein/Stmk

ZUCKRIGL Bruno
28.2.28–12.5.46
in der UdSSR

ZUMPE Hermann
1928–9.4.45
Wiener Zentralfriedhof

ZUNDERT Yoop van
7.11.29–9.3.45
KGA Zentralfriedhof Graz

ZWACK Richard
4.4.28–5.7.45
Altheim/OÖ

ZWIAUER Karl
22.10.28–30.4.45
Berlin

Rangtafel

Ein Vergleich der Wehrmachts-, Waffen-SS- oder SD-Dienstränge mit denen der HITLER-JUGEND ist problematisch, wie das folgende Beispiel veranschaulicht: Als der mehrmals in diesem Buch erwähnte Walter Melich die Führung des HJ-Bannes 506 übernahm, war er vorher Oberleutnant und Kompaniechef beim Heer. Doch nun unterstanden ihm sämtliche 14- bis 18jährigen in den Wiener Bezirken Meidling und Hietzing. Daher wäre zu dieser Zeit ein Vergleich mit einem Oberst und Regimentskommandeur durchaus berechtigt gewesen. Allerdings wurde im Jänner 1945 nur eine einzige HJ-zbV-Kompanie aus diesen beiden Bezirken aufgestellt, und Walter Melich war (trotz seines hohen HJ-Dienstgrades) wieder »nur« Kompanieführer.

WEHRMACHT	SS ODER SD	HITLER-JUGEND (HJ)
Soldat	SS- oder SD-Mann	Hitlerjunge
Obersoldat		
Gefreiter	Sturmmann	Rottenführer
Obergefreiter Stabsgefreiter	Rottenführer	Oberrottenführer
Unteroffizier	Unterscharführer	Kameradschaftsführer
Unterfeldwebel	Scharführer	Oberkameradschaftsführer
Feldwebel	Oberscharführer	Scharführer
Oberfeldwebel	Hauptscharführer	Oberscharführer
Fähnrich	Standartenjunker	
Oberfähnrich	Standartenoberjunker	
Leutnant	Untersturmführer	Gefolgschaftsführer
Oberleutnant	Obersturmführer	Obergefolgschaftsführer
Hauptmann	Hauptsturmführer	Hauptgefolgschaftsführer
Major	Sturmbannführer	Stammführer
Oberstleutnant	Obersturmbannführer	Oberstammführer
Oberst	Standartenführer	Bannführer
	Oberführer	Oberbannführer
Generalmajor	Brigadeführer	Hauptbannführer
Generalleutnant	Gruppenführer	Gebietsführer
General d. Inf.	Obergruppenführer	Obergebietsführer
Generaloberst	Oberstgruppenführer	Stabschef
Generalfeldmarschall	Reichsführer-SS	Reichsjugendführer

Bibliographie

ANTOSCH Karl: Klassenweiser Milieuwechsel. Höhere Schüler in den Jahren 1943–1945 (Waldkraiburg 1978)

ASCHENAUER Dr. Rudolf (Hrsg.): Ich, Adolf Eichmann (Leoni am Starnberger See 1980)

BALCK Hermann: Ordnung im Chaos (Osnabrück 1980)

BANNY Leopold: Krieg im Burgenland. Band 1: Warten auf den Feuersturm (Eisenstadt-Lackenbach 1983)

BANNY Leopold: Schild im Osten. Der Südostwall zwischen Donau und Untersteiermark 1944/45 (Eisenstadt 1985)

BRETTNER Friedrich: Die letzten Kämpfe um das Semmering-Gebiet (Payerbach 1985)

BRISSAUD André: Die SD-Story. Hitlers Geheimarmee: Mord auf Bestellung (Paris-Zürich 1980)

BUCHINGER Josef: Das Ende des 1000jährigen Reiches, Band I u. II (Wien 1972)

BÜNAU Rudolf von: Unveröffentlichter Bericht an die US Historical Division vom 6. 7. 1946

DAHL Walter: Rammjäger – Das letzte Aufgebot (Heusenstamm 1961)

DAS HEIMATBUCH ALSERGRUND: Heft 73/Dez. 1977 (Wien)

DAS KLEINE VOLKSBLATT. Jahrgänge 1945–1950 (Wien)

DAS MODERNE LEXIKON (Gütersloh 1971)

DIE ARABURG. Ein kurzer Führer durch Geschichte, Bauwerk und Landschaft. Hrsg.: Sektion Triestingtal des ÖTK (Berndorf)

DOKUMENTE ZUM 2. WELTKRIEG: Alliierte Kriegsverbrechen und Verbrechen gegen die Menschlichkeit (Buenos Aires 1953)

FLIEDER Viktor und LOIDL Franz: Stephansdom – Zerstörung und Wiederaufbau (Wien 1967)

GARSCHA Winfried und HAUPTMANN Hans: Februar 1934 in Österreich (Berlin 1984)

GENDARMERIE-CHRONIK Eichgraben

GENDARMERIE-CHRONIK Preßbaum-Rekawinkel

GOSZTONY Peter: Endkampf an der Donau (Wien-München-Zürich 1969)

HEYDECKER Joe J.und LEEB Johannes: Der Nürnberger Prozeß (Köln-Berlin 1960)

HÖHNE Heinz: Der Orden unter dem Totenkopf. Die Geschichte der SS. (Gütersloh, ohne Erscheinungsdatum)

ISCHLER WOCHENRUNDSCHAU. Folge 19/1985 (Bad Ischl)

JEDLICKA Ludwig: Der 20. Juli 1944 in Österreich (Wien-München 1965)

KERN Erich: Die Uhr blieb stehen (Wels-Starnberg 1953)

KESSELRING Albert: Soldat bis zum letzten Tag (Bonn 1953)

KOPELEW Lew: Aufbewahren für alle Zeiten (Hamburg 1976)

KLEINE WIENER KRIEGSZEITUNG. Jahrgänge 1944 und 1945 (Wien)

KLEINE ZEITUNG. Jahrgänge 1945 und 1965 (Graz)

KRÄTSCHMER Ernst-Günther: Die Ritterkreuzträger der Waffen-SS 2. Auflage 1957 und 3. Auflage 1982 (Preußisch-Oldendorf)

KUDRONOFSKY Wolfgang: Vom Dritten Reich zum Dritten Mann. (Wien- München-Zürich 1973)

LANGOTH Franz: Kampf um Österreich (Wels 1951)

LAUTERBACHER Hartmann: Erlebt und mitgestaltet. Kronzeuge einer Epoche 1923–1945. Zu neuen Ufern nach Kriegsende (Preußisch Oldendorf 1984)

LITSCHEL Rudolf Walter: Lanze, Schwert und Helm. Beiträge zur oberösterreichischen Wehrgeschichte (Linz a. d. Donau 1968)

MOLDEN Dr. Fritz: Fepolinski & Waschlapski auf dem berstenden Stern. Bericht einer unruhigen Jugend. (Wien-München-Zürich 1976)

MOLDEN Otto: Der Ruf des Gewissens. Der österreichische Freiheitskampf 1938–1945 (Wien-München 1958)

NEUES ÖSTERREICH: Jahrgänge 1945 bis 1950 (Wien)

NEUMANN H. J.: Arthur Seys-Inquart (Graz-Wien-Köln 1970)

NICOLAISEN Hans-Dietrich: Die Flakhelfer. Luftwaffen- und Marinehelfer im Zweiten Weltkrieg (Frankfurt/M. u. Wien 1981)

OBERÖSTERREICHISCHE NACHRICHTEN. Jahrgang 1965 (Linz a.d. Donau)

ÖSTERREICHISCHE ZEITUNG. Frontzeitung der Roten Armee. Jahrgang 1945 (Wien)

PAUL Wolfgang: Der Endkampf um Deutschland 1945 (Esslingen am Neckar 1976)

PFARRCHRONIK Altlengbach

PFARRCHRONIK Bad Ischl

POHLMANN Hartwig: Geschichte der 96. Infanteriedivision (Bad Nauheim 1959)

PORTISCH Dr. Hugo und RIFF Sepp: Österreich II. Die Wiedergeburt unseres Staates (Wien 1985)

RAUCHENSTEINER Manfried: Der Krieg in Österreich 1945 (Wien 1970 und 1984)

RAUCHENSTEINER Manfried: Entscheidung für Österreich (Graz-Wien-Köln 1975)

REBHANN Fritz M.: Finale in Wien. Eine Gauhauptstadt im Aschenregen (Wien-München 1969)

REISBERG Arnold: Februar 1934 (Wien 1974)

REITLINGER Gerald: Die Endlösung (Berlin 1956)

RENDULIC Lothar: Gekämpft, gesiegt, geschlagen (Wels-Heidelberg 1952)

RIES Karl: Luftwaffe Photo-Report 1919–1945 (Stuttgart 1984)

RINGLER Ralf Roland: Illusion einer Jugend. Hitler-Jugend in Österreich (St. Pölten-Wien 1977)

ROSE Arno: Werwolf 1944–1945 (Stuttgart 1980)

ROSSIWALL Theo: Die letzten Tage. Die militärische Besetzung Österreichs 1945 (Wien 1969)

RÖSSL Joachim, SCHNEIDER Günter, SCHNEIDER Hans, ZAWREL Peter: Das große niederösterreichische Feuerwehrbuch (Wien 1986)

RUDENKO R.A.: Die Gerechtigkeit nehme ihren Lauf (Berlin 1946)

RUNDBLICK. Folgen 3, 4, 5 und 6/1985 (Bisamberg)

SCHIRACH Baldur von: Ich glaubte an Hitler (Hamburg-Zürich 1967)

SCHRAMM Percy E. (Hrsg.): Kriegstagebuch des Oberkommandos der Wehrmacht. Band 8 / 1944–45 (München-Wien-Zürich 1969)

SKORZENY Otto: Meine Kommandounternehmen (Wiesbaden-München 1975)

TAGESPOST. Jahrgang 1945 (Graz)

Tuider Dr. Othmar: Die Kämpfe im Vorgelände der Fischbacher Alpen 1945 (Wien 1984)

Veiter Theodor: Gesetz als Unrecht (Wien 1949)

Venner Dominique: Söldner ohne Sold. Die deutschen Freikorps 1918–1923 (Paris 1974)

Voigt Horst, Mj. d. R.: Unveröffentlichte Studie zum kombattanten Kriegseinsatz der HJ 1945 (Hannover 1984)

Wegmann Günther (Hrsg.): Das Oberkommando der Wehrmacht gibt bekannt. Der deutsche Wehrmachtsbericht. Band 3 (Osnabrück, ohne Erscheinungsdatum)

Weidinger Otto: Kameraden bis zum Ende. Das SS-Panzergrenadier-Regiment 4 »DF« 1938–1945 (Preußisch Oldendorf 1978)

Weidinger Otto: Division »Das Reich«, Band 5 (Osnabrück 1982)

Werwolf. Winke für Jagdeinheiten. Sonderausgabe der »Nation Europa« Heft 3 / März 1970.

Register

Bildnachweis

Archiv Friedrich Lux, Wr. Neustadt: 1, 2, 23
Archiv Banny, Lackenbach (Bgld): 5–9, 17
Archiv Krones, Wien: 19–21
Archiv Landesfeuerwehrverband Oberösterreich: 22
Dokumentationsarchiv des österr. Widerstandes, Wien: 18, 34
Heeresgeschichtliches Museum Wien: 40
Hilmar Pabel, Rottau am Chiemsee: 33
ORF-Fotodienst: 41
Privat: 3, 10–16, 24–31, 35–39, 42–50
Ullstein-Bilderdienst Berlin: 32